dtv

AF178196

Wer spricht, wenn einer von früher erzählt? Das fragt sich ein Autor in einem kleinen Hotel am Meer. Er bewohnt das Zimmer, in dem seine Eltern vor Jahrzehnten glückliche Tage verbracht haben, und schreibt an der Geschichte seiner frühen Jahre: Der Krieg hat die Eltern zusammengewürfelt, die junge Schauspielerin aus Wien und den talentierten Kriegsheimkehrer mit verlorenem Bein aus Hannover, der vor dem Nichts steht. Alles, was sie wollen, ist der Enge ihrer Zeit zu entfliehen, jeder auf seine Art, daran zerbricht ihre Ehe. Der kleine Sohn kommt ins Internat, ein Drama nimmt seinen Lauf, jenseits aller verstehenden Sprache auf einer Klinge aus so beklemmender wie betörender Gewalt.

Bodo Kirchhoff, geboren 1948, lebt in Frankfurt am Main und am Gardasee, wo er mit seiner Frau im Sommer Schreibkurse leitet. Nach seinen von Kritik und Publikum gleichermaßen gefeierten Romanen ›Die Liebe in groben Zügen‹ und ›Verlangen und Melancholie‹ wurde Kirchhoff für seine Novelle ›Widerfahrnis‹, die in zahlreiche Sprachen übersetzt wurde, mit dem Deutschen Buchpreis 2017 ausgezeichnet.

Bodo Kirchhoff

Dämmer und Aufruhr

Roman der frühen Jahre

dtv

**Ausführliche Informationen über
unsere Autoren und Bücher
www.dtv.de**

2020 dtv Verlagsgesellschaft mbH & Co. KG, München
Lizenzausgabe mit freundlicher Genehmigung der Frankfurter Verlagsanstalt
© Frankfurter Verlagsanstalt GmbH, Frankfurt am Main 2018
Umschlaggestaltung: Laura J. Gerlach unter Verwendung
eines Motivs von Evelyn Peters
Satz: C.H.Beck.Media.Solutions, Nördlingen
Satz nach einer Vorlage von psb, Berlin
Druck und Bindung: Druckerei C.H.Beck, Nördlingen
Printed in Germany · ISBN 978-3-423-14759-0

für Nina, in brüderlicher Dankbarkeit

Was ich soeben geschrieben habe, ist falsch. Ist richtig.
Ist weder falsch noch richtig, wie alles, was man über
diese Verrückten schreibt, über die Menschen.

Man spricht in seiner eigenen Sprache,
man schreibt in einer fremden.

(Jean-Paul Sartre, Die Wörter)

I

Wer spricht da, wenn einer von früher erzählt, auf sein erstes Glühen in der Kindheit blickt, wessen Stimme macht hier den Anfang, sagt Es war einmal – ein unvergesslicher, gültiger Alpensommer. Jubelrein der Himmel, wie gestochen die Berge, die Spitzen, hell ihre Hänge und Matten, bläulich der Wald darunter, dunkel ein Moorsee zum Baden; und oberhalb des Sees ein Gasthof mit Gewölbegang, davor zwei Liegestühle auf fetter Wiese, in einem, das Gesicht verdeckt, ein Kind mit Sonnenhut, im anderen die noch junge Mutter, tagelang seine Allmächtige. Der Hut gehört ihr, das Kind trägt ihn samt der Idee, ihn zu tragen, wie es auch, ganz kleingeduldiger Kavalier schon, die Badetasche trägt, wenn es zum See geht. Fiebrige Tage sind das, eins fließt ins andere, das Himmelsblau ins dunkle Wasser, tanzender Heustaub im Hausgewölbe in das Wirken einer Spinne, der Glanz ihrer Fäden in den Schimmer der Mutterbeine. Sie sonnt sich in Shorts, welch ein Wort aus ihrem Mund. Beim Aufbruch zu dem Gasthof war sie noch im Wollrock trotz der Hitze am späten Vormittag, als alles Sichtbare schon etwas Vollendetes hatte, der Wald, die Wiesen, die Almen, darüber das Geröll, der Fels – Herrgott, ist das schön!, ihr verzückter Ausruf oder die denkbare Zeile unter einem Foto von Mutter und Sohn, Frühsommer zweiundfünfzig.

Die junge Mutter präsentiert sich, Hände an den Hüften, der Kamera, darin ein Rollfilm, sechs mal neun, schwarzweiß, während das Kind, blinzelnd blicklos, am Rand eines Feldweges auf dem gemeinsamen Koffer sitzt – eine Abschiedsszene, aber Abschied von wem? Das Foto zeigt nur, wo die Szene stattfand, in der Umgebung von Kitzbühel, mit dem Wilden Kaiser im Hintergrund. Die Erinnerung reicht jedoch über das Bild hinaus, sie hat auch eine Tonspur, und da gibt es noch einen zweiten Ausruf, ein Abschiedswort als Stoßgebet, wie es nur von der Wiener Mutter der Mutter gekommen sein kann: Gott beschütz dich und die Mammi! Das saß. Lange vor der Schule, dem Alphabet, zerlegte der so Beschützte die Wörter, die ihn umschwirrten, Mammi, Kitzbühel, Gott; kein Ich ohne Sprachtheater, und das leichteste Spiel hatten die Selbstlaute, das A, das I, das Ü, das O. Erst will man den klangvollsten Buchstaben, später das letzte Wort – als der, der sich hier erinnert, längst Vater der Frau mit Kind und Koffer hätte sein können, erschien ihm die Anrede Mutter als einzig schlüssige, wann immer er die besuchte, deren Sommerkavalier er einst war. Nur gab es noch ein späteres Wort, das aber nicht dem gehörte, der es aussprach – wenn ich leise stockend am Telefon Mütterchen sagte, Mütterchen, wie geht es dir heute?

Die junge Frau auf dem Abschiedsfoto ist Schauspielerin, Ende des Sommers wird sie in Hamburg wieder auf einer Bühne stehen. Ihr Fach: die flattrige Schöne, die dem Helden den Kopf verdreht, die noch verpuppte Dame, auch dafür hat der kleine Sohn schon Augen, sie sind ihm früh geöffnet worden, Schau, das bin ich, die rauchende Dame auf dem Zeitungsbild! Dazu kommt noch eigener Eindruck, wenn er im Souffleusenkasten des Deutschen Schauspielhauses sitzen darf; dort hört er die vertraute und doch andere Stimme von der Bühne und sieht die Beine der Dame Mammi – zwei Wörter, zusammengeschnürt ein treffliches Wort, Damemammi. Ihre Beine verlieren sich in einem Dunkel unter dem Rock, das für den Dreijährigen schon kein Dunkel mehr ist, weil er auch dabei sein darf, wenn die Mutter massiert wird, entblößt auf dem Bett, mal in Bauch-, mal in Rückenlage. Es ist ein Zuschauen mit großen Augen, Wonneaugen genannt, Augen, denen nichts anderes übrig bleibt, als wieder und wieder hinzuschauen, bis das Erspähte, Geschaute, zur inneren Welt wird, so gültig wie die Sommertage mit Damemammi oberhalb des Moorsees.

Der schönste aller Kitzbüheler Sommer, hieß es mit leisem Seufzen, wann immer das Aufbruchfoto später von Hand zu Hand ging. Erst seufzte die Wiener Großmutter (bis zu ihrer Hochzeit mit einem deutschen Offizier Mitte der zwanziger Jahre Primadonna an der Volksoper in Wien), dann seufzte ihre Tochter, die junge Schauspielerin, und zuletzt der, der sich auf dem Koffer sitzen sah, um sich mit dem Seufzer auch schon erinnerungsselig zu geben: Ja, dieser Sommer, die Tage in dem Gasthof bei Kitzbühel, der Aufbruch dorthin! Mutter und Sohn sind sichtlich zu zweit, mit nur einem Koffer, die Person, die das Foto macht, kommt nicht mit – hätte das auch der Vater sein können? Auf keinen Fall; er ist nicht nur in der Szene abwesend, er ist überhaupt ein Abwesender während der Sommerfrische, wie die Urlaubszeit in der noch wienerischen Welt der Großmutter heißt. Nein, der Vater ist in Hamburg, er versucht dort finanziell auf das Bein zu kommen, das ihm nach dem Krieg geblieben ist; die beiden Frauen, Mutter und Tochter, und der knapp Vierjährige sind ohne ihn mit dem Nachtzug nach Kitzbühel gereist. Erst verbringt man ein paar gemeinsame Tage im Gasthof Vordergrub unterhalb des Kitzbüheler Horns, dann separiert sich die junge Schauspielerin mit ihrem kleinen Kavalier, und bei dem Aufbruch sitzt er in kurzer Lederhose auf dem Koffer, die Hände im Schoß gekreuzt. Zu der Lederhose trägt er ein helles Hemd mit aufgekrempelten Ärmeln, seine Füße stecken in Söckchen und Halbschuhen, die nicht ganz den Boden erreichen, obwohl er auf einem Koffer von nur mittlerer Größe sitzt, in praller Sonne, daher das blicklose Blinzeln; der Koffer wirft kaum einen Schatten, es ist ein Mittag Anfang Juli, um seinen Geburtstag herum. Und dann geht es ein Stück über den Feldweg bis zur nächsten Straße, wo ein mondgelber Postbus für die zwei Fahrgäste anhält. Der Bus fährt nach Kitzbühel hinein, und die Mutter grüßt fremde Leute, die zusteigen. Der dort ist ein Herr, sagt sie dem Kind ins Ohr, und die da ist eine Frau, keine Dame, siehst du's? Und das Kind nickt und sieht aus dem Fenster. Die Fahrt geht auf ein Tor zu, gleich daneben ist ein Kino mit Schrift über dem Eingang – Lichtspiele, spricht die Mutter mit Theaterstimme. Nach dem Tor geht es bald aus dem Ort hinaus, auf einer Landstraße zum nahen Schwarzsee. Dort verlassen sie den Bus bei einer Badeanstalt, und die Mutter sieht schon den alten Gasthof mit Holzbalkonen und überdachtem Glöckchen auf dem Giebel. Schau, das ist das Glöckchen, das zum Essen läutet, sagt sie. Aber auch läutet, wenn ein Gewitter droht. Und wehe, man ist dann nicht rechtzeitig im Haus, hörst du? Und das Kind lauert von da an auf das Läuten.

Der Gasthof liegt an einem flachen Hang, unten eine Weide für Kühe mit prallem Euter, weiter oben eine Wiese für plustrige Hühner, und durch beides führt ein schmaler Weg. Damemammi trägt den Koffer, aber ihr Begleiter hilft, zwei Hände um einen Griff. Erst vor dem Gartenbereich des Gasthofs wird der Weg breiter und führt an Sträuchern entlang, kleine rote Beeren glänzen in der Sonne, und die Mutter schenkt dem Kind ein Wort, Ribiseln. Sie pflückt zwei der Beeren, nimmt eine in den Mund, kaut sie und schüttelt sich leicht und gibt die andere dem Kind, und es zerbeißt sie und schüttelt sich auch. Und wieder tragen sie beide den Koffer, es geht an Beeten vorbei, darin rote, grüne und blaue Kugeln auf Stöcken, ein buntes Gefunkel. Gegen die Vögel, sagt die Mutter, aber überall zwitschern Vögel, und Schwalben schießen unter dem Dach des Gasthofs hervor. Eine Frau tritt ihnen entgegen, Die Frau Wirtin, heißt es, und die Frau Wirtin begrüßt sie mit einem wie in Nase und Rachen erzeugten Singsang, den die Angekommene sofort nachahmt, ja übertrifft. Als Nächstes erscheint ein Knecht, so wird es dem Kind leise gesagt: Schau, das ist der Knecht vom Haus. Er bittet um den Koffer, damit er ihn aufs Zimmer bringt, so kann es gleich zum Mittagessen gehen, durch den Gewölbegang in die Wirtsstube, wo es nach Fett und Schnittlauch riecht. Sie haben einen Ecktisch, den besten am Fenster, auf dem Tisch ein Glasständer mit einer Vertiefung für Salz und einer für Pfeffer und in der Mitte einem Hals, aus dem Zahnstocher ragen; und die Teller mit dem Essen, das schon gebracht wird, haben ebenfalls drei Abteilungen, für das Schnitzel, für die Erdäpfel, für den Gurkensalat. Zu trinken gibt es ein Kracherl in der Farbe der Ribiseln, so prickelnd auf der Zunge wie das neue Wort im Ohr, und als Nachtisch einen Kaiserschmarrn, auch das wird dem kleinen Esser vorgesprochen, bis er es mit rollendem R nachsprechen kann, Kaiserschmarrn. Er teilt ihn sich mit der Mutter, und noch mit pudriger Süße im Mund fällt er in einem Zimmer unter dem Dach ins gemeinsame Bett. Halbschlaf und Schlaf verschwimmen ihm, er ist wach und träumt zugleich, und irgendwann taumelt er, traumtrunken, auf den Holzbalkon, und da sitzt Damemammi nackt auf der Bank, die Füße an der Brüstung mit Blumenkästen. Sie sonnt sich, auf jedem Lid eine rote Blüte, als hätte ihr wer die Augen ausgestochen.

Die ersten Stunden, der erste Tag, mit einem Abend, an dem es kaum abkühlt, gipfelnd in einem Unwetter mit Wind und Blitzen, noch ohne Regen, als man schon im Bett liegt, nur unter einem Laken, Kopf an Kopf, und das Läuten des Glöckchens ausbleibt. Dafür redet die Mutter, sie flüstert – was Blitze anrichten könnten, großer Gott, sogar einen Mann in der Mitte spalten. Sie nutzt die Pausen zwischen dem Donner, spricht von erschlagenen oder brennenden Menschen auf freiem Feld, um ihren kleinen Zuhörer am Ende beruhigend in den Schlaf zu summen, während es vor dem überdachten

Balkon endlich schüttet. Wie aus Kübeln, sagt sie und singt für ihn Schlafe, mein Prinzchen, schlaf ein.

Und am anderen Morgen der gültige Alpensommer mit dem Frühstück im Freien; es gibt frische Semmeln und Honig, es gibt Fliegen und Wespen und eine Klatsche – Aber mach sie richtig tot, sagt die Mutter. Und später geht es durch die Wiesen zum Schwarzsee hinunter, das Kind trägt die Badetasche, mit der anderen Hand köpft es Pusteblumen. Sie lösen Karten für die Badeanstalt, aber nicht für die nahe gelegene, wo es laut sein soll, sondern für die auf der anderen Seeseite, nach einem Weg durch Tannenwald. Das Seebichel, wie man zur dortigen, kleineren, ganz in Holz gefassten Anstalt sagt, ist das Bad der Kitzbüheler Gesellschaft, zu der die junge Schauspielerin Anschluss sucht, gleich durch ein deutliches Grüß Gott auf dem Weg zu den Umkleidekabinen. Schon riecht man das moorige Wasser neben dem Duft des erwärmten Holzes, dazu kommt die Süße von Tiroler Nussöl auf all den Beinen und Schultern, den Armen und Wangen, die das Kind im Vorbeigehen sieht. Die Leute liegen auf ihren Handtüchern oder flach auf den Planken, sie dösen oder lesen oder winken denen zu, die im Wasser sind. Es gibt ein Sprungbrett für die Großen, und es gibt ein holzumrandetes Kinderbecken. Aber zuerst eincremen, die Brust, die Bäckchen, die Stirn, den Rücken. So macht man das, sagt die Mutter im weißen Badeanzug, und ihr Begleiter macht es gleich nach, cremt ihr die Schultern ein, den Nacken, die Schenkel. Ach, wie gut er das schon kann, von wem er das nur gelernt hat? Sie möchte eine Antwort, hörbar für alle im Umkreis, und der kleine Kavalier ruft: Von dir, von der Mammi! Es ist ein Fest der Selbstlaute, und so von der eigenen Sprache umgarnt, liegen sie auf dem warmen Holz, vor ihnen der dunkle See mit Waldrand, hinter den Tannen, leicht ansteigend, eine gestaffelte Landschaft, aus der in einiger Ferne, fast wie ein Bühnenbild, der Wilde Kaiser aufragt, seine Zinnen, seine Tore, ein strahlender Felsgarten, darüber der gewaschene Himmel. Damemammi liegt auf dem Bauch, sie liest in einem Buch, bald ist ihr einer Fuß in der Luft, bald der andere, und das Augenkind, gelegentlich auch Augenstern genannt, frei nach dem Lied Du bist mein Augenstern, verfolgt, wie sich aus dem Wechsel der Füße Falten im Badeanzug ergeben oder die Kniekehlen straffen. Aber es hat auch etwas anderes im Blick, ein anderes Kind – das erste andere Kind, das sich überhaupt in seinem Gedächtnis festsetzt –, einen schon gebräunten Jungen, der angelt und sogar einen kleinen am Haken peitschenden Fisch fängt, ihn packt und den Haken aus dem Maul zieht, samt rötlichen Fetzen, und ihn auf die Planken wirft, wo er noch ab und zu mit dem Schwanz schlägt. All das steigt dem Kind zu Kopf, es löst die Zeit auf. Schon ist es Mittag, und sie kehren zurück zu dem Gasthof, endlich läutet auch das Glöckchen, und man geht gleich zu Tisch, wie es heißt, zu den Tellern mit den Abteilungen. Das Essen sättigt, nur macht es auch müde, man will jetzt liegen, will faul sein. Also geht es über knarrende Treppen, vorbei an Geweihen und einer ausgestopften Eule, in das Zimmer unter dem Dach. Dort ist die Luft erdrückend, und die Schauspielerin ruft Ich ersticke! Aber sie erstickt gar nicht, sie zieht sich aus. Ich muss mir die Kleider vom Leib reißen, sagt sie, nur ist es auch kein Reißen, es ist ein Pellen und Fallenlassen. Sie bückt sich nach Rock und Bluse und einem langen Tuch, das auch am See dabei war, nach einer blassen Unterwäsche, und legt alles über den einzigen Stuhl; danach legt sie sich selbst auf das einzige Bett. Komm, sagt sie, auch ausziehen, ja? In ihrer Stimme ist etwas Atemloses, als hätten die Stunden am See und das Essen sie zwar erschöpft, aber doch nicht gänzlich erschöpft, eher etwas Unausgeschöpftes zurückgelassen. Und ihr kindlicher Begleiter zieht sich aus, wie verlangt, das Hemdchen, die kurze Lederhose, und was er darunter trägt, nur die Sonnenbrille behält er auf. Na, da schau her, wie schick, sagt die, die schon im Bett liegt, auf der Decke, nicht darunter, aber das möchte er selbst sehen und stellt sich vor einen Spiegel in der Schranktür. Er tänzelt, er macht Faxen, und vom Bett kommen Laute der Missbilligung, die zugleich ermunternde Laute sind, ja was denn nun, er darf es sich aussuchen, die Ermunterung reizt ihn mehr, sie bringt ihn auf eine Idee. Da ist das Tuch der Mutter auf dem Stuhl, das nimmt er und schlingt es sich um, für erneute missbilligend ermunternde Laute, wie Klapse in Richtung Spiegel. Also tritt er wieder vor den Schrank, zupft sich am Mund, am Haar, am Tuch, ein einsamer kleiner Geck. Und von der Mutter eine hastige Anweisung: den Vorhang zu schließen, das Fenster aber weit zu öffnen; beides geschieht, und der Geruch des aufgeheizten Moors zieht in Wellen herein. Vom geschlossenen Vorhang geht das Dienerkind zum Bett, dort wird ihm das Tuch gelöst und die Sonnenbrille abgenommen, ein vorläufiger Platz am Fußende zugeteilt, und ein Theaterseufzer kündigt eine Mittagsstunde jenseits der gewöhnlichen Welt und ihrer Gesetze an.

Fast ein Menschenleben später, wieder im Sommer, starb die Mutter im Alter von neunundachtzig, und in den Wochen danach sah der Sohn erstmals in eines ihrer Tagebücher, die eigentlich nur Jahresberichte über die Ehe mit seinem Vater sind, festgehalten in zwei Kladden, anfangs noch in flattriger Mädchenschrift. Und dort kommen die Kitzbüheler Tage im Bericht über das siebte Ehejahr nur am Rande vor: Der Sommer kam, die Ferienzeit, und Omi (meine wienerische Großmutter mit einer monatlichen Pension durch ihren gefallenen Mann, einen Major der Wehrmacht) lud mich nach Österreich ein. Mein über alles geliebter Mann konnte die Firma in Hamburg nicht im Stich lassen, und nach vielen Debatten – und einem Intermezzo, das zu erwähnen ich mir schenke – fuhren wir, mein Augenstern, Omi und ich, für vier Wochen nach Kitzbühel.

Dem Sommerintermezzo mit dem Augenstern ist also ein anderes vorausgegangen, für die Verfasserin nicht der Erwähnung wert und damit eben doch erwähnt, in einer Schrift der bald Achtundzwanzigjährigen, die immer noch etwas Instabiles zeigt, und der Seufzer hat dieses gar nicht erwähnte, still übergangene Zwischenspiel eingeleitet, dafür die Bühne frei gemacht: Ein knapp Vierjähriger kniet zwischen den Fersen der Mutter, die nackt auf dem Bauch liegt, das Gesicht in der Armbeuge; er folgt der Trägheit seiner Augen und kann etwas vom Geheimen sehen, wo die Schenkel sich treffen, von den Fältchen dort, dem dunklen Gras der Haare, den Mulden und den Kräuselungen, und was er sieht, gräbt sich ein, als leeres Schlüssellochbild. Er sieht Allesundnichts, aber ehe er sichs versieht, ist die Schlüssellochsicht schon die bleibende. Es ist ein fast lautloses Geschehen, nur mit Schleif- und Knistergeräuschen, als sich die Schläfrige ein Kissen unter den Schoß schiebt, um den Bauch zu entlasten (sie ist im vierten Monat, aber davon weiß der kleine Sohn nichts). Etwas aufgebockt liegt sie nun da, und ihr Augenstern erkundet die Kniekehlen und die weichen, im Halblicht so schimmernden Backen und was sich dazwischen verbirgt. Warme Luft drückt ab und zu gegen den Vorhang, bläht ihn, einzige Bewegung neben der der Finger, ihrem Tun in der Mittagsruhe; nur manchmal ist eins der Hühner auf der Wiese vor dem Gasthof zu hören, die kurze Erregung im Hals, wenn der Hahn es scheucht. Das Kind thront jetzt auf den Fersen der Schläfrigen, ein Infant, gekürt in aller Stille; seine Augen, schwimmend vor Wonne, folgen jeder Bewegung der Finger, und die tun, was sie wollen. Der Mutterleib ist ein vaterloses Gebiet, der Sohn reißt es sich unter den Nagel und prüft seinen Wert, kostet von den Fingern, wie auf Spaziergängen mit der Großmutter, wenn er die fingernagelkleinen wilden Himbeeren gepflückt hat, einen ganzen Strauch geräubert. Die Tage der Sommerfrische sind grenzenlos, zuerst im Gasthof Vordergrub, wo die großmütterliche Hüterin ihm erlaubt, zum Wiener Schnitzel schon etwas Bier zu trinken, das macht schön müde, dann in dem Gasthof mit Damemammi, da ist es erlaubt, auf ihr zu sitzen, an ihr zu spielen, sie zu erkunden, das macht schön neugierig. Der kleine Sommerkavalier trinkt schon und begehrt auch; er trinkt sogar bei der Mutter, seine Augen trinken und die Fingerkuppen.

Mehr als einmal sitzt er in diesen Tagen, in der Mittagsruhestunde, zwischen ihren Fersen oder den Kniekehlen, vorgebeugt, und sieht und befühlt das mütterlich Rückwärtige mit dem Spalt in der Mitte, darin noch immer ein Geheimnis. Die Liegende, das Gesicht halb im Kissen, schweigt. Gleich neben dem Kissen liegt ein Rollenheft, diese Nähe soll Wunder wirken, den Text von selbst ins Gedächtnis treiben; die junge Schauspielerin übt bereits für ihre kommende Rolle (dem Jahresbericht nach die der Lysistrata in der gleichnamigen Komödie von Aristophanes). Immer nach dem Frühstück ist sie auf dem Balkon, Füße an der Brüstung, das Heft auf den Knien, in der Hand einen kleinen grünen Bleistift zum Anstreichen ihrer Sätze, dazu Gemurmel und auch leises Lachen. Der Stift gehört zu dem Heft, als gäbe es nur den einen, und diesen einen holt sich der kleine Mittagsgalan schließlich, nimmt ihn in die Finger: ein Instrument, wie gemacht, um damit vorzudringen in das Geheime, dorthin, wo er herzukommen glaubt. Also erkundet er das Dunkel damit, ohne dass ihm Einhalt geboten wird. Er hat freie Hand bei seinem Tun und entdeckt, noch vor jedem Wissen um die Schrift, etwas nahezu Kreisförmiges, in das er den Stift senkt, seinen Buchstaben O. Die Schläfrige im Bett öffnet sich ihm, sein Tun ist kein Nehmen, eher ein Geben, ein zartes Versorgen. Der Infant stillt seine Mutter. Der kleine grüne Bleistift ist ein Teil von ihm, und es liegt ein unbestimmter Schmerz in seiner so sichtbaren Abnutzung und in dem Bemühen der jungen Schauspielerin, das nahende Ende seiner Bestimmung als Bleistift auf die Art noch hinauszuzögern, als gäbe es eben nur den einen Stift für beide Bestimmungen. Der Bleistift ist aber auch ein zierlicher Taktstock, sachte im Rhythmus bewegt, wenn die Mutter ihrem Augenstern etwas vorsingt, ein Lied, in dem das Weltdesaster, das seine Eltern zusammengebracht hat, nachhallt: Maikäfer flieg, der Vater ist im Krieg, die Mutter ist in Pommerland, Pommerland ist abgebrannt, Maikäfer flieg. Sie singt es leise ins Kissen, am Ende ist es nur noch ein Flugsummen, als wären sie nun beide beflügelt, träumerisch fliegend im Zimmer; die Schwerkraft scheint aufgehoben und damit auch andere Gesetze, eine Desperadostunde. Der kleine Gesetzlose aber nutzt den Bleistift, um in seinen Buchstaben O einzudringen, und da fallen unvergessene Worte: Aber nicht mit der spitzen Seite, mit der guten – eine nur geringe Einschränkung, die doch alles verändert, den Stift beseelt, während die anderen Dinge im Raum bleiben, was sie sind, der Koffer auf dem Boden ein Koffer, der Stuhl am Tisch ein Stuhl, die Waschschüssel eine Waschschüssel, das Textheft ein Textheft.

Der Unschuldsschlummer meiner frühen Jahre endete in diesen Mittagsdämmerstunden der Jahre, an die es nur verwischte Erinnerungen gibt, Bilder von sprachloser Wahrheit, die, in Worte gefasst, eine Brücke zum Wahrscheinlichen bilden: Ja, wahrscheinlich ist es so gewesen, alle Bilder sprechen dafür. Und doch könnte ich nicht einmal sagen, ob ich im Alter von drei, von vier, ein eher glückliches oder eher unglückliches Kind war; sicher ist nur das Alleinsein in diesen Jahren, das Fehlen eines Alltagsanderen und damit die so großartige wie traurige Idee, dass einem kein fremdes Wesen die Welt streitig macht. Wer oder besser gesagt: was war dann aber dieses alleinselige

Kind in seinem Zimmer? Ich weiß es nicht. Ich kann nur vermuten, dass es sich selbst genug war. Es summte sich zum Beispiel oft ein Lied vor, das es nur von der Mutter gehört haben kann – In einer kleinen Konditorei, da saßen wir zwei bei Kuchen und Tee –, eine Melodie von universeller wehmütiger Leere, die mir noch immer, sobald sie irgendwo anklingt, nahegeht. Und es tat, was ich heute noch tue, wenn ich mich langweile, auf einem Stück Papier etwas kritzeln.

Gab es also den, der sich hier erinnert, bereits als das Kind, an das er sich kaum erinnert? Den, der im Moment in einem kleinen Hotel in Alassio schreibt, woran er schon länger sitzt, es nun aber beenden will in dem Hotel, das seine Eltern im Spätsommer 1958 nach einem Geschäft in Nizza, ihrem letzten finanziellen Aufatmen innerhalb der Ehe, für einige Tage bewohnt hatten – ich denke, ja. Es gab den, der hier zurückblickt, schon zu der Zeit, als er Kind war, ein Alleiniger auf der Welt, der noch in ihm steckt, ihn denken lässt, dass die eigene Geschichte auch eine allgemeine sei und er es sich herausnehmen könne, von seiner Welt und Zeit zu sprechen. Das ist das eine; das andere ist die stete Sorge jedes Infanten, unberechtigt das letzte Wort zu haben, als Regent (oder Chronist) also irgendwann zwangsläufig aufzufliegen.

2

Das kleine alte Hotel am schmalen Strand von Alassio an der
Riviera dei Fiori heißt Beau Sejour, Schöner Aufenthalt, und
war für ein paar Tage der Traumplatz meiner Eltern, so heißt es
im Ehebericht für das Jahr achtundfünfzig: Wir hatten etwas
Traumhaftes in Alassio gefunden, das kleine Strandhotel Beau
Sejour, und verbrachten dort die letzten unbeschwerten, märchenhaften Tage, für die wir dem lieben Gott danken. Wir
saßen auf unserem Balkon im zweiten Stock, sahen auf das blaue
Meer und wussten, dass wir wieder etwas Geld im Rücken hatten, die Firma wenigstens bis Jahresende gerettet wäre. Und
danach? Daran durfte man gar nicht denken.

Sie hatten in Nizza die Lizenz für das am zuverlässigsten
arbeitende medizinische Gerät aus einer nie ganz auf die Beine
gekommenen Apparatebaufirma, in der ihrer beider Träume
steckten, nach Frankreich verkauft, das von meinem Vater
mitentwickelte handliche Tastotherm, ein immerhin schon
elektronisches Instrument für die sofortige Messung der Kör-
pertemperatur – ein kleiner warmer Regen für die bedrängte
Firma, ein Teil davon bar auf die Hand. Der Überschwang
meiner Mutter rührte wohl auch von dem sichtbaren Geld und
war ansteckend genug, damit sie beide unbeschwert über die
nahe Grenze nach Alassio fuhren, damals wie heute ein mondänes Seebad in einer von Bergen umgebenen Bucht, bekannt
für ein mildes Klima, mit fast noch sommerlichen Tagen bis
in den Oktober. Ja, es waren die letzten schönen Tage, ein im
Jahresrückblick unterstrichener Satz, als hätte die Verfasserin damit auch die Tage mit ihrem Mann gemeint, während

der Sohn, fast ein Menschenleben später, nur das gute Wetter aufnimmt, darin aber verborgen die Melancholie der letzten schönen Tage, mit dem Bangen, wie lange es noch so weitergehe. Jeden Morgen ist es ein Ausschauhalten nach ersten Wolken beim Hinaustreten auf den einzigen Balkon im zweiten Stock des alten Hotels, einst Ferienvilla einer italienischen Familie, dem Balkon des inzwischen begehrtesten Zimmers, schon im Jahr zuvor gebucht, nachdem ich in den Kladden meiner Mutter auf das Beau Sejour in Alassio gestoßen war. Über den Aufenthalt selbst steht dort kaum etwas, nur eben dass er märchenhaft gewesen sei und es im Hotel einen Leseraum gebe (den es noch gibt), man auf einer Terrasse mit Meerblick frühstücken könne und das Zimmer klein sei, mit auch schmalem Bett – alles in allem aber unbeschreiblich schöne Tage, auch wenn mein geliebter Mann oft etwas Fernes hatte, mit einem Wein und einer Zigarette auf dem Balkon, sein ohnehin schon dunkles Gesicht in der Sonne.

Das Bett in dem Zimmer ist inzwischen breiter, ein französisches Doppelbett, kein Kingsize, zumal in das Zimmer nachträglich Dusche und Toilette eingebaut worden sind, während alles Übrige, der Schrank, der Schreibtisch, die Bilder, auch die Balkonstühle und der kleine gusseiserne Außentisch, alt ist oder mir so alt erscheinen will, dass schon meine Eltern diese Stühle genutzt haben könnten, meine Mutter mit Kissen im Rücken, dabei die Füße an der Brüstung, wie einst auf dem Holzbalkon in dem Gasthof oberhalb des Schwarzsees, wenn sie ihre nächste Rolle memoriert hat oder einfach nackt in der Sonne saß, zwei rote Blüten auf den Lidern. Aber was ist das, sich am vermutlich letzten Glücksort seiner toten Eltern aufzuhalten, diesen Raum einzunehmen, ja darin zu schreiben? Eine stille Übertretung, als hätte man als Kind, nachts von rätselhaften Lauten geweckt, die elterliche Schlafzimmertür geöffnet; aber auch eine Verbeugung vor ihren Tagen hier, die sie sich aus dem Leben geschnitten hatten, den Kämpfen um den Erhalt der kleinen Firma – Unternehmer sein, Traum meines Vaters, der als Habenichts mit einem Bein aus dem Krieg kam – und den Kämpfen um den Erhalt der Ehe: Traum meiner Mutter, das Liebesglück mit dem idealen Mann bis ans Ende aller Tage. Die erste Nacht in dem Zimmer war noch zerrissen, traumzerfurcht, und in der zweiten Nacht hat schon das Meer geholfen, die Geräusche der Wellen, ihr Anrollen und Brechen am Strand vor dem Hotel; der alte Sohn einst junger Eltern, die das Zimmer bewohnt hatten – sein Vater zweiundvierzig, die Mutter vierunddreißig –, hat tief geschlafen und war am nächsten Morgen von einer Wachheit wie unter einer Droge, wenn sich das Chronologische auflöst, Vergangenheit und Gegenwart gleichermaßen nebeneinanderstehen und es keine Grenzen der Erinnerung mehr zu geben scheint.

Mit meinem vierten Geburtstag endete das Zweisame und zugleich Einsame der Mittagsschlafstunden in dem Dachzimmer mit dem Geruch des aufgeheizten Moorsees, der in Wellen hereinzog. Wir wechselten wieder in den Gasthof Vordergrub, damit Das Menscherl, wie die Wiener Großmutter ihr Einundalles nannte, auch gefeiert werden konnte. Sie, meine Hüterin, hatte für Gratulanten gesorgt, die Kinder der Wirtsleute eingeladen, einen Buben und ein Mädel, beide mit Spangen im frisierten Haar – Gott, wie adrett, hieß es, als sie auftauchten –, sowie die Buben von dem Bauernhof, auf dem ihre Schwester wohnte, sie kamen barfuß, aber gekämmt immerhin, und jemand machte ein Foto von der Geburtstagsrunde, lauter lachende Kinder, bis auf den kleinen Jubilar, der etwas Abweisendes um seinen Mund hat. Die Eingeladenen sind im Grunde Claqueure zum Bejubeln der ausgepackten Geschenke, Spielzeug aller Art, das sie anschauen und berühren dürfen, aber nicht ausprobieren. Nur das Geburtstagskind darf, nachdem die Gratulanten verabschiedet worden sind, mit einem Ball spielen und ein Blechauto anschieben, damit es von allein weiterfährt, in einem Bilderbuch blättern und schließlich, als Höhepunkt, einen Pappzylinder aufsetzen und den dazugehörigen Zauberstab auf die drei Frauen am Tisch richten. Es darf sie verzaubern, und weil auf der Wiese vor dem Gasthaus Hühner umherlaufen, verwandelt es sie, Abrakadabra, in Hennen: drei, die sich im Hennesein überbieten, gackern und flügelhaft die Arme bewegen, zum Erstaunen aller übrigen Gäste – ein Spektakel, das den Zylinderträger vergessen lässt, was ihm die Mutter in der letzten gemeinsamen Bettstunde, sich den schon leicht gewölbten Bauch streichelnd, als großes Geheimnis erzählt hat: dass er bald ein Geschwisterchen bekomme. Und so fühlt er sich jetzt noch ganz als der Alleinige und lässt sich Zeit, den Zauber wieder aufzuheben, während das Wesen, in das er selbst verwandelt wurde – ein Unkind, das schon haben will, was es hatte, das schon begehrt –, als ihm eigenes Wesen bleibt. Unauslöschlich eingebrannt ist dieser Alpensommer, jedes Geschehen darin, alles so schrecklich Schöne, das unter keinem guten Stern stand, letztlich noch unter dem Unstern, dem Desastrum, das die elterliche Welt keine zehn Jahre zuvor heimgesucht hatte und das, von Kitzbühel und ähnlichen Orten abgesehen, noch überall sichtbar war.

Das Hamburg meiner ersten Jahre war ein Hamburg der entmutigenden, ihrer Farbe beraubten Farben, mit dem rußigen Klinkerrot der Häuser, dem Grau des Hafenwassers, der Werften, des Himmels; dem Düsteren der Speicher mit den Spuren von Ebbe und Flut, dem Schwärzlichen der Kanäle. Dazu am Abend das fahle Licht der Laternen, das Geduckte der Brücken, der eilige Heimweg, die Zigarette in hohler Hand, als gäbe es noch immer Verdunklung und ein Leben mit eingezogenem

Kopf. Noch schien der Krieg durch seine Zeugnisse über den Menschen zu wachen, mit Ruinen, mit Bunkern, mit wie ausgebrannten Hochbahnstationen. In den Zügen standen Männer mit leerem Jackettärmel, die Hand, die sie noch hatten, am Haltegriff, während Männer mit leerem Hosenbein auf den Plätzen für Schwerkriegsverletzte saßen, die hochgeschlagenen Hosenbeine oder Ärmel oft nur lose angenäht, als würden sie noch einmal gebraucht, weil das Bein und der Arm vielleicht wieder nachwachsen, wenn es auch allgemein aufwärtsgeht. Aber von diesem Aufwärts war in Hamburg noch nichts zu sehen. Es herrschte ein Halblicht zwischen Tag und Nacht, die Sonne schien lediglich rund um die Alster, das war der Eindruck; dort waren die Villen auch hell (wie eine Vorstufe zu ihrem heutigen Unschuldsweiß), und der Mercedes vor der Tür war schwarz. Noch hielten sich die Reichen im Hintergrund, das Hamburg meiner frühen Kindheit war eine Arbeiterstadt, ein geschundener, aber in sich zäher Stadtleib, mit nicht totzukriegenden Organen, St. Pauli, St. Georg, Altona, Hoheluft oder Winterhude – ich führte diese Namen im Mund, wie die Namen von Spielgefährten, die es nicht gab. Und ich mochte es, an den Ruinen vorbeizugehen, oft noch mit einem kleinen Laden darin, einem Milchgeschäft im Souterrain, oder einer einzelnen Wohnung im ersten Stock, einem Fenster mit Gardine zwischen Ausgebranntem, so gerettet wie verloren. Bis auf die Pracht um die Außenalster ist mir nichts froh in eine Zukunft Weisendes aus den frühen Hamburgjahren in Erinnerung, und letzten Endes zielte die ganze elterliche Anstrengung darauf, aus dieser allgemeinen Düsternis an ein bleibendes Licht zu kommen. Das Desaster des Krieges, das zwei alles andere als füreinander Bestimmte vereint hatte, blieb für die beiden Entronnenen folgenschwer, mit den sichtbaren Folgen der Zerstörung und mehr noch den unsichtbaren, vor allem der ständigen Sorge, wieder in das Chaos zurückzufallen und nur durch unaufhörliche Anstrengungen die Bresche in eine bessere, die hellere Zukunft offenhalten zu können.

Vereint, ein zu romantischer Begriff für das, was zu dieser Verbindung geführt hatte. Ein Zahnarzt und Angehöriger der SA, mit dem meine künftige Großmutter im Wien der letzten Kriegsmonate wohl etwas mehr als eine Affäre gehabt hatte, war mit einem jungen Hauptmann, der dort nach einer Beinamputation im Lazarett lag, in irgendeiner Form bekannt genug, um ihm gegenüber die schöne Tochter seiner getrösteten Kriegerwitwe mehr als einmal zu erwähnen, eine junge Schauspielschülerin, abkommandiert zur Pflege von Verwundeten, aber tätig in einem anderen Flügel des Lazaretts – so weit die Version der einstigen Reinhardt-Seminar-Absolventin, meiner Mutter, als sie schon vom Leben nichts mehr wissen wollte. Dieser SA-Zahnarzt also, beschäftigt in dem Lazarett, in dem mein künftiger Vater lag, hat den jungen Hauptmann, beinamputiert zwar, aber fesch, wie man in Wien sagt, gut aussehend, vorbereitet auf die schöne Hilfsschwester, und noch vor der ersten Begegnung ist der in jeder Hinsicht ausgehungerte Soldat aus Hannover blind genug, um die ihm eigentlich fremde Gefühlslage, das überreizte, von tiefem Kummer geradezu gemästete Glücksverlangen einer Neunzehnjährigen, die erst den Vater und später den Verlobten durch den Krieg verloren hat, zu übersehen: Keine Verwundete tritt da an sein Bett – so verwundet wie er, nur unsichtbar –, sondern ein Engel. Und auch die, die vom Kuppler im Braunhemd mit Kampfbinde an das Bett des Hauptmanns gelotst worden ist, steht dort in herzklopfender Erwartung und erkennt allein, was sie sieht: einen Helden mit blauen Augen und schwarzem Haar, Offizier wie ihr so früh im Krieg als Major gefallener, über alles geliebter Vater, nebenbei zartbesaiteter Amateurdichter. Und sie sieht in dem Beinamputierten eine Art Wiedergeburt ihres Verlobten, als Leutnant in einem U-Boot ertrunken (beider Vornamen bilden meine Mittelnamen). Es hätte damit kaum besser und, aus der Distanz eines Lebens gesehen, kaum schlechter kommen können: Zwei, die sich unter weltfriedlichen Umständen niemals gefunden hätten, der Sohn eines gescheiterten Hannoveraner Möbelhändlers und die Schauspielschülerin aus gehobenen Wiener Kreisen hatten sich auf Anhieb gefunden – auch das, im Grunde, ein Desaster, aber vor dem Weltdesaster beiden als Glücksfall erschienen. Die Hochzeit fand in den letzten Kriegstagen statt, am vierundzwanzigsten März fünfundvierzig in Wien, Trauzeuge war der Zahnarzt, vermutlich noch liiert mit der Brautmutter, und ihm war es geschuldet, dass die Zeremonie trotz eines kirchlichen Rahmens vom Horst-Wessel-Lied begleitet wurde. Das Lied der Kampforganisation der NSDAP galt als zweite deutsche Nationalhymne, und so üblich es auch war, eine Hochzeit damit zu begleiten, um dem jungen Paar den Rücken zu stärken, war es doch keine Pflicht. Aber so kurz vor Kriegsende, bei der Hochzeit eines Hauptmanns, der sein Bein einem Verbrecher geopfert habe, wie er später oft sagte, war es ein Hohn auf den Bräutigam: den er entweder aus Liebe überhört hat oder als Preis für den Kuppler ertragen; denkbar auch, dass beides zusammenkam, ein Überhören und stilles Dulden, während der Brautmutter und ihrer Tochter zuzutrauen war, dass sie vom Erhebenden dieses Liedes trotz allen Leids durch den Krieg mit emporgehoben wurden. In jedem Fall beendete aber die Hochzeit den Kriegskummer offiziell. Der Verlust von Vater und Verlobtem und der Verlust eines Beins und der gemeinsame Verlust von Jugend hatte einen Ausgleich erhalten, nur ein tieferer Schmerz infolge aller Verluste blieb, und er ist im Verlauf dieser Ehe, samt den Versuchen, ihm zu entfliehen – der letzte vielleicht im Hotel Beau Sejour in Alassio –, eine der Ursachen ihres Scheiterns. Beide, mein Vater wie meine Mutter, haben sich immer wieder dorthin gestürzt, wo sie das Glück vermuteten, er das seine, sie das ihre, und in dem Maße, wie diese Stürze Stürze blieben, ohne das Netz eines Alltags, festigte sich, zusammengehalten von Stolz, eine Privatwelt aus Eigensinn, Distanziertheit und Trauer: und noch der Stolz des Sohnes bemisst sich aus dem Abstand, der sich zwischen ihm und der Welt errichten lässt (so offensichtlich auch diese Distanz nur Ausdruck fehlender Mittel ist, sich als Teil der Welt zu erleben).

Einer der Stürze ins Glück, sieben Jahre nach Kriegsende im Frühsommer zweiundfünfzig, war zweifellos der von Kitzbühel mit dem knapp vierjährigen Sohn als Begleiter – Herrgott, ist das schön!, ruft die junge Mutter mit Blick auf die Berge. Und doch gibt noch immer die Kriegskatastrophe den Ton an, nicht nur bei ihr, auch bei dem, der in Hamburg geblieben ist, um die kleine Firma weiter aus dem Boden zu stampfen, obwohl es an Geld fehlt, Tag für Tag. Beide schlingern durch diesen Sommer, beide glauben zu wissen, wo das Glück liegt, beide beschwören es wortreich, während sie in Wirklichkeit, ihrer eigenen und einzigen, die zählt, noch nicht aufgehört haben, durch die ersten Winter nach dem Krieg zu taumeln, mit gefälschten Lebensmittelkarten (mein Vater war Meister darin) und Zigaretten aus Amerika (vom Bruder des Vaters, nach dem ich benannt bin) als Zahlungsmittel auf dem Schwarzmarkt. Und bei all dem ohne jede Aussicht, dass es je wieder anders würde, statt all der Trümmer Paläste aus Glas und Stahl aufragten, statt der leeren Theken ein Überquellen von Waren wäre, von hundert Brotsorten und Feinkost aus aller Welt, und man statt dem En-suite-Spielen auf eisigen Bühnen, in Kiel, in Celle, in Lübeck, in Flensburg, auf den überweichen Händen des Fernsehens getragen würde oder statt Märschen auf einem Bein quer durch Hamburg, um irgendwo Briketts aufzutreiben, die Drehung an einem Knopf genügte, damit es in der ganzen Wohnung warm wird (heute sogar per Smartphone). Beide hatten noch nicht aufgehört, durch ihr Nachkriegsdunkel zu irren, eingeschlossen in etwas unmenschlich Maßlosem, das mit seinem Getöse, seinem Gebrülle und Stechschritt, mit all den grauenhaften Clownerien der Macht – vom Krieg wagt der Sohn gar nicht zu reden auf seinem Hotelzimmerbalkon mit Meerblick – die Oberfläche ihrer äußeren und auch inneren vertrauten Welt bis zur Unkenntlichkeit geschleift hat. Und womöglich ist es dieses Zerstörungsgeräusch, das ihnen noch, gleich einem Tinnitus, in den Ohren liegt und die Laute eines Kindes übertönt, das schon früh lernt, mit sich allein zu sein, nicht zu ertrinken in schier endlosen Nachmittagsstunden. Ein Nachhall des großen Grauens reicht sogar bis in den siebten Ehejahrbericht der jungen liebenden Schauspielerin und Mutter, noch auf der allerletzten Seite, der hinteren Innenseite des Einbands der Kladde, schwingt ein imperativer Ton mit. Dort steht, nach der bereits unterschriebenen Schlusszeile, als Apotheose eine mit Liebeslied überschriebene Hymne: Durch Dich hat die Welt nur ein Gesetz und einen Sinn, ich liebe Dich, solang ich bin / Durch Dich hat die Welt nur ein Gesetz und ein Gebot, ich bleibe bei Dir bis in den Tod / Nichts ist so vollkommen wie das Glück, das uns vereint / Das Dir erscheinen mag als Märchentraum, doch unser wahres Leben ist!

Ich höre meine Mutter deklamieren, wenn ich diese Zeilen lese, Beschwörung war ihr Mittel, zusammenzuhalten, was an sich nicht zusammenpasste, oder zu überspielen, dass jeder, sie und mein Vater, mit seinen Wunden, seinen Wünschen, einem Lebenstraum, letztlich allein war. Die äußere Not nach dem Krieg, der Mangel an Nahrung und Wärme, und etwas später der an Geld, Wissen und Schönheit ist das Siegel über der inneren Not, die dadurch kaum zur Sprache kommt, höchstens zum Ausbruch. Die nicht sichtbaren Wunden aus dem Krieg (die von Millionen, meine Eltern eingeschlossen) sind auch in den Nachkriegsjahren noch ein unbetretenes Gebiet. Alle Anstrengungen zielten darauf, fremdes Gebiet zu erobern und die Eroberer schließlich zurückzudrängen, und das Reich der geheimen verwundbaren Stellen, zu denen man Zuflucht nimmt, wenn einem sonst nichts gehört, blieb sich selbst überlassen (oder klang nur in einem Lied wie Lili Marleen an); die, die das Terrain der Gefühle seit Beginn des Jahrhunderts betreten hatten, waren entweder emigriert oder mehr als mundtot gemacht worden. Neben einem Wissensmangel ist es auch der Mangel an eigener begriffener Sprache, der die Berichte einer Glücksbesessenen, meiner Mutter, über ihre Ehejahre durchzieht, ein Mangel aus dem Überfluss an Bühnensprache, die sich beliebig einsetzen lässt; immer wieder spielt sie junge Damen mit überspannten Worten für überspannte Gefühle, über tausendmal etwa in Oscar Wildes' Idealem Gatten, Abend für Abend auf jeder ungeheizten Bühne Norddeutschlands.

Es bestand kein Mangel an Wörtern, und so gab es sie auch im Überfluss in dem Sommer, als die Schauspielerin und ihr kleiner Kavalier durch Kitzbühel ziehen und er wildfremde Damen zu grüßen hat, mit einem Diener und der Anrede Gnädige Frau, wobei ein leises Gnä' Frau genügt; immer zur Teestunde geschieht das, nach längerem Sichfeinmachen in dem Gasthofzimmer, in das man mittags aus der Badeanstalt Seebichel geflüchtet ist, wenn dort alles zu viel wurde, die Leute, die Sonne, die Fliegen. Das Zimmer unter dem Dach mit seiner Mittagsluft zum Ersticken ist eine Höhle, in der man die Welt hinter sich lässt; das Infantenkind hockt zwischen den Kniekehlen der Mutter und folgt den eigenen Blicken, wohin sie fallen, mit seinen Fingern, mit dem Bleistift – im Übrigen ein Vorgehen mit links, wie ein verfrühter Triumph des geborenen Linkshänders, der unter Druck mit rechts das Schreiben lernen sollte (und gleichwohl bis heute nur mit der richtigen falschen Hand sich die Zähne putzt oder einen Regenschirm hält, telefoniert oder imstande ist, jemanden zu streicheln).

Die linke Hand, geschickter zwar, aber anfälliger für Versuchungen, gehörte der Mutter, die andere, unbeweglichere, dafür mehr der Vernunft verbunden, dem Vater. Ihm fehlte das rechte Bein, nicht das linke, und seine Erfahrung war, dass man nicht den Mangel auf der einen Seite durch besondere Artistik auf der anderen ausgleichen kann, es blieb immer ein leichtes Hinterherhinken mit dem Holzbein – für den kleinen Sohn ein Mysterium, besonders der Halt des schweren hölzernen Beins am narbenfaltigen Stumpf. Und jedes seltene Wort des Vaters über den Verlust des richtigen Beins, etwa dass ihm bei einer Schlacht im Winter ein Stahlsplitter von seinem getroffenen Panzer ins Knie gedrungen sei, ohne dass er mehr gemerkt habe als etwas Warmes im Knie, wiegt wie die wenigen Worte der Mutter in dem gemeinsamen Mittagsbett. In das Kind aber dringt damit ein Stück Sprache, an dem es sich fortan bis zur stillen Ekstase reiben kann, wenn es an das fehlende Bein des Vaters denkt, wie es wohl ausgesehen haben mochte und wie sich der narbige Stumpf anfühlt, oder wenn es das mütterliche Schlaflied echohaft nachsingt, um sich an Nachmittagen ohne Anfang und Ende, die Schauspielerinmutter bei der Probe, aufzulösen in der inzwischen elterlichen Wohnung am sogenannten Grindelberg. Guten Abend, gute Nacht, mit Rosen bedacht, mit Näglein besteckt, schlupf unter die Deck': Morgen früh, wenn Gott will, wirst du wieder geweckt, morgen früh, wenn Gott will, wirst du wieder geweckt. Ganz und gar unbegreifliche Worte sind das (alte Volksworte aus Des Knaben Wunderhorn), Rätselbilder, Rätselwörter, mit Rosen bedacht, mit Näglein besteckt. Abend für Abend singt Damemammi, zurück von der Probe, am Kinderbett mit leiser, vom eigenen Gesang gerührter Stimme diese Zeilen, bis damit Schluss ist, sie abends wieder Theater spielt. Doch das Kind weiß sich zu helfen, es singt einfach selbst, es bemuttert sich. Morgen früh, wenn Gott will, wirst du wieder geweckt, singt es gegen die Wand gedreht, eine Tapete mit den Konturen von Segelschiffen. Der Glaube an die, die ihn abends in den Schlaf singt, und sein Glaube an Gott sind durch nichts zu erschüttern, auch nicht durch das Alleinsein, ja, sein Ertragen des Fehlenden zeigt nur das Weitreichende der Mutter, ihren beruhigenden Schirm, sonst würde es ja in der Wohnung toben, treten, sein Spielzeug kaputt machen und müsste, wie alle Unartigen, in den Kindergarten und könnte nicht mehr an der Hand seiner großmütterlichen Hüterin nach Belieben durch den nahen Innocentiapark bummeln und sich über die, die dort in Reih und Glied unter Aufsicht eines ältlichen Fräuleins marschieren, lustig machen: Kindergarten, Schweinebraten! Also lieber vor sich hin singen, zur Tapete gedreht, lieber all die Schiffe zählen und ihre Linien mit dem Finger nachfahren.

Im Leseraum des kleinen alten Hotels, in das meine noch jungen Eltern vor dem Leben geflüchtet waren, ohne die Flucht zu bemerken, nur ihr unverhofftes Glück während der letzten Sonnentage an der Blumenriviera, einem holzgetäfelten Raum mit Messingschildchen an der Tür, camera dei libri, fand sich, zwischen Liebes- und Kriminalromanen in den verschiedensten Sprachen, auch ein Werk von Freud auf Italienisch, Psychologie des Unbewussten, Psicologia dell'inconscio, eine alte Ausgabe, gut erhalten. Und ihrem Erscheinungsjahr nach, dem meiner Geburt, könnte sie längst in der kaum geordneten Büchersammlung der camera dei libri gestanden haben, als meine Eltern in dem Hotel waren, mein Vater sich auf dem Balkon sonnte, Wein und Zigaretten bei der Hand, und meine Mutter mit Sicherheit auch im Leseraum saß, am bevorzugten späteren Nachmittag in einem von drei Sesseln, kaum jünger als die Freud-Ausgabe – vom Sohn Seite für Seite durchgesehen, als wäre darin ein Hinweis zu finden, eine Art Bücherflaschenpost, die nicht nur beweisen könnte, dass seine junge Mutter hier war, sondern auch belegen, dass ihr der Name Freud zu der Zeit schon etwas sagte und sie vielleicht, obwohl es eine italienische Ausgabe ist, glaubte, beim Blättern darin würde sie daraus etwas anwehen: ein Hauch von Verständnis für sich selbst, das Unglück hinter ihrem Glück in diesen Tagen.

Der Sohn hat es da leichter, er ist damit erwachsen geworden, sich weit zurückzuerinnern, und weiß, dass jeder Blick auf das eigene früheste Glühen ein Lüften von Vorhängen ist, ohne dass sich je die ganze Bühne von einst öffnet – und dass der große Wiener Erinnerungsforscher durch die neue und zugleich mythische Sicht auf das erste Liebesgeschehen ebenso viel Verwirrung gestiftet hat wie Wege bereitet, sich diesem Geschehen erzählend zu nähern. Und damit weiß er auch, dass jedes Erzählen von Eigenem immer ein Stück Theater ist, es gibt kein Jenseits davon, man selbst ist Teil der Handlung und führt sein altes Drama auf. Da ist der gültige Sommer, da sind die Berge und der Moorsee und die hölzerne Badeanstalt; und da ist mittags, im gedämpften Licht, der Körper der jungen Schauspielerin, die auch die Mutter gibt, den Text dazu kennt, die Lieder, die Gesten, den Sohn erst gewähren lässt, dann in den Schlaf singt, ihm die Idee der Liebe zu ihr souffliert, bis er, liebestextsicher, auf seiner unsichtbaren Bühne steht – die noch im selben Sommer zu einer sichtbaren wurde.

3

Am dritten August neunzehnhundertzweiundfünfzig entsteht
in einem Filmstudio bei Hamburg ein Foto des Unkinds oder
Infanten, das zu seiner Bühne wird. Es trägt alle Merkmale des
Professionellen, in der Bildschärfe wie auch der eingefangenen
Geste zweier applaudierender Händchen; deren Zwischenraum
aber füllt, genau im Moment der Belichtung, die legendäre
Rechte des damals wie heute größten deutschen Boxers, nur
leicht bewegungsverwischt, darüber der ikonenhafte Schädel,
gut ausgeleuchtet. Und professionell ist auch das Format, vierzehn mal zwanzig, später seitlich beschnitten, um das Foto
jederzeit aus der Tasche ziehen zu können, Das hier bin ich!
Ein Autogramm auf der Rückseite ist zum Glück vollständig
geblieben – Max Schmeling, Hamburg, den 3. 8. 1952.

Meine Mutter hatte Verbindungen zu einem Besetzungs-
büro, dort suchte man für einen der erbaulichen Filme jener
Zeit ein Kind, das an Schmelings Seite als kleiner Zuschauer in
einem Zirkus zum Ausdruck bringen sollte, dass es dem Land
wieder gut geht und Kinder unerschrocken in die Manege des
Lebens blicken können; offenbar war ich geeignet dafür. Der
Film hieß Keine Angst vor großen Tieren, und die Hauptrolle
spielte Heinz Rühmann als verhuschter Büroangestellter, der
immer den Kopf einzieht, bis er unerwartet zu einer Erbschaft
kommt: drei Zirkuslöwen. Aber der stärkste Löwe ist natürlich
der Mann, der Joe Louis besiegt hat – vor kurzem lag der Film
als DVD auf einem Gabentisch, und das Kind von einst neben
dem Boxer hat ihn erstmals bewusst angesehen, sein Auftritt
dauert nur Sekunden. Rühmann als Erbe hat sich auf der

Suche nach den Löwen in die Manege verirrt, wo der Messerwerfer gerade loslegen will, nur fehlt noch die Schöne, um die alle bangen sollen, aber da steht das Inbild des tapferen kleinen Mannes plötzlich vor der runden Scheibe, und schon fliegen die Messer; Schnitt auf eine Loge am Manegenrand: In höchster Erregung wirft ein neben dem berühmten Boxer sitzendes Kind – in dem ich mich augenblicklich erkannte – seine Ärmchen in die Luft und ruft mit hellster Stimme: Onkel Max, Onkel Max, warum trifft er den Mann denn nicht?, während Schmeling in der Szene kein Wort sagt, nur unter den buschigen Brauen hervor auf das Geschehen im Ring sieht.

Das Foto, das im Laufe des Drehs – er soll sich über einen ganzen Tag erstreckt haben – entstanden ist, hält die Wahrheit eines Moments fest, nicht die Erinnerungen, die anfangs noch damit verbunden waren, sie sind erdrückt worden. Das Filmkind in der Loge ist ohne Geschichte, neben der Boxlegende ist es bloße Zugabe mit Baskenmützchen, entblößend aus der Stirn gezogen, sein Blick geht ins Nirgendwo, aus großen und dennoch leeren Augen. Ein Bild, das nichts erzählt, nur zeigt, was man sieht: vorn die Begrenzung der Loge, bespannt mit vermutlich rotem Samt, dahinter die beiden Akteure, links das Kind im Pullover, aus dem ein weißer Kragen ragt, über dem Kragen kaum ein Hals, das Gesicht dafür mit Pausbacken und hübschem Mündchen, leicht nach unten gebogen, mit schmaler Nase und einem starren bis gleichgültigen Blick; und über den Augen eine blanke Stirn und das, was man Pagenfrisur nannte (der Erwachsene sträubt sich, etwas von seinem späteren Gesicht darin zu sehen, am ehesten den Kinnspalt und die Mundwinkel). Das Gesicht des Idols aber gibt nur, tautologisch, das allseits Bekannte wieder; Schmeling, Ende vierzig auf dem Foto, hat noch den festen Blick unter den Brauen und auch den leicht geöffneten Mund, stets darauf aus, Atem zu schöpfen, ist immer noch Boxer, obwohl er im Mantel dasitzt, mit Schlips, ein stattlicher Mann, der mit dem Kind applaudiert und doch die Faust zeigt. Das Foto erzählt weiter nichts, es ist geheimnislos; nur in einer dritten Person im Bild, schräg hinter Schmeling, hager, mit wirrem Haar, lauert eine Geschichte: Sitzt sie dort zufällig oder hat sie eine Funktion? Ist es ein Mann oder eine Frau? Etwas Maskenhaftes geht von ihr aus, als würde sich ein Unheil in ihr verbergen, und sie sitzt dort nur, glaubte ich als Kind, weil sie auf mich wartet. Ohne diese Person im Hintergrund – wie dem Theaterstück Draußen vor der Tür entsprungen – hätte das Foto in seinem Offenkundigen, Geheimnislosen etwas Pornografisches; mit ihr aber enthält es ein Stück der Nachkriegswelt dieser Jahre.

August zweiundfünfzig, ein sonniger Monat in Hamburg, Balkonzeit, und die elterliche Wohnung in einem Klinkerbau vier Stockwerke über dem Holi-Kino (wo sich heute noch der Vorhang öffnet) besaß einen Balkon mit Blick auf die Grindelhochhäuser; er lag halb nach Süden und war ideal für Sonnenbäder, auch wenn die Sonne durch ein Gitter fiel, vom Vater angebracht, damit das kleine Filmkind nicht über die Brüstung stürzen konnte. Und in einer dieser Sonnenbadstunden entsteht ein Foto von Vater und Sohn, aufgenommen von der Mutter, inzwischen schon im siebten Monat, ein Schnappschuss, der mehr enthält, als er zeigt. Man sieht von ihrem Mann nur Kopf und Schulter und einen Arm, er verstand es, seinen Stumpf zu verbergen, und auch ihr Augenstern hat keine Beine im Bild, nur einen Oberkörper und ein Gesicht, fast weiß vor Licht. Das Söhnchen, wie der Vater es nennt, trägt eine Sonnenbrille mit runden Gläsern und auf dem Kopf ein an den Enden verknotetes Taschentuch als Maßnahme gegen die Sonne. Der so durch Brille und Taschentuch Geschützte ist ein wie vom Himmel gefallenes hellhäutiges Wesen ohne Geschlecht; der gebräunte dunkelhaarige Vater ist hingegen eindeutig männlich (zwei Beine, und die Ufa hätte Verwendung für ihn gehabt). Sein starker Arm hält das Sohnesärmchen, das schwächere rechte, ja schient es geradezu – denkbar, dass es mir dadurch leichter fiel, später mit rechts Schreiben zu lernen, das Opfer der geschickteren Hand zu bringen, die dafür die bleibende Hand für das Zeichnen wurde, abgeschaut von einem Vater, der bei jeder Gelegenheit nebenher gezeichnet hat.

Das Foto entstand von der Balkontür aus, denn es zeigt im Hintergrund ein Stück der Grindelhochhäuser und auch etwas von der Hausreihe vis-à-vis, mit einem Lokal im Erdgeschoss; dort soll die Taufe gefeiert werden, ein Beschluss an diesem Tag, der wohl ein Sonntag war. Und endlich hört der Vierjährige mit geheimen Rechten auf den Körper der Mutter aus ihrem Mund etwas Genaueres über sein künftiges Geschwisterchen, das er wahnsinnig liebhaben wird. Noch sei es beschützt im Bauch, wo es sich schon bewege, Du darfst mal fühlen, fühlst du es? Und er fühlt, was er bald wahnsinnig liebhaben wird, ein gespenstisches Drängen aus dem Körper, der ja eigentlich sein Ort ist, sein Nest. Noch glaubt er an eine Welt mit sich als Dirigenten, zumal der Vater ihn mit etwas Taktstöckchenartigem in der Hand liebevoll gezeichnet hat, eine kolorierte Arbeit auf Karton: Der Linkshänder hält in seiner Linken das Stöckchen und in der anderen Hand einen zierlichen Topf, in dem etwas zu sein scheint, das er zeigen möchte, nur nicht hergeben will. Der Topf ist wie ein Körperteil, ebenso der Stock, ohne beides stünde er mit leeren Händen da.

Es ist ein Bild im Format dreißig mal vierzig, gut erhalten hinter Glas im Originalrahmen, der Rahmen aber so marode, dass er neu verleimt werden musste. Und da fanden sich zwischen einem hellen Karton, dem Träger der Zeichnung, und einer rückwärtigen Pappe lose Seiten einer sechzig Jahre alten, schon bröseligen Filmvorschau zur weiteren Stabilisierung des Kartons, der Film-Revue, die mein Vater nach dem Krieg in

Hamburg begründet hatte; sein Talent für Werbung und mehr noch für ein zeichnerisches Gestalten lässt der junge Kriegsheimkehrer dann jedoch bald außer Acht zugunsten des Traumes, ein Fabrikant von medizinischen Apparaten zu werden.

Aber das Söhnchen ist nicht nur gezeichnet worden, es hat dieses andere und doch genauso stille Tun mit einem Bleistift, seine spitze Seite nun in Richtung des Blicks, eben auch übernommen und damit den Trost durch die Kunst entdeckt. Der kleine Zeichner, tagsüber nur in Gesellschaft von Papier und Stift, entwirft Ozeanriesen im Querschnitt, die Salons, die Kabinen, die Brücke, den Ballsaal und das Bordtheater, die vielen Gänge, Treppen und Fluchtwege, den großen Schiffsbauch mit dem Vorratslager und dem Maschinenraum. Es ist ein Tun in absoluter Konzentration, um sich selbst nicht zu spüren, ja sich aufzulösen im Zeichnen, und wenn die Mutter abends von der Probe kommt – sie spielte noch im achten Monat –, dann schreibt sie, nach Vorschlägen des Zeichners, als letzten Akt, dem der Taufe, den Schiffsnamen an den Rumpf, Bismarck oder MS Hamburg oder Queen Mary. Ist die Zeichnung aber besonders gelungen, hat das Schiff Formen und Salons nach ihrem Geschmack, schreibt sie auch den eigenen Namen hin, vom zeichnenden Kind nie in den Mund genommen, um sie damit anzureden – und im Klang und Schriftbild dieses Namens liegt nach wie vor so viel Intimes, dass noch der erwachsene Sohn Ohren und Augen davor verschließt. Im Übrigen aber hat keine seiner Schiffszeichnungen überdauert, alle sind untergegangen im Meer der Zeit, die meisten schon einen Tag nach Fertigstellung, damit sie nicht herumliegen im Kinderzimmer (der Papierkorb war für meine Mutter bis zuletzt ein Objekt der Erlösung: Was ihr zu viel wurde, sollte in ihm verschwinden, er selbst aber durfte nie voll sein; also auch ein Objekt der Paradoxie, mit dem sich der eigene Widerspruch zwischen Bewahrenwollen und Belastung durch das Bewahrte auf die Spitze treiben ließ). Papier und Bleistift sind die Dinge, über die der Vierjährige Macht besitzt, wenn er zeichnet, eine räumlich und zeitlich begrenzte Macht, die sich noch während seiner Alleinherrschaft, ohne Geschwisterchen, im Hamburger Hallenbad Kellinghusen ausdehnt. Er soll dort früh das Schwimmen lernen, was aber misslingt, dafür entdeckt er die Schrift. Rauchen verboten! steht groß an der Wand hinter dem Becken, und kaum dass ihm die Buchstaben einzeln vorgesagt worden sind, kann er beide Worte, lesend, sehen, ein berauschender Moment. Von da an beginnt der Nichtschwimmer, nur auf der Grundlage dieser paar Buchstaben, seine Macht zu erweitern, eine Macht, die weder zeitlich begrenzt ist noch von Papierkörben bedroht wird, ja, die sich sogar abends im Bett in Gedanken noch steigern lässt: Wenn er sich die gelernten Buchstaben vor Augen führt, als kleine schlagfertige Truppe zu seinen Diensten, und daraus Wörter bildet oder rekrutiert – haben, raten, tauchen, Bauch –, Wörter, die ihm als Besitz erscheinen wie der eigene Name aus zwei Mitlauten und zwei Selbstlauten.

Eine Vorform des Schreibens, schon mit der Falle, die in jedem Schreiben, auch dem fantasierten, steckt: Der Vierjährige ist Gefangener seiner Wörterspiele vor dem Einschlafen, er ist der Gesprochene, nicht der Sprechende. Und so ist es auch an den hellen endlosen Nachmittagen, wenn er in seinem Kinderzimmer am Tischchen sitzt und tut, als könnte er bereits einen Schreibstift führen, die väterlichen Schwünge auf einem Blatt Papier nachmacht, eigentlich aber die Mutter herbeizwingen will und schließlich, ersatzweise, die gerundeten Buchstaben seines Namens zeichnet. Der kleine Künstler rüstet sich für ein Schwesterchen, von dem jetzt die Rede ist; noch vor ihrer Geburt im November kann er seinen Namen schreiben, mit der für ihn falschen Hand. Die erste Aneignung von Schrift gelingt durch die so schlichten und doch welterschließenden Buchstaben des eigenen Namens, letztlich umrandeten Leerstellen, spricht man sie aber geschlossen aus, bekommen sie ihren vollen Klang. Und wenn die großmütterliche Hüterin des Schreibnachahmers den Enkelnamen gar wienerisch abwandelt, schraubt sich dieser Klang in betörend opernhafte Höhen.

Der Herr an der Rezeption des Hotels Beau Sejour – ein Herr im Sinne meiner Mutter, graue Schläfen, feine Züge, Manieren – erkundigte sich in gutem Deutsch, als ich die Nebenkosten der ersten Tage bezahlte, ob auch mein Vorname etwas bedeute, wie mein Familienname, und ich sagte, möglicherweise, aber ich wüsste es nicht, womit das Thema eigentlich beendet war, er aber kam auf Vornamen im Italienischen, die immer eine Bedeutung hätten. Und von da kam er auf Opern, die mit solchen Namensbedeutungen spielten, ja stellte sich überhaupt als Opernfreund heraus, was in der stillen Mittagsstunde an der Rezeption dazu führte, dass ich von meiner Großmutter anfing, einst Sängerin an der Wiener Oper, bis sie durch Heirat mit einem Wehrmachtsoffizier nicht mehr auftreten konnte, weil Korpsgeist und Tingeltangel, der auf einer Opernbühne eingeschlossen, nicht zusammenpassten. Auch darüber sprach ich, dankbar, dass jemand zuhörte, das leise Murmeln beim Schreiben unterbrochen war, abgelöst von echtem Reden, bis auch das unterbrochen wurde. Eine ältere Dame – keine im Sinne meiner Mutter, dafür war sie zu italienisch ausstaffiert, knapp am Rande des guten Geschmacks – nahm den Rezeptionisten, sechzig mochte er sein und erinnerte mit einem leichten Silberblick an den Filmschauspieler Vittorio Gassman in Der Duft der Frauen, überfallartig in Beschlag. Es blieb nur der Rückzug in das Zimmer, das meine Eltern vor sechzig Jahren bewohnt hatten, die Fortsetzung der Arbeit an dem Balkontischchen bei noch immer bestem Wetter – vierundzwanzig Grad, wie das Smartphone zeigt, mit schwachem Wind von Südwest.

Noch vor dem ersten Winter nach dem Krieg war die einstige Primadonna, meine baldige Großmutter, ihrer Tochter und deren Mann nach Hamburg gefolgt und wohnte seitdem in der Greflingerstraße im feinen, kaum zerbombten Stadtteil Winterhude, nur an seiner weniger feinen Grenze – die Greflingerstraße lag und liegt gegenüber einer Hochbahnstation. Sie hatte ein düsteres Zimmer mit Fenster zum Bahndamm, Teil einer großen Wohnung und auch noch nachkriegsdüster, als der Enkel, ihr Menscherl, dort seine Wochenenden zubrachte und mit diesem Zimmer erste Bilder der Welt aufnahm. Die Wohnung gehörte einer Familie Engel mit zwei Buben, Karlo und Thomas, von der Untermieterin mit ein paar Groschen dafür bezahlt, dass sie mit dem, der nie einen Kindergarten besucht hat und andere Kinder als Fremdkörper ansah, spielten: ein Scheintrio, einmal sogar fotografiert vor dem Haus, im Hintergrund der Hochbahndamm. Das Logierkind steht zwischen den Brüdern, die sich lächerlich gleichen und sonntäglich gekleidet sind, mit einer Schneiderin als Mutter; ihre Hosen haben Bügelfalten, die Jacken sitzen, und sie tragen Pudelmützen. Der Dritte aber im Bild, einen Kopf größer, hat Hochwasser und keine Bügelfalten und ist in ein knittriges Mäntelchen gezwängt. Alle drei sehen in die Kamera, als stünden sie auf einem Bahnsteig und ein Zug mit ihren Eltern würde eben abfahren, und sie versuchten, gefasst zu bleiben.

An meinen Exiltagen in der Greflingerstraße gab es die Eltern nicht mehr, sie hatten ihr eigenes Wochenende, eingeläutet mit dem passenden Lied, gesungen vom Vater in verkürzter Version, Wochenend und Sonnenschein, und dann mit dir im Wald allein, weiter brauch ich nichts zum Glücklichsein. Tief im Wald nur du und ich, und der Herrgott drückt ein Auge zu, denn er schenkt uns ja zum Glücklichsein Wochenend und Sonnenschein – Worte, die mitkamen in die Greflingerstraße, die den kleinen Exilanten bestärkten: Der Herrgott, der ein Auge zudrückt, das war der Gott, den es brauchte in dem düsteren Zimmer. Was dort geschah, bedurfte höherer Nachsicht, der eines gütigen Himmelsvaters, an den die Bewohnerin glaubte. Ihr Zimmer war ein Reich, in dem alles erlaubt war, klein und doch grenzenlos, dunkel und doch hell, dazu erfüllt von den verschiedensten Gerüchen, nach Eierlikör, Puder und warmer Milch, nach Kölnischwasser und Bettzeug, aber auch erfüllt von allerlei Geistergeschichten, aufgelöst mit kicherndem Lachen oder leisem Gesang, und das Ganze Wand an Wand mit einem Phantom, in den Wirren nach dem Krieg, etwa zur selben Zeit wie die verwitwete Sängerin, einquartiert in der Engel'schen Wohnung. Das Besuchskind hat diesen Aftermieter, wie er genannt wurde, nie bewusst zu Gesicht bekommen, er blieb immer ein Name, Dr. Branzger, dem kleinen Gast für alle Zeit eingeschrieben: als Name des Abwesenden. Und je mehr sich der, der hier erzählt, auf seine frühen Hamburgjahre konzentriert, desto naheliegender erscheint es, dass hinter der Rückwand des Zimmers das Wohnquartier jenes SA-Zahnarztes lag, den die noch recht vitale Kriegerwitwe, Mitte fünfzig zu der Zeit, ja schon in Wien erhört hatte, einer recht zweifelhaften Ausstrahlung erlegen; dass dort also derjenige hauste, ohne den das Kind im Zimmer zur Straße – schaurige Vermutung fast ein Menschenleben später – gar nicht zur Welt gekommen wäre und auch nichts vermuten könnte.

Es waren umschlingende, weibliche Wochenenden in dem Zimmer, ganz unter dem Zeichen des Nachgiebigen und der Verzückung. Der kleine Gast durfte alles und wurde für jede Lebensäußerung an ein großes Herz gedrückt. Er fühlte sich getragen von breiten Hüften und vollen Brüsten, einer kräftigen, regelmäßig geschnäuzten Nase und dem Wienerischen in der Stimme seiner Hüterin, immer noch die einer Sopranistin. In dem Zimmer stand ihr alter Flügel, der alles noch höhlenhafter machte mit seinem Schwarz; doch sobald sie ihn aufklappte und im Stehen ein paar Takte aus Madame Butterfly spielte und daraus die wehmütigste Arie der Butterfly anstimmte, Un bel di, vedremo, verbreitete sich ein Licht, das den Enkel auf dem Sofa die Hände falten ließ. Da saß ihr geschrumpftes Publikum, einer für all die Anbeter, die einst in den teuersten Logen saßen, und sie schöpfte noch einmal aus ihrer großen Vergangenheit und sang die Melodie meiner noch heute verlässlichsten Tränen, nur war es wohl auch ein akustischer Auftritt für den phantomhaften Mitbewohner. Der einzige Zuschauer aber, seine Hüterin am Flügel erlebend, biss sich so in die gefalteten Hände, dass sie nach der Arie verarztet werden mussten, nämlich lange gestreichelt, und dabei erfuhr er, was die Wehmut ausgelöst hatte. Eines schönen Tages werden wir sehen, wie eine Rauchsäule über dem Meer aufsteigt am fernen Horizont, und es erscheint ein Schiff (schon wieder die Macht der Schiffe, auch im Libretto, übersetzt für den Gestreichelten). Dann wird das weiße Schiff in den Hafen einlaufen, und ein Salut wie Donner wird erschallen, da siehst du ihn schon, und er wird Schmetterling aus der Ferne rufen, Butterfly! Nun hatte auch die frühere Sängerin nasse Augen, sie kam nicht an gegen das Wort Butterfly; und umschlungen im Halblicht des Zimmers mit dem Bett in der dunkelsten Ecke weinten sich Großmutter und Enkel selig in den Schlaf.

Die zwei, drei Abende in der Greflingerstraße, Freitag und Samstag und oft auch noch der Sonntag, sind Abende ohne Maß, ohne Zeit. Und ebenso verfliegen die Stunden davor, mit Spaziergängen in der Umgebung und dem Unerschöpflichen der großmütterlichen Geschichten, mal aus dem K.-u.-k.-Wien ihrer Jugend, ergänzt von melodischem Summen, Im Prater blühen wieder die Bäume, mal aus der Oper und von den Séparées nach der Oper, Heut gehen wir ins Maxim, da sind wir ganz intim, dazu ein Augenzwinkern, und oft sind es auch Geschichten aus den Garnisonsorten ihres gefallenen Majors.

Sie erzählt von entlegenen Provinzstätten an den Grenzen zu östlichen Ländern, der Slowakei oder Polen, Stätten mit verwunschenen Schlössern, immer etwas abgelegen, und im verwunschensten will sie allein übernachtet haben, in ihrem Zimmer besucht von einem Untoten in Paradeuniform, dem größten Gemälde im Waffensaal entstiegen, das ihn als Lebenden zeigt; sie hat Geschichten parat von sprechenden Hunden, die zu den Schlössern gehören, und jüdischen Schmugglern in den Wäldern zur Grenze, von gemeuchelten Gendarmen und verkauften Mädchen, von treuen Pferden und treulosen Reitern und einer Sippschaft blaublütiger Nichtstuer, mit denen die Stabsoffiziere der Garnison verkehrt hätten, an jedem freien Abend, um in der Provinz nicht den Verstand zu verlieren (in meinen Jugendlesejahren alles bei Joseph Roth wiedergefunden). Der Enkel aber, auf den Spaziergängen stets an der großmütterlichen Handnabelschnur, verlor sich in diesen Erzählungen: Sie hoben die Zeit und den Raum auf, wie es bald darauf nur das Kino vermochte, die bewegten Bilder, und schufen damit eine eigene Welt in der Welt; in all den Geschichten, wie eingeträufelt durch die Hand, die warm die Enkelhand umschloss, galt eine weiche Zeit, nach Worten bemessen und nicht nach Minuten, eben die Zeit des Erzählens.

4

Das Kino war schon früh ein heimlicher wie auch unheimlicher Ort, den Erwachsenen oder älteren Kindern vorbehalten, aber für mich schienen besondere Rechte zu gelten. Ich musste nicht bis zum sechsten Lebensjahr warten, um an der Hand meiner Hüterin einen solchen Ort betreten zu können, in einer Gegend von Hamburg mit noch vielen Ruinen und halben Gebäuden. Und an einem dieser versehrten, wie von Bergen aus Schutt gestützten Häusern stand quer über die obere, frei stehende Fassade das Wort Kino, dem Vierjährigen vorgesprochen und als Schriftbild ein für alle Mal mitgegeben, verbunden mit einem dramatischen Plakat für den Film Tom Sawyer unter den vier roten Buchstaben von Kino. Die Hüterin ihres Enkels löste zwei Karten und schleuste ihn in einen menschenvollen und schon dunkel werdenden, wie einem Traum, der zugleich gut und böse ist, entnommenen gewölbten Saal – ein Samstagnachmittag zwischen Winter und Frühjahr, regnerisch wohl und kühl; das wahnsinnig liebzuhabende Schwesterchen ist bereits Monate auf der Welt, aber abwesend, desgleichen die Eltern. Aus den Augen, aus dem Sinn sind Mutter und Vater, umso mehr hat der Jüngste in dem Kino Augen für das Mysterium der bewegten Bilder. Und er verliebt sich sogleich in das Mädchen Becky, in das auch Tom Sawyer in aller Unschuld verliebt ist, und gerät in Aufruhr, als Becky, verirrt in einer immer verzweigteren Höhle, von Indianer-Joe, sein Messer zwischen den Zähnen, verfolgt wird, ohne dass Tom, wie es scheint, sie noch retten könnte. So mitgenommen und bestürzt ist das Zuschauerkind, das ohne andere Kinder vor

sich hin wächst – noch zählte meine Schwester nicht –, dass es
seine Hüterin drängt, die Höhle der übermächtigen Bilder un-
verzüglich zu verlassen, und so endet dieser erste Kinobesuch
mit einem Rückzug, der zugleich ein Vorpreschen ist: als gelungene Flucht in das Reale der Hamburger Nachkriegswelt.

In dem Fall war es eine dämmrige Gaststätte unweit des
Kinos, davor eine Bierkutsche mit vier Pferden, damals kein
seltenes Bild, und die besorgte Großmutter flößte dem noch
zitternden, noch nicht dem Geschehen auf der Leinwand entronnenen Enkel kräftige Schlucke von ihrem Bier ein, damit er
sich beruhige – da gibt es noch Bilder des schäumenden Biers,
bewegt wie die im Kino, von Schaum, der mir über Kinn und
Hals lief, und dass wir mit der Hochbahn nach Hause fuhren,
zur Greflingerstraße, wo in der Abwesenheit der Eltern und
dem mir unklaren Verbleib des Schwesterchens mein Zuhause
war, und dass ich dort gleich ins Bett ging, angeblich mit Fieber; eigene Erinnerung und spätere Erzählung mischen sich
hier, zugespitzt sogar in einem Wort: Nachthemd oder Hemdteremtemmtemm. Als der kleine Patient am nächsten Mittag
aus dem Bett sollte, durfte er sein Hemdteremtemmtemm anbehalten und genoss weiter den Krankenstatus, jetzt auf dem
Sofa, weil das gemeinsame Bett bis zur Unkenntlichkeit verdeckt wurde, so, als gäbe es noch ein Schlafzimmer, und der
Raum, in dem sich Großmutter und Enkel aufhielten, wäre das
Wohnzimmer mit Sofa, Tisch und Flügel. Grund des Ganzen
war ein monatlich stattfindender Besuch von zwei, drei Damen
am Sonntagnachmittag zu Kaffee und Kuchen und anschlie-
ßendem selbstgemachten Eierlikör, Bekannte aus besseren Tagen, durch den Krieg nach Hamburg verschlagen wie die Gastgeberin aus Wien. Und zur Stunde des Likörs kommt es zu
einer Szene, die auch viele Jahre danach noch im kleinen Fami-
lienkreis erzählt werden sollte, als früher Höhepunkt in der
Saga von Großmutter und Enkel – eine Szene, die ganz aus der

Erzählung besteht, ihrer Legende in mehreren Kapiteln. Da ist die Flucht aus dem Kino, das hilfreiche Bier und das schon am Abend ausbrechende Fieber; da ist der lange Schlaf des Erschütterten, mitgenommen auch am nächsten Tag noch, halb bettlägerig im Hemdchen; und da ist das Tarnen des Betts und der Besuch der Damen am späteren Nachmittag, und erst jetzt läuft die Geschichte auf ihren Höhepunkt zu: Die Damen sitzen mit der Gastgeberin beim Likör, und im Hintergrund erklimmt das Kind den Flügel, splitternackt, ein Wort, das in keiner Wiedergabe des Geschehenen gefehlt hat. Es sind nur diese wenigen Schlüsselwörter, aus denen sich die Geschichte wieder zusammensetzen lässt, die sie erzählbar machen, sogar auf Ort und Zeit und die näheren Umstände verweisen.

Hamburg, sieben Jahre nach Kriegsende, ein später Sonntagnachmittag, die Stunde vor dem Abend, eine Einzimmerwohnung im Parterre mit Fenster zur Straße, gegenüber eine Hochbahnstation. Der Raum wird nach hinten hin immer lichtloser, im Halbdunkel ein schwarzer Konzertflügel, Bösendorfer; auf dem Hocker davor ein Vierjähriger im Nachthemd, er weiß nicht so recht, wie es weitergeht, soll er etwas klimpern, soll er etwas turnen, soll er sonst wie zur Unterhaltung beitragen. Sein Publikum sitzt im helleren Bereich des Zimmers um einen Tisch, drei reifere Damen mit Dauerwellen, Offizierswitwen alle. Die Gastgeberin macht dem Kind, ihrem Enkel, ein Zeichen, Bitte schön, etwas Theater! Und der Enkel steigt zuerst auf die empfindlichen Tasten, ein Klimpertusch, der ihm gleich alle Aufmerksamkeit sichert, die Damen am Tisch applaudieren; von den Tasten klettert er, käferhaft, auf den Flügel selbst, wobei sich das Nachthemd am Notenhalter verfängt, ein Malheur, wie es später in der Erzählung heißt. Schon wird das Hemd von der Zierleiste an dem Halter gleichsam hochgezogen, gelüftet bis über den Nabel, und der Applaus hört nicht auf, und schon ist auch das ganze Hemd abgestreift, da hat das Kind wohl etwas nachgeholfen; es tut alles, um die Damenwelt am Tisch zu unterhalten, von keiner Scham gebremst, als spielte es nur Theater. Die Erinnerung an diesen Akt ist so genau wie verwischt, die Bilder sind zu Sätzen geworden, die Sätze wieder zu Bildern – das Kind, das ich war, steht nackt auf dem Flügel, in einer schon mehr schuldigen als unschuldigen, den Beifall immer noch weiter reizenden Hand sein kleines Geschlecht. Und dann zeigt es gar, was es damit kann, es erleichtert sich in einem Bogen von dem Flügel auf den Teppich. Es wiescherlt, wie es in der Erzählung, jeweils unter erstickendem Lachen hieß, dem Lachen von damals, als wäre es nie genug gewesen damit, einem Operettenlachen über die entgeisterten Besucherinnen, die ihre Gläschen mit dem Eierlikör abgesetzt haben und, eine Hand vor dem Mund, keine Worte finden für das Schauspiel auf der Zimmerbühne. Da gibt es nur Laute, nur Splitter von Worten für den Splitternackten; während die kleine Bescherung weggewischt wird, wird ihr Verursacher mit Entgeisterung überschüttet und darf, nachdem er wieder von dem Flügel geklettert ist, die Reste aus den Gläsern trinken, ja bekommt sogar nachgeschenkt, bis er auf das getarnte Bett im dunkelsten Teil des Zimmers fällt – vermutlich mein frühester Vollrausch.

In manchen Kindheitsstunden wurde mir schwarz vor Selbstüberhäufung, alle übrigen, höchstens von Ferne betrachteten in meinem Alter waren wie tot. Das Schwinden des anderen, für ein Kind sonst die schmerzliche Vereinsamung, war für mich völlig schmerzlos geschehen, in Watte gepackt auch durch Geschenke, die in meinem Exilreich in der Greflingerstraße immer schon bereitlagen, mal ein Aufziehauto, mal ein Brummkreisel oder ein kleiner Baukasten. Die Geschenke wurden den Engel-Brüdern wie Trophäen gezeigt, ja, ich ließ sie spielen damit, um wenigstens Neid zu erwecken, den Neid derer, die statt

Spielzeug nur Bügelfalten bekamen. Und stets war eins der Geschenke auf den Spaziergängen an der Hand meiner Hüterin dabei, sicher verwahrt in ihrer großen, immer mit sich geführten Tasche, dadurch dehnte sich das Exilreich aus, bis an die Alster oder in den Innocentiapark, für mich Der Zenzi, leicht hügelig und auf halber Strecke zwischen der Elternwohnung und dem Zimmer, in dem alles erlaubt war. Und als sich das Kind vom Kinofieber erholt hatte – während das Fieber von seinem Auftritt vor den Damen eher erhalten blieb –, entstand in dem Park ein Foto von Großmutter und Enkel.

Das alte Schwarzweißbild zeigt eine Frau mit Hut und Tasche, Mitte bis Ende fünfzig, in einem dunklen pelzbesetzten Mantel, vor der Brust einen geknoteten grauen Schal. Sie ist nicht groß, aber von Statur, und hat etwas von einer abgedankten Zarin; an ihrer Hand geht oder steht ein kleiner Junge in rockartigem Mäntelchen. Die beiden sind in einem Park, und offensichtlich naht das Frühjahr, man ahnt schon Knospen an den Büschen – die kleine Schwester war also längst auf der Welt, nur war sie nirgends zu sehen, es gab keinen Kinderwagen, den der Bruder gehalten oder im Auge gehabt hätte, während die Mutter vielleicht das Foto machte; aber sie konnte es auch gar nicht gemacht haben, denn die Eltern der Geschwister waren zu der Zeit nicht in Hamburg (das Foto ist datiert), sie waren auf einer Schiffsreise. Großmutter und Enkel sind also nicht nur auf dem Foto für sich, niemand stört ihre Innigkeit, die eines ganz umeinanderkreisenden Paares. Irgendwer musste aber an dem Tag mit in dem Park gewesen sein, dort auf den Auslöser gedrückt haben; und wenn ich das feine Lächeln der einstigen Primadonna und ihren Blick in die Kamera bei Lichte betrachte (dem ligurischen Licht auf dem Balkon des kleinen Hotels), einen beherrschenden Blick, in dem ebenfalls etwas fein Lächelndes liegt, ein Bitte, du darfst mir gern Komplimente machen, nur versprich dir davon nichts, kommt als Fotograf allein der phantomhafte Herr Branzger in Frage, der Mann, für den sie in ihrem Zimmer durch die Wand hindurch gesungen hatte und der für sie kein Phantom war, im Gegenteil, nämlich jener Wiener Zahnarzt, dem es dann gelungen wäre, die SA-Haut abzustreifen, und der sich einbilden konnte, dass ihm der Junge, den er an der Hand der Lächelnden mitknipste und auch sonst in Kauf nehmen musste, wenn er ihre Gunst behalten wollte, seine Existenz verdankt.

Die schon etwas ältere Dame, die meine Unterhaltung mit dem opernbegeisterten, ebenfalls schon älteren Herrn an der Rezeption des Hotels unterbrochen hatte, ist Amerikanerin, eine Mrs. Bennett. Sie ist auf der Frühstücksterrasse auf mich zugetreten, hat sich bekannt gemacht und mit einem Lachen gesagt, dass ich ihr Zimmer bewohne, üblicherweise Anfang des Jahres für zwei Wochen im Spätsommer gebucht, aber in dem Jahr sei ihr, Gott weiß warum, einer zuvorgekommen, ihr sei nur ein Zimmer ohne Meerblick geblieben. Und ich hätte mit dem Zimmer großes Glück gehabt, weil sie im Vorjahr nicht hier gewesen sei, man daher angenommen habe, ihre Aufenthalte im Beau Sejour seien generell beendet. Sie sagte das alles halb im Vorbeigehen, ich kam eben vom Frühstück, während sie die weinlaubbedeckte Terrasse betrat, schon morgens in Garderobe; wirklich aufgefallen aber ist mir nur ihr Kopfschmuck, er hat die Begegnung beeinflusst. Um ihr wohl noch unfrisiertes Haar war nämlich eine Art Turban geschlungen, wie es auch meine Mutter mit einer ganzen Reihe dazu tauglicher Tücher gehandhabt hatte, in ihren letzten zwei Jahren, als sie fast nur noch im Bett lag, bis auch diese Turbane wegfielen, sie sich aufgab oder preisgab, und ihr watteweißes dünnes Haar zum Vorschein kam – daran musste ich denken, als die Amerikanerin sagte, was sie nicht zurückhalten konnte, und das so schnell und mit fester Kinostimme, dass es unmöglich war, eine Antwort zu überlegen. Ich sah nur den Turban und dazu ihren Mund, die Lippen, erstaunlicherweise ohne eine Spur Rot, sozusagen noch die Lippen der Nacht, blass, aber voll, schöne Lippen, wie sie überhaupt ein Gesicht hatte, das auffiel, weil nichts darin störte, nicht einmal, dass nichts darin störte. Es tue mir leid wegen des Zimmers, sagte ich schließlich, aber es sei eine einmalige Sache, im nächsten Jahr gehöre es ihr wieder – enjoy your breakfast! Und mit diesem Waiter-Spruch aus ihrem Land schickte ich sie förmlich zum Buffet und ging auf das okkupierte Zimmer. Irgendetwas aber war dort plötzlich anders, ernüchternd, obwohl alles noch aussah wie vorher, der Schrank, das Bett, die Bilder. Nur fühlte es sich nicht mehr an, als wäre es allein das Zimmer meiner Erzählung, und der Balkon, auf dem sich mein junger Vater gesonnt hatte, Zigaretten und Wein bei der Hand, und wo der alte Sohn gestern saß, USB-Stick und Notizen in Reichweite. Nein, es war jetzt das Zimmer – und ist es noch –, in dem sich alle möglichen Leute schon geliebt haben, vor Zeiten auch das Paar, das mein Elternpaar war, und es ist der Balkon mit Meerblick, auf dem sich schon viele sonnten, auch solche, die das Zimmer allein bewohnten, in den letzten Jahren, jeweils im Spätsommer, offenbar die so italienisch ausgestattete Mrs. Bennett mit starkem Hang zum Romantischen, wie ihn auch meine Mutter hatte, sonst wäre es ihr kaum gelungen, meinen Vater mit der Idee einiger Tage in Alassio anzustecken (damals schon teuer, über ihre Verhältnisse) – und auch kaum, sechseinhalb Jahre zuvor, im Frühjahr dreiundfünfzig, mit der Idee einer Schiffsreise bis nach Casablanca.

5

Die elterliche Abwesenheit war eine nachgeholte Hochzeitsreise auf einem Frachter, für den kleinen Sohn wie eine Referenz an all seine gezeichneten und im Papierkorb untergegangenen Schiffsquerschnitte; unvergesslich daher der Name des Frachters, MS Pickhuben, und die beiden einzigen Passagiere an Bord, ein immer wieder erwähnter Umstand, fuhren auf einer Route entlang Portugal bis nach Marokko und zurück. Eine Abwesenheit von acht Wochen, in denen zahllose Zeichnungen des Frachters mit der geräumigen Elternkabine entstehen, aber auch ihren Plätzen an Deck mit zwei Liegestühlen bei immer gutem Wetter im März und April. Auf der Rückreise ist es bald Mai, die Sonne brennt schon, und der männliche Passagier kommt als dunkelbrauner Fremder mit rotem Fes auf dem Kopf nach Hause: Das erste unverrückbare Bild von meinem Vater ist das eines dunkelhäutigen, nahezu Fremden in der Wohnungstür, des kaum wiedererkannten Vaters. Aber schau, das ist doch dein Papa, sagt die wienerische Hüterin des Vierjährigen, und das Kind kann es nur glauben, sich an ihr Wort halten, wie es sich auf dem Parkfoto an ihre Hand geklammert hat (seine andere Hand im Übrigen auf dem Rücken, um es den erwachsenen Spaziergängern gleichzutun).

Eltern und Sohn sind wieder vereint, aber wo ist das zu liebende Schwesterchen? Das Rätsel löst sich für den Bruder, der noch keiner ist, erst nach und nach: Die kleine Schwester befindet sich in der Obhut einer braven Familie, wie es bald offiziell heißt, der Familie, aus der das Kindermädchen stammt, das nach der Geburt eingestellt worden ist, die Annegret. Vorerst hat diese Ausweichfamilie aus Moorfleet, einem noch sehr kriegswunden Arbeiterbezirk von Hamburg, ihren Dienst getan, und das Schwesterchen ist jetzt, machtvoll laut im Kinderbett, ständig in der Wohnung mit dem vergitterten Balkon, bisher im Vollbesitz des Nochnichtbruders, wenn Damemammi probt oder Theater spielt und der Vater Himmel und Hölle in Bewegung setzt für seine Apparatebaufirma. Der große Bruder, wie man ihn plötzlich nennt, hat es also gleich mit zwei Fremdkörpern tun, Schwester und Kindermädchen, schuld an der ganzen Veränderung hat aber allein die hinzugekommene Schwester, und so versucht er – obschon er in jedem Kaufladen, in dem die Familie bekannt ist, mit geschwellter Brust erklärt, dass er jetzt eine Schwester habe und damit ein großer Bruder sei –, den Eindringling loszuwerden. Überliefert ist ein Drama, bei dem das Kindermädchen das Schlimmste verhindert haben soll; sie ist beim Einkaufen, nur um die Ecke, aber in der Zeit häuft der Bruder einen Berg Schmutzwäsche auf die Störerin, schnell wird es still im Bettchen, und die Schwester ist schon dem Ersticken nahe, als Hilfe kommt. Die stark kurzsichtige, dafür recht weiblich gebaute Annegret (keine Schönheit, aber eine Type – das großmütterliche Urteil) fühlt sich von da an mehr als verantwortlich für das so knapp gerettete Kind, und die braven Elternleute im verpönten Moorfleet werden für die eigentlichen Eltern zur willkommenen Zweitfamilie. Mal ist die kleine Schwester, wo sie hingehört, viel öfter aber, wo sie nicht hingehört, bis die immer wieder von den einen Eltern zu den anderen Verschobene gar nicht mehr weiß, wo nun ihr richtiges Zuhause ist, und aus diesem Zwiespalt eine Unruhebewegung entwickelt; ganze Stunden gehen Köpfchen und Rumpf vor und zurück, begleitet von den immer selben Lauten. Gogel-Gogel nennen die Erwachsenen dieses Frühzeichen einer Verwahrlosung scherzhaft, und folglich nennt auch der Bruder es so: Sie macht schon wieder Gogel-Gogel, sagt er – und soll auch versucht haben, die Bewegung zu bremsen, ja zu stoppen, vergebens; ein großer Bruder, der nichts für seine kleine Schwester tun kann, außer sie zu bedauern, wofür er erste Blicke von ihr erntet (ich erinnere mich an dieses Gefühl des Bedauerns, auch an die Blicke), und so allmählich anfängt, sie zu vermissen, oder es zu vermissen, dass sie langsam anfängt, ein Auge auf ihn zu werfen. Und damit entwickelt sich der Wunsch, die Schwester in ihrem so ganz anderen, gar nicht paradiesischen Exil zu besuchen.

Einige Male ist der nun Fünfjährige draußen in Moorfleet, wo es auf einem großen ausgebombten Fabrikgelände in den wenigen unzerstörten Gebäuden provisorische Wohnungen im Erd- und Tiefgeschoss gibt. Diese flachen klinkerroten – ein Rot wie verkrustetes Blut – Fabrikbauten mit ihren geborstenen Fenstern und Gestrüpp auf den Plätzen dazwischen und Schutt, der übergeht in noch genutzte Gebäudeteile, wo die Fenster Vorhänge haben, sind für den, der sonst allein in seinem Zimmer sitzt und Schiffe zeichnet, ein fremder Planet. Es gibt sogar ein Kino auf dem Gelände, in einer länglichen Baracke, die Außenwand beklebt mit Filmplakaten, neuen und alten; Western laufen dort und Liebesfilme, und manch ein Gesicht hängt schon in Fetzen. Der Junge mit Baskenmütze und Mäntelchen sieht Männer mit Revolver und schmalen Augen und Frauen mit roten Lippen und Schlitz im Rock, einen Schenkel entblößt. Er streift umher in der Stille eines Sonntagnachmittags, als die meisten Leute in der Kinobaracke sind, ein Stadtkind, das nach warmer Milch und einem Marmeladenbrot bei den fremden Eltern seiner Schwester allein auf dem Gelände ist, kaum noch in Sichtweite von Annegret, der Type, die erst abends mit ihm zurückfährt. Und so trödelt es zwischen den Halbgebäuden und Trümmern, in der Hand, wie auf der väterlichen Zeichnung, ein Stöckchen, damit peitscht es die Fetzen von den Kinoplakaten, den Gesichtern der Frauen und ihren

Röcken, es schlägt die Zeit tot. Bis plötzlich helles, flehentliches Schreien aus dem Fenster einer Kellerwohnung dringt, das eines Mädchens wie ein Ruf an ihn, also schleicht er sich pochenden Herzens an und schnappt ein Wort auf, Hoserunter! Das Fenster ist halb offen, dahinter liegt ein Schlafzimmer, ein Bett steht dort, davor ein Tisch, neben dem Tisch sitzt eine Frau mit Lockenwicklern auf einem Schemel. Der Zeuge tritt noch näher, und endlich sieht er das Mädchen, über den bestrumpften Knien der Frau, wohl ihrer Mutter. Sein Kleid ist in den Rücken geklappt, seine Unterhose ist bis zu den Knöcheln heruntergezogen, und die Mutter schlägt es mit einem Kochlöffel, dass ihre Lockenwickler pendeln. Das Aufklatschen der Hiebe mischt sich mit dem Schreien des Mädchens und der Stimme der Mutter, die jeden ihrer Schläge mitzählt. Ton und Bild sind wie eins, ein einziger Ansturm auf den Zeugen; er sieht zappelnde Füße in Strümpfen und zwei weiße Backen, die sich röten, das umgeklappte Kleid, himmelblau, und blondes Haar. Nur vom Gesicht des Mädchens sieht er nichts, sosehr er sich auch vorwagt, dafür hört er ihr jetzt im Weinen ersticktes Flehen und dann ein Sichfügen in die Bestrafung, nur noch mit Wimmern vor dem nächsten Schlag. Und er achtet auf das Zählen der Mutter, die jede Zahl zwischen den Lippen hervorpresst beim Schlagen, danach gleich wieder ausholt, und zählt leise mit, er kann nicht anders, und macht sich dabei in die Hose. Es geschieht einfach, unaufhaltsam, und das Unaufhaltsame tut sogar gut, ein so heißes Verströmen, dass ihm die Schenkel vor dunkler Wonne zittern, und ist erst niederschmetternd, als er in die Wohnung der Kindermädcheneltern zurückkehrt, dort die Blamage zeigt und wortlos ausgezogen wird.

Der noch ergriffene, dabei vor Scham glühende Junge – ergriffen wie auf eine Epiphanie hin: der einer strafenden weiblichen Gottheit und ihrem sich fügenden Opfer – wird gewaschen und danach in fremde, viel zu große Hosen gesteckt. So kommt er abends zu den eigenen Eltern, fürchtend, man könnte ihm anmerken, was er gesehen hat, aber man sieht nur eine äußere Folge, das fremde Kleidungsstück mit Flicken, die Travestie des Sohns als kleines, rührendes Proletenkind. Er bleibt allein mit den Bildern aus Moorfleet, fortan ein innerer Film, wenn er schlafen soll, aber wach liegt, unruhig auch, weil immer öfter vom Umzug in eine andere Welt die Rede ist. Und in dieser nervösen Phase des Abschieds, noch in Hamburg, aber schon zwischen gepackten Koffern, während sich der Vater im fernen Schwarzwald nach besseren Bedingungen für seine Firma umsieht, wird der Junge eins mit dem gesichtslosen Mädchen: als er zum ersten Mal selbst Hiebe bekommt und sich in den Rausch einer außer sich geratenen Mutter fügt.

Der jetzt bald Sechsjährige ist mit seiner jungen Mutter in der Wohnung, er leistet ihr dort still Gesellschaft. Sie geht mit Rollenheft in der Hand auf und ab, murmelt und macht jähe Gesten, er aber möchte auf den Spielplatz hinter den Grindelhochhäusern, um dort im Sandkasten einen Tunnel zu bauen. Darin ist er ein kleiner Meister, das eine und andere Kind hat sogar schon seine kostbaren Murmeln oder Klicker durch die zu einer Seite hin abschüssige Tunnelanlage rollen lassen, der Grabung des fremden Jungen also vertraut, aber Damemammi will nicht, dass ihr Augenstern mit anderen Kindern im Sand wühlt. Wir beiden Hübschen bleiben hübsch zu Hause, danke dem lieben Gott, dass du hier in der warmen Wohnung spielen kannst, sagt sie im Auf-und-ab-Gehen, und da vergisst sich das Unkind (oder ist in dem Moment ganz bei sich): Gott ist ein Arschloch!, schreit es und trifft damit, der Sprache ergeben, ins Schwarze, was augenblicklich einen Tumult auslöst. Auch seine Mutter schreit, das Rollenheft zu Boden werfend, Nimm das zurück!, schreit sie, ja verlangt sogar die Entschuldigung bei ihr, nicht bei Gott. Und als der kleine Gotteslästerer, in sich erstarrt, nur schweigt, reißt sie, wie abgeschaut in Moorfleet, einen Bügel aus dem Schrank, zerrt ihm die Hose herunter und schlägt wild auf ihr Fleisch und Blut ein. Der Gezüchtigte aber hört nur das Klatschen des Kochlöffels auf die Mädchenhinterbacken in der Kellerwohnung und spürt mehr als jeden Schmerz einen Schrecken über die so fremde Mutter, wie in den Minuten, wenn er im Souffleusenkasten saß und sie auf der Bühne eine Szene machte. Dann aber erlahmen die Kräfte der Ungeübten; sie steht nur noch aufgelöst da, den hölzernen Bügel in der Hand, und heißt das Biest von Kind, auf der Stelle ins Bett zu gehen, auf der Stelle zu schlafen! – ein Vorfall mit paradoxem Schlusswort, und fast ein Menschenleben später hat der Sohn einmal den Versuch gewagt, die schon gebrechliche, aber noch wache Mutter daran zu erinnern.

Bei einem Abendessen zu zweit, einem der letzten noch am Esstisch ihres finalen Appartements mit Balkon und Aussicht auf Vorläufer der Alpen, ging es um die Sternstunden des Lebens, wenn sie etwa Rollen gelernt habe in der Hamburger Wohnung, während der kleine Sohn still vor sich hin spielte und das Töchterchen schlief. Es war ein Essen, das der alte Sohn samt gutem Wein in einem nahen Feinkostladen besorgt hatte, und nach dem ersten Glas gab es einen Moment ihres Interesses an einem Beitrag auch des Besuchers an der Unterhaltung, und da sprach er von der Spannung zwischen ihrem Wunsch, als Schauspielerin Erfolg zu haben, und dem Wunsch eines Kindes, in einem öffentlichen Sandkasten einen Tunnel zu graben, den andere Kinder erst bestaunen und dann mit benutzen könnten. Aber ich musste zu Hause bleiben, sagte ich und schenkte meiner Mutter – sie hatte sich für das Abendessen noch einmal in Schale geworfen – Wein nach. Du hast erklärt, ich solle dem lieben Gott danken, dass ich in einer warmen Wohnung spielen könnte und wir beiden Hübschen dort hübsch unter uns blieben, und ich nannte Gott ein Arschloch, und du hast einen Kleiderbügel geholt und mich damit geprügelt, nicht wahr? In einem Atemzug rückte ich mit der alten Geschichte heraus, und die Befragte oder ins Gebet Genommene setzte empört ihr Weinglas ab, ja geriet fast erneut außer sich über den Gebrauch solcher Worte und verlangte eine Entschuldigung, und ich entschuldige mich. Wir setzten unser Essen fort, sie sagte, der San-Daniele-Schinken sei tadellos, dabei war es ein gewöhnlicher Parma, von mir aber als San-Daniele ausgegeben, als den Schinken, den man auch im Grand Hotel Danieli in Venedig auf seinem Teller hat; sie hatte ihn dort als Antipasti auf der Terrasse beim Abendessen mit ihrem zweiten Ehemann, wohl mehr als einmal. Ziemlich schnell waren wir also vom Nachkriegshamburg zum Canal Grande gekommen, und der Vorstoß in die Vergangenheit war vergessen. Ich löste ihr die Rinde von einer Scheibe Ciabatta und strich Butter auf das luftige Innere, legte etwas von dem falschen San-Daniele darauf und gab ihr das Stück, und meine Mutter – das schon hagere, bis auf die Wangen eingefallene Gesicht wie umrahmt von einer perlgrauen Perücke, die fast ein Teil ihrer selbst war – entspannte sich nach diesem Sprung in eine jüngere Vergangenheit ohne dunkle Stellen. Wir sprachen nur noch über Italien, nicht das heutige der Verschuldung und der Verblödung, sondern das Italien der alten und ewigen Schönheit – die sie zum ersten Mal mit meinem Vater erlebt habe, vor tausend Jahren für ein paar Tage, sagte sie (und meinte die Alassio-Tage, von denen ich erst später etwas erfuhr, aus dem Jahresbericht). Sie sprang gleich weiter, zu Italienreisen in ihrer zweiten Ehe, und bis auf einen Vorbehalt in den Augen – Augen, die in ihrer letzten Lebensphase immer größer geworden waren, als wollte sie auch die kleinsten Anzeichen des sich nähernden Todes sehen, um noch dagegenhalten zu können – schien sie jetzt dem Frieden mit mir zu trauen, solange wir bei der Schönheit blieben. Ich schob als Dessert ein Pfirsichkompott über den Tisch und machte ihr ein Kompliment: Wie gut sie aussehe heute Abend, eine gut aussehende ältere Dame, und sie drückte mir die Hände, eine Klammer von erstaunlicher Kraft, als könnte sie damit ein Band, das es so nie gab, doch noch herstellen, das schlichte Lebensband zwischen Mutter und Sohn. Iss das, sage ich zu ihr – irgendwie immer noch an dem Tisch, der alte Sohn und seine unsterbliche Mutter – und warte, bis sie die drei überweichen Pfirsichhälften gegessen hat, mit einer Langsamkeit, als müsste sie schwer daran kauen oder kaute an etwas ganz anderem, dann reicht sie mir die leere Schüssel, damit ich sie vor ihre Tür stelle, auf eine dortige Ablage, von der sie, wie von Geisterhand, über Nacht fortgetragen wird. Kein benutztes Geschirr soll bei ihr stehen und Gerüche verbreiten oder Fliegen anziehen und sie womöglich zwingen, die Balkontür zu öffnen. Wollen wir jetzt zum Bett gehen, sage ich und helfe ihr vom Stuhl auf, eingestellt auf kleinere Schreie; immer ist der Griff unter den Armen nicht zart genug, immer geht alles zu schnell. Sie will im Grunde keine Hilfe, sie will Zärtlichkeit, also geleite ich sie mit einem Arm um die Schulter, ohne sie das Gewicht des Armes spüren zu lassen, zum Bett. Noch kann sie sich allein ausziehen, kann sich auch waschen und die Zähne putzen, ich soll währenddessen im Flur vor der Tür auf und ab gehen, nicht etwa verschwinden. Genau zwanzig Minuten soll ich im Flur auf und ab gehen, das würde auch dem vollen Magen guttun, danach wieder hereinkommen und als Abschluss noch etwas am Bett sitzen.

Also verließ der Sohn das Appartement – geschmackssicher und liebevoll von der Tochter, seiner einstigen kleinen Schwester, gestaltet, mit Schlaf- und Essbereich, Garderobe und Bad, einer ungenutzten Kochnische und dem ungenutzten Balkon.

Der Flur vor der Tür war lang und still, die anderen Bewohner bekam der Besucher nie zu Gesicht, seine Mutter aber machte dort ihre tagtäglichen Gänge, auf einen Rollator gestützt, seit die Körperkräfte nachgelassen hatten. Nur verlangte der Flur auch innere Kraft: Es auszuhalten, die immer selbe schnurgerade Strecke zwischen einem rückwärtigen Fenster mit Pflanze und Stuhl davor und dem Treppenhaus mit der gegenüberliegenden Fahrstuhltür im Schein einer Sparbeleuchtung hin- und herzugehen, mit wie durch die Stille und das Licht verlangsamten Schritten, tagein, tagaus jeweils für zwanzig Minuten, immer wieder mit Blicken auf eine kleine goldene Uhr (die ihr noch gestohlen werden sollte von einer Betreuerin), ob nicht etwa mit einem weiteren Gang bis zum hinteren Fenster und dem Rückweg zu ihrer Tür die Zeit schon überschritten wäre. Sie darf nicht zu wenig und darf nicht zu viel gehen, bei jeder zweiten Kehre am Fenster setzt sie sich kurz auf den Stuhl neben der Pflanze, um die Atmung zu beruhigen, und sieht auf die Uhr, da sind erst wenige Minuten um, folglich muss sie noch etliche Male gehen – wie auch ich hin- und herging, um die Minuten herumzubringen. Ein Gehen vorbei an den Ablagen für benutztes Geschirr, da ließen sich die Essensreste anschauen, alle unbekömmlichen Hinterlassenschaften, ein Stück Fisch oder etwas Rosenkohl, und nach weiterem Gehen, wieder bei der Wende an der Fahrstuhltür, ließ sich der dort angebrachte Tageskalenderspruch lesen, in dem Fall ein Goethewort, auswendig gelernt, um die Zeit zu verkürzen – Ich besänftige mein Herz, mit süßer Hoffnung ihm schmeichelnd. Eng ist das Leben fürwahr, aber die Hoffnung ist weit. Und bei jeder Runde die Überlegung, warum man genau das Wort und kein anderes gewählt hatte für diesen Tag, auch so vergingen Minuten, bis plötzlich sogar Eile geboten war; ich musste zügig von der Fahrstuhltür zu der Appartementtür gehen, um noch in der Zeit am mütterlichen Bett zu erscheinen.

Sie hatte die Perücke abgenommen, dafür ein Handtuch um den Kopf geschlungen, ein paar weißliche Fäden hingen ihr über die Wangen. Sieh da nicht hin, sagte sie, war jemand im Flur, hast du gegrüßt? Sie hielt sich eine Hand über die Augen, es war schon die Geste der Entlassung, auch die Geste, mit der sie ein Gespräch platzen ließ. Im Flur war niemand, erwiderte ich, die meisten schlafen schon, bist du nicht auch müde? Ich ging zum Kühlschrank, zu der zweiten Flasche Wein. Nur diese Flasche und die Butter und etwas Käse, vom Essen übrig geblieben, lagen dort wie verbannt. Sie wollte keine Lebensmittel in ihrer Nähe, nichts, was verderben konnte; sie wollte auch keine Blumen, Blumen verwelkten nur, und man könne nicht genau sagen, wann das Verwelken einsetze, ja auch eine frische Blume verwelke schon, man sehe es nur nicht so, man wisse es aber und warte darauf, bis man es sieht, besser also keine Blumen. Vor allem aber nichts Angebrochenes im Kühlschrank, nur der verschlossene Wein durfte dort bleiben, die Flasche war dann schon die Flasche für den nächsten Sohnesbesuch. Ob ich sie heute Abend noch unbedingt öffnen müsste – muss das sein? Meine Mutter war auf einmal bei Stimme, und die Antwort hieß: Ja. Aber sie hätte auch heißen können: Ich kann nicht anders, als jetzt noch zu trinken, am liebsten die ganze Flasche, zum Glück muss ich ja morgen nichts tun, nur im Zug sitzen, warum also die Flasche nicht öffnen? Und ich zog den Korken und schenkte mir ein und setzte mich an ihr Bett, das volle Glas am Mund, und hätte auch gern noch gesagt, dass ich trinke, weil etwas in mir betäubt sein will, wenn die Betäubung durch die Arbeit, das Schreiben, gegen Abend nachlässt. Und dass alles, was sie in Verbindung mit mir stolz macht, an seidenen Fäden hängt. Ebenso gut hätte es auch anders laufen können, auf der schiefen Bahn abwärts; statt dem Erfolg und der Bekanntheit durch Erfinden und Übertreibungen im Roman, statt dem Verführen oder Rache-Üben allein mit Worten, ohne dass jemand dadurch zu Schaden kommt, ein tatsächliches Verlogensein, das einen als Erfolgsbetrüger erst in die Schlagzeilen bringt und zuletzt ins Gefängnis.

All das wollte der Sohn loswerden an dem Abend, dazu den Wein trinken, am besten aus der Flasche, was schon ein Stück reale Rache gewesen wäre: Seiner Mutter im Bett zu zeigen, welche Art des Trinkens ihm am nächsten war, und wenigstens machte er eine Andeutung, tat so, als ob, die Flasche am Mund, um schließlich doch das Glas auf eine nun in sich eingesunkene, wie in ihre Welt zurückgetauchte alte Frau zu erheben. Ich erinnere mich, auf ihr Wohl getrunken zu haben, ausdrücklich auf ihr Wohl und noch viele gute Tage, aber sie war bei der Ungehörigkeit hängen geblieben, der Flasche am Mund, und kippte dadurch noch weiter zurück, sie kam auf ihre frühen Hamburgjahre und meinen Vater: Der habe auch immer aus der Flasche getrunken, ja überhaupt gern Wein getrunken. Warum wollte er denn weg aus Hamburg, unbedingt in den Schwarzwald? Natürlich auch, weil es bei Freiburg die Weinberge gab, einen sogar in der Stadt, das hat er gleich erzählt, als er von seiner Erkundung zurückkam, und ein paar Wochen später saßen wir zu fünft in einem alten VW und fuhren in zwei Tagen durch ganz Deutschland, großer Gott!

Wieso zu fünft? Ein Nachhaken, auch wenn ich die Antwort kannte, aber sie sollte von dieser Weltreise, wie unsere Fahrt damals hieß, etwas erzählen, während ich den Wein aus dem Glas trank, und sollte nicht nur im Bett liegen und eine Art Schnappatmung vortäuschen. Wieso? Weil die Annegret dabei gewesen sei, das Kindermädchen, still vor sich hin heulend im Auto, weil sie schon Heimweh gehabt habe – ob ich die ganze Flasche trinken wollte? Sie unterbrach sich selbst, noch eine Methode, Gespräche platzen zu lassen; ich stellte die Flasche ab und bat sie, weiterzuerzählen, und sie rief mit einer jähen, fast gespenstischen Energie in der Stimme, ob ich mir überhaupt vorstellen könnte, wie jung sie und mein Vater damals auf dieser Weltreise in den Schwarzwald mit Übernachtung hinter Kassel gewesen seien? Und der Sohn konnte sich zwar nicht vorstellen, wie jung sie waren oder sich fühlten im Mai fünfundfünfzig, aber dass sie beide jung waren auf der Reise in eine neue Heimat, die nie ihre Heimat wurde, nur seine der Kindheit, ausgefüllt von ihrer so anderen Sprache, ihrer bewaldeten Landschaft und all den neuen Gerüchen, nach Heu, nach Traktorfett, nach Gülle und Tinte aus dem Tintenfass, das wusste er.

Ja, ihr wart jung, sagte ich. Aber wann sind wir angekommen? Und meine Mutter schüttelte kaum merklich den Kopf, wie immer, wenn sie sich etwas ins Gedächtnis rief, an das sie eigentlich nicht erinnert sein wollte. Wann sind wir angekommen? Irgendwann gegen Abend waren wir in Freiburg und sahen das Münster und den Schlossberg mit Weinstöcken und haben uns umarmt, dein Vater und ich. Nur war Freiburg gar nicht das Ziel, sondern ein Vorort, dort gab es am Fuß einer alten Bergwerkshalde ein Gebäude, in das die Firma einziehen sollte, und wohnen sollten wir in Kirchzarten, einem Dorf in der Nähe. Es gab eine Straße, die führte an der Halde vorbei, einem Hang, der aussah, als hätten Bomben eingeschlagen, von dort ging es zwischen Wiesen und Waldhängen Richtung Kirchzarten, bis die Straße nur noch ein Feldweg war, und an einer Stelle am Wald sah ich einen Gasthof, den Gasthof zur Tanne, dort haben wir die erste Nacht im Schwarzwald verbracht – du wirst dich nicht erinnern, sagte sie, und ihr fielen schon die Augen zu. Aber die Bilder vom Ende unserer Weltreise waren nach allem, was sie gesagt hatte, ganz deutlich: Es gab Würstchen und Limonade, die Bluna hieß, und mein Vater, den ich bewunderte für sein Autofahren mit Zwischengas beim Schalten und das mit einem Fuß, noch dazu dem falschen linken, trank aus einem kelchförmigen Glas seinen ersten Wein aus der Gegend, in der er von nun an leben würde. Wir bezogen in dem Gasthof zwei Zimmer, eines die Eltern, das andere die Geschwister und das Kindermädchen; sie weinte schon wieder vor Heimweh, und mein Vater rief, sie solle sich zusammenreißen. Es war ein milder Maiabend, wir aßen im Freien, meine Mutter streckte sofort ihre Fühler aus nach einer Bleibe, bis wir in dem nahen Dorf etwas Passendes gefunden hätten, und die Wirtsleute erzählten von einem Hof, nur wenige Minuten entfernt, dem Hug'schen Hof, wo wir für den Sommer unterkommen könnten. Mehr sagten sie nicht, aber die Schauspielerin ohne Bühne malte schon die Idylle auf dem Hof aus, und ich sehe noch meine Eltern ihre Weingläser aneinanderstoßen, auf das Paradies, und sehe die Tränen der Annegret hinter ihrer starken Brille und weiß noch, wie ich das erste Wort in der so fremden Sprache aufschnappte, aus dem Mund des Wirts: Sel Glas, sagte er, statt dieses Glas, ob er sel Glas nachfüllen dürfe, und mein Vater rief Jawoll!, mit doppeltem L, und kam dann mit einer Erklärung, später bei jeder Gelegenheit wiederholt: Dass sel in der Sprache hier, im Alemannischen, für der, die, das stehe, für alle Artikel, und die Abkürzung von selbiges sei. Wie maulfaul praktisch, sagte er vielleicht noch, und seine schöne junge Frau schmiegte sich an ihn und summte den Refrain eines Liedes, das sie im Auto sogar gesungen hatte, als es auf Freiburg zuging: Schwarzwaldmädel hübsch und fein, du sollst meine Liebste sein. Wir Kinder sangen es mit, jedenfalls der bald Siebenjährige, überfällig für den Besuch einer Schule, dafür aber von hoher Aufmerksamkeit für alles, was die Erwachsenen sagten, besonders der Vater, und dazu noch, bisher von anderen Kindern weitgehend ferngehalten, ein Beobachter seiner selbst – ich erinnere mich auch an ein Streifen durch den Garten des Gasthofs zur Tanne, während die Eltern rauchten und das Kindermädchen meine kleine Schwester zu Bett brachte. Es gab dort in den Beeten bunte Kugeln auf Stecken, um die Vögel abzuhalten, eine Szenerie wie vor dem Landgasthof bei Kitzbühel, und gleich beim Anblick dieser grünen, blauen und roten Kugeln überfiel mich eine Sehnsucht nach meiner großmütterlichen Hüterin, die uns erst später – im Herbst, hieß es, aber was ist für ein Stadtkind der Herbst – vom fernen Hamburg in den Schwarzwald nachfolgen sollte, was aber hieß, dass ich einen ganzen Sommer schutzlos wäre.

Ja, so war das, sagte meine Mutter mit jetzt erschöpfter Stimme, als hätte sie das alles haarklein erzählt – alles, was mir, Jahre nach ihrem Tod, durch den Kopf gegangen ist und immer noch durch den Kopf geht –, und wie als Beleg für unsere einstige Weltreise und den ersten Abend in der Fremde summte sie sogar noch die alte Melodie vom Schwarzwaldmädel, vermischt mit einem Ringen nach Luft, und der Besuchersohn schenkte sich Wein nach und leerte das Glas in einem Zug. Sie sah es nicht mit ihren zugefallenen Augen, trotzdem war sie noch wach, voller Willen, und erteilte einen präzisen Auftrag, ihr noch ein Wasser für die Nacht zu bringen, das Wasser aber aus einer Flasche, die nicht auf dem Balkon stand, nur ein wenig kühl ist, weniger als lauwarm, und nicht zu voll das Glas – etwas mehr als die Hälfte, hörst du? Und der Sohn hörte heraus, was sie neben dem Wasser eigentlich wollte, ihren Willen durchsetzen, also ging er zur Küchennische und füllte ihr Glas mit Wasser von Vittel, das nach nichts schmeckt und weder lauwarm ist noch kalt, nur flüssig – ich füllte es bis zu einer Markierung, die nur der sah, der meine Mutter kannte, lebenslang, ging wieder zum Bett und stellte das Glas auf den Nachttisch, die dafür vorgesehene Ecke, nah am Rand, aber auch nicht zu nah. Es folgte das Herunterbeugen und zuerst ein Kuss auf die Stirn, während ihr Mund schon leicht vorschnappte für den eigentlichen Gutenachtkuss, wenigstens andeutungsweise auf die Lippen, bevor, auf ihr Geheiß, das Licht am Bett zu löschen war. Nur eine Lampe brannte jetzt noch in dem Appartement, eine Stehlampe mit grünem Schirm in der Sitzecke, sie sollte die ganze Nacht anbleiben, gegen die Dämonen, auch wenn sie das nicht aussprach, nur sah man es ihr an. Da war ein Bangen in ihren Augen, wie bei Kindern, die erstmals für einen Abend allein gelassen werden, und ich sah sie ganz in diesem Bangen, dieser stillen Furcht, sah sie plötzlich als die, aus der ich, wenn es sie nicht mehr gäbe, sie mich allein gelassen hätte, in der Erinnerung erzählend etwas machen würde, das im Moment noch verschwommen war, eine Geschichte ohne Titel. Dann bis morgen, sagte ich, und sie sagte – nicht das erste Mal an dem Abend –, ihren Herrn Abban bitte zu grüßen, wenn der im Foyer sitze, und ich versprach es und entfernte mich rückwärts und sah noch, wie sie an ihren Handtuchturban griff, bereit, seinen Knoten zu lösen, das dünne weiße Haar zu befreien, das der Sohn nicht sehen sollte, noch nicht. Ich ging zur Tür und wünschte ihr jetzt erst gute Nacht, rief es ins Zimmer, Gute Nacht, und sie antwortete mit fast fester Stimme aus dem abgetrennten Schlafbereich, Gute Nacht, mein Sohn! Ein Wort wie eine Hand, die noch einmal nach mir griff, aber da trat ich schon in den Flur und schloss die Tür hinter mir – blieb noch die Arbeit des Einschlafens in der Stille der Wohnanlage, auch im Gästeflügel, aber schon in dem Flur so umfassend, dass man versucht war, aufzustampfen und laut gegen die Wände zu reden. Ich lief an der Fahrstuhltür mit dem Tageswort von Goethe vorbei, lief die Treppe hinunter und durch einen Gang in das Foyer, und dort saß tatsächlich einzig und allein Herr Abban im dunklen Anzug mit Schlips in einem Sessel, ein schmaler, in sich gekehrter Herr, von meiner Mutter, als sie noch das Restaurant der Wohnanlage betreten hatte, als Tischnachbar auserkoren. Er schien zu schlafen, ich ging auf Zehenspitzen weiter, aber da murmelte er ein Guten Abend, die Augen weder auf noch zu, und ich erwiderte den Gruß, verbunden mit seinem Namen, Guten Abend, Herr Abban. Mehr konnte ich nicht sagen, auch wenn es gut gewesen wäre, ihm noch Grüße meiner Mutter zu bestellen, gut für seinen Frieden in dem Sessel, und so wurde es geradezu ein Davonlaufen in den Flügel mit den Gästezimmern, im Grunde die Flucht vor dem Alter.

Ich bewohnte das Zimmer, das auch meine Schwester während ihrer ja tagelangen Besuche, immer bis zum Gehtnichtmehr an der Seite der Besuchten, für ein paar Stunden Schlaf nutzte. Dort lag im Kühlschrank Wein bereit, die eiserne Reserve des Sohns, und ich trank im Stehen aus der Flasche, wie es mein Vater getan hatte, wenn es ihm an Sommertagen, aus reiner Lebensfreude, so gefiel, bis sich eine Chemo zwischen ihn und den Wein oder überhaupt das Leben stellte. An unserem ersten Abend im Schwarzwald aber hatte er sich darin gefallen, aus dem neuartigen kelchförmigen Glas mit seinem dicken geriffelten Stiel zu trinken und es immer wieder an das Glas seiner jungen Frau zu stoßen, vielleicht als Auftakt zu einer Umarmung im gemeinsamen Gasthofbett, der ersten Umarmung in seinem Arkadien, auf das er gesetzt hat, einer Gegend der Süße und des Lichts nach dem grauen Hamburg, während die Kinder bei der heimwehkranken Annegret aus Moorfleet lagen und dem Sohn vor dem Einschlafen noch etwas durch den Kopf ging – ich glaube, mich daran zu erinnern, aber das kann auch an dem Berauschenden liegen, seit die Arbeit des Schreibens am letzten Glücksort der Eltern geschieht, in ihrem Zimmer mit Meerblick für wenige Tage: Warum wohl das Dorf, in das wir ziehen wollten, Kirchzarten hieß.

6

Der Name des neuen Lebensorts südöstlich von Freiburg im Dreisamtal erschien mir als Willkommensgruß oder Verbeugung vor meinem Familiennamen, eine Auffassung, die dem bald Siebenjährigen half – endlich war ich in die Schule gekommen, zu anderen, echten Kindern, etliche noch barfuß unterwegs –, damit fertigzuwerden, dass sein weltenferner norddeutscher Vorname bei den Dörflern zu einem landläufigen Bruno wurde. Und wem das so fremde Kind mit Baskenmützchen auf einer der noch ungeteerten Dorfstraßen über den Weg lief, der sah es an und fragte: Wem g'hörsch au' du?

Der Umzug in den Schwarzwald im Frühsommer fünfundfünfzig, die kleine Schwester noch keine drei, hat alles bisherige Kindsein buchstäblich gesprengt. Wir wohnten in den ersten Monaten, während des ganzen Sommers bis in den Herbst hinein, auf jenem Hug'schen Hof weit außerhalb von Kirchzarten, einem Bauernhof mit Getier aller Art in Verbundenheit mit den Menschen. Da gab es Schweine im Pfuhl und ein sich drängendes Vieh in warmer Stallung, gewaltige Gäule, dampfend um ihre Nüstern, und Puter mit rot schwellendem Kropf; es gab einen Höllenhund und zahme Kaninchen, rundliche Ferkel und eine gewaltige, kaum auf die kurzen Beine kommende Sau; es gab Hühner und Gänse, Katzen und Mäuse und Kälber mit Augen, die das Stadtkind vertrauensvoll ansahen. Und inmitten all dieser Lebendigkeit, wie dessen Achse, fuhrwerkte ein Altknecht, der Blasius, genannt Bläsi, für die Geschwister eine Art Zentaur durch seine Figur und eine tierlautartige Sprache. Er saß entweder auf dem Traktor oder war im Stall zu finden, wo sich auch der frisch Eingeschulte oft aufhielt und gebannt zusah, wie sich das Vieh gleichmütig entleerte. Die Volksschule lag mitten im Dorf, der Weg dorthin mit einem Ranzen auf dem Rücken, jeden Morgen, kam mir unendlich weit vor, nur gab es bis zu den Sommerferien einiges nachzuholen, weil die anderen schon seit Ostern eingeschult waren, Buben und Mädchen, und die Gescheiteren bereits alle Buchstaben auf ihre Schiefertafeln schreiben konnten. Der Neue hinkte hinterher, dafür gewann er einen ersten Freund, seinen Banknachbarn mit rotem Haar und Sommersprossen, Bertram Auerbach aus einer richtigen, großen Familie, fünf Kinder, die Eltern und eine Oma, alle unter einem Dach; noch war es keine Alltagsfreundschaft, der eine wohnte im Dorf, der andere außerhalb. Aber wenn der Junge aus dem fernen Hamburg abends mit Vater und Mutter, kleiner Schwester und Kindermädchen, den Knechten des Hofs und den alten Hugs, denen alles gehörte, um den bäuerlichen Tisch saß, versuchte er, immer ein Wort von der so fremden Sprache aufzugreifen, um es am nächsten Tag in der Schule anzuwenden und den Banknachbarn vielleicht noch mehr zu gewinnen.

Unvergessen, wie ich erstmals den Sinn eines Ausdrucks erfasste, der jeden Abend beim Essen fiel, wenn der alte Bauer den jungen Knechten oder auch seinen Logiergästen etwas erklärte, vom Wetter, vom Vieh, vom launischen Herrgott, und die kleine Rede stets mit diesem dunklen Ausdruck oder Wort, vuhdämmhär, beschloss, was ja nur heißen konnte: von da her oder deshalb – für einen, der die Welt durch die Sprache entdeckt hat und dem die Sprache darum als Welt erschien, ein Kinderspiel. Alles andere als ein Spiel, die Nagelprobe war es dagegen, den neuen Ausdruck am nächsten Tag in der Schule tatsächlich zu gebrauchen, möglichst mit der gleichen, leicht dunklen und versteckt besserwisserischen Stimmlage am Ende einer Erklärung, etwa der für meinen seltsamen Namen: Weil man mich nach einem Onkel in Amerika benannt habe, als Dank für seine Care-Pakete nach dem Krieg, vuhdämmhär. Und dieser so welterschließende Sprechakt wurde am abendlichen Esstisch dann wiederholt, zum Schrecken und Entzücken meiner Mutter, während die Knechte immerhin aufsahen von den Holztellern mit Speck, den sie von der Klinge ihrer Sackmesser aßen – noch ein Wort, nach dem ich schnappte. Mein Vater trank zu dem Speck den Wein der Gegend, und die Schauspielerin ohne Bühne machte mit den Knechten Konversation, in einem Operettenwienerisch, das in völligem Gegensatz stand zu der Sprache, die der frisch Eingeschulte sich anzueignen bemüht war, eine Sprache, die das sehr hamburgische Kindermädchen – damals Mitte zwanzig – noch mehr in Heimweh stürzte, auch wenn sie sich zusammennahm beim Essen, nur unter der Brille die roten Augen rieb, zitternd in den Brüsten, wenn sie ein Schluchzen unterdrückte für meinen Vater (der bei Gelegenheit ihr heimlicher Tröster werden sollte).

Der große Hof mit seinen Stallungen hatte viele Neben- und Zwischenräume, Gelasse im Boden und Kammern unter dem Dach, ich könnte nicht sagen, wo und wie wir dort gewohnt haben; umso genauer dafür die Erinnerung an Geräusche und Gerüche und immer neue Wörter, die mir zuflogen. Neben all den Tierlauten und den Wolken von Gülle und Heuduft oder dem von Most aus Krügen gab es aus jedem Mund das Alemannische wie eine Musik, die ich aufnahm. Und oft mischten sich Wörter mit bis dahin unbekannten Gerüchen wie dem von altem Zeitungspapier, in handlichen Fetzen auf einen Nagel gespießt, und feuchtem Holz in Gestalt eines Verschlags, darin ein Sitz mit Loch in der Mitte: der Abort, wie die Toilette auf dem Hof und auch in der Schule hieß, gesprochen mit doppeltem B und leichter Verschleppung des A. Unvergessen mein erster Blick in die Grube unter dem Loch im Holzsitz, auf ein bräunliches Schimmern in der Tiefe, und wie der alte Hofbauer, Pius Hug, dem Hamburger Jungen, dem es grauste vor dem Verschlag voller Spinnweben und Gestank, Verständnis entgegenbrachte, mit wunderbaren neuen Worten: Wenn de nur saiche musch', Bub, brusch' it auf de Abbort, gohsch' dehinder.

Es war der Nachklang dieser Sprache, der den Buben zu tragen begann auf dem täglichen Weg zur Schule, der ihn aber auch in Erregung stürzte wie in ein Lampenfieber, weil es galt, in der Schule, genau diesen Klang zu treffen, ohne als Betrüger dazustehen; ich ging den langen Weg vor mich hin murmelnd, ein Repetitorium im Gehen, immer in dem Bewusstsein eines möglichen Skandals. Der Hof lag, wie gesagt, weit außerhalb des Dorfes, etwas erhöht an einem Hang, der Weg führte zunächst ein Stück bergab und dann durch Wiesen und schon wogende Felder vorbei an zwei Kruzifixen, das erste aus rostigem Eisen, wenig vertrauenerweckend, das zweite aus altem bemoostem Stein hinter einem Brückchen über den Rotbach, und vor diesem schöneren Kreuz blieb ich immer stehen für ein Gebet: dass mein Vater mich abholen möge von der Schule. Und manchmal wurde das Gebet erhört, ich kam mittags aus dem Gebäude, und da stand schon der graue VW, aus dem Fahrerfenster hing ein gebräunter Arm mit Zigarette in der Hand, welch eine Rettung. Meistens aber blieb nur der Rückweg zu Fuß, der Bub mit Ranzen trödelte durch die Wiesen und Felder, die Mittagssonne warm im Rücken, nicht ahnend, was sich dabei schon in ihm sammelte, ein bleibendes Empfinden von Heimat – das ist mein Tal, mein Boden.

Erst eine höhere Gewalt beendete diesen prägenden Schulweg: Ich kam unter eins der Pferde auf dem Hof, durchgegangen, weil es der launische Herrgott so gewollt habe. Es galoppierte über mich hinweg – bühnenreife Schreie meiner Mutter, während mein Vater wie auf zwei Beinen heraneilte. Er trug mich zum Auto, ein aus Wunden an allen Körperteilen blutendes Kind, er stoppte die Schreie der Mutter und lud sie mit ein, tat, kriegserprobt, das Nötige und fuhr rasend dorthin, wo mit Hilfe zu rechnen war, zum Dorf, und bei dem ersten, dem rostigen Kreuz kam es zum Zusammenprall mit einem entgegenbrausenden Motorrad. Der abgeworfene Fahrer wurde gleich mitgenommen, zwei Blutende saßen jetzt im Wagen, und natürlich wusste der Einheimische, wo der Dorfarzt wohnt, und meine Mutter dankte laut dem lieben Gott für das Glück dieses zweiten Unfalls, der mich ohne Umweg in rettende Hände brachte. Es waren die Hände von Dr. Eckart mit großem Haus, von da an unser Kontakt in Kirchzarten, bezahlt mit meinen Wunden, die aber so eindrucksvolle Verbände nötig machten, dass ich von den restlichen Schultagen vor den Sommerferien befreit wurde. Und auf einem Bett im Schatten eines Apfelbaums – dem ersten Bett, das je auf dem Hug'schen Hof ins Freie gestellt wurde, durchgesetzt von meiner Mutter – lernte der allseits bedauerte Patient unter bestmöglichen Umständen die ihm noch fehlenden Buchstaben des Alphabets mit der für ihn falschen Hand zu schreiben. Nur das Alphabet an sich, die richtige Reihenfolge der Buchstaben, hat der vom Unterricht Befreite zu lernen versäumt, jedenfalls ab dem N, ein Mangel, der sich nicht beheben ließ, der sich immer wieder zeigt, und wenn es hier nur im deutsch-italienischen Wörterbuch ein Wort etwa mit R am Anfang zu suchen gilt – R wie Reibeisen, grattugia, um dem afrikanischen Zimmermädchen zu erklären, warum ich für den Balkonstuhl ein Sitzkissen möchte.

Es war ein Frühsommer der Rekonvaleszenz in der bäuerlichen Umgebung, einer Aneignung der neuen Welt von meinem Lager aus. Aber kaum waren die Wunden etwas verheilt, begann ich mit Streifzügen rund um den Hof und erlebte die erste Ernte, das erste Gewitter, den ersten Gewaltausbruch, eine Prü-

gelei zwischen Jungknechten, und auch das erste geschlecht-
liche Schauspiel: Eine der Mägde, die für einen Unbekannten
mit schwarzem Hut den Rock hob, sich ihm darbot mitten
am Nachmittag, ihm das behaarte Geheimste zeigte und die
Möglichkeit gab, sich an sie zu pressen, ohne den Zeugen im
Heu zu bemerken. Von da an war es eine Zeit des verstörten
Alleinseins, mit immer ausgedehnteren Streifzügen in die Umgebung – ich sprach mit mir selbst, wie die Leute auf dem Hof
sprachen, die neue Sprache wurde mein Begleiter. Es war eine
Zeit der Entdeckungen, von meiner Mutter im Ehejahresbe-
richt nur mit wenigen Sätzen aus ihrer Scheuklappensicht erwähnt: Wir lebten auf einem wunderschönen Bauernhof, unser
kleiner Sohn lernte dort Lesen und Schreiben. Wir aber gingen
ans Werk und versuchten, aus dem Hoffnungsfaden, der uns
nach Freiburg gezogen hatte, ein Tau zu machen. Privat kam
uns dabei ein Wunder zu Hilfe, wir fanden in Kirchzarten ein
Haus mit Garten, das wir nach dem Sommer beziehen konnten, die Besitzerin, eine liebe alte Dame, hat ihr Zimmer unter
dem Dach. Wieder einmal war es ein Aufatmen, und das Wunder für die Firma, dachten wir, würde bald auch noch kommen.
Man muss an solche Wunder nur fest glauben!

Das Haus lag in der Höfener Straße vierundzwanzig, und
die liebe alte Dame war schon etwas umnachtet, für meine
Schwester und mich war sie nichts als unheimlich, zumal sie
nie in Erscheinung trat, ein Art Gespenst oben im Haus, ein
Haus, mit dem wir Kinder Glück hatten durch den alten Garten (groß genug, dass dort längst ein weiteres Haus steht), ein
Garten mit Obstbäumen, einer Tanne und Kieswegen, ja sogar
einem kleinen verwilderten Labyrinth, angelegt aus mehreren
Hecken, und dann gab es noch eine hohe Birke, deren Äste
über einen Schuppen ragten, meinem Spielreich. Inzwischen
hatte die Volksschule wieder begonnen, und durch eine neue
Aufteilung von Jungen und Mädchen kam ich in eine Klasse

mit der Tochter des Arztes, der mir die Wunden aus dem Frühsommer behandelt hatte – Doris Eckart, weichwangig, katzenäugig, dazu mit schönem Mund und Pferdeschwanz, erfüllte alle Voraussetzungen für die ersten schwärmerischen Gefühle. Und als dann auch noch im großen Haus ihres Vaters ein Zimmer für meine aus Hamburg nachgezogene Hüterin frei wurde, dort ein neues Exil entstand, ich wieder pendeln konnte zwischen dem Machtbereich der Eltern und einem Schlaraffenlandzimmer mit dem summenden, halb singenden Atmen der einstigen Sängerin, mit ihren so verlässlichen kleinen Geschenken und all den Extramahlzeiten, war dort einer Kinderliebe Tür und Tor geöffnet. Immer wieder saß ich auf den Stufen zum Arzthaus neben Doris, ergriffen von ihrer Schönheit, und im elterlichen Garten spielte ich mit dem Schulbanknachbarn Bertram, endlich um die Ecke wohnend, ergriffen von der Idee der Freundschaft: das erste Stück einer nicht weiter auffallenden, einer gewöhnlichen Kindheit – von der Chronistin dieser Zeit mit keinem Wort erwähnt. Im jährlichen Ehebericht meiner Mutter, dem für das Jahr neunzehnhundertfünfundfünfzig, geht es fast nur um die Finanznöte der kleinen Firma, von welcher Seite mit welchen Mitteln etwas Geld besorgt werden könnte, mal fünftausend Mark, mal zehn- oder achttausend, jeweils Beträge, die alles hätten zum Besseren wenden können – Dieses ständige Zittern, ob es uns morgen noch gibt, heißt es da an einer Stelle, dieser tägliche Kampf um etwas Balance, den nächsten gesicherten Tag! Und war es wieder einmal in letzter Sekunde geglückt, ein Finanzloch zu stopfen, dankte die Verfasserin in großen Lettern dem lieben Gott: der fest an ihrer Seite stehe, immer. Sie und ihr bewunderter Mann und Gott als Retter in höchster Not waren die Hauptakteure in dem Bericht, die Kinder blieben im Hintergrund, als Glückslieferanten. Zweifellos gab es eine Liebe für sie, überschäumend, ein Auge für ihr Tun gab es nicht, weder für den Sohn, der schon in einer eigenen Welt lebte, mehr mit sich sprach als mit anderen, noch für sein Schwesterchen, das weiter die Schaukelbewegungen machte, sich nur langsam von dem Familienhinundher ihrer ersten Jahre erholte – auch das ein täglicher Kampf um Balance. Der große Bruder fand seinen Ausgleich dagegen auf dem niederen Dachboden des Gartenschuppens, in einem dämmrigen Reich, das er zu gestalten anfing, indem er seine frühen übermächtigen inneren Bilder nach außen kehrte: Ich baute mir dort eine Geisterbahn.

Die kleine Schwester, nunmehr vier und im Kindergarten, behielt ihr Los, eben kleine Schwester zu sein, hintanzustehen, für sich, während der Bruder die Gespenster tanzen ließ, vor Augen noch das Bild der Mutter, nackt auf dem Holzbalkon, rote Blüten auf den Lidern, vor Augen auch das blonde Mädchen aus Moorfleet mit heruntergezogener Hose, wie es sich zappelnd der Bestrafung beugt, die Bilder der Magd, die den Rock hebt und den Mann gewähren lässt, seine Stöße empfängt, oder die Köpfung eines Huhns vor dem Hofabort. Und so entstanden Nachempfindungen in Form von Installationen unter dem Schuppendach, schauderhaft wie das Gerippe in der echten Geisterbahn, wenn es jäh erscheint, ein Bilderparcours, um damit den eigenen Schauder zu vertreiben. Da gab es Puppenbeine an Drähten und einen Stoffbären ohne Augen; es gab eine entkleidete Puppe, aufgespießt auf einer Gabel, aber auch einen nassen Lumpen, der von einer der Latten herunterhing. Und als Höhepunkt gab es ein Hinterteil wie das des bestraften Mädchens, geformt aus Knetgummi, allen vier Stangen einer Packung, der roten, der grünen, der blauen und der weißlichen (noch ein Kindheitsgeruch: Knete an den Fingern), einen Po mit brennender Kerze darin. Ihr Licht war das einzige auf dem Dachboden, durch den man nur kriechen konnte, und es grenzte an ein Wunder, dass der ganze Schuppen bei diesem so ernsten Spiel – mit der unerschrockenen kleinen Schwester als erster Besucherin der Geisterbahn – dabei nicht abgebrannt ist.

Alles, was mit Feuer zu tun hatte, jede Flamme unter meiner Kontrolle, schlug mich in ihren Bann – einen Jungen, der nun schon fast wie die anderen in der Klasse sprach, aber nicht wie die anderen war, etwa das Foto von sich und dem größten Boxer bei sich trug. Ich stand mit Freund Bertram und dessen Brüdern im Herbst vor einem der Kartoffelfeuer auf den nahen Feldern, fachte es mit an, dass die Funken sprühten, und das Beweisfoto steckte in meinem Anorak; ich spielte mit Doris, der Arzttochter, zündelte auf den Stufen zu ihrem Elternhaus und suchte nach einer Gelegenheit, meine Berührung mit der Filmwelt zu erwähnen. Bisher hatte ich das Foto nur Freund Bertram gezeigt, ihm als Geheimnis anvertraut; ich hielt es zurück wie einen Trumpf, den auszuspielen jederzeit rettend sein könnte, besonders auf dem jetzt zwar kurzen, aber dafür gefahrvollen Schulweg, gefahrvoll, weil dort auch ältere Jungs liefen, solche, die in der Schule wegen Frechheit Stockhiebe bekamen, bis sie brüllten, und die ihre Prügel nach der Schule gern weitergaben. Dieser Weg über eine noch ungeteerte Dorfstraße führte vorbei an einem Haus mit gelegentlich eigener Schlachtung, mal schrie dort ein herbeigezerrtes Schwein, mal stürzte das Gedärm aus einem aufgeschlitzten Leib; außerdem war da noch eine Blechnerei, vor der immer Lehrlinge standen und rauchten. Und eines Tages packten sie den Bruno, der ich war, den Imitator des Alemannischen, und stießen ihn vor sich her in den Werkraum, dort sollte er in ein gerade gefertigtes Rohr Sätze nachsprechen, und er glaubte, sich aus der Affäre ziehen zu können, indem er seinen Trumpf auswarf und Ich! sagte, mit der ganzen Impertinenz dieses persönlichsten Fürworts – Ich und Max Schmeling. Die Lehrlinge aber beugten sich über das Foto und befanden es für unecht, für Aufschneiderei, erst das Autogramm auf der Rückseite tat seine Wirkung:

Der Kräftigste versetzte dem Filmkind einen Hieb, dass es umfiel. Er wollte es prüfen, prüfen, ob der Boxer ihm etwas beigebracht habe, aber es gab keine Gegenwehr, nur ein leicht entrüstetes Heiland, wie ich es bei anderen, wenn sie etwa im Schwitzkasten waren, gehört hatte. Und da drückte der Schlägerlehrling den Aufschneider mit dem Mund an die Rohröffnung und sprach ihm Wörter vor, die er laut rufen sollte, Brutsäckel, Arschlecker, Futt, und er rief sie ins Rohr, nur genügte das noch nicht. Er sollte auch eine Gotteslästerung rufen, etwas vom Vaterunser, fast die Worte, für die ihn seine Mutter mit dem Holzbügel geschlagen hatte, Vaterunser, der du bist im Arsch, sags, Kerle! Er drohte, das Foto zu zerreißen, also rief ich die Worte ins Rohr, einmal, zweimal, dreimal, dann durfte ich gehen, samt Max Schmeling: der mir nicht hatte beistehen können und von da an zu Hause blieb, verwahrt in meiner Geisterbahn auf dem Dachboden des Schuppens.

Und noch unter dem Eindruck dieser erteilten Lehre in der Blechnerei auf dem Hinweg zur Schule bin ich an dem Tag gar nicht in die Schule gegangen, sondern weiter auf der Straße, die Schulstraße hieß und am Ende in einen schmalen Weg zum Haus von Dr. Eckart führte. Ich floh zu meiner Hüterin, so zuverlässig in ihrem Zimmer, wie meine Eltern abwesend waren (beide ganztägig in dem gemieteten Firmengebäude unterhalb der stillgelegten Bergwerkshalde). Sie lag noch im Bett mit einem Kreuzworträtsel, als ich auftauchte, und ich erzählte ihr nichts von dem Vorfall, ich sagte nur, mir sei nicht gut, ich wollte nicht in die Schule, und sie setzte gleich Wasser auf für eine Wärmflasche. Und als wir dann beide im Bett lagen, sahen wir uns Fotos aus der letzten Sommerfrische an – in den großen Ferien war ich jetzt wieder Begleiter von Mutter und Großmutter in der Gegend von Kitzbühel, als hätte es meine Schwester noch nicht gegeben. Die kleinen Schwarzweißfotos zeigen immer nur den Jungen in Gesellschaft von einer, zwei oder drei Frauen, im Dirndl, im Kostüm, im Badeanzug, und über eins der Badebilder hielten wir ein Vergrößerungsglas, das Glas, das sonst dazu diente, Garn durch ein Nadelöhr zu fädeln, um mir etwa einen abgerissenen Knopf anzunähen, den außerhalb meines süßen Exils niemand angenäht hätte.

Der Junge und seine Hüterin stehen auf den Planken der Badeanstalt Seebichel am Schwarzsee. Sie – Jahrgang 1896, Anfang sechzig zu dem Zeitpunkt – in gewagtem Einteiler, die Schulterpartie frei, den Enkel halb vor sich; er, die Hände verschränkt wie zum Gebet, in schwarzer wollener Badehose, abstechend vom hellen Bauch. Und fast milchweiß ist auch die Haut der Frau, die ihn vergöttert, eine ihrer großen Brüste ist unter dem Badeanzug erkennbar, die andere bedeckt der kindliche Kopf, als wäre das runde Gesicht Teil ihres Fleisches. Ebenfalls gut erkennbar: das nasse, angeklatschte Pagenhaar des Jungen, während das Haar seiner Beschützerin wirr absteht – sie fand sich schirch auf dem Foto, nicht eben hübsch, einer ihrer wie aus einer reicheren Welt geretteten Ausdrücke, die in mir, noch vor dem Alemannischen, eine semantische Manifestation geschaffen haben, einen intimen Vokabelschatz (inzwischen nur noch mit der kleinen Schwester von damals geteilt – zwei, denen eins dieser Wörter schon reicht, damit sie mit ihrer unsterblichen Großmutter beim Abendbrot sitzen).

Wörter, keine Worte, die sich weitergeben ließen ohne eine Geschichte dazu, auch wenn ich sie bei Gelegenheit vor den eigenen Kindern gebraucht habe; die schüttelten dann nur etwas den Kopf, und der Erwachsene war versucht, ihnen ein Verzeichnis der Kleinode aus diesem Sprachschatz zu erstellen, nach dem Alphabet der Erinnerung, einer Reihenfolge, für die es keine Algorithmen gibt, um ihrer Logik beizukommen, höchstens den unterschiedlichen Herzschlag beim Schreiben des einen und anderen Worts. Ein Feudel, so hätte mein Verzeichnis anfangen können, ist ein Lappen, und Potschen sind

Hausschuhe; der Römmel ist ein Popel, und Polken ist das Nasebohren. Zippi heißt das Geheimste beim Mädchen, Schwaffl das beim Buben und der Halbschlaf im Sessel heißt bei ihr Tunken, ferner ist Urschel eine blöde Kuh, Hermper die große Nase, dährisch ist schwerhörig, und Hatschen meint langsames Gehen. Lulatsch heißt jeder ab eins achtzig, Nachtkastel jedes kompakte Kind, und ein mageres ist und bleibt ein Krischpirdel, dagegen jedes dicke Mädchen eine Plunzen; wenig nett auch das Wort mirchdeln, gemeint ein Ausdünsten als gesamte Person, und ebenso unfreundlich der Ausdruck HabedieEhre, eine klare Abfuhr, während Abpfirten die Zeremonie der Verabschiedung meint, das Kreuzerlmachen, auf dass man sich wiedersehe. Und wenn meine Hüterin mit mir am Sonntagnachmittag ins Kirchzartener Kino ging, in die Dreisam-Lichtspiele, wir in der fußfreien Reihe saßen auf den teuersten Plätzen für zwei Mark, vor uns auf den billigen die Halbstarken aus der Blechnerei und anderen Betrieben im Dorf, darunter immer auch ein Lulatsch, der für freies Sehen den Platzwechsel erforderlich machte, und alle im Kino auf Peter Alexander und Gunther Philipp oder Sissi, die junge Kaiserin, warteten und endlich das Licht im Saal schwächer wurde, sagte sie, selbst schon etwas dährisch, mit unüberhörbarer Stimme: Also, wenn du noch einmal wiescherln musst, dann jetzt!

Frühes Beschütztsein durch eine intime Sprache heißt auch, von ihr umschlungen zu bleiben und sich in dieser Fessel zu zeigen: als einer von gestern – das Kopfschütteln der Kinder, wenn ihr Vater bei Gelegenheit auf diese Sprache, nach außen hin zum Spaß, im Grunde aber allen Ernstes zurückgegriffen hatte, war das Kopfschütteln über seine nur lose Verankerung in der Gegenwart; ja, eins dieser Wörter reicht wie ein Geruch von früher, um mit seinem Klang die Gegenwart aufzuheben: Ich sitze auf dem Balkon des einstigen Elternzimmers im Hotel

Beau Sejour, weiterhin in milder Sonne, aber bin im Dorf der Kindheit, wo es über Nacht geschneit hat, alles in stillem Weiß liegt; meine Hüterin bindet mir einen Schal um, damit ich mich nicht verkühle, sondern pumperlgesund bleibe – auch zwei ihrer Ausdrücke, verkühlen statt erkälten und die Steigerung von gesund –, und ich eile vors Haus, um mit Doris, der Arzttochter, zu spielen. In der Schule reden wir kaum miteinander, hier aber sind wir ein Paar, seifen uns ein mit dem weißen Pulver, und nachts, im Bett meiner Hüterin, träume ich von Doris und erwache fast mit ihr, während das Frühstück schon am Bett steht, Kakao und eine Semmel mit Wurst.

Die Weihnachtsferien hatten begonnen, also durfte ich auch unter der Woche in dem Exil bleiben, konnte dort etwa Briefmarken sortieren, die mir mein Vater monatlich zusteckte, oft samt Kuvert, Marken selbst aus fernsten Ländern, Chile, Pakistan oder Indonesien, all den Weltecken, in die er seine medizinischen Apparate zu verkaufen versuchte und aus denen abschlägige oder hinhaltende Antworten gekommen waren. Ich löste die Marken im Wasserbad ab und setzte sie in ein dickes Album (das es noch gibt, oben auf den Seiten, in meiner Kinderschrift, jeweils die Ländernamen). Es war kein Einsortieren nach den Gesichtspunkten der Philatelie, es war eins nur nach Größe und Schönheit, darum finden sich vorn in dem Album Marken aus Formosa, dem heutigen Taiwan, mit bunten Paradiesvögeln, aber vor allem die aus Österreich, viele für ein Alpental werbend, immer mit einer Schönen des Tals als Motiv. Und auf der Zillertalbriefmarke war ein Mädchen, das aussah wie Doris mit seinen weichen Wangen und einem Blick für den, der die abgelöste Marke vorsichtig über der Heizung getrocknet hat, um sie dann unter Glas zu plätten und ihr später einen Platz in dem Album zu geben (den Platz, den sie heute noch innehat). Es war ein Tun im Zustand zwischen Wachen und Träumen, oft ganztägig im Schlafanzug; im Winter brannte auch den ganzen Tag eine Stehlampe im Zimmer, herübergerettet aus ihrem Vorkriegsleben, ebenso ein Porzellanpapagei auf einem Sekretär mit Geheimfächern (verloren gegangen wie alles aus jenem großmütterlichen Reich, bis auf wenige Fotos). Eine sich um den Enkel wölbende Welt war dieses Zimmer und seine Bewohnerin mit ihrem aus der Atmung kommenden Vor-sich-hin-Summen, während er Briefmarken aus ihrem geliebten Österreich in eine Hierarchie der Schönheit brachte; und oft wurde aus dem Summen auch ein Wiener Lied, das Überwechseln in ein paar gesungene Zeilen – mit Worten, die einen Jungen von sieben oder acht bereits ahnen ließen, dass alles Schöne einmal ein trauriges Ende hat.

Keine meiner Fantasien in diesen Jahren war schlimmer als die vom Tod der so leise Singenden mit einem schwachen Herzen, über das sie gern klagte, auch wenn es sie gar nicht im Stich ließ, ihr eher als Druckmittel zur Seite stand. Mein Vater dagegen klagte kaum über sein fehlendes Bein, und wenn ihn Schmerzen im Stumpf befielen, er bei Tisch Hüpfer auf dem Stuhl machte, die mir Rätsel aufgaben, sagte er dazu kein Wort, während meine Mutter fast täglich von ihrem Ischiasnerv sprach, so überzeugend wie von einem zusätzlichen Körperteil, das aber außer ihr niemand sah. Dieser Nerv war ihr Besitz und war ihr Widersacher, den der kleine Sohn bekämpfen durfte, wenn keine Masseuse zur Verfügung stand; die Leidende lag dann schon im Elternschlafzimmer bereitwillig auf dem Bett, Pullover hochgestreift bis zu den Schulterblättern, Rock geöffnet und leicht nach unten gezogen, damit die noch kindlichen, noch unausgebildeten, aber schon nicht mehr unschuldigen Hände nach Belieben ans Werk gehen konnten.

Der Körper, in dem man steckt, der eigene, wie es gewöhnlich heißt, ist ein Körper der anderen – mein kindlicher Jungenkörper war besetzt vom Körper des Vaters, wenn wir bastelten oder im Heizkeller Feuer anfachten oder er Auto fuhr und den Motor erklärte, aber auch, wenn er ein Wort zu seinem Holzbein verlor; der zweite Okkupantenkörper war der meiner Mutter, wenn sie mich wusch oder eincremte oder mir einen Schmerz wegstreichelte, aber auch am Badeabend mein verborgenstes Teil nach Lust und Laune benannte. Und der dritte Körper, der mit meinem verschmolz, war der großmütterliche, als hätten wir eine gemeinsame Haut, und ihr problematisches Herz wäre auch meins gewesen, das eines Neunjährigen – ich war in dem Alter, als mein Vater eines Tages mit blinder Wut auf den sogenannten eigenen Körper, den Sohneshintern, einschlug, nachdem mir, auf Verhängung eines Zimmerarrestes hin, etwas aus gewiss nicht heiterem Himmel herausgerutscht war: Die Omi habe ich viel lieber als euch! Der väterliche Ausbruch, einmalig in der Art, war die Wut auf ein Kind, das nicht die Liebe für einen empfand, die man verdient zu haben meinte, indem man eine Firma über Wasser hielt.

Nicht lange nach dieser Züchtigung traten die Herrin meines sichtbaren Körpers und die Hüterin des verborgenen, meine Mutter und meine Großmutter, eine Zugfahrt nach Wien an, für beide die erste Reise an ihren Sehnsuchtsort nach dem Krieg. Mein Vater und ich brachten sie zum Freiburger Bahnhof, wir lösten Bahnsteigkarten für je zehn Pfennig und begleiteten sie durch die Sperre zum Zug, ich trug das Gepäck ins Abteil und konnte mich dort kaum trennen, drückte mich an die eine und an die andere, bis der Schaffnerpfiff ertönte, und beim Hinauseilen auf den Bahnsteig hob sich mein Magen. Beide standen jetzt an ihrem heruntergelassenen Fenster, und als der Zug anfuhr, begann ich, seitlich unter dem Fenster mitzulaufen, erst ganz langsam, dann immer schneller, und das nicht nur vor Abschiedsschmerz. Da lief einer neben dem Zug her, die zwei Frauen seines Lebens im Blick, der im Laufen kleine Schreie ausstieß, als etwas wie aus Bauch und Schenkeln kommend, in einer Körpermitte, die ihm entrissen zu sein schien, umso mehr zusammenströmte, je schneller er lief. Fast ist es ein Rennen auf dem langen Bahnsteig dicht neben dem fahrenden Zug, gefährlich anzusehen, aber der einbeinige Vater kann nichts tun, nur laute Warnungen hinterherrufen, während der Neunjährige jetzt gar versucht, die aus dem Fenster gestreckten vier Hände zu fassen, die Spitzen der Finger, und das Zusammenströmen in ihm wie ein Schwärmen kleinster Vögel zwischen den Beinen ist, so flatternd fremd, berauschend zugespitzt, dass er nur mit den Schreien dagegenhalten kann, nicht aber den irren Lauf stoppen: Er läuft auch noch außerhalb des überdachten Bahnsteigs neben dem Zug, dort, wo der Belag schon von Gräsern gesprengt wird, bis er hinter dem letzten Wagen mit einer Tür ins Leere und den Schlusslichtern herrennt und nur noch von weitem die winkenden Hände sieht und den Duft des warmen Gleisschotters atmet und etwas aus seinem Innersten wie durch ein Öhr in die Weltleere um ihn strömt, als glühendes Pissen, während er, nahezu blind, bis an das Ende des Bahnsteigs läuft, die Kante über dem Schotter.

Sicher ist, dass mir sekundenlang schwarz war vor Augen oder mir der davonfahrende Zug samt den Gleisen dahinter schwarz vor Sonne vorkam und dass ich plötzlich glaubte, ganz allein auf der Welt zu sein, nass zwischen den Beinen wie schon einmal, noch in Hamburg, als stiller Zeuge einer Bestrafung, nur jetzt von etwas nass, für das jedes Wort fehlte, jede Idee. Und als wäre damit eine von keinem bemerkte Verwandlung einhergegangen, von etwas in mir, das nie wieder würde wie vorher, ging ich in der Erwartung, verstoßen zu werden, zurück zu meinem Vater, der vor der Wartehalle auf einer Bank saß und rauchte.

7

Regen in Alassio, der erste verhangene Tag, aber nur ein Zwischentief, es soll morgen wieder schön sein, das Spätsommerhoch hält noch, und ein trüber Tag – eher leichter Regen, ein Gesprühe – eignet sich für Besorgungen, Wasser, Wein, Kekse, Papier. Ich war im Ort mit einer langen Hauptgasse parallel zum Strand, unterbrochen nur von einem hässlichen freien Platz am Meer, Parkdecks darunter und neuere Gebäude an seiner Rückseite, dem Platz für den Abendrummel im Hochsommer, überall noch die Köpfe, die Namen auf Schildern; Schlachtrösser des italienischen Schlagers waren hier wie Jimmy Fontana (Il Mondo), der Platz dann sicher übervoll, während er vorhin, am späten Nachmittag, leer war. Ich überquerte ihn zu einem der neuen Häuser, darin ein Geschäft mit fetter Schrift über den Fenstern, Galleria L'Image, ein Laden für alte Reiseplakate. Die Tür stand offen, ich trat ein und stieß, noch bevor ich mich umsehen konnte oder zurück in den Regen gehen, auf Mrs. Bennett vor einem gerahmten, traumhaft schönen Plakat von Portofino, seine kleine gewundene Bucht mit dem Hafenörtchen am Ende vom Berg aus gesehen, mit viel Farbgefühl gemalt. Nine thousand Euro, sagte die Amerikanerin; sie hatte den Bewohner ihres angestammten Zimmers von der Seite erfasst, sich sogar halb gedreht, nur waren die Augen dem Körper – in weißer Bluse und Jeans, dazu Laufschuhe – noch nicht gefolgt, sie sahen auf das große Plakat.

Neuntausend, das erschien mir recht teuer, auch wenn es, angeblich, ein Original war, auf Leinwand, frühe dreißiger Jahre. Thirtysomething, sagte Mrs. Bennett, um daraus gleich etwas Persönliches zu machen, wie es nur Amerikanerinnen so schnell fertigbringen – das ideale Alter, erklärte sie, und wir beide seien ordentlich darüber hinaus! Sie lachte, und erst jetzt sah sie mich richtig an, aus grauen bis blauen Augen unter fast geraden Lidern, und fraglich war, ob sie meinen Humor prüfen oder ein Kompliment hören wollte – dass sie nicht ordentlich über das Idealalter hinaus sei. Es war nur ein kurzer Blick auf mich, dann ging sie ein Stück weiter, zu einem ganzen Stapel bedruckter Leinwände, auch Originale, die man nicht anfassen durfte, wie es auf einer Tafel hieß, Non toccare, grazie! Ich schätzte sie auf mein Alter, vielleicht zwei, drei Jahre darunter, hatte aber das Gefühl, dass es ihr ebenso ging: Sie sich als die etwas Ältere sah. Mit einer Handbewegung wischte sie das ganze Thema allerdings weg, sie zeigte auf das teure Plakat: Portofino, da sei sie voriges Jahr gewesen um die Zeit, sonst hätte ich ihr Zimmer nicht bekommen – Why especially this room? Wie nebenbei fragte sie das, und ich erklärte, was es mit dem Zimmer und mir auf sich hatte, dass meine Eltern dort späte Glückstage hatten, das kam an; sie stellte keine weiteren Fragen, vor allem nicht die, was ich in dem Zimmer oder auf dem Balkon den ganzen Tag über machte, statt am Strand zu liegen. Sie wollte nur noch wissen, ob mir der Preis für das alte Plakat zu hoch erscheine, und ich sagte, schon im Gehen begriffen, das hänge davon ab, wie sehr man es haben möchte, um es bei sich an die Wand zu hängen. Mir wäre es zu teuer, auch wenn der ganze Zauber Italiens darin liege, die ganze Süße des Mediterranen – all our deep romantic ideas.

Der ganze Zauber meiner Kindheitssommerfrische, ihre Süße, ihre Wehmut, lag in einem Gasthof und seiner Umgebung unterhalb des Kitzbüheler Horns – zwei Monate nach dem Bahnsteigerlebnis von Freiburg reisen Großmutter und Enkel wie in den Jahren zuvor mit dem Zug über München in den Tiroler

Juli, für ganze Wochen im Gasthof Vordergrub. Sie haben ihr übliches Zimmer mit Holzbalkon, ein Zimmer noch ohne fließendes Wasser, stattdessen Karaffe und Schüssel; die Großmutter spricht von Katzenwäsche und überhaupt dem Opfer der Reise hierher und einer so langen Anwesenheit in Vordergrub, nur um ihrer Schwester, die leider kaum Geld habe, nah zu sein. Die Tante Matzi, wie sie genannt wird, angereist aus Wien, wohnt auf einem Hof in der Nähe, dem Hof Oberstegen, bei ihr die Scotchterrier Flörri und Tschenti, die darf ich an der Leine führen. Ansonsten bin ich Kavalier meiner Hüterin, bei Tag und bei Nacht. Wir teilen das Doppelbett und vor dem Schlafen ein Bier, wir schlafen, bis uns die Sonne weckt. Tagsüber treffen wir dann Tante Matzi, kinderlos und beweglicher als ihre Schwester und früher, wie es allgemein heißt, eine Schönheit, umschwärmt von jungen Offizieren. Für das fesche Bubei, wie sie den zwischen beiden Frauen nahezu Eingeklemmten nennt, macht sie sich, zum Verdruss der Schwester, zurecht, mit blutroten Lippen im kleinen faltigen Gesicht, und sie besteht auf einem Mundkuss zur Begrüßung und zum Abschied. Die Schwestern sehen sich jeden Tag, obwohl sie sich alles andere als verstehen; sie hängen nur aneinander, und die Witwe des deutschen Wehrmachtsmajors unterstützt die andere durch Einladungen zu Schnitzel und Schwarzbier, obwohl die abverlangten, unter ihren Augen erfolgenden Küsse sie eifersüchtig machen. Dafür gehört ihr der Bubei-Galan mit Lippenstiftspuren – fast grob mit einem stets unter dem Ärmel verstauten Schnäuztücherl weggewischt – voll und ganz in den Mittagsstunden und wird dort wieder zum trägen Infanten.

Träge das Spähen im gedämpften Licht, schläfrig und doch wach, mit einem Auge auf der, die in der Wäsche auf ihrer Bettseite liegt, das Mieder geöffnet – ich sollte einige der kleinen Haken lösen, damit sich ihr Leib entspannen konnte, und nun entspannte er sich also, wo er vorher zusammengedrängt war, während ich zu schlafen vorgab, aber alles im Blick behielt. Erschöpft und mächtig zugleich lag meine Hüterin neben mir, leise strömte der Atem aus ihrem Mund und der großen Nase, wie über unsichtbare Treppchen hopste die Luft, hinein in einen Summgesang, der langsam in Schlaf überging; und der vom Mittagsbier Benommene konnte nicht anders, als das ja ohnehin etwas offene Mieder in der Farbe einer blassen Aprikose noch weiter zu öffnen, bis er sah, was er nicht sehen sollte, ihr helles Fleisch. Mir blieb gut eine Stunde, bevor sie erwachte, bettwirr das Haar, und es hieß, dass ich die Ösen wieder schließen sollte, nur nicht die unterste, die über dem Po. Also begann ich mit dem Zuhaken, vorsichtig, und sie erinnerte noch einmal an die kleine Poregel – ein geringes In-die-Schranken-Weisen, oft verrät es auch ein Verlangen. Die unterste, die schließt mir der Herrgott, sagte sie, einer ihrer Rätselsätze, und im selben Atemzug bat sie darum, ihr den oberen Rücken zu kratzen, sie zu scheren, wie sie es nannte, und das geschah mit Ausflügen meiner Finger unter das Mieder, leise seufzend von ihr genossen. Wir waren jetzt eins, ein Wonneklumpen im Bett, und umso ungehaltener war sie, als auf einmal, verfrüht, ihre Schwester für den Nachmittagsspaziergang im Zimmer erschien und sich auch gleich den Mundkuss abholte. Sie fuhr sie mit nörgelnder Schärfe an, nannte sie rücksichtslos, die ewig Lästige – mir im Gedächtnis wie die Falten um den Tante-Matzi-Mund und ihr feiner Oberlippenbart.

Schließlich ging man aber doch spazieren, ich durfte wieder die Scotchterrier führen, während sich die Schwestern stritten, bald leiser, bald lauter; Ruhe war erst, als wir eine kleine Kapelle betraten, still ein Vaterunser beteten und Tante Matzi am Ende noch murmelte Gott, gib a' Geld. Von der Kapelle ging es an einem Bach entlang, nunmehr schweigend, und der Begleiter der Damen fühlte sich mit den Hunden, die er hielt, als Tierbändiger. Es war der Weg zur Talstation der Horn-Bahn, mit der ich liebend gern gefahren wäre, aber weibliche Ängste vor dem Abgrund standen dagegen; mir blieb nur, dem Körberl, wie die Gondel bei den Schwestern hieß, hinterherzuschauen, seinem Aufstieg zum Gipfel hoch über den Tannen und später dem Fels, bevor wir denselben Weg zurückgingen, während es Abend wurde, Zeit für das gemeinsame Essen.

Die Schwestern, beide im Dirndl, zwei in der Gaststube allseits beachtete, die um einen Jungen buhlen (ich fühlte mich wohl auch als Frauenbändiger), trinken ihr dunkles Bier und er ein kleines Helles. Schnitzel gibt es dazu und manchmal Backhendel und vorher eine Fredatten- oder Frittatensuppe mit frischem Schnittlauch – ihr Fettgeruch vermischt mit dem nach Wiese und Brotteig ruft mir diese Abende ins Gedächtnis, immer damit endend, dass wir Tante Matzi noch ein Stück auf ihrem Weg im schon Dunklen zum Hof Oberstegen begleiten. Ein langsamer Abschied ist das, bis man sich schließlich einen Ruck gibt und sich trennt, die eine Schwester weitergeht, begleitet von ihren Hunden, und die andere zurückgeht, begleitet vom Enkel; je mehr sich aber die Schwestern voneinander entfernen, sind sie wieder ein Herz und eine Seele und rufen sich die alten Kosenamen durch die Dunkelheit zu, um noch ein Stimmenband zu haben, immer leiser werdend ein helles Ifferl und Pfifferl, bis auch der letzte Ruf erstirbt, nichts mehr zu hören ist außer Grillengezirp und der Infant zum Hüter seiner Hüterin wird, in der Faust ein kleines Schwert aus Holz, um jeden Angreifer zu erschlagen – die Waffe, die mir das Gefühl gab, unbesiegbar zu sein, einer, der alles niedermachen könnte.

Erst mit dem Dazustoßen meiner Mutter – kaum mehr auf einer Bühne, aber noch mit der Aura zerstreuter Verruchtheit einer jungen Rampendame –, mit ihrem üblichen Aufenthalt in unserer Sommerfrische, endeten die Tage der Miederösen und eingeforderten Küsse, des Mittagsbiers und abendlichen kleinen Schwerts. Sie zieht ihren Kavalier buchstäblich aus dem liebeshysterischen Bett, das ihm die Schwestern bereitet haben, in das Theatralische der eigenen Rede; sie zieht ihn aber auch in ihr Zimmer im Gasthof Vordergrub und an den exklusiven Platz neben ihrem Liegestuhl im Garten, am Rande einer Wiese mit Bauersleuten, die ihre Sensen schwingen. Und so sind beide wieder einmal in der kitzbühelerischen Sommerfrischewelt, die auch eine Halbwelt ist, Mutter und Sohn als Pärchen, ohne den Vater, ohne die kleine Schwester – völlig unklar, wo und bei wem sie sich aufhielt. Während der Abendmahlzeiten ist der Neunjährige nun gleich von drei Frauen umgeben, seiner Hüterin und deren Schwester mit dem faltigen roten Mund sowie der schönen, in der Gaststube allseits bestaunten Mutter. Er unterhält die drei Frauen mit Parodien, macht die Buben des Hauses nach, ihre im Rachen gebildeten Wörter, wenn sie ihm Fragen stellen über die weite Welt; er wird beklatscht und geherzt, belohnt für sein drolliges Artigsein, sogar noch nachts im Mutterbett, neben ihrem warmen Leib, wenn er schläfrig daran spielt, so artig wie unartig. Und auch tagsüber ist er ganze Stunden allein mit ihr, sie in dem Liegestuhl, lesend, rauchend, dösend, er davor, mal im Gras sitzend, mal in der Hocke, immer ihren sonnenbeschienenen Beinen nah. Die Schenkel sind eine Ablage für seinen Zeichenblock; er bemüht sich, ihr Gesicht und auch den Rest zu zeichnen, das, was er ohnehin schon zu besitzen glaubt, nur schlagen alle Versuche fehl. So sehe ich doch nicht aus, ruft die Gezeichnete immer wieder, und er zerreißt das Blatt und versucht es noch einmal, bis der Block aufgebraucht ist.

Erneut ist also keine Zeichnung, in dem Fall all der Versuche, etwas von der Mutter festzuhalten, übrig geblieben, wie Jahre zuvor in Hamburg die gezeichneten Querschnitte großer Schiffe, um so ihr Wesen zu erfassen; geblieben aus den Tagen des vergeblichen Zeichnens ist nur ein kleines Schwarzweißfoto mit welligem Rand. Meine Mutter – zur Zeit der Aufnahme

Anfang dreißig – ist von vorn zu sehen in ihrem Liegestuhl, die Unterschenkel leuchten, die Füße in hellen offenen Schuhen stehen auseinander, die Knie berühren sich; sie trägt einen nach oben gerutschten, eher jedoch hochgezogenen Rock, damit die Beine freiliegen. Die Schatten auf dem Bild sind kurz, wohl ein Julimittag – im Hintergrund heuende Bauern –, die Frau im Liegestuhl nimmt ein Sonnenbad, seitlich neben dem Stuhl ihr Neunjähriger in der Hocke. Er trägt Sandalen, Badehose und ein kurzärmliges Hemd, sein linkes, der Kamera zugewandtes Bein ist ebenfalls deutlich im Bild; beide haben wohlgeformte Beine, die des Sohns wirken schon nicht mehr kindlich, wenn auch weniger gezirkelt als die zur Schau gestellten. Ja, er besteht überwiegend aus den Beinen in der Hockstellung, das Gesicht von der Kamera abgewandt, ist nur Körper auf dem Foto und doch Leib und Seele in der Haltung: die eines Sohns, der mit einer im Liegestuhl sitzenden Mutter auf Augenhöhe geht. Und offenbar schauen wir uns auch in die Augen, obschon nur ihre zu sehen sind, der Blick darin etwas zwielichtig, bühnenhaft, als gelte er einem Schauspielerkollegen in einem Salonstück, keinem Kind am Rande einer Sommerwiese. Der mütterliche Mund ist leicht geöffnet, sie sagt etwas oder will gerade etwas sagen, etwas wie: Wir zwei Hübschen, nicht wahr? Und vielleicht summt oder singt sie auch, was sie in solchen Augenblicken dann oft leise gesungen hat, Schau mich bitte nicht so an, ich weiß genau, ich kann – Pause, Pause – dir dann nicht widerstehen.

Es war und ist ein Lied wie eine zarte Umarmung von hinten, besonders wenn es, teils gesprochen, teils gesungen, zu einer Anrede wird, der man außer Schweigen nichts entgegenhalten kann; noch in ihrem letzten Appartement am Alpenrand hatte sie es bei einem meiner zu kurzen Besuche, als ich abends an ihrem Bett saß, gesummt, und später, in der Dusche des Gästezimmers (in der immer ein zurückgelassenes Shampoo meiner Schwester stand) kehrte die Melodie wieder und hielt sich bis in den Schlaf. Und dann gab und gibt es auch noch das andere Lied, das mich als Kind, wann immer mein Vater irgendwo war, nur nicht in unserer Nähe, mehr als erreicht hatte, das von der kleinen Konditorei – ja, da sitzen wir zwei bei Kuchen und Tee, meine Mutter und ich, und das elektrische Klavier, das klimpert leise eine Weise von Liebesleid und Weh.

Sie gingen mir im Bett des Gästezimmers kaum mehr aus dem Kopf, die beiden Lieder, ihre Melodien mischten sich, wie durch eine Verwandtschaft in der Tonlage – ich bin kein Kenner von Musik, nur ein Hörer, der auch die Musik in der Sprache hört. Gute Nacht, hatte meine Mutter mit einer gewissen Kühle am Ende des gemeinsamen Abends gesagt, und als ich am nächsten Tag, nach ihrem Frühstück und dem Zurechtmachen für mich und ihrer Erholungsphase, um genau halb zehn ihre Tür mit dem Besucherschlüssel öffnete, abzugeben am Schluss des Besuchs an der Rezeption im Foyer, und das Appartement betrat, an ihr Bett kam, erklärte sie mit der gleichen Kühle, ich sei nicht rasiert, und zeigte ein kleines fahriges Kopfschütteln, womit es alles andere war als eine Bagatelle, denn wer weiß, wem ich im Haus begegnet sein konnte, womöglich der Leiterin des Stifts. Weil ich aber meine Reisetasche dabeihatte, um gleich nach dem Abschied aufbrechen zu können, schlug sie eine Rasur in ihrem Bad vor – Schnell noch für deine Mutter, sagte sie, und der Sohn tat dort, was getan werden musste, damit der Abschied an dem Vormittag ein guter Abschied würde, schon allein dadurch, dass sie das Resultat prüfen durfte. Sie strich mir über Kinn und Wangen und nahm Schaumreste vom Hals; sie fand keine Stoppeln, auch keine Schnitte, sie fand nur etwas in ihrem Gedächtnis.

Dein Vater, eröffnete sie mir ganz überraschend, hat sich oft geschnitten beim Rasieren und immer Fetzen von Klopapier darauf gedrückt, so hat er dann gefrühstückt, mit diesen kleinen roten Fetzen im Gesicht, nicht nur zu Hause, auch wenn wir in einem Hotel oder schönen Gasthof waren, saß er morgens so da, Fetzen am Kinn und am Hals, und nie fiel einer herunter – ob ich gut gefrühstückt habe, unterbrach sie sich selbst und sah auf die Uhr. Sie wollte die Verabschiedung, ehe die Putzfrau erschien, ich aber wollte noch etwas über sie und meinen Vater wissen, wo in einem schönen Gasthof sie beide gewesen seien, und wie am Abend zuvor kam ihr kleines fahriges Kopfschütteln, das auch ein vergebliches Abschütteln von Erinnerung war – Wo, mein Gott, wo, in Tirol, in der Sommerfrische, da hat er uns einmal besucht, musst du nicht zum Zug? Sie kannte meine Abfahrtszeit, sie kannte auch die Fahrzeit mit dem Taxi bis zum Bahnhof Tegernsee, sie kannte den Preis und die pünktliche Fahrerin; noch hätte ich etwas bleiben können, fünf Minuten, aber sie bat schon um den Abschiedskuss, den einen auf den Mund. Und als ich wieder aufsah, lag sie – und liegt in der Erinnerung auch weiterhin – schmal und blass im Bett, groß nur die Augen, darin ein Blick von lautloser Klarheit: Ich weiß, dass ich allein hier liegen muss, geh jetzt. So blieb nur noch, Auf Wiedersehen zu sagen, das eine unabdingbare Wort, die Tasche zu nehmen und eben zu gehen. Ich gab den Besucherschlüssel im Foyer ab und nickte Herrn Abban zu, der auch schon vormittags an seinem Platz saß, angezogen wie für den Abend im Restaurant; das Taxi aber stand bereits, überpünktlich, vor dem Eingang.

8

Ja, einmal tauchte mein Vater – nicht weniger überraschend, als er in meiner alten Mutter mit der Klopapierfetzengeschichte wieder lebendig geworden war – im Gasthof Vordergrub auf. Er entstieg seinem grauen VW mit geteilter Heckscheibe, für den herbeigeeilten Sohn noch immer der Dunkelhäutige mit Fez, heldenhaft heimgekehrt von einer Schiffsreise, seine junge Frau aber begrüßt ihn als Helden der Landstraße und einer Firma, die er vor dem Untergang bewahrt. Also schmiegt sich der Sohn an den, an den sich auch die Mutter schmiegt, und spürt das vertraute Holzbein; er wird sogar hochgehoben und nimmt einen Geruch nach Zigaretten und Rasierwasser auf, nach Schweiß von der langen Fahrt und auch etwas nach Wein. Der Held, der Vater, nennt den Sohn beim Namen, ohne den Namen abzuwandeln, und der Benannte äußert seinen heißesten Wunsch: mit der Seilbahn auf das Kitzbüheler Horn zu fahren. Nur einer, der im Krieg gekämpft hat, im Panzer saß, kann diesen Wunsch erfüllen, mit ihm in eine schwankende Gondel steigen und über Abgründe schweben, niemals die, die schon bei dem Gedanken an Abgründe wilde Bewegungen macht und ruft, keine zehn Pferde brächten sie in eine Seilbahn. Der Vater dagegen steckt sich eine Reval an – wie der immer noch hochgehobene Sohn das verfolgt, die Art, ein Streichholz anzureißen und nach dem Entzünden der Zigarette die Flamme auszuschütteln, den ersten Zug zu tun und den Rauch aus der Nase strömen zu lassen, um dann unvergessene Worte zu sagen: Söhnchen, wir fahren da gleich morgen hinauf.

Und in einer Gondel ganz für uns schwebten wir am nächsten Tag bei strahlendem Wetter auf das Kitzbüheler Horn zu, hoch über Tannenspitzen und steilen Matten, über Almen und Felsschründen und einer Schlucht – mit sachtem Schaukeln geht es bergan, fast geräuschlos, das Gondelfenster weit offen. Es ist Mittag, es ist heiß, der Vater hat das eine Hosenbein etwas hochgezogen und sogar auch das andere ein Stück, so, als wäre noch sein eigener Knöchel darunter und keiner aus Holz, und der glückstrunkene Sohn, trunken in dem seltenen Gefühl, einen Vater zu haben und über ihn gebieten zu können, möchte die Geschichte von dem fehlenden Bein hören. Etwas davon kennt er ja schon, das mit dem Stahlsplitter, der ins Knie dringt, ohne dass es gleich schrecklich wehtut, und nun will er die ganze Geschichte hören, schwebend zwischen Himmel und Erde. Und der Vater erzählt, wie sein Panzer, der Panzer des Kompanieführers, in Russland von einer Granate getroffen wurde und ihm, der den Angriff geleitet hat, der daumengroße Splitter in die Kniescheibe drang, und das an seinem Geburtstag, dem siebenundzwanzigsten. Zuerst war da für ihn, so erzählt er es noch einmal, gar kein richtiger Schmerz, nur etwas Heißes im Knie, er konnte sich sogar bewegen, sich aus dem brennenden Panzer retten. Und eine verirrte Kugel erwischt mich dann am Hintern, sagt er, eine, die zum Glück schon austrudelte – das war sein Wort dafür –, und zum Glück schneit es auch, Pech für die russischen Scharfschützen, alles Frauen mit ruhiger Hand, und irgendwie kommt dein Vater auf einen anderen Panzer, hält sich dort den Hintern und ist froh, dass er lebt – siebenundzwanzig, und nur ein blöder Splitter im Knie, so geht es ins nächste Feldlazarett, ein paar Zelte in einem Birkenwald. Und da liegst du dann, wartest, dass etwas passiert, während um dich herum Geschrei ist, einer kein Gesicht mehr hat und sie einem anderen das Gedärm wieder reinstopfen, bis endlich irgendwer im blutigen weißen Kittel daherkommt, auf mein Knie sieht und nur den Kopf schüttelt, was heißen soll, das wird wohl nichts mit dem Bein. Wenigstens holen sie mir dann den Splitter heraus, während auf dem Nebentisch einer mit Verbrennungen brüllt – aber jetzt reicht es, Söhnchen, jetzt genießen wir die Fahrt! Und mein Vater steckte sich eine Zigarette an und ließ mich die Flamme auspusten, wir sahen aus dem Fenster der Gondel, auf kleine Kühe tief unter uns und eine Tränke. Seine Hand lag auf meinem Knie, als wollte er es schützen oder seine Beweglichkeit spüren, während die Gondel auf dem steilsten Stück langsamer wurde, mit trägem Ruck über den letzten Pfeiler kam, und da erzählte er doch noch das Ende, wie er das Bein retten wollte, durch wochenlanges Ruhigstellen in Gips und mit Schmerzmitteln, die einen Ochsen umgehauen hätten. Erst als Maden unter dem Gips waren, sich vom Eiter in dem Knieloch ernährten, wurde dem Ganzen ein Ende gemacht, das Bein am Oberschenkel abgesägt.

Mein Vater hatte mich erstmals ins Vertrauen gezogen, in das dichte, so beschützende wie erschreckende Innerste seines Vertrauens, und kein anderes Wort in der Geschichte vom verlorenen Bein hat sich so festgesetzt wie dieses Abgesägt, in Verbindung mit dem Bild eines faltigen weichen Schenkelstumpfes, fester Bestandteil meiner kindlichen Träume, in denen dieses geheime und zugleich unheimliche Stück Vater endlich betastet werden konnte – ein Traum, den es gelegentlich noch gibt, vielleicht auch nur als Traum von den einstigen Träumen. Und immer ist da auch das unauslöschliche Bild, wie mein Vater jeden Morgen eine Art Strumpf über das schlaffe Gebilde rollt, um das Strumpfende durch ein Loch in der Prothesenaushöhlung zu ziehen (erst als fast Erwachsener hatte ich begriffen, dass so ein Vakuum entstand, das den Oberschenkelrest in der Höhlung hielt), ein Bild, das sich oft mischt mit etwas ebenso Eindrücklichem: Mein Vater nimmt mich, noch in Hamburg, mit in die Werkstatt des Prothesenbauers. Dort hängen Arme und Beine von der Decke, als würde die Welt auf dem Kopf stehen, und wir gehen Hand in Hand unter diesem hängenden Gliederwald, mein Vater erzählt von anderen, die ein Bein, einen Arm oder gar beide Arme verloren hätten. Manche auch ihr Gesicht, sagt er, und ich schaue mich nach Holzgesichtern um. Wir sind allein in dem länglichen Werkstattraum, warten auf den Prothesenbauer, mein Vater setzt sich auf einen Stuhl, ich stehe davor, in der Hand einen kleinen Hammer – der wohl irgendwo gelegen hatte –, und klopfe damit auf das Holzknie unter dem Hosenstoff und kann es nicht fassen, dass er nichts spürt; vor lauter Armen und Beinen in der Werkstatt habe ich das väterliche Bein vergessen. Und auch am Tag unserer Seilbahnfahrt, als wir von der Bergstation noch das kurze Steilstück bis zur Spitze des Kitzbüheler Horns gingen, hatte dieser Mangel an Bein etwas Irreales, ja war letztlich aufgehoben, ich ging mit einem vollständigen Vater zum Gipfelkreuz. Erst beim Abstieg wurde es schwierig für ihn, er stützte sich auf meine Schulter, ich war seine Krücke, sein Halt. Und gegen Abend, zurück im Gasthof Vordergrub, ist er auf einmal verschwunden (im Zimmer seiner jungen Frau, wo sonst).

Es war ein gewittriger Abend nach dem heißen Tag – heiß sogar auf der Bergspitze in meiner Erinnerung, überall Leute mit nacktem Oberkörper –, dunkler Himmel und Wind, das Licht hatte sich verflüchtigt wie der Vater, und aus dem Sohn wurde erneut ein Infant im Bett seiner Hüterin. Er hakte ihr das Mieder auf, scherte ihr den Rücken und bekam, als Gegenleistung, eine Geschichte, die sie für ihn erfand – eine der vielen Geschichten, die mich immer wieder vergessen ließen, dass etwas fehlte, die Entität der Eltern als feste Größe. Dafür gaben mir die Geschichten ein Gefühl von Macht, der Macht, mich nach Belieben in ihnen bewegen zu können und Einfluss auf ihren Gang zu haben, ihr Personal, die Ausstattung, den Grad ihrer

Spannung. Das Schwinden der Eltern wurde beglichen mit diesen Gutenachtgeschichten, die mehr das Ressentiment vertrieben als die Langeweile; jeder Morgen beginnt mit neuer Hoffnung: dass die Eltern Eltern bleiben, eine Einheit, Mutterundvater. Und als der Vater nach ein paar Tagen wieder abfährt, in eine eigentlich erträglichere, gänzliche Abwesenheit, geht das mütterliche Schwinden auf andere Art weiter: Eine Frau am Beginn ihrer besten Jahre, immer noch an die große Liebe glaubend, die zu einem Mann (auf schon eigenen Wegen), sucht Trost in Geschichten, nur dass sie sich diese Geschichten selbst erzählt. Sie schreibt. Die junge Mutter sitzt jetzt jeden Vormittag an einem der Holztische vor dem Gasthof im Halbschatten vor einer kleinen Schreibmaschine – angeschafft, wie es hieß, damit sich die finanzielle Lage der Familie und der Firma durch ein Buch, das alle lesen wollen, im Grunde also durch ein von ihr bewirktes Wunder, schlagartig zum Besseren wendet. Sie tippt und tippt, während der Kavalierssohn an einem entfernten Tisch immer wieder von seinem Zeichenblock aufschaut; er wartet auf eine Pause, auf die Lücke, in der er sich der Mutter nähern kann, um sie anzufassen, ihr Wegsein, obwohl sie ja dort sitzt, aufzuheben.

Damals entstand ihr erster Fortsetzungsroman für eine Illustrierte, Wiedersehen in Kitzbühel, über großes Liebesglück und auch etwas Leid, obgleich ihr eigenes Leben eher auf viel Leid und ein bescheidenes Glück zulief. Noch war es das mit dem Unternehmertraum ihres Mannes verknüpfte Leid, nicht das intime einer Verlassenen. Sie war Teil dieses Traums und half vor allem durch ihren Bühnencharme der Firma mit ewiger Geldnot und dem Namen AAP auf den Geräten, Allgemeiner Apparatebau Peters und Co. – Peters der Name des so früh gefallenen Vaters: die Wunde ihres Lebens, die ein P im Firmenemblem nicht heilen konnte. Sie schrieb auch unter diesem Namen, schrieb aber, als hätte sie kein Schicksal gehabt,

95

von dem zu erzählen lohnend gewesen wäre, keinen Krieg erlebt, keine Verluste erlitten. Und auch der unaufhaltsame Einbruch der Firma und all die Anstrengungen, sie zu retten, hat sich ihr nicht als Stoff angeboten; das graue Leben war nicht ihr Fall (nur in den Ehejahresberichten, dort taucht es ständig auf). Ihr Fall war der Liebestraum von Frauen an der Seite sogenannter großer Männer, und am Ende löst sich jede Heldin, wie in den Filmen dieser Jahre, glanzvoll in nichts auf.

Ich schreibe jetzt, sagte sie mit Betonung auf der Tätigkeit, wenn der Sohn mit seinen Zeichensachen zu ihr auf die Holzbank rutschte, und einerseits tat sie es wirklich, tippte, manchmal sogar mit Zigarette im Mund, andererseits spielte sie eine Schreibende. Erst später am Tag, wenn sie in ihrem Liegestuhl still vor sich hin träumte, kam sie dem Schreiben – denkt der schreibende Sohn – nah. Da gibt es den Roman, der das eigene Leben sprengt, die Szenen zwischen Mann und Frau, die mehr sind als Liebestheater, die ein Stück Welt dieser Jahre zeigen, den Traum vom Erfolg und das beschämende Scheitern, den nicht ausradierbaren Krieg in jedem; große Männer werden zu kleinen, und die weibliche Heldin fühlt sich am Ende der Geliebten näher als ihrem Mann. Dösend im Liegestuhl, schreibt sie die wahren, die schmerzenden Sätze ins Nichts (Jahrzehnte später einmal angedeutet auf eine Frage hin: Ob ihr nie andere Bücher vorgeschwebt hätten, die unerfreulichen, wie sie bei ihr nur hießen). Ich schreibe jetzt – die drei Worte sitzen, der kleine Kavalier rückt etwas ab auf der Holzbank und sieht der Schreibenden zu, bis sie endlich das Blatt aus der Maschine zieht und die Schlusssätze vorliest, gerührt von den eigenen Worten. Die Vormittagsarbeit ist damit getan, es folgt ein Mittagessen im Freien, dann die Stunde im Bett, das träge schläfrige Dämmern, und am Nachmittag wird dem Sohn etwas wie den geschriebenen Seiten Entnommenes beigebracht.

Auch er soll einer jener großen Männer werden, an deren

Seite Frauen Erfüllung finden, im Glück wie im Unglück, ein Mann von Welt mit Umgangsformen, folglich lernt der Neunjährige in diesem Sommer endgültig den Handkuss mit seinen Tücken, ihn eben nur anzudeuten, das aber durchaus mit Ernst. Und er übt auch noch einmal die Anrede, die sich für den kleinen Herrn gehört, nicht weniger tückisch, weil sie erst durch das Verschlucken einer Endsilbe das Gewollte verliert und ihr Leichtes erhält. Guten Abend, gnä' Frau, sagt der Sohn am hellen Nachmittag und erfährt, warum ein Herr überhaupt einer Dame die Hand küsst, eben weil sie eine Dame sei und keine gewöhnliche Frau, deren Hand man allenfalls schüttle. Und zuletzt noch einmal die Handkusspraxis, das Sichherunterneigen, wenn die Dame etwa sitzt, das Annehmen der leicht hingehaltenen Hand, die nur angedeutete Berührung mit den Lippen – der Taumel an der Grenze zum Eros. Die junge Mutter im Liegestuhl ist hingerissen von ihrem kleinen Galan, hebt ihn mit Küssen und Worten schon in den Himmel der großen Männer und vergöttert in ihm die eigenen Träume.

Der Handkuss blieb für mich ein Stück Komödie, mit einer Ausnahme, sechsundfünfzig Jahre nach der Unterweisung am mütterlichen Liegestuhl in der Sommerfrische. Beim mehr als nur geahnten, endgültigen Abschied von meiner Mutter, sie so still um Nähe bittend, nur mit den Augen, dass dem alten Sohn bange wurde, als er an diesem glutheißen Pfingstsonntag am Aufbrechen war, mit der Reisetasche zwischen den Füßen an ihrem Bett stand, hat er aus diesem Bangen heraus ihre kaum mehr warm werdende, nur noch von einer fleckig-transparenten Haut bedeckte Hand geküsst, bereits in der Scham dessen, der noch am Leben sein wird, wenn der andere ausgelöscht ist. Und im Monat darauf starb sie, meine Schwester war bei ihr, Tage vorher schon und auch noch danach, ein Geleit über den Tod hinaus, höher als alle Vernunft. Ohne ihre Tochter, ohne die tägliche fernmündliche Nähe, das ständige

Zureden und Zerstreuen von Ängsten am Telefon, die Stunde jenseits aller Vernunft, hätte sie in ihren letzten Jahren wohl den Verstand verloren – wie jeder, der am Ende nur noch sich selbst hat, und damit zu viel vom selben.

Das Telefon war für meine Mutter die Öffnung zur Welt, lange ein Sprachrohr, zuletzt nur noch Hörrohr, aber das Erstere hat sich mehr eingeprägt. Und so vermisse ich manchmal ihre helle, überdrehte Stimme, ihre Freude am Telefon über meine Freude, wenn mir etwas gelungen ist, und ihre Art, wie sie sich bei Anfeindungen mitempört und mir Trost zugesprochen hat. Sie war eine begabte Trösterin und selbst zuletzt untröstlich. Zwei Jahre vor ihrem Tod hatte sie aufgehört zu lesen, sie konnte den Büchern nichts Hilfreiches mehr entnehmen. Und dabei war sie zeitlebens eine Leserin, mehr in Romanen zu Hause als in ihrer Wohnumgebung, in sogenannten Guten Büchern mit den ewigen Themen Glaube, Liebe, Hoffnung und Tod. Sie schätzte das literarische Ringen bedeutender Männer um Erkenntnis und Vollendung, von Marc Aurel über Augustinus bis Montaigne und Goethe, von Flaubert über Proust und Joseph Conrad bis zu Thomas Mann. Alles Neuere, Zeitgenössische blieb ihr dagegen fremd, war nur Abbild einer unappetitlichen Gegenwart. Sie wollte von der Welt, die sie umgab, im Grunde nichts wissen, sie lebte nicht in ihr, sie lebte neben ihr, und das nicht aus Ignoranz, sondern aus Angst. Sie fühlte sich dieser Welt gegenüber zu wehrlos. Wie manche wehrlos sind durch ihren Ernst, der keine Witze verträgt, war sie wehrlos durch Dünnhäutigkeit. Alles von außen Kommende, ob ein unbekannter Mensch oder auch nur die schlechte Neuigkeit in den Nachrichten, konnte durch ihre Schwachstellen ungehindert in sie eindringen. Und der Sohn hat versucht, diese Stellen, die immer mehr zu einer einzigen, mit ihrem ganzen Wesen einhergehenden Schwachstelle oder umfassenden Schwäche wurden, absurderweise dingfest zu machen, mit Mitteln, die einem Nagel glichen, den man probeweise in bestimmte Bereiche der Wand schlägt, um ihre Festigkeit zu prüfen. Ich versuchte es mit Scherzen und Ironie, einer stichelnden Sprache, ohne zu merken, dass meine Mutter, selbst im Bett noch mit einer wärmenden Jacke, auch dem leisesten Scherz oder Wortwitz bis ins Mark ausgeliefert war. Sie hatte keine schützende Haut mehr, da gab es nur noch eine überempfindliche Hülle, um darauf wattehafte Liebkosungen zu empfangen, ein Berühren als schlichte Bejahung – Ja, ich bin bei dir, ja, du bist die, bei der ich sein will, bei der ich bin, um sie zu streicheln, weil ich sie liebe –, vom Sohn erst spät erkannt, zu spät. Das Bild einer Divahaften mit Muttergebärden war fast bis zuletzt stärker als das der Hinfälligen, auf gespenstische Weise noch unterstützt vom fehlenden Bild der stillenden Mutter.

In ihrem Bericht zum vierzehnten Ehejahr, zu neunzehnhundertachtundfünfzig, -neunundfünfzig, heißt es am Schluss: Im Februar verließ uns Annegret nach so langer Zeit, und nun war ich eigentlich zum ersten Mal in meinem Leben Hausfrau und Mutter, für die Kinder da! (Der Sohn neun zu dem Zeitpunkt, die Tochter fünf, und die Geborgenheit in dem Haus mit Garten, das ein Elternhaus war, wenige Jahre nur, aber für die Kinder das Korsett um ein zerbrechliches Inneres, ging schon dem Ende entgegen, ohne dass die Chronistin es vermerkt hätte, nur gespürt hat sie es wohl, dass der Kirchzartener Boden unter ihren Füßen kein fester mehr war.) Wir führen jetzt ein friedliches Familiendasein, ich brutzle sogar abends in der Küche, dann gibt es Schnitzel, auch wenn mir manchmal etwas verbrennt, und ich bete darum, dass uns dieses so friedliche Glück hier noch ein bisschen erhalten bleibt.

9

Das friedliche Glück von Kirchzarten, dem Dorf im oberen Dreisamtal – dort, wo wir wohnten, in der Höfener Straße mit freier Sicht auf die tannenbewaldeten Berge, sommers in bläulichem Dunst, leuchtend gelbrot in jedem Herbst und Winter für Winter in atemberaubendem Weiß –, blieb noch ein bisschen erhalten in dem Haus mit der Nummer vierundzwanzig, wie für Heiligabend geschaffen, auch wenn der, von dem alles Glück abhing, mein Vater, innerlich schon nach etwas anderem gestrebt hat, einem Neuanfang, beruflich und überhaupt. Die Kinder merkten davon nichts, sie gingen ganz in ihrem Reich von Haus und Garten auf, in einer Gegenwart, die ihnen unendlich erschien, während die Eltern im Grunde noch immer Davongekommene waren, zwei Gestrige wider Willen, jeder auf seine Art nicht erholt vom Krieg und der Anstrengung, ihn in sich und um sich herum ungeschehen zu machen.

Friedliches Glück – da gab es Streifzüge durch schon wogende Felder, die kitzelnden Halme und Ähren, oder das Gehen über quellende Wiesen mit Wasserläufen, darin Molche, die sich fangen ließen; und da gab es den nahen Wald, voller Laute, voller Atem, wenn man morgens im Frühsommer zur Höfener Hütte aufbrach. Es gab die Wege mit den Kreuzen am Rand, gut zum Fahrradfahren, und die Brücken über rauschende Bäche, darin Forellen unter Steinen, auch die konnte man schnappen, und es gab das alte Dorf, in mancher Straße schon der schwarze Teerwagen mit seinem Duft. Es gab Mistkarren, gezogen von Ochsen, und hellen Peitschenknall, und es gab die Gasthöfe, den Hirschen, die Krone, die Sonne, den Löwen, die

Fortuna, manche mit Musikbox, Freddy sang das Lied Heimweh (nach Memories Are Made of This), Dort, wo die Blumen blühn, dort, wo die Täler grün, dort war ich einmal zu Hause. Wo ich die Liebste fand, da liegt mein Heimatland – das konnte man hören auf dem Weg durchs Dorf. Aber es gab auch die Läden mit den Namen ihrer Besitzer wie Elektro-Kümmerle, Optik-Eckmann, Fahrrad-Rombach, Eisen-Kromer, Süßwaren-Dengler, Salon Zimmermann oder Auto-Wunderle; und nicht zu vergessen die Dreisam-Lichtspiele mit dem Schaukasten am Gasthof Löwen, jeweils montags neue Bilder, die Filme bis zur Wochenmitte nur für Erwachsene, frei ab achtzehn. Im Löwen selbst gab es das Jägerschnitzel und neben der Garderobe ein Schild: Zu den Aborten. Und zum Schnitzel gab es Bier, frei ab sechs, wenn unsere Hüterin dabei war, und später den Rotamint-Automaten, an dem wir spielen durften. Alles in allem ein still in den Adern zirkulierendes, erst Jahre danach bemerktes Glück, das für uns Kinder schon ein Rückhalt war (für die Geschwister mit den seltsamen Namen – niemand im Dorf hieß ja wie wir, was mit dazu beitrug, dass wir Geschwister wurden).

Das unbemerkte, stille Glück; für mich ist es die unendlich erscheinende Gegenwart in dem Reich von Garten und Schuppen, die Freiheit, dort zu tun, was ich will, und die Herrschaft über jeden, der sich an meinen Spielen beteiligt. Ich klettere auf die hohe Birke, dorthin, wo niemand mir folgen kann, und bin stolz auf das Alleinsein im Wipfel. Ich fessele meine kleine Schwester an einen Pfahl und sage ihr, wie sie sich befreien kann, und fühle mich als großer Bruder, wenn es ihr schließlich gelingt, alle Fesseln zu lösen. Ich locke Kinder aus der Nachbarschaft in meine Schuppengeisterbahn, sie müssen sogar zehn Pfennig Eintritt zahlen für ihr Hindurchkriechen, und wenn sie danach vor Grausen benommen sind, kann ich sie an Ort und Stelle, verkleidet als gespenstischer Arzt, mit einem Stöckchen nach Belieben untersuchen – Dokterles heißt dieses Spiel im Dorf. Und auch das Dorf ist noch Teil meiner Welt, der gefährliche, dem ich es zeigen will. Ich presche durch die unteren, alten Dorfstraßen, ein Messer in der Tasche, ich bin glorreich. Bis plötzlich ältere Jungs auftauchen, vor dem Gasthof Sonne, wo aus der offenen Tür laute Musik kommt, Ciao Ciao Bambina, von dem gläsernen Kasten mit dem Fächer der schwarzen Schallplatten, und ich mich davonmache, gar nicht mehr glorreich. Und wieder zurück im geschützten Garten verstümmle ich mit dem Messer Blumen und ritze Baumrinden auf, dass ein Saft am Stamm herunterrinnt; ich zertrete Käfer und Nacktschnecken, um mich in meiner Verdrossenheit zu erschöpfen. So vergeht der lange Nachmittag, bis am Abend, wenn es schon dunkel ist, das Motorgeräusch des VWs, sein feines Klirren, ehe der Motor erstirbt, meinen Vater ankündigt. Er kommt ins Haus und streicht mir und der Schwester, ihr länger als mir, über den Kopf. Dann essen wir, was auf dem Tisch steht, und später, wenn ich schon im Bett liege, höre ich das mütterliche Tippen, ich schlafe ein damit. An nächsten Morgen wieder die Schule, die anderen aus meiner Klasse, und bei jeder Annäherung, etwa beim Kicken auf dem Pausenhof, das Gefühl, als liege zwischen mir und den anderen eine kleine, aber unüberschreitbare und eben darum unendliche Kluft, ohne dass mein stilles Glück damit ernsthaft gestört wäre; nur ist es eben allein das meine in der maßlosen Gegenwart dieser Zeit.

Das Jahr neunzehnhundertachtundfünfzig, es schien gar nicht zu enden, nicht für mich, auch wenn darin, unübersehbar, etwas zu Ende ging. Die Firma AAP war in letzter Sekunde mit erträglichen Schulden in andere Hände übergegangen, und ihr Gründer war jetzt ihr Angestellter. Mein Vater leitete die Geschäfte der übernommenen Firma aus einem Büro in Freiburg, immer noch in der Lage, die große Blechpresse in der kleinen Fabrikhalle und auch die Spritzlackiererei für ein besonderes Weihnachtsgeschenk an seine Frau einzuspannen, die plötzliche Mutter und Hausfrau mit zwei Kindern und einer Schreibmaschine und der lauten Sehnsucht nach Glück. Wenn er ihr schon kein Vaterersatz war und auch nicht der Mann, der die Liebe dauerhaft durch eine Sprache der Liebe bejahte, sollte sie wenigstens den Gegenstand bekommen, der es ihr erlaubte, sich selbst zu bejahen. Und so stand an Heiligabend im Bescherungszimmer ein singulärer, alles gestalterische Vermögen des Hausherrn wiedergebender Toilettentisch aus Stahlblech, flamingofarben, mit gerundeten Seitenflügeln, kleinen und großen Laden und einer raffinierten Beleuchtung, vor allem aber schwenkbaren Seitenspiegeln, die es ermöglichten, sich bis ins Unendliche darin zu erkennen. Und die hellen Rufe der Entzückung, als die Beschenkte ihr Geschenk sah und im Schein der brennenden Kerzen am Baum zum ersten Mal davor Platz nahm, sind mir noch so im Gedächtnis wie die eigenen ersten Blicke in einen der Spiegel, in dem immer wieder mein Gesicht im Profil auftauchte, kleiner und kleiner werdend, aber nicht endend, so, als führte es einmal um den Erdball, um aus dem anderen Seitenspiegel wieder herauszukommen – wie ein Modell zur Erprobung von Weltruhm.

Der Toilettentisch der unendlichen Perspektive, er kam ins Elternschlafzimmer und war ein Sinnbild für die Perspektive des Familienglücks, ebenso meine von Jahr zu Jahr wachsende, wie für die Ewigkeit geschaffene Märklin-Eisenbahn mit einer von Vaterhand gestalteten Landschaft auf großer Holzplatte, darunter versteckt sämtliche Kabel, verlegt vom Elektriker der Firma, mein Vater dagegen der Meister des Sichtbaren – unvergessen, wie wir aus Leim und altem Zeitungspapier einen Berg mit Tunnel geformt haben, er ihn bemalt hat und an Heiligabend die grüne Güterlok, bekannt als das Krokodil, vorn mit drei Lämpchen, erstmals hindurchfährt, mitbestaunt von der kleinen Schwester, die ihr Kleines fast schon abgelegt hat. Noch ist sie treue Assistentin der Spiele des Bruders im Schuppen, aber auch schon die flach auf dem Schlitten Liegende mit dem Mut zur Schussfahrt – Bahn frei, Kartoffelbrei! –, und kein halbes Jahr später springt sie kopfüber vom Dreimeterbrett. Nun staunt der Bruder, ja gibt mit ihr an, und der Vater spendiert ein Eis – fehlt bloß noch der große blaue Nivea-Ball, um das Glück abzurunden, aber der Ball, den nur wenige haben, ist zu teuer für ein Alltagsgeschenk, also träumt man davon, wie auch von einem Tacho am Rad, einer Luftpistole oder gar dem Luftgewehr. Und trotz dieser Träume, eher aber, weil sie sich mit den Jahreszeiten verbinden, erleben die Geschwister zusammen den Sommer der Sommer, jeden Tag im Freibad, und den Winter der Winter, jeden Tag im Schnee, und am Ende des Winters, während der Fasnet, den Schrecken der Schrecken, wenn Hexen und Teufel durch die Straßen ziehen, die Kirchzartener Höllenzunft; dazu kommt der Herbst der Herbste mit seinen lodernden Farben und schließlich die Weihnachtszeit der Weihnachtszeiten – nie wieder hat sich ein Erleben so mit seinem Plural verknüpft wie in diesen wenigen Elternhausjahren (und der, der sich zurückerinnert, kann nur mit mangelnder Logik davon erzählen, weil die Ereignisse in ihm keine Reihenfolge ergeben, sondern ein Mosaik sind).

In der Volksschule regiert der Knüppel, von den meisten Eltern nicht nur gebilligt, sondern erwünscht. Für Buben gelten die Bauernregeln der Züchtigung, für Mädchen die aus dem Klosterleben, sie trifft es mit dem Tatzenstock auf die Finger; Schmerzgeheul ist so alltäglich in der Schule wie das Vaterunser. Die Dörfler sind bäurisch-katholisch gottesfürchtig, aber ihr Lieblingsfluch heißt Gottverdammi! Sie leben gleichermaßen mit ihren Heiligen wie mit ihren Dämonen; am Abend vor Aschermittwoch wird eine lebensgroße Hexenpuppe auf einem Scheiterhaufen im Beisein einer gebannten Menge dem Feuer übergeben, um den Winter auszutreiben. Mit der Hexenverbrennung endet die Fasnet, und am Schmutzigen Donnerstag fängt sie an, abends im Dorf mit einem Spießrutenlaufen unter den trommelnden Hieben so praller wie stinkender Schweinsblasen, den Saublodere, mit Schnüren an Stöcke gebunden, um damit nach den Kindern zu schlagen. Es tut nicht besonders weh, aber versetzt in Angst und Schrecken, dazu noch bei einem rauen Gesang aus der Dunkelheit, Borschtig, borschtig, borschtig isch die Sau, und wenn die Sau nit borschtig wär, no gäb sie keine Würschte här! Wir singen es am Ende mit und tauchen ein in die entfesselten Tage, für uns mit dem Höhepunkt der Kinderfasnet im Dorfkino hinter dem Gasthof Löwen. Dort gibt es für die jüngere Jugend den Nachmittagskostümball, und im Vorgarten des Kinosaalbaus hat die längst gemeinsame Hüterin der Geschwister – spätestens nach Weggang des Kindermädchens war ihr Schirm aus Geschichten und Extramahlzeiten auch über meine Schwester ausgebreitet, genannt nur Der Fratz – von den zwei für den Ball Kostümierten zum Glück noch schnell ein Foto gemacht.

Der Winter, sieht man dort, ist schon ausgetrieben, auch vor der Hexenverbrennung ist der Schnee geschmolzen, aber das Gras ist noch platt, und eine tiefe Februarsonne wirft lange Schatten. Die Geschwister stehen nebeneinander, ein Neunjähriger und eine Fünfjährige, er als kleiner Zorro, sie als Kaminfeger. Ich halte einen Revolver und trage eine Larve, Zeichen dafür, dass ich, wie Zorro, mit dem Gesindel aufräume. Sie trägt einen Zylinder und hält meine Hand, die andere Hand greift um ein Gummischweinchen, ihr Zeichen, dass sie eine Glücksbringerin ist. Nur sieht sie selbst recht unglücklich aus, in übergroßen Stiefeln und von Sonne geblendet, während der große Bruder, durch die Augenmaske vor dem Licht mehr geschützt, sein Mündchen wie zu einem Kuss schürzt, als würden ihn im Saal alle Mädchen erwarten. Er trägt einen grimmig-schwarzen Hut, künstliche Locken fallen ihm in die Kinderstirn, und der Patronengurt sitzt über dem Nabel. Alles an ihm ist lächerlich, vom Sommerkavalier, der schon den Handkuss beherrscht, ist nichts mehr zu sehen – oder zeigt sich in genau dieser selbstgewählten Maskerade. Und dennoch sieht er sich, vermutlich, für den Ball gerüstet, dank einer von den närrischen Tagen noch angeheizten Überschätzung; die kleine Schwester mit Ponyfrisur unter dem Zylinder scheint dagegen wenig Hoffnung in die Veranstaltung zu setzen. Ihr bleibt nur das Gummischwein für das Foto und später im Saal nur der Bruder für die Hopserei auf der Tanzfläche. Umgekehrt ist es aber nicht besser, dem Bruder bleibt nur die gestiefelte Schwester, und das Lied der Lieder heißt Marina, Marina, gesungen von Vico Torriani auf Deutsch, Bei Tag und Nacht denk ich an dich, Marina, du kleine zauberhafte Ballerina (jeden Sommer hört man es noch in unserem Ort am Gardasee, wenn abends der Alleinunterhalter, vor sich sein Notebook, Marina, Marina, Marina, Ti voglio al più presto sposar singt). Der Zorrobruder tanzt zu dem Schlager mit der an das Schweinchen Geklammerten, sein Blick geht dabei in den Saal, er sucht die Liebste, aber Doris, die Arzttochter mit Katzenaugen, weichen Wangen und Pferdeschwanz hält nichts vom Kinderrummel – und bei einem Wiedersehen nach einer Lesung in Regensburg, wo sie Deutschlehrerin war, erzählte sie von drei Worten, einst von mir wie ein Fanal an eine Wand gepinselt, ein um Jahrzehnte verfrühtes Graffito an einer noch dazu frisch geweißten Wand ihres Elternhauses: mein Name und ihr Name und dazwischen das Wort lieben, dritte Person Singular.

Der Junge hinter der Zorromaske erträumt sich eine Liebe, in die sein aufgeschwemmtes Ich verströmen könnte, eine Erlösung für den Infanten, das Unkind in ihm. Doch es bleibt bei den Tagträumen und Einschlaffantasien, die alles Ichhafte nur noch mehr aufschwemmen – wie oft habe ich Doris aus Gefahren gerettet, mal im Wald, um sie in einem Baumhaus in Sicherheit zu bringen, mal auf See, um dann mit ihr auf einer einsamen Insel zu stranden, unzählige Male. Und in diesen Träumen glich sie den jungen Frauen auf den Bildern in den erbaulichen Leseheften, die es in der Volksschule für fünfzig Pfennig gab, den Tellus-Lesebogen. Die schon etwas älteren Mädchen darin passten auf Kinder auf oder halfen im Haushalt oder saßen im Garten auf einer Bank, ein Buch im Schoß, anmutig, mit freier Stirn und geflochtenem Haar, dabei schlank, aber nicht dünn, manche gar schon mit einer Andeutung von Brust, den Blick leicht gesenkt, so schamhaft wie die jungen Frauen in der Kinderbibel, die Krüge auf dem Kopf trugen und im Abendlicht durch Galiläa schritten. Und genau das war Doris, wenn wir auf den Stufen zum Haus ihrer Eltern ein Spiel spielten, eher aber so taten, als würden wir würfeln und Hütchen auf einem Spielfeld bewegen, und in Wahrheit nur vor uns hin trödelten: eine irdische Kinderbibelschönheit.

Zu dem Mosaik der Kirchzartener Elternhausjahre gehört diese frühe Liebe wie auch der frühe Liebeskummer, zugleich ein Kummer darüber, eben nicht der Rächer des Kinderfaschings zu sein, von den einen bewundert, von den anderen gefürchtet, sondern der, der meist allein in seinem Schuppenreich spielt, dort die Geisterbahn unter dem Dach ausbaut oder sich, träumerisch, in Geschichten verliert. Er liest Heftchen und Deutsche Heldensagen und die Reihe Illustrierte Klassiker; er blättert im Bertelsmann-Lexikon, in dem die Mutter nachschlägt, was sie nicht weiß, er findet sogar seinen Nachnamen, nur gehört der einem Physiker. Und an langen, wie aus der Welt gefallenen Nachmittagen taucht er auf dem Dachboden in eine bebilderte Kurzfassung von Robinson Crusoe ein und verliebt sich in Freitag, den Insulaner, dargestellt in so schamhafter Anmut wie die jungen Frauen in der Kinderbibel, halb muskulöser Jüngling, halb Schönheit mit wallendem Haar. Das Buch wird sein ständiger Begleiter, er hat es auch in der Schule dabei, und in einer verregneten Woche – vermutlich im März des vorletzten Elternhausjahres – entsteht, wie einem Teig aus allem Gelesenen und Vorsichhingeträumten entnommen, seine erste kleine Erzählung, getippt auf der mütterlichen Maschine, zwei oder drei Seiten unter dem Titel Jagd um die Welt.

Außer diesem zusammenfassenden Titel ist davon nichts geblieben, weder eine Erinnerung an den Helden noch an Einzelheiten seiner Jagd – überstrahlt, nehme ich an, von etwas viel Bewegenderem aus diesem Frühjahr: einem kleinen Filmprojektor, der schon zu Weihnachten da war, allerdings fehlten noch die richtige Leinwand und wenigstens ein vorführbarer Film, beides kam zu Ostern. Der Film war ohne Ton und hieß Überfall auf den Goldexpress, und nach zwölf Minuten war alles vorbei, das Gold wieder in den richtigen Händen – unvergessen, weil ich den Film immer wieder vor Gleichaltrigen und auch etwas Älteren, die sich über Nacht Freunde nannten, im verdunkelten Schuppen vorführte. Das Heimkino war eine Sensation im Dorf, und so zahlten auch alle bereitwillig zwanzig Pfennig Eintritt, um das Drama um den Zug verfolgen zu können. Nur Bertram, der Freund, musste nichts zahlen, und auch Doris hätte für die fußfreie Reihe, eingerichtet nach dem Vorbild der Dreisam-Lichtspiele, eine Freikarte bekommen, aber sie folgte dem Ruf der selbstgemachten Filmplakate nicht (erst bei meinem zehnten Geburtstag, dem letzten im Elternhaus, war sie dabei, ein Foto der Kinderrunde beweist es).

Das Verfügen über bewegte Bilder oder ein Stückchen Glamourwelt, möglich geworden mit dem Vorführgerät, der Leinwand und dem Goldexpressüberfall – ein zweiter kleiner Film kam später am Geburtstag dazu: Das heimtückische Sprudelwasser –, brachte mir mehr und rascheren Erfolg als der erste

Schreibversuch, wahrgenommen allein von der Besitzerin der Schreibmaschine, das allerdings in einer Weise, die dem Debütanten das Gefühl gab, im Erfinden von etwas oder in dem in eine Form gebrachten Lügen könnte seine ganze Zukunft liegen. Und mit Einsetzen der warmen Jahreszeit trat auch das Heimkino in den Hintergrund, das Leben fand wieder im Garten statt, mit dem Klettern auf die hohe Birke, mit dem Rasenmähen, dem Beschneiden des Heckenlabyrinths und dem Rechen der Kieswege. Es war ein ja alter angelegter Garten, auch aus heutiger Sicht durchaus groß, tausend Quadratmeter, damals für den Streuner ein Park. Er kennt jeden Winkel darin, er kennt jeden Baum, es sind seine stummen Gefährten, vor allem die knorrigen Obstbäume; dort wachsen Äpfel und saftige Ringlotten, süße Mirabellen und dicke Kirschen, aber auch Birnen und Pfirsiche. Und so blüht es auch in allen Farben, und der mit sich selbst Spielende fällt in Träumereien, benommen von Blütendüften und dem Gebrumme der Maikäfer. Er schüttelt sie aus den Ästen, sie fallen als dicke dunkle Tropfen herunter, er setzt sich einzelne auf den Handrücken und spürt ihr feines Ankrallen an der Haut; er sieht ihrem Pumpen zu, bevor sie auffliegen, und manche quält er auch, spießt sie auf Nadeln oder ertränkt sie in der Regentonne, immer noch besser, als sie in Schuhschachteln zu verbrennen, wie es die Dorfjungs tun. Er ist der Herr der Maikäfer, weil er der Herr des Gartens ist. Und in den Träumereien an Nachmittagen, an denen die Zeit stillzustehen scheint, sieht er sich als Jäger, wenn er mit Pfeil und Bogen von Baum zu Baum streift, auf Vögel zielt, oder als Detektiv, wenn er mit Blechrevolver in der Tasche umhergeht, nicht nur im Garten, auch im Dorf und, sobald es die erdachte und ihm schließlich als rundherum weltwahr vor Augen stehende Situation verlangt, sogar außerhalb des Dorfs, oft auf dem nahen Giersberg mit Blick über ganz Kirchzarten.

Aus der Höhe gesehen, etwa hundert Meter über dem breiten Tal, war das Dorf dort, wo die Häuser eng standen, noch um die katholische Kirche geschart, so, wie es sein sollte, eine Kirche mit Giebelturm, nicht sehr hoch, dafür wehrhaft, eine Art Klotz mit Glocken. Dagegen hatte der obere Ortsteil mit den neueren Straßen, auch der Höfener, etwas Geöffnetes, aus dem nicht einmal die kleine evangelische Kirche, die dort zwischen Tannen stand, hervorstach – die Kirche unserer Kindergottesdienste, in die an Heiligabend auch meine Hüterin geht und mit der Opernstimme Furore macht, singt und sogar betet, obwohl sie über alles die Himmelsmutter verehrt, die dort keinen Platz hat. Und wenn sie mich in den Tagen zwischen den Jahren an die Hand nimmt für einen Gang zur wahren Kirche, der katholischen, führt dieser Gang auf eine unsichtbare Grenze im Dorf zu, sobald wir ihr Zimmer verlassen, sie im Zarinnenmantel, ich sonst wie vermummelt. Wir gehen im Schnee, vorbei am Schlachthof, der mich bis in den Schlaf beschäftigt, und die Grenze zum Unterdorf ist schon überschritten; auf der anderen Straßenseite liegt der Gasthof Krone und ein Stück weiter der Hirschen, davor eine Kreuzung, die überqueren wir. Dann geht es am Gasthof Sonne vorbei, die Musikbox dort außer Betrieb in den Weihnachtstagen, und am Frisör Zimmermann mit Sohn Theo aus meiner Klasse, dem Frisör mit Holzbein wie mein Vater, einmal im Monat kürzt er mir die Haare, während das Radio läuft. Und schließlich geht es, um das alte Rathaus herum, in ein Sträßchen zwischen der einstigen Talvogtei und dem Friedhof, um dort erst die Kindergräber zu besuchen, für alle Kleinen im Himmel zu beten, um endlich in die immer kalte und düstere, dafür aber nach Weihrauch duftende Kirche zu treten. Am Eingang taucht meine Hüterin zwei Finger ins Weihwasserbecken und bekreuzigt mich und sich für den Weg zum Altar mit einer Krippe davor wie dem Weihnachtswunder selbst, in der Mitte das hochheilige Paar und das göttliche Kind, beschützt von Ochs und Esel und den Hirten auf dem Feld, aber es fehlt auch nicht der Komet am Himmel und das Nahen der Heiligen Drei Könige. Alles ist so lebensgroß echt, dass mir die entsprechende Bemühung in der evangelischen Kirche wie ein Stück missglückter Modellbau vorkommt. Und es tut sich sogar etwas in der Krippe, man muss dafür nur einem Mohren, der vor dem offenen Stall steht, zehn Pfennig in einen Schlitz in der Stirn schieben. Die Besucherin im gefütterten Mantel hält das Zehnpfennigstück schon bereit, und ihr staunender Begleiter schiebt es in den Schlitz; leise klickend fällt es auf andere Münzen, der Mohr aber bedankt sich mit artigem Nicken und macht dazu eine Handbewegung Richtung Krippe, wo im Stall zwei versteckte Lämpchen angehen und ihren Schein auf das Jesuskind legen – für den Jungen aus dem oberen Dorf trotz des Groschens ein Wunder.

So erwärmt wie erleuchtet, still beglückt, verlässt er die kalte düstere Kirche, und etwas von dieser Wärme und dem inneren Licht hält sich in ihm. Er nimmt es mit in den Winter, in die eisigen halbdunklen Nachmittage auf den verschneiten Hügeln hinter dem Dorf, wenn es mit dem Schlitten abwärtsgeht, er sich allein eine Bahn sucht, abseits der anderen; er nimmt es mit ins Frühjahr, in die Zeit der ersten Milde, wenn im Garten und auch sonst überall das Leben erwacht, nur er selbst hinterherzuhinken scheint, unschlüssig, ob sein Leben und das allgemein erwachende ein und dasselbe ist oder ob ihm nicht die Kinder im Kinderhimmel näher sind als die Jungs, die nur mit seiner Märklin-Eisenbahn spielen wollen. Und er nimmt das so stille und damit auch traurige Glück, das innere Wunderlicht, mit in den Frühsommer und ist auf die Weise schon eingestimmt auf ein ganz anderes katholisches Ereignis, den jubelhaftesten aller Feiertage im Dorf, wenn emsige Ordensschwestern über Nacht an jeder Straßenecke und vor jedem Brunnen mit Abertausenden von Blüten, ihren Farben, ihren Düften und Bienengesumm über allem, der Jungfrau Maria und ihrem Kind mit Blumenbildern gehuldigt haben – zu Fronleichnam.

Vom Wecker geweckt, bin ich schon frühmorgens auf dem Weg zum großen Arzthaus am Dorfrand Richtung Oberried, zu der Untermieterin im Haus, die mich auf katholischen Boden führen soll. Noch ist der Himmel blassblau, und außer mir ist niemand unterwegs, da sind nur die Schwestern in weißer Tracht und legen letzte Hand an ihre Blumenbilder. Der so zeitig Aufgestandene wagt es kaum hinzuschauen, es steht ihm nicht zu; erst an der Seite derer, die sich der Himmelsmutter verbunden fühlt, wird er dazu berechtigt sein, auf dem Weg zu ihr noch nicht. Also eilt er wie mit Scheuklappen durch das Dorf, bis er auf der leicht abfallenden Kreuzung zwischen dem Gasthof Sonne und dem Gasthof zum Hirschen für einen Moment stehen bleibt, weil hinter ihm die tatsächliche Sonne aufgegangen ist, seinen Rücken wärmt, aber ihr Licht auch schon auf den Schauinslandrücken wirft. Und der erhebt sich an dem Morgen so nah, als läge Kirchzarten an seinem Fuß, ohne die Felder und bewaldeten Hänge dazwischen. Als ein wahrhaftiger Berg erhebt er sich, seine Masse noch in dunkelbläulichem Dunst über den Tannen und die baumlose Kuppe hell wie der wolkenlose Junihimmel darüber. Es ist nur ein langer Augenblick, kaum länger als vier, fünf Herzschläge, der dem Stehengebliebenen morgens gegen halb acht ein für alle Mal sagt, dass dies seine Heimat sei und er mitten in ihr lebe, ja, dass er überhaupt lebe – ein jähes, in dieser Wucht einmaliges Gefühl von Erfülltheit, hier und jetzt als Menschenkind auf der Welt zu sein, sehen zu dürfen, was er sieht, einzuatmen, was er einatmet, und von Kopf bis Fuß zu empfinden, was er empfindet, das ganze Glück des Daseins. Den letzten Wegabschnitt zum Arzthaus auf der Straße nach Oberried, vorbei an der Krone, vorbei am Schlachthof, legt er in einem Hüpfgang zurück; die Großmutter erwartet ihn schon, sie trägt ihr Sommerdirndl und hat sich für den Festtag Löckchen über der Stirn gedreht. Sie hat auch eine Stärkung für ihn vorbereitet, zwei Semmeln mit ungarischer Salami. Die verdrückt er, um danach, fest an der Hand gehalten, durch ein verwandeltes Dorf zu gehen.

Wir zogen in jetzt schon warmer Luft von Blütenmeer zu Blütenmeer mit Bienen mal über dem Jesuskind, seinem verzeihenden Lächeln, mal über der himmlischen Mutter, ihrem bekümmerten Blick, als schaute sie in die Zukunft des Erstgeborenen, wie er einmal enden würde, während die frommen Frauen da und dort immer noch etwas verbesserten, ein Auge mit Vergissmeinnichtblüten, einen erhobenen Finger mit Fleißigen Lieschen. Und unser Fronleichnamsgang von Straßenecke zu Straßenecke und von Brunnen zu Brunnen mit einem Bild davor endete auf dem Friedhof der wahren Dorfkirche, bei den Kindergräbern, die wir schon besucht hatten, als auf den kleinen Kreuzen Schnee lag. Wir beteten für die, die nur wenige Jahre oder gar nur Tage auf der Welt gewesen waren: Aber dafür jetzt im Kinderhimmel seien, ganz nah beim Hundehimmel, so erklärte es die Gläubige dem Enkel – ohne zu ahnen, welcher Bogen mit den Kinderfriedhofsbesuchen unter immer strahlendem Junihimmel von Jahr zu Jahr in ihm geschlagen wurde: dass seine Augen den Sommer sehen, das allmählich erwachende Denken aber dahinter den Tod.

10

Mrs. Bennett, die amerikanische Dame, die in diesen Spät-
sommertagen ohne Balkon und Meerblick auskommen muss,
weil sie sich nicht rechtzeitig um das Zimmer bemüht hat, das
bereits meinen Eltern als das schönste im Hotel Beau Sejour erschienen war, Mrs. Kathryn Bennett aus Fort Myers, Florida,
wie ich inzwischen weiß, hat das traumhafte alte Reiseplakat
von Portofino gekauft. Als ich heute vom Frühstück kam, lag
eine Ansichtskarte von dem Plakat halb unter meiner Zimmertür, mehr platziert als nur hingelegt; auf der Rückseite in einer
klaren, vorwärtseilenden Schrift die Information zu dem Kauf
und der Hinweis, dass die Karte ein kleiner Trost für mich sei,
a small consolation for you, als wäre ich ihr Konkurrent um
das Plakat gewesen. Und jetzt steht der kleine Trost auf dem
Balkontisch, ans Geländer gelehnt, ein feiner Druck, keine
billige Karte – der Blick von oben auf das berühmte Hafenörtchen, über eine prächtige Agave hinweg; daneben, steil in
das Bild aufragend, eine zweite Agave, aber kurz vor ihrem
Ende, wenn sie als Höhepunkt eines langen Lebens zu einem
dünnen, todgeweihten Baum emporwächst: ein Detail, das mir
vor dem Original in der Galerie gar nicht aufgefallen war.

Und seitdem, seit drei, vier Tagen – die Tage verschwimmen,
wenn die Gedanken mehr in der Vergangenheit als in der Gegenwart sind –, ist der Sommer zurückgekehrt, mit einem
Himmel von maßlosem Blau und Temperaturen, dass man den
Vorhang gegen die Sonne schließt. Der Balkon ist erst am späten Nachmittag ein guter Platz, wenn viele schon ihre Strandliegen vor dem Hotel aufgeben; am längsten liegt dort meine

Mrs. Bennett in vorderster Reihe, um die Hüften immer ein buntes Tuch, plötzlich aber ist sie im Meer, und das Tuch flattert um den Sonnenschirmständer – keine schlechte Schwimmerin im Übrigen. Der Dank für ihre schöne Karte steht noch aus; weder heute noch gestern hat es beim Frühstück eine Begegnung gegeben, und beim Abendessen können wir uns nicht begegnen. Mir sind kleine Lokale in der Umgebung lieber als die Halbpension; auch meine Eltern hatten hier nur Frühstück, das Beau Sejour war ein Hotel garni in den Fünfzigern. In dem Leseraum oder Bücherzimmer hängt ein alter Prospekt an der Wand – wo jetzt die belaubte Terrasse ist, war ein Stück Garten, auch mit einer prächtigen Agave, aber ohne ihre todgeweihte Mutterpflanze daneben. Und je öfter ich vor diesem gerahmten Prospekt stehe, seine Bilder betrachte, zum Beispiel eine Frau im Badeanzug auf dem Strandstück vor dem Hotel, wie in einem Jubel die Arme hochwerfend, oder zwei Kinder mit einem großen Badeball, nicht weit entfernt von den nadeldünnen Spitzen der Agave, desto mehr zeigen diese alten Schwarzweißaufnahmen von Strand und Hotel unter immer wolkenlosem, in seinem tiefen Blau fast dunklen Himmel etwas von dem Doppelgesichtigen, das an so strahlenden Tagen wie Fronleichnam, aber auch schon in dem Gasthof oberhalb des Moorsees auf stille Weise entstanden ist: Mit meinen Augen allein den Sommer zu sehen, all sein Lebendiges, und mit den Gedanken das Gegenteil, das Ende von allem.

Die Kindergräber gingen mir nach, die kleinen Holzkreuze unter der Junisonne, die kleinen Toten unter der Erde – noch in den Sommerferien ist da bei schönstem Wetter die Frage, ob es eher im Himmel oder eher in der Erde ein Weiterleben gebe; kein ständiger Gedanke, aber ein wiederkehrender, teils in Tirol, erneut als Zankapfel der ungleichen Schwestern, teils im Kirchzartener Freibad als Bewunderer der Halbstarken mit Elvislocke und einem Kamm hinten in der Dreieckshose. Und im Herbst, mit Beginn der Kartoffelfeuer, ihrem leicht süßen Geruch von den nahen Feldern, fängt der jetzt Zehnjährige, der ich war, im offenen Teil seines Schuppens an, ein Loch zu graben, anfangs noch ohne Plan, aus Langeweile, aus Überdruss. Bald aber gibt es diesen Plan, auch wenn der Grabende noch kein Wort dafür hat und folglich mit keinem über sein Tun spricht. Ganze Nachmittage verbringt er mit Hacke und Schaufel, noch sieht es aus wie ein Spiel, eine spielerische Ertüchtigung, die die Eltern nicht weiter beunruhigt; ihr Sohn hat auch schon sinnlose Mengen Holz gehackt und ist mit seinem Rad auf den Giersberg gefahren, um Arme und Schenkel zu kräftigen. Aber beim Graben geht es ihm nicht um Muskeln, er will das Loch, um darin zu verschwinden, und je tiefer es wird, je mehr ausgehobenes Erdreich sich daneben häuft, desto mehr ist es sein Loch. Ich bin in meinem Loch, antwortet er, wenn man vom Haus aus nach ihm ruft, fragt, wo er sei. Und bald steht er dort im Grundwasser und ist nur noch in Gestalt der Schaufel zu sehen, wenn sie hochschwingt, schlammige Erde abwirft, wieder und wieder, er dem Ziel des Verschwindens immer näher kommt. Bis sich sein Vater schließlich über das Loch beugt und ein Machtwort spricht: dass alles wieder zuzuschaufeln sei, das Machtwort immerhin verbunden mit der Aussicht auf etwas lange Gewünschtes zu Weihnachten, Ende Oktober ja nicht mehr fern – ein Luftgewehr.

Und doch fühlt es sich als Niederlage an, als erste große Erfahrung von Vergeblichkeit, und der Schöpfer des Lochs will dieses Gefühl nicht ganz auf sich sitzen lassen, nicht nur mit Blasen an leeren Händen dastehen. Also legt er, bevor er sein Loch wieder schließt, Dinge, die durch ihr Verschwinden bewahrt werden sollen, in ein Einweckglas – das grausigste Bild aus einem Kinderbuch, Der kleine Muck, ein schöner Prinz ist dort mit einem großen Nagel durch die Stirn an einen Schiffsmast gepflockt, außerdem ein Foto der Mutter, sie auf einer Bühne als junge Dame im Trenchcoat; und auch seine erste Erzählung, Jagd um die Welt, sorgsam gefaltet, kommt in das Glas. Den Deckel verschließt er mit dem üblichen Gummiring, so ist alles vor Nässe geschützt, dann lässt er das Behältnis an einer Schnur ins Grundwasser sinken, und in dem Gefühl, mit diesem kleinen gläsernen Sarg in der Erde am Ende doch etwas erreicht zu haben, beginnt er mit dem Zuschütten, einer Arbeit von kaum einem Tag – es blieb nur eine Delle im Boden, und wer dort heute graben würde, etwa zum Verlegen eines Glasfaserkabels, müsste eigentlich nach zwei, drei Metern noch auf das alte Einweckglas stoßen.

Das Loch ist wieder zu, aus der sichtbaren Welt geschafft, und bald liegt erster Schnee auf der Bodendelle, hereingeweht in den offenen Schuppenteil, ein früher Wintereinbruch. In der Veranda zum Garten brennt jetzt ab dem Nachmittag Licht, meine Mutter tippt dort, ein Geräusch, das kommt und geht, mal länger anhält, mal kürzer, ein Tippen im Takt der Gedanken, Abend für Abend hilft es mir in den Schlaf. Noch bin ich wach, versunken in der Frage, wohin mein Loch hätte führen können bei immer tiefer und tieferem Graben: auf die andere Seite der Erde, nach Neuseeland, dann gehen die Dinge über in den Schlaf, und der Traum spannt den Geist für sich ein. Die Mutter des Schlafenden aber tippt weiter und unterwirft das Träumen dem Denken – sie stellt sich vor, eine zweite Sagan zu werden, für Bonjour tristesse reicht ihr eigener Kummer, und wenn das nichts wird, schreibt sie etwas Halbtrauriges, etwas in der Art von Ein gewisses Lächeln (Un certain sourire), mit ähnlich leichtem, positivem Titel, Des Lebens Freude, daran sitzt sie, seit es schneit, Abend für Abend. Sie lächelt auch gleich beim Tippen, lächelt über ihre Worte auf dem Papier, das kann nicht schaden, sie raucht und nippt an einem Whisky. In der Revue, in der erscheinen soll, woran sie schreibt, war zu lesen, dass die Sagan nicht weiß, wohin mit dem Geld, daneben zwei Fotos, wie sie raucht und trinkt und schreibt, alles zugleich, und wie sie in einem offenen Ferrari fährt, mit Kopftuch und Sonnenbrille – die richtigen Worte, und all das ist zu schaffen, man muss sie nur hintippen.

Auch tagsüber hatte dieses Geräusch aus der Veranda etwas Beruhigendes. Ich war allein und doch nicht allein, wenn ich etwa an dem glamourösen Toilettentisch saß und in einem der Seitenspiegel sah, wie ich darin kleiner und kleiner wurde bis ins Unendliche. Es waren stille, dunkelbläuliche Nachmittage, still auch durch den frühen Schnee. Meine Schwester war bei ihrer Nachbarsfreundin, der Roselore, meine Mutter war in ihren Geschichten. Und mein Vater war in Freiburg in seinem neuen Büro (einmal hatte er mich in die Stadt bestellt für einen Kinobesuch, wir gingen ins Astoria und sahen, auf seinen Vorschlag, einen Godzilla-Film: Vater-Sohn-Proviant für ein ganzes Leben). Mir gehörten an diesen Nachmittagen Haus und Garten und auch die verschneite Umgebung, die nahen Felder bis zum kleinen, steilen Katzenbuckel für die Schlittenfahrten und bis zum etwas entfernteren Mattisle, unserem Skihang.

Noch ist der Schnee pulvrig und knackt nur unter den Sohlen, aber pünktlich mit Beginn der Adventszeit friert es, morgens mit Eisblumen an den Fenstern. Und nun ist es ein Knirschen auf dem Schulweg oder einmal in der Woche, immer donnerstags, wenn es schon dunkelt, auf dem Weg zum Flötenunterricht beim mondgesichtigen Herrn von Bautznern in der kleinen evangelischen Kirche. Er zeigt die Griffe, er legt meine Finger zurecht, er fährt mir durchs Haar, wenn ein Ton gelingt; und zu Hause wird das Gelernte gleich vorgespielt, Es kommt ein Schiff geladen, da braucht es am Anfang alle zehn Finger, den kleinen rechten für das b-Loch unten rechts. Ich spiele den Musikalischen, während meine Mutter in der Küche die Hausfrau spielt. Gleich zwei tun da, als ob, die eine an der Pfanne, der andere an der Flöte, und später kommt noch der Vater dazu und spielt den Ehemann, als ihm schon klar war, dass dieses Leben mit einer nunmehr schreibenden, sich selbst auf eine Bühne bringenden Frau, ja diese ganze dörfliche Familienidylle mit Haus und Garten dem Ende entgegenging.

Wir essen an dem Tisch in der Wintergartenveranda – die Schreibmaschine ist zugedeckt und beiseitegestellt – zu Abend, Wie schön, sagt die junge Autorin, wie schön: die Familie um den Tisch! Mein Lieblingsgericht heißt Reis mit Scheiß und Eierspeis, Reis mit Tomatensoße und harten Eiern, da kann die Köchin nicht allzu viel falsch machen. Nach dem Essen rauchen die Eltern im Wohnzimmer, und Bruder und Schwester gehen noch einmal in den Garten, weil es jetzt richtig schneit. Die Flocken fallen so wirbelnd, dass sie uns tanzen lassen, um mitzuhalten, ein Tanz um die umwirbelte Tanne, und am anderen Morgen ist alles mullig. Der Schnee reicht nun zum Skifahren, die Ski sind aus Holz, die Bindung aus Leder, zwei Riemen mit einer Stahlfeder zum Spannen. Ich tue mich etwas schwer damit, aber kann schon den Schneepflug und auch den Stemmbogen, und zur Not lasse ich mich fallen, während die Kühnsten aus dem Dorf über eine aus Schnee gebaute Schanze springen, Arme voraus. Eher packt es mich beim Langlauf durch den verschneiten Wald, wenn alles still ist bis auf das Gleitgeräusch und den eigenen Atem, es nur noch die weißlichen Tannengebilde gibt und man erschrickt, wann immer es einem unter schneevollen Ästen eisig in den Nacken rieselt.

Und später, glühend matt auf dem Wohnzimmersofa, ganz allein im Haus, die Mutter bei der Massage, die kleine Schwester bei ihrer Freundin, der Vater sonst wo, ist da noch immer ein Rieseln, nur nicht im Nacken, eher im Bauch und darunter. Alles glüht, auch eine halbe Zigarette im Aschenbecher auf dem Sofatisch, daran Lippenstiftspuren, scheint noch zu glühen;

der vom Langlauf bis in die Fingerspitzen Durchblutete nimmt sie in den Mund, aber will sie nicht zu Ende rauchen, nur zwischen den Lippen haben und dazu Musik hören von einem kleinen Philips-Plattenspieler, den es am letzten Geburtstag gab (die Single wurde vorn hineingeschoben wie Jahrzehnte später die CDs, und schon ging es los), eine Platte von Elvis, die Aufschrift auf schwarzem Papier rund um das Loch in der Scheibe, That's All Right Mama, eine lässige Anrede an die Mutter, dass schon alles in Ordnung sei, so wie sie es mache, Anyway you do, Mama! Und der Junge auf dem Sofa, die mütterliche Zigarette im Mund, schiebt die Platte in den Schlitz, Sekunden später kommt die Elvisstimme aus dem Gerät, anders als all die Stimmen, die aus dem Radio kommen, die von Peter Kraus, von Vico Torriani oder Ralf Bendix. Wie die Erlaubnis zu allem Verbotenen ist diese Stimme, ein Anstiften zum Tunwasmanwill, selbst in der Adventszeit, und der Zuhörer zieht seine Hosen ein Stück herunter und reibt das glühendste Stück von sich am Sofakissen. Das geschieht einfach, in dem Gefühl, durch eine andere Art von Wald zu gleiten, dunkel und warm, auch in großer Stille, nur mit dem leisen Geräusch am Kissen, als die Platte abgespielt ist. Es ist ein Schleifen und Reiben des Glühendsten, bis es sich anfühlt, als würden feine Glassplitter darin aufsteigen, und er nicht weiß, wie ihm geschieht, ob es Schmerz ist oder das Gegenteil, als Tropfen wie aus abgeschnittenen Zweigen jäh hervorquellen, ihm einen Schrecken einjagen, dass er ins Bad läuft und sich dort wäscht, sogar die Nagelbürste benutzt, um danach am Verandatisch, wo die Schreibmaschine der Mutter steht, auf einem Zeichenblockblatt einen Psalm zu schreiben, der so schön sein soll wie der dreiundzwanzigste, den er in Religion gelernt hat, Der Herr ist mein Hirte, mir wird nichts mangeln, ob ich schon wanderte im finsteren Tal, dein Stecken und Stab trösten mich. So und nicht anders hat er den Anfang im Kopf, und diesen hohen Ton schlägt er auch für den eigenen Psalm an, um alles Getane, Niedere, damit zu verwischen; nur wendet er sich ohne Umschweife an Gott, statt von ihm als Hirten zu reden, bis ein irdischer Ton ihm sagt, dass sein Alleinsein endet. Es ist das Glücksgeräusch der Geräusche, das leicht überdrehte Klirren des alten VW-Motors, als wäre dort im Innersten etwas lose, ein Schräubchen; für Sekunden läuft der Motor noch nach dem Halten vorm Haus, kurz darauf fällt die Wagentür zu – zweimal fiel sie an diesem winterlichen Abend zu, auf der Fahrer- und auf der Beifahrerseite. Beide Eltern stiegen aus, die Mutter abgeholt von der Massage, und ich ließ den eigenen Psalm Psalm sein und lief ihnen entgegen, während meine Schwester aus dem Nachbargarten kam, als hätte sie wie ich das Motorklirren gehört. Wir umarmten unsere Eltern auf dem Gehsteig, wurden eins mit ihnen und traten gemeinsam in den verschneiten Vorgarten; es war der Abend, mit dem die Weihnachtszeit begann, die letzte noch ganz kinderselige in unserem Haus.

Eines der tragischen Talente meiner Mutter war es, Vorfreude zu verbreiten, andere mit ihrer Stimmung vor einem Ereignis anzustecken wie mit einem Virus, der sich in den Menschen ihrer Umgebung vermehrt. Die Tragik aber bestand darin, sich auch in die eigene Vorfreude dermaßen hineinzusteigern, dass sie noch vor dem endlich eintretenden Ereignis erschöpft war und das Ereignis schon deshalb hinter all den Erwartungen zurückblieb. Dennoch war es ein Talent, und welche Zeit im Jahr bot sich dem mehr an als die vor Weihnachten? Der mütterliche Jubel, wenn morgens mit dem Fingernagel das Adventskalendertürchen geöffnet wird, macht aus dem kleinen Bild, das zum Vorschein kommt, die größte Verheißung, und so fiebern meine Schwester und ich in dem Jahr noch einmal, geborgen und gefangen in der Rede und den Gesten der Vorfreude, dem Heiligabend entgegen, am Ende tatsächlich in einem Fieber. Denn kaum haben die Weihnachtsferien begonnen, hat der Viertklässler – der natürlich nach Freiburg aufs Gymnasium sollte – Halsschmerzen und eine heiße Stirn und wird über Nacht zum Patienten. Er darf tagsüber auf dem Sofa liegen, und morgens und abends wird seine Temperatur gemessen, für die Verbreiterin der Vorfreude nicht nur ein Ritual, sondern auch Teil ihres stillen Glücks; Kinderkrankheiten lassen ihr anderes tragisches Talent zur Geltung kommen, das zum Trösten (tragisch, weil sie sich damit immer auch selbst zu trösten versucht hat). Sie holt also das klassische Hausthermometer – das ihr Mann mit seiner Firma hatte abschaffen wollen –, gibt etwas Nivea-Creme auf die silbrige Spitze und tut, was getan werden muss. Der Patient, auf dem Bauch liegend, hält still, die Mutter stützt den gläsernen Stab, ihre Hand liegt auf dem Körperteil, aus dem man allgemein die verlässlichsten Angaben zu gewinnen meint; sie sieht auf die Uhr, ja zählt am Ende jede Sekunde mit, bis die empfohlene Messzeit längst überschritten ist, dann erst zieht sie das Thermometer hervor und verkündet, nahezu triumphierend, das Ergebnis. Siebenunddreißig neun, Herrgott, das ist Fieber! Und um nicht noch kränker zu werden, sich den Tod zu holen, wie sie sagt, muss der Patient liegen bleiben, eingemummelt, stillgelegt, bis es zwei oder drei Tage später morgens durchs Haus schallt: Keinmal werden wir noch wach, heißa, heut ist Weihnachtstag! Wie von einer Bühne herab, dabei sich selbst applaudierend, erklärt die Immer-noch-Schauspielerin das Freudenfest für eröffnet und den Sohn für genesen, weil sie an dem Tag ihre Ruhe möchte, ohne Kinder, ohne Radau. Und so gehen Bruder und Schwester schon am Vormittag des vierundzwanzigsten zu ihrer großmütterlichen Hüterin (oder wurden dort abgeliefert), damit der Weihnachtsmann, wie es heißt, im Laufe des Tages die Geschenke vor dem Haus ablegt.

Im Laufe des Tages, das hört sich für die Geschwister endlos an, auch wenn es nur vier, fünf Stunden dauert, bis man zur kleinen evangelischen Kirche aufbricht, um dort die Eltern zu treffen für den Besuch der Familienchristmesse vor der Bescherung, und die katholische Großmutter der beiden, meiner Schwester und mir, tut alles, um diese Wartezeit zu verkürzen. So schaut sie sich mit uns den neuen Neckermann-Katalog an, besonders die Seiten mit der Unterwäsche, wo immer etwas dickliche, dümmlich wirkende Kinder Höschen und Leibchen vorführen, sie schüttet sich aus vor Lachen über die Depperten im Schlüpfer, während der Enkel schon umblättert zur Damenwäsche und auf die jungen und auch etwas älteren, mütterlichen Damen sieht, die nichts als weiße Wäsche tragen oder ein Negligé, so steht es unter dem Bild. Und dieses Wort sitzt mir noch im Nacken, als später Matthias Wiehmann im Radio etwas vorliest, eine Geschichte von Weihnachten im Krieg, ich kann ihr nicht folgen, die Bilder im Katalog sind stärker. Mir pocht das Herz, und ich tue, als würden mich der Nickipullover für Jungs und der Expander interessieren, aber es sind die jungen Damen im Negligé – ob Doris, die Tochter des Hauses, auch so etwas trägt? Sie hat nur kurz aus dem Fenster ihres Zimmers im zweiten Stock gewinkt, als ich unten vor der Haustür stand mit meiner Schwester, zwei Vermummelte, die bei ihrer Oma auf das Christkind warten sollen; ich winkte etwas zerstreut zurück, mit falscher Jungenhaftigkeit, ein peinlicher Moment, dann verschwand das Gesicht, das ich liebte, schon hinter der Gardine. Die Wäschebilder im Neckermann-Katalog sind kein Trost, aber ein Blickfang, sie betäuben die Augen, und für weitere Betäubungen wird auch gesorgt. Zum Mittagessen gibt es Würstel und Butterbrot, dazu eine Wiener Geschichte mit treuen Hunden und anderen längst Toten, Baronessen und alten Zofen, endend in einem gesummten Lied; aber all das ist nur der Auftakt für das Vorlesen eines ganzen schmalen Buches in der zähesten Stunde des frühen Nachmittags, für die Geschichte der Geschichten, seit wir an Heiligabend im Zimmer unserer Hüterin gewartet haben (höchstens viermal, aber auch der Proviant für ein ganzes Leben, wobei es dieses pappefarbene, innen aber traumhaft blassfein bebilderte Buch, Die Reise zum Weihnachtsstern, heute noch gibt – ich wage kaum, es anzutasten oder gar die Geschichte zu lesen).

Und keine Stunde nach dem beglückenden Schluss, als ein früh von königlichen Eltern getrenntes Kind nach jahrelangem Umherirren und gemeinsten Hofintrigen über das Erklimmen einer Himmelsleiter bis zum Weihnachtsstern die Eltern endlich wiedergefunden hat, ist es, als hätte auch mich diese Reise an ein glückliches Ende gebracht, selig zwischen den Eltern, der Schwester und der Frau im Zarinnenmantel auf einer der Bänke in der evangelischen Kirche, ihr Raum nur erhellt von den Altarkerzen und dem Licht, das durch ein Rosettenfenster über dem Altar hereinfällt. Es ist das Licht des späten Nachmittags am vierundzwanzigsten Dezember, während der nicht überlangen Familienmesse, die sich trotzdem hinzieht, allmählich abnehmend zu einem tiefen, fast schwarzen Blau, das alles Hinfiebern noch steigert, weil es die nahende Bescherung anzeigt. Und da werden auch schon vom Küster die Kerzen am großen Baum entzündet, eine nach der anderen, und tauchen den Raum und die Dichtgedrängten darin in ein Zitterlicht, das dem Organisten auf der Empore, meinem Flötenlehrer, reicht, das Lied der Lieder anzuspielen, Stille Nacht. Kaum aber hat die Gemeinde zu einem eher dünnen oder allzu ergriffenen Gesang angehoben, nur von der Orgel in nötige Höhen gedrückt, lässt die einstige Primadonna an meiner Seite noch einmal mit ganzer Inbrunst ihre Sopranstimme hören, und das vom Kerzenlicht in den Geschwistern erzeugte Freudenzittern mischt sich mit einem Gefühl des Bloßgestellten, spätestens, wenn sie bei Schlaf in himmlischer Ruh' Töne erreicht, die alle normal Sterblichen in der Kirche, den Pfarrer eingeschlossen, zur Quelle dieses überirdischen Gesangs schauen lassen. Wir sind auf einmal Mittelpunkt der Feierlichkeit, als würde sich in der Bank, die wir zu fünft fast füllen, das Weihnachtswunder vollziehen, und meine Schwester und ich können uns gar nicht klein genug machen. Zugleich aber fühlen wir uns, mit einer Pobacke auf den Schößen des Zarinnenmantels, dem Christkind doch etwas näher als jene, die nur mühsam der Orgel folgen. Und nach dem letzten Ton bleibt dem Pfarrer nur noch, seinen Weihnachtssegen zu spenden, danach drängt alles ins Freie, in einen just zu dieser Abendstunde leise rieselnden Schnee, von unserer Mutter bereits Tage zuvor als Wunder prophezeit: Kinder, es wird schneien, wenn wir aus der Kirche kommen! Und es schneit. Straße und Gehweg sind schon ganz weiß, und bei jedem Schnitt knackt es. Unser Vater hält sich an seiner Frau, er will nicht ausrutschen mit dem Holzbein, und so gehen sie im selben Takt, ein trautes Paar, der Schnee macht's möglich. Ich gehe hinter ihnen und stütze die Sängerin, und die hat meine Schwester an der Hand; wir gehen als erweiterte Heilige Familie die Höfener Straße hinauf, langsam, schweigend, voller Zuversicht. Alles um uns herum, die weißen Tannen, die sinkenden Flocken, die Stille und der Geruch des Neuschnees, ist ein Zeichen dafür, dass sich auch die übrigen, für den Abend vorhergesagten Wunder noch erfüllen. Und genau so ist es nach einem allerletzten Warten, als wir endlich, auf ein Glöckchenläuten hin, ins Bescherungszimmer treten: Die Märklin-Eisenbahn fährt mit feinem Gesirr ihre Runde, die kleinen Lichter an der Lok, an den Weichen und an den Signalen sind Lichter des Glücks, wie auch die brennenden Kerzen am Baum mit ihrem Schein bis über den Gabentisch; zwischen all den Geschenkpäckchen mit roter Schleife aber liegt dort ein längliches Paket ohne Schleife, darin nichts anderes, ich weiß es, als das versprochene Luftgewehr – und während wir vor dem Baum noch O du Fröhliche sangen und meiner Mutter zwei Theatertränen liefen, sah ich mich schon im Garten den ersten Spatz von einem Ast schießen.

Die Bilder von diesem langen Tag – mit dem üblichen Heiligabendessen in der Familie, Seezungenfilets und Kartoffelsalat, zubereitet von meinem Vater – enden mit dem Jungfernschuss aus dem Gewehr, nach dem Spannen und Laden mit einer der kleinen Kugeln, Kaliber vier Komma fünf. Ich schoss im Garten unter Anleitung des Vaters auf eine leere Büchse, und ich traf sie sogar, die Büchse flog ein Stück weg und hatte, als ich sie aufhob, ein Loch. Es gibt keine weiteren Bilder von diesem Weihnachtsabend, und auch an die restlichen Tage des Jahres habe ich keine Erinnerungen. Erst mit Beginn des neuen Jahres geschieht wieder etwas, das sich festsetzt wie ein Keim.

Der Zehnjährige ist ganz für sich im verschneiten Garten, auch im Haus ist niemand, die Schwester ist bei Nachbarn, die Eltern sind sonst wo. Er hält das gespannte und geladene Gewehr in den Händen, und an seiner Winterjacke hängt ein Ordenskreuz mit Band, gefunden in einer Schachtel in einer Truhe im Keller; es lag dort auf Watte, neben einem daumengroßen dunklen Stahlsplitter, dem Splitter, ohne den sein Vater zwei Beine hätte. Der Sohn mit dem Gewehr trägt den Orden (dem jungen Hauptmann verliehen für die Verwundung und seine Tapferkeit), er ist bereit, Rache zu üben für das verlorene Bein, Rache an etwas Lebendigem auf zwei Beinen. Bis in den Hals schlägt ihm das Herz auf der Suche nach einem Ziel, und dabei kommt es darauf an, beim Schießen ruhig zu sein. Die Ruhe selbst, hat sein Vater gesagt, ausatmen und mit dem Finger am Abzug den Druckpunkt suchen, das Ziel über Kimme und Korn erfassen und schießen. Und durch die Züge und Felder im Gewehrlauf – er hat ihm diese feinen Rillen gezeigt, den Lauf gegen das Licht gehalten und ihn hineinschauen lassen – bekommt das Geschoss eine Drehung um sich selbst und behält die Flugrichtung bei. Sein Herz muss sich also beruhigen, nur schlägt es mit jedem Schritt, geduckt im Schnee von Baum zu Baum, immer heftiger. Er bewegt sich von Deckung zu Deckung auf einem Schlachtfeld im russischen Winter, ein Panzer brennt, Verwundete wälzen sich, er kriecht über roten Schnee, sucht den nächsten Baum; man darf ihn nicht sehen, darum trägt er die weiße Pudelmütze der Schwester, auch sein Vater trägt auf den wenigen Russlandfotos, ganz hinten in einem Album mit Fotos aus späteren, besseren Zeiten, immer helle Sachen, eine Jacke mit gefütterter heller Kapuze. Warme Tarnkleidung, darauf kommt es an, und das Gewehr muss am Mann sein, also hält es der Sohn mit beiden Händen, und dann sieht er sie, eine Amsel auf einem Ast, lebendig auf zwei Beinen, und legt an; der linke Zeigefinger findet den Druckpunkt am Abzug, jetzt muss er ausatmen, zielen, die feindliche Brust vor Kimme und Korn bekommen. Aber hinter ihm knackt es, das sind Russen, ihre Späher, wenn er nur einen davon tötet, werden die anderen ihn jagen. Und Russen, hat ihm seine Hüterin erzählt, machen keine Gefangenen. Ihm zittern jetzt die Hände, so schlägt das Herz unter dem Orden, mal ist das Ziel zu sehen, dann wieder nicht, und als es plötzlich in einer Linie von Kimme und Korn ist, drückt er ab, und die Amsel kippt still nach hinten, fällt vom Baum in den Schnee – unvergessen, wie sie nach hinten kippt, durch das Geäst fällt mit leisem Rascheln. Der Schütze traut sich kaum, dort hinzugehen, wo sie liegen muss, und geht doch hin und sieht, was er getan hat: Die Amsel ist noch nicht tot, sie dreht sich, die Flügel spreizend, im Schnee. Tropfenweise tritt ihr Blut aus der fedrigen Brust, und er spannt sein Gewehr neu, presst die Luft darin zusammen und nimmt eine Kugel aus der Dose mit hundert Kugeln für fünfzig Pfennig beim Eisen-Kromer. Nur ist die

Hand nicht ruhig genug, das kleine eierbecherförmige Blei – alle sagen Kugel dazu, alle – fällt in den Schnee, und noch immer dreht sich die Amsel; er nimmt eine neue Kugel, atmet aus und kann sie in das kleine Loch führen. Er schließt den Lauf und hält die Mündung an den Amselkopf, er drückt ab, der Kopf fliegt zur Seite. Nun hat er getötet, zum ersten Mal. Und er läuft ins Haus, zu dem Toilettentisch mit den Seitenspiegeln, reißt sich die Tarnmütze herunter und schaut in sein Gesicht, ob man ihm ansieht, was er getan hat, sich irgendetwas davon zeigt, eine Spur. Aber er kann nichts finden, nicht die kleinste Spur. Und wenn er ganz nah an den Spiegel geht, um doch etwas zu finden, das ihn verraten könnte, erkennt er sich selbst nicht mehr (oder weiß nicht mehr, wer er ist, als hätte sich das bange Herz gefragt: Wer bin ich, wenn ich töte). Er läuft wieder in den Garten, zu seiner Amsel, er gräbt dort mit bloßen Händen die harte Erde auf, zerrt Steine hervor und verletzt sich am rechten Mittelfinger, blutet und färbt den Schnee wie die Verwundeten auf dem Schlachtfeld. Er beerdigt sein Opfer. Danach sieht alles aus wie zuvor, man darf nur nichts vergessen. Also kommt der Orden wieder in die Schachtel in der Truhe im Keller, zu dem Stahlsplitter, und um den Finger kommt ein Pflaster – er hat sich beim Basteln geschnitten. Eigentlich ist nichts geschehen an dem Tag. Aber Tage danach, die Schule hat schon wieder angefangen, kann er nicht anders, als das Grab zu öffnen, erneut mit bloßen Händen, am Finger schon kein Pflaster mehr. Er muss nachschauen, ob die Amsel wirklich tot ist und nicht lebendig unter der Erde liegt, noch immer die Flügel zu öffnen versucht. Er legt sie ganz frei, ihr steifes Gefieder, zweifellos ist sie tot, und wie tot sie ist, aus ihrer Brustwunde kriechen Würmer. Und jetzt kann er auch nicht anders, als die Amsel zu berühren, ja sogar an ihr Fleisch zu greifen vor dem zweiten Begraben. Zum Glück schneit es wieder, die umgewühlte Erde verschwindet unter dem Schneetuch, und langsam kann er schon an den nächsten Schuss denken, morgen oder übermorgen. Aber noch vor dem Übermorgen wird der verletzte Finger über Nacht dick und rot, mit einem Pochen darin, und Dr. Eckart, der Vater von Doris, sagt, das sei eine Blutvergiftung, und was für eine, der ganze Finger müsse geöffnet werden – ab in die Klinik nach Freiburg!

Und dort fuhren die Eltern mich hin, und ich fragte, ob ich nun sterben müsse, und meine Mutter sagte Nein, aber betete im selben Atemzug auch flüsternd, Lieber Gott, lass ihn nicht sterben, während mein Vater nur Gas gab, dass es im Motor klirrte. Wir erreichten die Kinderklinik, und die Immer-noch-Schauspielerin tat alles Nötige, um einen Chirurgen auf die Bühne seiner Tätigkeit zu bringen; keine Stunde später lag ich auf einem Tisch, Männer in Weiß standen darum, einer sagte, man betäube mich jetzt, ich solle tüchtig einatmen und auf zehn zählen, und schon war ein Tuch auf meinem Gesicht, und etwas nie Gerochenes stieg mir in die Nase, in den Kopf, in alles. Zählen, sagte eine Stimme, zählen, und ich versuchte es, aber die Wäschebilder aus dem Katalog schossen zwischen die Zahlen, die ich mich sagen hörte wie von weitem, und alles in mir drehte sich rasend um diese Bilder.

II

Mit gewaltigem Verband, darin eine Schiene zur Ruhigstellung von Unterarm, Handgelenk und Fingern, kehrt der Gerettete nach Hause zurück, und immer noch ist da in Abständen ein Gefühl von Raserei, einer Beschleunigung all seiner inneren Stimmen und Bilder, als würden sie ihm um die Ohren fliegen. Irgendetwas hat die Narkose – man sprach den Eltern gegenüber nur von einem Ätherräuschchen – in seinem Kopf durcheinandergebracht, und kaum ist er etwas erholt, muss er schon wieder in die Klinik, in die Ambulanz zum Verbandswechsel. Aus dem von beiden Seiten geöffneten Finger werden Tampons gezogen, die sich verklebt haben, nie hat etwas mehr wehgetan als dieses Hervorziehen aus dem Fleisch mit Pinzette – eine ganze Schüssel voll Eiter sei aus dem Finger gekommen, sagt der Chirurg, als er einen Blick auf die freigelegten Schnitte wirft. Und ohne den Eingriff wäre es schlimm geworden, ganz schlimm! Ein Wort in Richtung der Mutter, die ihn, den Herrn Doktor, unter Tränen herbeigeholt hat, eins, das sie gleich aufgreift, für den, der entsetzt auf seinen offenen Finger sieht: Was alles hätte passieren können, malt sie ihm an die Wand, wie sehr der liebe Gott ihn beschützt habe!

Aber warum, denkt der Beschützte, unternimmt der liebe Gott dann nichts gegen das Rasen im Kopf und das Herausziehen der verklebten Tampons? Jeden dritten Tag muss die Wunde gesäubert werden, so will es der Arzt; der ganze Verband wird abgenommen, und der geöffnete Finger fühlt sich dabei schwerer und schwerer an, wie mit Blei gestopft, nicht mit Mull. Jetzt mal Zähnchen zusammenbeißen, heißt es, als die Pinzette am Mull in der Wunde zieht, so kalt wie glühend in den Finger dringt, und er gibt sich alle Mühe, wie andere, unempfindliche Kinder zu sein; erst später im Auto, als es mit frischem Verband nach Hause geht, ist da wieder das Gefühl, als würde er um sich selbst herumschleudern. Nach dem dritten oder vierten Mal in der Ambulanz aber bleibt es nicht dabei, er bekommt gegen Abend hohes Fieber, kann sich kaum auf den Beinen halten, in ihm ein Sirren, als würde die Märklin-Eisenbahn hinter der glühenden Stirn fahren. Und am anderen Tag geht es, damit er nicht stirbt, schon wieder in die Kinderklinik; dort vermutet man, dass er sich bei einem der Verbandswechsel etwas geholt habe, schlimmer als die Sache mit dem Finger. Man nimmt ihm Blut ab, man misst das Fieber, die Ärzte flüstern miteinander, und seine Mutter macht eine Szene, ruft immer wieder Nein, nein, nein! Ihre Szene hat Erfolg, auf einmal beschleunigt sich alles um ihn wie die Dinge in seinem Kopf: Jemand mit Tuch um den Mund bringt ihn in ein Zimmer, das eine Glaswand neben dem Bett hat, er wird in das Bett gesteckt, er soll dort still liegen, an etwas Schönes denken. Also liegt er still, umso lauter aber ist es in ihm, ein Lärm wie auf dem Pausenhof, er kann an nichts Schönes denken. Und trotzdem erscheinen die Eltern hinter der Glaswand, der Vater macht ihm Zeichen, er deutet zu einem Telefon am Bett, das soll er sich ans Ohr halten, und er hält es sich ans Ohr, und die Mutter, jetzt auch mit Hörer, spricht von einem unbekannten Virus: Stell dir vor, den hast nur du, du allein, darum darf keiner in deine Nähe. Aber ich finde das rettende Mittel dagegen! Sie redet so laut, dass es sogar durch die Glasscheibe dringt, er sieht sie weinen und den Vater eine Zigarette aus der Packung holen, Wir kommen wieder, sagt der Vater in den Hörer, dann treten die Eltern nach hinten weg, sie werden kleiner und kleiner, und der Zurückgelassene spielt mit einem Zipfel der Decke, er spielt sich in den Schlaf hinein.

Und zwei, drei Tage später – ein weißer Fleck in mir, diese Tage der Quarantäne – hatte meine Mutter das Wundermittel, wie sie es nannte, und ihr kleiner Todsterbenskranker, wie sie ihn nannte, nahm es ein; das Fieber sank, ja der ganze unbekannte Virus, den es vielleicht gar nicht gegeben hatte, löste sich in dem Gefühl auf, von den Eltern heimgeholt zu werden. Noch war ich geschwächt und durfte tagelang auf dem Wohnzimmersofa liegen, von allen Pflichten befreit. Ich hörte morgens den Schulfunk, die Sendung, mit der man auf leichte Art etwas lernte, über die Römer oder den Erfinder des Telefons; mittags gab es Reis mit Tomatensoße und harten Eiern, mein Lieblingsessen, und am Nachmittag, wenn es schon langsam dunkelte, las ich Winnetou eins, verliebt in den so edlen jungen Häuptling mit wehendem Haar. Ich erholte mich, aber jeden Tag kehrten die Minuten der Raserei in mir wieder, das konnte überall passieren, im Bett, auf dem Klo, im Garten, und etwas bremsen ließ es sich nur durch Wörter, langsam flüsternd dagegengehalten, Wörter wie Virus, Tampon, Negligé oder Apache.

Ich sprach mit niemandem darüber und durfte bald aufstehen, und der erste Weg führte zu meiner Großmutter, genauer, zu dem Neckermann-Katalog in ihrem Zimmer; ich blätterte darin, während sie, auf dem Bett liegend, Kreuzworträtsel löste. Unbemerkt riss ich die Seite mit der besonderen Unterwäsche heraus und steckte sie ein, in dem Gefühl einer heimlichen Macht über die, die dort abgebildet waren, junge Damen mit Haubenfrisur, eine Hand an der Hüfte, die andere halb im Nacken. Und an einem der ersten Tage mit einer Sonne, die schon wärmte – Anfang März wohl, weil das Wort Märzegickel in der Luft lag, so hieß im Dorf der vorgezogene Aprilscherz –, spießte ich die Katalogseite auf einen Nagel an der Schuppenwand, nahm mein Gewehr und ging zur Regentonne, ein gutes Stück vom Schuppen weg. Ich legte den Lauf

auf den Rand der Tonne, so ließ es sich gut zielen, und erschoss gleich die Erste im kurzen Nachthemd, ein Volltreffer; ich schoss, bis von der Seite nur noch Fetzen übrig waren, statt Rechenaufgaben zu lösen; denn schon in der Woche darauf waren in Freiburg die Aufnahmeprüfungen zur höheren Schule angesetzt, für mich im alten, längst geschleiften Rotteck-Gymnasium, eine Prüfung, auf die ich nicht im geringsten vorbereitet war.

Der wieder Genesene und seine Hüterin fahren mit dem Taxi vom Auto-Dienst Wunderle nach Freiburg, sie ist die Begleiterin am Tag der Prüfung, seine Rückenstärkung, eigentlich Sache der Eltern, aber die Eltern sind zu beschäftigt für eine Prüfung, die den ganzen Tag in Anspruch nimmt, mit einer längeren Pause dazwischen. Und in dieser Pause tut die Begleiterin das einzig Richtige zur Beruhigung des Kandidaten: Sie geht mit ihm ins Kino, nur einen Steinwurf entfernt vom alten Rotteck, in Die Kurbel unter dem Schauspielhaus. Dort läuft der Film Das Spukschloss im Spessart, da gibt es eine Menge zu lachen, und was der Zehnjährige hinterher noch auf ein Blatt schreibt, das reicht für die Aufnahme in eine höhere Schule, wenn nicht sein Scheitel und seine Sprechweise, gänzlich dialektfrei an dem Tag, den Ausschlag gegeben haben.

Also ist er nach den Osterferien in der Sexta des Rotteck-Gymnasiums und hat eine Monatsfahrkarte für Schüler. Morgens und mittags sitzt er jetzt in einem Zug, in dem auch ältere Schüler sitzen: die sich auf den Rückfahrten, in der Viertelstunde zwischen Freiburg und Kirchzarten, die Kleinen vorknöpfen, ihnen erzählen, was ihre Eltern nachts so im Bett tun, und wovon auch sie schon, eingehüllt in Zigarettenrauch, einiges zu berichten haben. Es ist seine tägliche Aufklärung im hintersten Wagen eines Personenzugs auf der Strecke Freiburg–Titisee mit Halt in Wiehre, Littenweiler, Kappel und seinem Ausstieg eine Station weiter, nur für ihn eher eine Verdunklung der nächtlichen Dinge als ihre Erhellung. Kurze, irgendwie splittrige, abgebrochene Wörter fallen da, ihr Klang wie die auf dem Schlachthof, als er einmal heimlich zugesehen hat, wie sie ein brüllendes Rind heranzerrten, ihm mit der Axt, stumpfe Seite, gegen den Schädel schlugen, dass es umfiel, und dem noch immer lebendigen, jetzt heiser röhrenden Rind den Schädel zurückbogen, die Kehle durchtrennten und eben Wörter riefen, die ganz ähnlich klangen wie die im Zug, wenn es auch nicht dieselben waren, als hätte das eine mit dem anderen zu tun. Der Neugymnasiast nimmt diese Sprachsplitter mit nach Hause, wo seine Mutter an der Schreibmaschine sitzt, für Momente gerührt, wie er da mit schicker Schultasche statt Ranzen als kleiner Herr vom Unterricht kommt, danach verschwindet sie schon wieder im Reich ihrer Träumereien. Und auch sein Vater ist weg, sogar abends lässt er sich kaum mehr sehen, er hat anderes zu tun, als mit dem Sohn Französisch zu lernen, obwohl er doch im Krieg auch in Frankreich war, in Paris – ein-, zweimal hat er es getan, ihm Vokabeln vorgesagt beim Essen, bon appétit, guten Appetit, l'assiette, der Teller, la petite cuillière, der kleine Löffel, la fourchette, die Gabel, aber es hat den Sohn nicht in die Höhen eines feinen, ganz vorn im Mund erzeugten Sprechens gehoben, und so haben die Wörter aus dem hintersten Zugwagen ein leichtes Spiel gegen alles Mühsame, das neuartige Multiplizieren und die Grammatik in gleich zwei Sprachen, der eigenen und einer fremden.

Ich taumelte durch die Französisch- und Mathematikstunden, bis auch eine mit sich beschäftigte Mutter es nicht mehr übersehen konnte, dass es mit mir trotz schicker Tasche und Scheitel bergab ging – für sie kaum zu begreifen, wo es mit ihr doch, was das Träumen betraf, bergauf geht: Sie tippt schon wieder an einem Liebesroman, während ihre Ehe – in der eigenen Angelegenheit glaubte sie nicht so fest an ein Ende gut, alles gut, sie hoffte aber darauf – unaufhaltsam zerbricht. Und dann winkt ihr auch noch die Großstadt Frankfurt, eine Stelle als Texterin bei einer Agentur, folglich muss etwas geschehen mit dem Sohn, darin sind die Eltern sich einig, und so geistert ab dem Frühsommer das Wort Internat wie eine rettende Losung durch die Familie im Zustand der Auflösung, Du kommst auf ein Internat, ist das nicht wunderbar? Bald fällt auch ein verheißungsvoller Name, zusammengesetzt aus gleich mehreren schönen Worten; der evangelische Pastor von Kirchzarten, gelegentlich auf Besuch im Haus, hat die Evangelische Internatsschule Schloss Gaienhofen am Bodensee (an dem Seearm, der in den Rhein übergeht) empfohlen. Das klingt nach Christlichkeit und Adel und der Unterbringung in bevorzugter Lage, die schreibende Mutter auf dem Sprung nach Frankfurt sieht den Sohn schon in gehobenen Kreisen; aber natürlich muss man das Internat vorher einmal gesehen haben, um auch ganz beruhigt zu sein, wenn es zum Abschiedskuss kommt.

Und so fuhren Mutter und Sohn gleich zu Beginn der Sommerferien an den unteren Bodensee, mit Zug und Bus, in meiner Erinnerung, weil sie noch kein Auto hatte, nur seit kurzem den Führerschein; wir fuhren nach Gaienhofen (auf der Höri, wie die malerische Gegend an dem immer schmaler werdenden Seearm heißt, Hesse und Dix lebten dort), um das Internat, das ja auch in den Ferien war, wenigstens in Augenschein zu nehmen. Mein Gott, es ist wirklich in einem Schloss, schau nur!, ein Ausruf in der Mittagsstille. Und dieses Schloss, eher eine düstere Festung mit Graben und Brücke, steht tatsächlich am See, mir macht es Angst, ihr imponiert es. Wir wohnen ganz in der Nähe, im Gasthof zum Deutschen Kaiser, oberhalb eines weiten, abfallenden Schilfgebietes; das durchstreifen wir und finden eine versteckte Bucht, ideal zum Baden im schon erwärmten See. Unsere Kleidung liegt über einer alten Holzbank zwischen dem Schilf und dem sandigen Ufer, wir gehen Hand in

Hand ins seichte Wasser – eine junge Frau, vierunddreißig, mit Hoffnung auf eine Karriere in Frankfurt, und ihr zehnjähriger Begleiter, in ihren Augen schon Zögling des Internats am See, ein kleiner Herr mit Schlips. Der Grund unter den Füßen ist weich, ein samtiger Schlamm, nur langsam steigt das Wasser über die Beine, bis man endlich die Arme zum Schwimmen ausbreiten kann; die Schwimmerin gibt Freudenrufe von sich, macht aber bald wieder kehrt, es reicht ihr schon. Sie schwimmt mehr in sich selbst als im Wasser, überwältigt von einem mythischen Bild des Eros: Mutter und Sohn entsteigen als Paar dem See. Stell dir nur vor, wir wären in einem Strudel ertrunken, sagt sie noch etwas atemlos und schält dem Sohn die Badehose herunter und trocknet ihn ab, damit er sich nicht erkälte. Er zittert an Armen und Beinen, das machen allein ihre Worte; und dann soll er sich umdrehen für eine Minute, also zählt er still bis sechzig, auch seine Lippen zittern jetzt, und nach der Minute sieht er sie in einer Wäsche wie die aus der zerschossenen Katalogseite. Ob ihm seine Mutter gefalle? Sie dreht sich etwas, aber wartet die Antwort nicht ab, erbittet sich stattdessen, am Rücken abgetrocknet zu werden, zart, und anschließend eingecremt. Das geschieht, und es geschieht auch mit ihm, für ein kurzes Sonnenbad auf der Bank. Danach geht es zurück in den Deutschen Kaiser, um in der Gaststube Würstchen zu essen und später im Zimmer etwas Ruhe zu halten nach dem aufregenden Vormittag, dem Schwimmen im See mit seinen tückischen Strudeln. Und wieder sind es die schläfrigen Mittagsstunden und sommerlichen Umstände, die den mütterlichen Leib bereit machen für Dinge auf schmalem Grat, eine Massage des unteren Rückens, ein Kraulen ihres Haars, und was sich dem Anwärter auf das Internat davon einprägt, sind eher Geräusche als Bilder, das Schleifen einer Hand am Betttuch oder leises Seufzen ins Kissen, dazu die Gerüche, die von der Gaststube heraufziehen, nach Bier, nach Brühe, nach Essig, und sich im Zimmer mischen mit dem Duft von Nivea-Creme, die runde blaue Dose offen auf einem Buch, Stefan Zweig, Sternstunden der Menschheit (es existiert noch samt den Cremeflecken), aus der Dose ein Schwimmbadduft der süßen Erwartung. Mutter und Sohn, unter einem Betttuch, fallen in die eigene Geschichte zurück. Sie singt etwas, das sie gesungen hat, als ihr Augenstern die ersten Buchstaben lernte, Auf der Mauer, auf der Lauer sitzt ne kleine Wanze, sieh dir nur die Wanze an, wie die Wanze tanzen kann, auf der Mauer, auf der Lauer sitzt ne kleine Wanze, und von Strophe zu Strophe fällt in der Mittelzeile ein Buchstabe weg, sieh dir nur die Wanz an, wie die Wanz tanz kann, sieh dir nur die Wan an, wie die Wan tan kann, bis zuletzt die Leerstelle den Ton angibt, sieh dir nur die – an, wie die – – kann, und wem ein Buchstabe herausrutscht, der hat verloren; Rücken an Rücken liegen sie im Bett, mit ihren vier Buchstaben aneinanderklebend, und spielen, leise singend, um den Verlust.

Es war ein heißer Juli, wir gingen jeden Tag zu der Geheimbucht im Schilf, und immer wieder grauste es die Badende vor dem weichen Schlick. Ich weiß nicht mehr, wie lange dieser erste Gaienhofen-Aufenthalt gedauert hat, kaum eine Woche wohl, und jeden Abend beim Essen sprach meine Mutter von Kitzbühel, wo sie eigentlich hätte sein wollen um die Zeit, bei der Sommerfrischegesellschaft dort. Sie erzählte von diesem und jenem, den sie noch aus ihren Theaterjahren kannte, mal war es ein nobler, mal ein amüsanter älterer Herr, elegant in jedem Fall, geistreich und mit tadellosen Manieren – jene Vertreter ihrer Art ohne weitere Anzeichen von Geist als einer Haube silbriger Haare über gebräunter Stirn und ein paar schaler Witze im Küss-die-Hand-Ton. Wir saßen als isoliertes Paar in der Wirtsstube, in unserer Ecke, wie meine Mutter sagte, weit weg von einem Tischkicker, an dem es jeden Abend hoch herging, auch weit weg von der Musikbox, die ihr zu laut war, wenn dort Blue Suede Shoes oder Ähnliches lief. Nur eine der Platten löste in ihr etwas aus, da hat sie dem Sohn sogar Geld gegeben, damit er die Zahl und den Buchstaben dafür drückt, wenn sie nach dem Essen ihre Zigarette rauchte, Ein Schiff wird kommen. Und lief das Lied dann, hat sie es mitgesungen, sich eingemischt in den Text, den Kopf an der Sohnesschulter, Ein Schiff wird kommen, und es bringt mir den einen, den ich so liebe wie keinen und der mich glücklich macht. Und dieser eine, den sie noch liebte wie keinen, ist eines Abends sogar in der Gaststube erschienen, völlig überraschend, aber nicht gebracht von einem Bodenseeschiff, er kam in seinem alten grauen VW – später auch im Jahreseheberich erwähnt, in den wenigen Sätzen zu dem Aufenthalt von Mutter und Sohn in Gaienhofen: Wir hatten schöne Tage am See, sahen immer wieder das Internatsschloss und saßen abends im Deutschen Kaiser, bis Du wie ein Wunder zur Tür hereinkamst!

Und als der, der damals hereinkam, längst tot war, sprachen wir auch einmal über dieses Wunder, bei einem unserer letzten Essen an ihrem Tisch, als sie schon nur noch Spatzenportionen zu sich nahm, ein Scheibchen Weißbrot ohne Rinde mit einer Lage blassem Käse, und mir einfiel, was sie früher alles gegessen hatte. Ich zählte es auf, dass sie zu fuchteln anfing, um mich zu stoppen – Schnitzel im Gasthof Vordergrub, sagte ich, Rippchen mit Kraut in Frankfurt, Seezunge mit Kartoffelsalat an Heiligabend, ja sogar Wurstsalat, den Riesenteller Wurstsalat im Deutschen Kaiser, und sie sagte wie aus heiterem Himmel: Da erschien eines Abends dein Vater, das war ein Wunder, ein Ding war das! Ding, darauf verkleinerte sie das Wunder, und ich fragte, worin dieses Ding bestanden habe, obwohl sie schon woanders war, beim unvermeidlichen Gang vom Esstisch zu ihrem Bett, also wiederholte ich die Frage und schob ihr dabei das Kompott hin, zwei eingelegte Pfirsichhälften. Mein Gott, worin, das ist hundert Jahre her, das war in einem anderen Leben – sie rührte in dem Pfirsichsud und schüttelte den Kopf, aber es war ein Bejahen: dass es dies andere, ferne Leben gegeben hat. Eines Abends kommt er jedenfalls unangekündigt in die Gaststube, sagte sie, und zwar in einem Hemd aus Marokko. Wir hatten ja einmal eine Schiffsreise gemacht, auf einem holländischen Frachter von Hamburg nach Casablanca, und dort haben wir dieses Hemd gekauft, in dem kommt er herein und setzt sich zu uns – ob ich ihr beim Aufstehen helfen wollte? Sie brach die Geschichte ab und streckte ihre Hände aus, als sollte ich sie zum Tanz führen, und ich nahm die Hände und half ihr unendlich vorsichtig auf, wir machten den zeitlupenhaften Tanz zum Bett hin, linkes Bein, rechtes Bein, die Hand des Herrn im Rücken. Und auf dem Frachter wart ihr die einzigen Passagiere, nur ihr in zwei Liegestühlen, und drum herum die holländische Mannschaft, sagte ich mit einer flüchtigen Vision von blonden Matrosen, wie sie auf die junge Frau im Badeanzug schauen und nachts, in den Kojen, an sie denken. O ja, rief sie, die einzigen Passagiere, ich und dein Vater! Du bleibst doch noch etwas am Bett sitzen? Sie klammerte sich jetzt an meinen Arm, der gefürchtete Moment vor dem Hinlegen, wenn sie mit Haut und Knochen auf das Bett traf, womöglich die harte Kante, und ich sagte, Ja, ich bleibe noch etwas. Und blieben wir dann auch zu dritt im Deutschen Kaiser, oder sind wir da abgereist?

Wo abgereist? Meine Mutter, Ende achtzig, schnappte nach Luft, sie lag flach im Bett, nur den Kopf durch zwei Kissen gestützt. Es war schon die eine Frage zu viel, sie benötigte Zeit zum Nachdenken, mehr als eine Minute – wenn sie in der Zeit überhaupt nachgedacht hat und nicht nur dalag, wieder kaum merklich den Kopf schüttelnd, als ließen sich die Fragen, mein Bohren, wie sie es nannte, damit abschütteln. Sie suchte eine Hand, ich sollte ihr die Stirn streicheln, wie einst mit derselben, der linken Hand in dem Zimmer mit den Küchengerüchen ihren unteren Rücken, wo der Schmerz sich über dem Steiß verknotet hatte, und nun saß er hinter der Stirn, als Knoten oder Knäuel aus Wörtern, aus Bildern, aus nie Geklärtem. Nein, sagte sie, er ist morgens wieder weg, aber an dem Abend war er da – du weißt, wie ich dir immer die Stirn gestreichelt habe? Ihr fielen jetzt die Augen zu, und sie schien zu entrücken, weg aus dem erhöhten Bett, das sie hasste, weil man es gegen ihr eigenes ausgetauscht hatte, und vielleicht war sie sogar in dieser Gaststube mit dem Tischkicker und der Musikbox, bei ihr der Mann im marokkanischen Hemd, er raucht und trinkt badischen Wein und nennt sie noch einmal Pelerinchen, das war ihr Kosename, so steht es in den Jahreseheberichten. Und ich hätte sie an dem Abend noch gern gefragt (oder hätte sie unbedingt fragen sollen), woher dieser schöne Name kam, aber ich massierte ihre Stirn wie einst den schmerzenden Steiß – ich war knapp elf und war knapp fünfundsechzig.

Was man vergisst und was man behält, ohne sich daran erinnern zu müssen, und woran man sich plötzlich wieder erinnert, weil man es doch nicht vergessen hat, nur nicht behalten wollte: Da sitzt also mein Vater mit ihr in der Gaststube vom Deutschen Kaiser, in unserer Ecke weit weg vom Kickertisch, wo es auch an dem Abend hoch hergeht, bis die vier um den Tisch genug haben. Na endlich, sagt meine Mutter, er aber sagt: Jetzt mal wir zwei! Und obwohl, außer Schwimmen, nie etwas Sportliches zwischen dem Vater mit Holzbein und seinem Sohn stattgefunden hat, spielt er mit ihm an dem Abend wild das Tischfußballspiel. Immer wieder fliegt der kleine Ball aus dem Feld, landet auf den Dielen der Gaststube, springt und kullert davon, und die zu beiden Spielern gehörende Frau eilt ihm nach, hebt ihn auf. Sie lacht ihr hellstes Lachen, die Einheimischen schauen herüber, auf den schönen Mund, die weichen Wangen, die Damenhand mit Zigarette; und Feuer gibt ihr der vorher nicht da gewesene und nun umso anwesendere Mann mit grauen Schläfen, brauner Stirn und blauen Augen, in einem Hemd, wie man es noch nie gesehen hat auf der Höri. Beide rauchen, beide kippen den badischen Wein, ein ausgelassenes, ja glamouröses Paar im Deutschen Kaiser zu Gaienhofen; und vielleicht, wer weiß, haben sie sich tief in der Nacht auch noch einmal geliebt, wie beschützt von ihrem auf zwei zusammengeschobenen Sesseln schlafenden Sohn.

Noch heute erscheinen mir schmale Betten als Notbetten, als Plätze der Verbannung; selbst das längst ausgetauschte Bett im alten Zimmer meiner Eltern war nicht geeignet, um nach dem Erwachen noch etwas darin zu liegen. Folglich stehe ich früh auf im Hotel Beau Sejour, und so kam es, dass die Italienliebhaberin aus Fort Myers, Florida, die hier meinetwegen ohne Meerblick aufwacht und darum auch keinen Grund hat, länger im Bett zu bleiben, heute beim Frühstück mit an der Kaffeemaschine gestanden hat, die Gelegenheit, ihr für die Kunstpostkarte zu danken. Während sich aber unsere Tassen füllten, leider überaus langsam, kam sie doch noch mit der Frage, warum ich den ganzen Tag über auf dem Zimmer sei statt am Strand, wobei sie wohl eine Vermutung hatte, weil ja nachmittags der Balkon mein Arbeitsplatz war. Ich sagte es also, und sie nahm ihre volle Tasse und fragte gleich What kind of writing? Und ebenso unausweichlich waren ihre Spekulationen, mir blieb dagegen nur ein It's about my parents, was bei Leuten aus Amerika immer Anklang findet – they were still in love here, Mrs. Bennett! Das fügte ich noch hinzu, und sie sagte, kurz einen Finger hebend, Kathryn!, und ging mit ihrer Tasse zum Strand – ein Verschwinden wie das meines Vaters, als er schon am nächsten Tag in seinem alten VW wieder davonfuhr.

12

Mein Vater war nach unserem Abend im Deutschen Kaiser am anderen Morgen so verschwunden, als hätte ich in der Gaststube nur einen ihm ähnlich sehenden Mann oder Geist erlebt, der mit mir Tischfußball spielte, wie wild die Stangen mit den kleinen Kickern hin- und herbewegte und herumwirbeln ließ, um nach jedem Spiel an unseren Ecktisch zu eilen, als gäbe es kein Holzbein, dort sein Weinglas zu leeren und sich nachzuschenken, und die Frau, von der er sich schon innerlich gelöst hat, auf den Mund zu küssen. Erneut aufgetaucht ist er erst wieder ganz am Ende der Sommerferien, diesmal in Kirchzarten, wo es einen Rohbau zu besichtigen gab, ein Halb- oder eher Viertelhaus, wie angeklebt an ein schon bestehendes, unverputztes Haus, einen Anbau, in dem die Unerschütterlichste und Übrigbleibende der Familie ab dem nächsten Frühjahr zur Miete wohnen würde, als Hüterin meiner Schwester, die nach ihrer Volksschulzeit auch auf das Schlossinternat sollte.

Der Rohbauanbau lag ebenfalls in der Höfener Straße, Nummer achtundvierzig, und bei der Besichtigung sagte mein Vater, dass es genug Platz gebe, damit man sich dort an Weihnachten und Ostern und auch noch einmal im Herbst treffen könnte, sozusagen zu jeder Zeit. Aber er muss die Enge gesehen haben, den wie geduckten, kleinlichen Wohnraum mit winziger Terrasse davor und die nur handtuchschmale Küche mit einer Durchreiche in den Wohnraum; gleich neben der Küchentür führte eine gewundene Treppe nach oben, zu einem liliputanischen Schlafzimmer für die Kinder und einem kaum größeren für die Erwachsenen sowie einem Bad mit Klo. Meine

Schwester und ich verstummten auf diesem Rundgang, nichts, aber auch gar nichts war schön, und das alte Haus, in dem wir noch wohnten, erschien uns mit seinem Garten als Paradies; die Eltern aber sprachen nur von den neuen Jalousien und der Zentralheizung und der praktischen Durchreiche; sie sahen in dem Anbau kein Zuhause, sondern eine Lösung. Und am Ende der sonntagvormittäglichen Besichtigung entstand auf der winzigen Terrasse ein Foto des Paars, das diese Lösung gefunden hatte und an dem Wochenende zusammengekommen war, um eine eigentlich viel wichtigere Lösung für das Führen getrennter Leben voranzubringen. Sie wollten ihren inzwischen Elfjährigen an dem noch fast sommerlichen Sonntag an den Bodensee fahren, um ihn, ausgestattet wie verlangt: zwei weiße Hemden und ein Schlips, in der Evangelischen Internatsschule Schloss Gaienhofen abzuliefern.

In seinem Köfferchen lag neben etwas Wäsche, einer Zweithose und einem Nickipullover nur eines der verlangten Hemden; das andere hatte er an, samt dem Schlips mit vom Vater beigebrachtem Windsor-Knoten. Es war ein schmaler silbriger Schlips, den es noch gibt, wie auch das Foto der Eltern, die an dem Sonntag, Anfang September neunundfünfzig, im Begriff waren, zwei Fliegen mit einer Klappe zu schlagen, das Wohnungs- und das Sohnproblem zu lösen. Die kleine Schwarzweißaufnahme zeigt das Paar in einem Moment inniger Zweisamkeit, einerseits vorgetäuscht für das Bild, das davon bleiben soll, andererseits noch verwurzelt in ihrer beider Geschichte, all den Kämpfen nach dem Krieg. Die weichwangige junge Frau, nicht einmal Mitte dreißig, scheint sich an den acht Jahre Älteren im dunklen Anzug anzulehnen, so dass auf ihrer Schulter ganz natürlich seine Hand ruht; sie sitzt auf etwas, wohl der Terrassenbegrenzung, mein Vater steht dagegen. Er zeigt auf dem Foto eine private Seite, die rechte Hand in der Tasche, die linke auf einer Frauenschulter, und eine offizielle: mit weißem

Hemd, gepunkteter Krawatte und ein Stück aus der Anzug-
brusttasche hervorstehendem Ziertuch, dazu hält er den Kopf
leicht schräg und lächelt kaum merklich. Eine stille Zufrieden-
heit liegt in seinem Gesicht, auch ein stilles Woandersssein,
schon getrennt von der, die sich an ihn lehnt, während meine
Mutter noch ganz im Vertrauen auf das Zweisame in die Kamera sieht. In ihrem Blick liegt eine mädchenhafte Zuversicht,
die Hoffnung auf ein Happy End mit dem, dessen Hand auf
ihr ruht; passend dazu trägt sie ein recht biederes Kostüm – ich
vermute, es ist ein Kostüm, man sieht nur die gedeckte Jacke.
Das Paar, weit entfernt von den beiden Ausgelassenen abends
im Deutschen Kaiser, könnte etwa vor dem Aufbruch zu einem
Essen in den Kreisen stehen, in denen der Mann im Anzug sich
inzwischen als Angestellter ein neues Leben aufbaut. Aber sie
stehen davor, ihr Kind in ein Internat zu bringen, und wollen
auf der Terrasse des neuen Zuhauses, das gar nicht ihr Zuhause
würde, noch schnell ein Bild vereinter Eltern abgeben. Und
nachdem es klick gemacht hat, fahren wir zum Löwen, dem
Gasthof mit dem Kino im Hinterhof.

Im Löwen gibt es noch ein gemeinsames Mittagessen, die
künftige Bewohnerin des Rohbauanbaus genießt dort Privile-
gien, sie bekommt auf der Stelle ein kaltes Bier oder kann die
Lautstärke der Musikbox drosseln lassen, auch für jeden ein
Sitzkissen verlangen. Wir essen Kalbsfrikassee mit Reis und
Gurkensalat, sie lädt dazu ein. Und der Abschied von ihr, meiner Hüterin, ist nach dem Essen am Kasten mit den Filmfotos
auf dem Parkplatz vom Löwen, auch Parkplatz für die Besucher
der Dreisam-Lichtspiele – an dem Sonntag, unvergesslich,
sind es Bilder zu dem Film Vera Cruz mit Gary Cooper und
Burt Lancaster, frei ab zwölf, da hätte sie mich mühelos ein-
geschleust: für zwei Glücksstunden, die sich als Versäumnis auf
meine Brust legen, den Abschied noch schwerer machen. Schon
ist der alte VW angelassen, mit leisem Klirren im Motor, schon

ist der Beifahrersitz vorgeklappt, damit ich einsteigen kann, und meine heimliche Mutter schnäuzt sich, das Mittel gegen die Tränen. Komm, abpfirten, sagt sie und macht mir ein Kreuz auf die Stirn, nur mit der Fingerkuppe, Gott beschütz dich, Kinderl – ihr treffendes Schlusswort. Denn nichts anderes war ich in dieser Stunde: ein Kind mit dem glühenden Wunsch, sich im Kino neben seiner Großmutter dem Raubtierlachen von Burt Lancaster anzuvertrauen. Und als ich schon hinten im Auto saß, gab es noch ihre letzte Hand, meine Hand, am Vaterkopf vorbei, aus dem Fenster gestreckt wie die eines Ertrinkenden aus dem Wasser; in diese Hand aber wurde ein eng gerollter Zehnmarkschein gedrückt, ein Bilderl, wie die Geberin – ab jetzt allein meine Schwester behütend, mit einer Liebe zweiter Ordnung, weil ein Mädchen nun einmal kein Junge war – alles kleinere Papiergeld nannte.

Ich hielt ihre Gabe während der ganzen Fahrt in der Faust, einer Fahrt wie eine Reise, auch wenn es nur hundertzwanzig Kilometer waren, zuerst die Serpentinen bis Hinterzarten hinauf, durch bekanntes Gebiet, dann über den Hochschwarzwald nach Donaueschingen, schon am Rand meiner Welt, und von dort durch verlorene Dörfer (das verlorenste noch heute für mich und meine Schwester, später ja mit mir im Zug dieselbe Strecke fahrend: Hausen vor Wald). Und auf einmal der Blick über den Hegau mit seinen Vulkankegeln und dem Poppele vom Hohenkrähen, einer Märchenfigur, die ich immerhin kannte. Die Reise führte jetzt wieder abwärts, vorbei an Engen, vorbei an Singen, und dann liegt schon der untere Bodensee in einer Art Schlaf da, seine Fläche wie Glas, an den Rändern weite Schilffelder, und seitlich der Straße Pappeln, die ich zu zählen versuche, als könnte das die Fahrt aufhalten. Eine Fahrt durch nesterhafte Orte, hinter den letzten Gehöften Hänge mit Obstbäumen, die Farben des Spätsommers, darüber ein Schleierhimmel, und hinter den Hügeln des anderen, des Schweizer

Ufers, die Alpen, Grund genug für Ausrufe der Beifahrerin, wie herrlich die Gegend sei, wie gesegnet! Es geht am Radolfzeller See entlang bis zu der Ortschaft Horn, dort in einem Knick nach rechts, und etwas oberhalb des Seearms, aus dem schließlich der Rhein wird – durch den der Rhein hindurchströmt, sagt mein Vater –, geht es vorbei an Gaienhofen, am Deutschen Kaiser und an dem Schloss, wo nur die schon größeren Internatsschüler wohnen – die jungen Herren, zu denen auch ich noch käme, sagt meine Mutter. Die Unterstufe hat dagegen, so steht es im Prospekt, drei Kilometer weiter, in Marbach, ihr Heim, aber wo ist Marbach? Man sieht keinen Ort, nur etwas oberhalb der Straße einen wie hingepflanzten dreigeschossigen Neubau mit erhöhtem Mittelteil (kalte, beherrschende Symmetrie, ein Stück Naziarchitektur). Das muss es sein, na gut, sagt der Mann am Steuer, Schau nur, wie gepflegt alles ist, sagt seine Beifahrerin – die sehr wahrscheinlichen Worte in dem Moment, während der gemeinsame Sohn auf dem Rücksitz mit Sicherheit gar nichts gesagt hat.

Und dann biegen wir in einen leicht bergan führenden Weg und halten am Rand eines Platzes hinter dem Gebäude, einem Pausenhof mit Jungs, die sicher einander alle schon kennen, schon vor den Ferien hier waren. Zu zweit, zu dritt, zu viert stehen sie da, ohne weißes Hemd und Schlips, einer gar, ein älterer, Quinta oder Quarta, trägt Levis und einen Rundkragenpulli, dazu auch im Nacken den Rundschnitt mit Entenschwanz, wie die mit dem Kamm hinten in der Badehose im Kirchzartener Freibad. Innerhalb weniger Herzschläge erfasst der Abzuliefernde das alles, mit seinem Pappköfferchen neben dem VW, für den er sich zum ersten Mal schämt, weil die Heckscheibe noch geteilt ist und ein neueres Modell, eins mit Verdeck sogar, auf dem Hof steht – ein Sekundengefühl von Beschämung, das mich den Koffer schwenken lässt, statt nur still dazustehen, während eine Frau über den Hof kommt.

Sie hat eine spitze Nase und einen spitzen Busen unter enger Bluse und in der Hand eine Schachtel Zigaretten, Ernte 23. Sie begrüßt meine Eltern und mich als Heimleiterin, zuständig für die Kleinen im unteren Stock. Und es habe sich bewährt, wenn beim ersten Mal die Abschiede kurz und schmerzlos seien, das sind ihre Worte, auch an mich – Worte, die immer noch nachschwingen, wie von einer Art Urknall an dem milden Tag.

Die Heimleiterin mit einem Namen, den sich der Abzuliefernde oder schon Abgelieferte noch nicht merken kann, etwas wie Gutt oder Gut, aber wer heißt schon Gut, nimmt sich eine ihrer Ernte 23: Das sitzt bereits, was sie raucht, und auch wie sie spricht, als hätten alle Worte Zacken. Sie spricht jetzt mit seinen Eltern, und er schwenkt wieder den Koffer, um nicht nur dazustehen – vielleicht will man ihn ja gar nicht hier, wer weiß. Aber da tritt die Mutter auf ihn zu, schon für die Zeremonie des Abschieds. Mein lieber lieber Sohn, sagte sie wie von einer Bühne (auch das schwingt noch nach), Deine Mutter sagt dir jetzt auf Wiedersehen. Und damit ist es gesagt und nach Küssen und Umarmung auch getan, während sein Vater eher auf den Händedruck setzt, Schau, dass du mitkommst in der Schule! Ein guter Rat, sagt die Frau mit U im Namen und entfernt sich, damit er noch winken könne und ein Tränchen verdrücken!, das ruft sie mit einem Zwinkern und verspricht ihm, gleich wieder da zu sein, und er will auch seinen Vater umarmen, nur sitzt der bereits im Wagen und wendet unter den Blicken der Jungs im Hof, Blicken auf die geteilte Heckscheibe, das Alte, Mindere des VWs, das zu seinem Minderen wird, als wäre er mit elf schon alt. Bleibt also bloß das Winken, mit einer Bewegung, die wie Winken aussieht, in der anderen Hand den Koffer, und die Beifahrerin, seine Mutter, hält sich eine Faust vor den Mund, als Zeichen ihrer Erschütterung, das der jetzt endgültig Abgelieferte noch aufnehmen soll, aber da biegt der

Wagen schon um die Hausecke. Und so ist die beschämende hintere Scheibe das Letzte, das er vom Elterlichen an diesem ersten Sonntag im September noch sieht und so in sich bewahren muss, dass es bis Weihnachten vorhält.

Danach gab es nur noch jenes Geräusch, als wäre ein Teilchen im Motor lose, das Geräusch, das in den letzten Jahren so verlässlich die Heimkehr der Eltern angekündigt hatte, dass es in den Rang einer Glücksmelodie aufstieg. Und kaum war es hinter dem Haus verebbt, um nur noch einmal, vor dem Einbiegen in die Straße, für einen Herzschlag anzuklingen, jetzt wie ein Beweis für den erfolgten kurzen, in seinem Schmerzlosen völlig missglückten Abschied, drehte ich mich zu dem Pausenhof um und sah dort einen, wie er den Mund aufriss und sich krümmte, weil ihn eine Faust in den Magen traf. Es war die Faust des Älteren mit Rundschnitt, und der ging danach einfach singend davon, Hände in den hinteren Jeanstaschen, sang etwas, das neu war in der Musikbox vom Löwen und der von der Sonne, *hang down your head Tom Dooley, hang down your head and cry, hang down your head Tom Dooley, poor boy you're bound to die.* Die anderen Jungs auf dem Hof schauten ihm nach, er war ihr Held und meiner auch schon in dieser ersten elternlosen Minute, die gar nicht zu enden schien. Erst als ein Erwachsener aus dem Haus kam und in den Hof trat, einer mit dunklen Haaren bis über die Ohren wie Winnetou auf den Karl-May-Bänden, bricht in meiner Erinnerung die nächste Minute an, eine neue Zeit. Er geht zu dem schönen VW mit Verdeck, aber steigt nicht ein; er schüttelt eine Zigarette aus einem rötlichen Päckchen und entzündet sie, er raucht und beugt sich über das Verdeck und betrachtet mich durch den Rauch, während sich der mit dem Schlag in den Magen am Rande des Pausenhofs übergibt.

13

Der Pfeifer von Tom Dooley mit der harten Faust hieß Laxmann und der, den die Faust zu Boden gestreckt hat, Stirius; die Heimleiterin hieß tatsächlich Frau Guth, mit th, und der Rauchende mit dem Indianerhaar war Leiter vom oberen Stock, außerdem Kantor des Internats und Lehrer für Musik, Religion und Sport, Herr Gieser – Namen, die der Neuling erst lernen muss. Er steht noch im Hof, in lähmender Leere, bereit, sich jedem vor die Füße zu werfen, auch dem Pfeifer und Schläger, ihm sogar am liebsten, damit er ihn an die Hand nimmt, ein Beschützer wird.

An die Hand nimmt ihn aber die Heimleiterin, sie führt ihn in ein Zweierzimmer und bringt ihm das Beziehen einer Bettdecke und den Bettenbau bei (wie zehn Jahre danach ein Unteroffizier der Luftwaffe, beeindruckt von den Vorkenntnissen). Und sie bringt ihm auch gleich bei, nicht traurig zu sein ohne die Eltern: durch Konzentration auf die Gegenwart, die Schule, die Kameraden und das Heim im unteren Stock, gelegen über dem Speiseraum und der Küche im Erdgeschoss. Er wird herumgeführt und noch vor dem Abendessen den anderen auf dem Stockwerk vorgestellt; sein Name geht von Mund zu Mund, viel bleibt davon nicht übrig. Sechzehn Jungs wohnen auf dem Stock, auch der mit der Faust, fünfzehn Namen, die er sich merken soll, aber vorerst klammert er sich nur an einen, Werner Rauh, so heißt der Zimmerkamerad. Und Werner Rauh erzählt als Erstes, dass sein Vater eine Brauerei besitze, Philippsburger Löwenbräu, und SL-Fahrer sei, und er stuft den Windsor-Krawattenknoten des Neuen als superb ein und fragt, ob es zu der Krawatte auch das Internatsclubjackett gebe, ein bisher nie gehörtes Wort, der Neuling wagt nicht einmal, es nachzusprechen. Und ohne so ein Jackett, wie es Werner Rauh für ihn aus dem Schrank holt, dunkelblau mit gelbem Internatskreuz auf der Brust und falschen Goldknöpfen, fühlt er sich noch schutzloser, wie ohne jede Kleidung, ihm bleibt nur das mächtige Wort, Internatsclubjackett: sich auch daran zu klammern. Er schläft damit ein in der ersten Nacht, und in den nächsten Tagen kommen noch andere mächtige Wörter dazu – Präfekt, Disziplin, Silentium, Hygiene. Es sind Wörter des unteren Stocks, und lieber wäre er einen Stock höher, wo nur solche sind, die in der Kantorei singen, die leise reden und nicht die Fäuste benutzen. Laxmann, den alle bewundern für seine Jeans, seine Frisur, seine schnellen Schläge, hat das Zimmer gleich neben dem von Frau Guth, die zweite Tür im Flur; er ist Präfekt und darf die Kleinen bestrafen, wenn er es für richtig hält. Vom Flur gehen die Zimmer nach beiden Seiten ab, und in der Mitte gibt es einen Waschraum und zwei Toiletten; die Klodeckel sind schwarz und betropft, und immer ist es kalt in den Toiletten, aber es stinkt auch bei offenem Fenster. Dafür riecht es im Flur nach Ernte 23 von Frau Ungut – natürlich ihr heimlicher Name –, ein irgendwie falscher Duft, während im oberen Stock ein würziger Geruch in der Luft liegt, der von Roth-Händle, so heißen die Zigaretten von Herrn Gieser, der auch aus der Nähe an Winnetou erinnert, mit seinen vollen Lippen und dunklen Augen, dem wehenden Haar. Sein Zimmer liegt ebenfalls am Anfang des Flurs, und abends führt er die Aufsicht beim Duschen.

Der Duschraum lag im Keller, ein länglicher Raum, bleich gekachelt, die Duschen ohne Trennwand, eine nach der anderen, die Haupthähne an der Stirnseite, und bei diesen Hähnen für warm und kalt lehnte Gieser (im Alter meiner Mutter, vierunddreißig) in einer Fliegerjacke mit der Schulter an den Kacheln, seine Zigarette in einer pendelnden Hand; mit der anderen strich er sich nach jedem Regulieren des Wassers eine Haarsträhne aus der Stirn. Er teilte die Duschen zu, immer war es ein anderer, der sich in seiner Nähe einseifte, aber der Blick aus den vom Rauch gereizten Augen – braun bis bernsteinfarben mit einem ständigen Glanz – ging auch zu den entfernteren Duschen; er ging bis zu mir, dem Neuen, anfangs noch zur Wand gedreht unter dem Strahl, aber nach zwei, drei Abenden schon nicht mehr. Und am dritten oder vierten Abend war ich es, der am Duft der Roth-Händle teilhaben durfte, in der Dusche neben den Haupthähnen stand, mit einem Gefühl gänzlicher Nacktheit gegenüber dem einzig Bekleideten im Raum, einer Enthüllung, die mich zeigte, wie ich nicht sein wollte, noch ohne jedes Härchen in meiner Mitte und überhaupt, ein Zappelnder im Wasserstrahl. Der Herr der Dusche lehnte dagegen ruhig an der Wand, in enger Hose und seiner Fliegerjacke mit hochgestelltem Kragen, er rauchte und sah mich an und tippte sich nach jedem Zug an die Lippen, ein Antippen mit zwei vom Rauchen schon gelblichen Fingerkuppen an einen Mund, als hätte er Blaubeeren gegessen; und beides, die gefärbten Finger und das Bläuliche der Lippen, hatte etwas, dem sich der Neue in seiner Nacktheit zu unterwerfen bereit war. Jetzt langsam fertig werden, hieß es nach der Zigarette, Worte in einem leicht dunklen, südbadischen Singsang, da wurde das Wasser schon kalt, und jeder wand sich unter der Brause, auch die Älteren mit ersten Härchen oder gar Haaren. Zehn Sekunden musste man es aushalten, dann schloss Herr Gieser den Haupthahn, und als ich an ihm vorbeiging, griff er mir unters Kinn und sagte: So bleibst du gesund, Knabe, erst heiß, dann kalt – vielleicht nicht in der ersten Woche hatte er das wortwörtlich gesagt, aber bestimmt schon in der zweiten.

Und kurz darauf ist der Knabe, obwohl er im unteren Stock

wohnt, in die Kantorei aufgenommen, für ihn kaum zu glauben, wo er doch nur eine Klappe habe, wie Frau Guth, seine Heimleiterin, schon nach wenigen Tagen gesagt hat, und keine Stimme. Herr Gieser aber, von nun an sein Kantor, ist anderer Ansicht, und bald singt der Neue im Chor bei der Abendprobe schon leise Die Himmel erzählen die Ehre Gottes. Vor ihm stehen die hohen Stimmen, hinter ihm die etwas tieferen, und der Kantor sitzt in einem weißen Hemd am Flügel, die glimmende Zigarette zwischen den Fingern. Er hat das Hemd bis über die Ellbogen hochgekrempelt, seine Unterarme sind gebräunt und sehnig, schließlich leitet er auch die Stunden auf dem Sportplatz des Heims und in einem Turnraum neben den Duschen im Keller. Er ist der Sportlehrer des Neuen und hat ihn zudem in Musik und Religion, und wenn er noch mit der Morgenandacht an der Reihe ist, im Wechsel mit anderen Lehrern oder Erziehern, gehört ihm fast der ganze Tag des Elfjährigen, der noch keine Note lesen kann, aber bereits in einem Bach-Choral mitsingt, nur auf die leichten Zeichen seines Kantors achtend, ob der ihn etwa anschaut über den Flügel hinweg, kurz die Brauen hebt oder zusammenzieht, ob er die Zungenspitze zeigt oder sich das lange Haar zurückstreicht, dabei mit zwei Fingern ihm, und nur ihm, den Einsatz gibt, sogar die ersten Töne anstimmt und dabei die Roth-Händle ausdrückt. Er kann irgendwie alles zugleich, auch ein Herz höherschlagen lassen in dieser Stunde im Musikraum nach dem immer selben Abendessen, Brot und Margarine Marke Eden, Aufstrich und Pfefferminztee; Brot, Eden, Tee, so steht es auf dem Wochenplan, Prothesentee, so sagen die zwei Witzereißer am Tisch, Merkle aus Karlsruhe, Schilitzki aus Köln. Und sie versuchen, ihn, den Neuen, beim Tischgebet zum Lachen zu bringen, oder dass er gar furzt, weil er sich so anstrengen muss, nicht zu lachen, und das ausgerechnet, als Frau Guth an der Reihe ist, die knochigen Hände vor der straffen Bluse gefaltet, Komm

Herr Jesus, sei unser Gast und segne, was du uns bescheret hast, Amen. Nur flüstert Schilitzki bei dem Wort Gast schon: Was du uns auf den Tisch geschissen hast. Er flüstert es nur für ihn, der auf keinen Fall lachen darf, und lässt auch gleich ein kleines Anlachen im Gaumen hören, es klingt wie hochgezogener Rotz, und der, dem es gilt, beißt sich auf die Lippe und kneift die Augen und den Hintern zusammen, aber all das hilft nichts, es knallt aus ihm heraus. Und kaum ist das Gebet beendet, kaum haben alle Gesegnete Mahlzeit gemurmelt und sich gesetzt, kommt Frau Guth auf ihn zu, so spitz im Gesicht, dass er schützend die Hände hebt. Sie tritt vor ihn hin und packt eins seiner Ohren, sie zieht ihn in die Küche – eine Frau von Anfang vierzig damals, heimlich verliebt in den indianischen Mann vom oberen Stock –, und in der Küche greift sie sich einen Lappen und schlägt dem Schlamper, wie sie ihn nennt, damit ins Gesicht. Kein Essen heute, ins Bett, ruft sie, und auf seinen Einwand, dass nach dem Abendbrot die Kantoreiprobe sei, zieht sie ihre Bluse glatt und sagt, dass es sich mit leerem Magen besonders gut singe. Sie deutet zum Treppenhaus, und der Bestrafte eilt auf sein Zimmer. Er tritt ans Fenster, hungrig vom Tag, ja könnte weinen vor Hunger, und es geht ihm, in eben diesen Worten, auch durch den Kopf: Ich könnte weinen vor Hunger; schlimmer als die Leere im Magen sind diese Worte, er ist den Tränen nah, zum ersten Mal seit dem Wegfahren der Eltern. Aber da kommt der Brauereibesitzersohn ins Zimmer und gibt ihm, noch ehe die Chorprobe anfängt, etwas aus dem Fresspaket ab, das er wöchentlich von zu Hause erhält: der Beginn einer stillen Freundschaft, seiner zweiten nach der mit dem Banknachbarn aus der Volksschule. Der Zimmerkamerad ist jetzt ein Verbündeter. Werner Rauh, großnasig, breit, dazu gern mit Krawatte im Unterricht und in der Freizeit mit Hut, darum allgemein Der Direktor genannt, bildet als Brocken von Mensch einen Schutzschild vor ihm, dem Knabenhaften. Und mit nunmehr stabilerem Stand, immerhin einem Freund im Rücken, lernt der Neue in kurzer Zeit, Noten zu lesen, und bekommt schon bald in einer Buxtehude-Cantate ein kleines Solo. Er hat endlich etwas Boden unter den Füßen und richtet Abend für Abend die Augen auf die Augen und den Mund und die Hände seines Kantors, auf jede Regung von ihm, jeden Fingerzeig, noch das kleinste Lächeln.

Und heute, sechzig Jahre nach den ersten Wochen im Unterstufenheim Marbach – das Gebäude im verschleppten Nazistil längst von drei umweltfreundlichen Häusern ersetzt –, bedauere ich es, neben all den inneren Bildern nur ein einziges tatsächliches, noch dazu grobkörniges Bild des Kantors aus dieser Zeit zu besitzen, den Ausdruck eines mir erst kürzlich zugemailten Fotos. Er steht dort leicht auf Zehenspitzen, um etwas größer zu erscheinen, in engen Hosen, engem Pullover, fast unserer Zeit entsprechend, der Kopf ist verwegen, man könnte auch sagen: arrogant zurückgeworfen, die Augen sehen leicht von oben herab in die Kamera, der Mund hat etwas Kussbereites, das dunkle Haar fällt ihm in den Nacken. Jahre vor dem Erweichen eines noch soldatischen Bildes vom Mann war er der erste mit langen Haaren, und der einzige, der ihm etwas nahekam, war Laxmann mit seinem Entenschwänzchen, statt des verlangten, alle zwei Wochen von dem Gaienhofener Frisör Anton Eisenbeiß für eine Mark sauber gemachten oder wie es auch hieß: ausgeputzten Nackens. Und so grobkörnig unscharf, an ein vages Fahndungsfoto erinnernd, dieses einzige kleine Beweisbild des Kantors auch ist, holt es doch augenblicklich die abendlichen Chorproben in mir zurück, wie er da in weißem Hemd am Flügel sitzt, in der Hand die Zigarette, das Haar in der Stirn, oder wie er nach der Probe im Duschraum neben den Haupthähnen steht, zwei Finger an den Lippen, während ihm Rauch aus der Nase strömt und sein Blick dahin und dorthin geht. Er sieht jede Schwäche, das leichteste

Zaudern, die geringste Bereitschaft, alles, was sein Verwegenes stören oder sich mit ihm treffen könnte; er sieht es in der Dusche und bei den Proben, er spürt es beim Turnen, wenn er Hilfestellung gibt, und auf dem Sportplatz, wenn die zwei Besten beim Völkerball im Wechsel ihre Mitspieler wählen, er erfasst es im Musikunterricht. Und so sieht er auch bald, dass der Neue im Heim, der Knabe mit brauchbarer Stimme, Mühe hat, die Notenbeispiele an der Tafel zu lesen, etwa eine halbe von einer ganzen Note zu unterscheiden, und besser eine Brille tragen sollte. Schade, Schöner, nur nicht zu ändern – Worte nach dem Unterricht, dazu zwei Finger an meinem Mund, ein feines tröstendes Trommeln; denn die mit Brille, besonders die Mädchen, untergebracht in einem benachbarten Haus, einer tannenumstandenen düsteren Villa mit dem trügerischen Namen Bella Vista, hatten im Pausenhof wenig zu lachen.

Aber noch kann die Kassenbrille nicht verschrieben werden, frühestens in den Weihnachtsferien. Also bleibt nur die erste Bankreihe mit Geblinzel zur Tafel hin, der Kantor muss den Knaben ganz in seine Nähe holen, damit auch noch geringste Zeichen bei ihm ankommen, ein Lächeln aus dem Augenwinkel oder die Zungenspitze zwischen den blauen Lippen. Für den Unterricht macht es die erste Bankreihe aber kaum leichter, alles an der Tafel ist verschwommen, nur seinen Musik- und Religionslehrer, den, der ihn Schöner genannt hat, sieht er scharf, wenn er ihn an die Tafel holt, und das eigene Gesicht, wenn er im Waschraum nah an den Spiegel tritt. Durch seine Welt droht ein Riss zu gehen, der Riss zwischen unscharf und scharf, und wie unter dieser Drohung entsteht das einzige Foto aus den ersten, schier ewigen Internatsmonaten. Der noch Brillenlose liegt mit nacktem Oberkörper auf einem Bett, das Fußende stößt an das andere Bett im Zweierzimmer, man erkennt den Metallrahmen, vermutlich beige, wie in Notunterkünften oder Psychiatrien; auch die Matratze entspricht dem, man sieht sie unter dem verrutschten Laken schlapp hervorquellen. Mit der Bettdecke im Rücken liegt der Elfjährige da, die Hände hinter dem Kopf, wodurch die Arme etwas von offenen Flügeln haben, während die Beine in gestreifter Pyjamahose nicht ganz so geöffnet sind. Ein Bein, das linke, ist aufgestellt, mit leichter Neigung nach außen, der Fuß liegt am Bettrand, das andere Bein, halb angewinkelt, hat dagegen etwas träge zur Seite Gekipptes. Alles in allem ein Bild passiver Bereitschaft, schläfrig und doch lauernd, der schlanke nackte Oberkörper zwar von der geknüllten Decke im Rücken gestützt, eher aber gebettet darauf, der Kopf halb im Licht von einem Fenster, das man nicht sieht, mit einem Schimmer auf Wange, Schläfe und Nase. Kaum etwas vom Gesicht ist erkennbar, und doch liege unverkennbar ich dort, es ist die Haltung, die mich verrät, die Position zwischen Liegen und Sitzen, die selbst ein Anstaltsbett zum Lotterbett macht. Es ist heller Tag auf dem Foto, vermutlich ein Sonntagmorgen mit späterem Frühstück, also kann man noch etwas liegen bleiben, noch etwas verlottern. Die ganze schnappschusshafte, sicher vom Mitbewohner des Zimmers mit einer vom Bierbrauervater geschenkten Kamera gemachte Aufnahme ist, je mehr ich mich darauf wiedererkenne, der Beleg einer stillen Verwahrlosung (Bilder von Balthus fallen mir ein: das Schamlose, wenngleich noch unbestimmt, schon als Ersatz für ein loses, flattriges Ich; ein verfrühtes Begehren, das sich am Kindsein schadlos hält, das es verbraucht).

Der Junge, der bald eine Brille bekäme, war in jeder Hinsicht flattrig, zu dem verschwommenen Sehen kam auch ein verschwommenes Sein. Irgendetwas musste passieren, um zu belegen, dass es ihn gab, scharf umrissen. Also entwickelte er Ticks, gleich mehrere auf einmal, gab mal hohe Kopftöne von sich, eine Art Fiepen, oder spielte den Dorfdeppen, krümmte die Hände nach innen und hinkte; dann wieder drehte er wie ferngesteuert den Kopf um, das Gesicht zur Grimasse verzogen, oder zählte bei jedweder Tätigkeit leise auf sieben – einen schlamperhaften Nervösling nannte ihn die Heimleiterin. Sie sah in den Ticks ein Zeichen schlechten Charakters, zumal er auch Geschichten erfand, ein Lügenbold war, Geschichten, in denen er selbst vorkam, mit Fähigkeiten, wie sie sonst keiner hatte im Heim. Er konnte Felswände erklimmen, er konnte nach Perlen tauchen, er konnte Judo und auch den Stärksten besiegen, ihn auf die Schultern werfen, er konnte tanzen und wie Elvis singen und schaffte die hundert Meter unter elf Sekunden. Aber irgendetwas sollte an den Geschichten auch dran sein, darum machte er Liegestütze und Kniebeugen und zählte immer wieder auf sieben, sieben mal sieben Liegestütze und Kniebeugen, Tag für Tag, bis ihn der Kantor, in dem Fall sein Sportlehrer, zum ersten Mal vorturnen ließ, an der Sprossenwand, auf der Matte, am Kasten. Und nach der Stunde nahm er ihn beiseite, eine Hand um seinen Arm, und sagte Gut, Knabe, gut. Mehr sagte er nicht, blieb allerdings vor ihm stehen, ohne ein Wort für die Dauer eines Hundertmeterlaufs; er stand einfach nur da in seiner roten Turnhose, groß, dunkel, lächelnd (Rock Hudson einmal über sich: tall, dark, and handsome), und dem guten Vorturnerknaben klopfte das Herz.

Es war ein anhaltendes und auch sichtliches Herzklopfen, ersichtlich an der Nervosität eines Elfjährigen, der gefallen wollte, aber kaum Mittel hatte, nur sein Mundwerk und einen biegsamen Körper und den Hemdkragen, den er aufstellte, um seinen ausrasierten Nacken zu verbergen; ihm fehlten verwaschene Jeans und die Indianerhaare des Kantors, ihm fehlte der dunkle Flaum zwischen den Beinen und ein Tischtennisschläger, um abends im Kellerturnraum beim Rundlauf um die Platte mithalten zu können. Ihm bleibt nur Angeberei, als würde das Herz in seinem Gesicht klopfen, und die für ihn zuständige Heimleiterin lässt ihn in der Freizeit eine Strafarbeit schreiben, Wie ich mich als Kamerad einzufügen habe. Zehn ganze Seiten verlangt Frau Guth oder Ungut, und er füllt diese zehn Seiten, beschwört darin die Kameradschaft als das einzig Erstrebenswerte und verdammt jedes Verhalten, das sie untergräbt, an erster Stelle das Abwälzen eigener Schuld auf andere. Er erfindet Abstufungen von Schuld bis hin zu unverzeihlichen Verstößen gegen die Kameradschaft, nur um die zehn Seiten zu schaffen, und liefert, ohne sich dessen bewusst zu sein, den gedanklichen Rahmen für eine Praxis im unteren Stockwerk von Marbach, die sogenannte Heimdresche. Ist etwa in einem der Klos nicht gespült worden, und der Schuldige hat zunächst so getan, als wäre es die Hinterlassenschaft eines anderen, kommt für ihn nur die von der Ungut erdachte und beaufsichtigte Strafe in Frage. Jeder von den fünfzehn anderen auf dem Stock gibt ihm einen Schlag auf das nackte Sitzfleisch, auch das Lineal aus Holz ist dafür erlaubt, ja, man kann eigene Ideen umsetzen – Laxmann etwa griff zu Dierckes Weltatlas: wie ich es vor mir habe, dieses Bild des Ausholens mit dem harten Atlas –, und so platzt dem Bestraften nach ein paar Schlägen schon die Gesäßhaut auf. Frau Guth hält während der Vollstreckung stets ein Jodfläschchen bereit, und es fehlt auch nie eine Zigarette beim Zuschauen; wenn sie daran zieht, verengen sich die Augen etwas; die gelbe Ernte-23-Schachtel liegt in ihrem Schoß.

Den Schlamper und Nervösling hat diese Strafe nur einmal getroffen, er hatte ein Mädchen aus dem Bella-Vista-Haus mit Geschichten vom Kälberschlachten zum Weinen gebracht und das Ganze dann bestritten, er hatte auch Lügen verbreitet über andere, die auf Mädchentränen aus seien, also blieb nur die Heimdresche. Aber die fühlte sich als Bestrafter eher besser an, als mit der eigenen Hand auf schon blutende Hinterbacken zu schlagen und den über einen Stuhl Gebeugten, mit heruntergezogenen Hosen als einer Art Fußfessel, stöhnen zu hören. Nach seiner eigenen Bestrafung konnte man eine Weile nicht sitzen, dann lief man eben herum – nach meiner Teilnahme an einer Heimdresche aber saß ich herum und hielt mir den Magen, in Gedanken noch bei dem, der am Ende gewinselt hatte vor jedem Schlag. Ich zahlte für das stille Vergnügen am fremden Schmerz mit eigenem Schmerz während der ganzen Nachmittagsfreizeit – die Heimdresche wurde vor der Freizeit vollzogen, damit der Bestrafte in den anschließenden Stunden für die Hausaufgaben wieder sitzen konnte –, der Preis waren Kopfweh und Magenkrämpfe, die sich nicht lösten und einmal sogar erst bei der abendlichen Kantoreiprobe ihren Höhepunkt hatten.

Der Elfjährige bekommt keinen Ton heraus von seinem kleinen Solo in der Buxtehude-Cantate, und auf ein Zeichen des Indianers am Flügel verlässt er die Probe, eine Hand auf dem Bauch, er geht ins Bett. Und an diesem Freitagabend, in dieser Nacht – Frau Guth war nach der Aufsicht über die Heimdresche für das Wochenende zu Verwandten gefahren, es kann nur Freitagnacht gewesen sein – tritt der Kantor in das Zweierzimmer, barfuß, in seiner kurzen Turnhose. Der Brauereibesitzersohn (in den Esspaketen an ihn war immer auch Bier in Flaschen mit Apfelsaftetikett) schläft den Schlaf der Gerechten, und der nächtliche Besucher beugt sich zu dem Knaben mit Krämpfen, der wach liegt, er flüstert ihm etwas zu, Komm, wir heilen dein Bauchweh. Es hört sich an, als könnte er zaubern, und um zu zeigen, dass er es ernst meint, beugt er sich noch weiter herunter – ein deutliches Bild in der Erinnerung: wie mir sein Haar ins Gesicht fiel –, und etwas an ihm ist anders als sonst, er riecht anders, nach Zahnpasta oder Mundwasser, mehr als nach den Roth-Händle, und sein langes Haar ist nass, als hätte er gerade geduscht, ganz alleine im Keller. Gehen wir, sagt er leise und nimmt meine Hand, schon bin ich aus dem Bett und aus dem Zimmer. Es ist still im Haus, alles schläft, nur der Kantor und ich nicht. Er führt mich über die breite Wendeltreppe zum oberen Stock, beide sind wir barfuß, ein Gehen auf Zehenspitzen, Stufe um Stufe, und die Heilung beginnt schon, es gibt keine Krämpfe mehr, oder meine Krämpfe sind jetzt die Herzschläge. Alle zwei Stufen schwillt es in mir und zieht sich zusammen, im Banne der Idee, dass wir die einzigen Nichtschlafenden im Haus sind. Die Treppe mündet in einen großen Raum mit Sitzgruppe und verglaster Front, dem sogenannten Vestibül; rechts geht es zu den Zimmern des oberen Heims, links zur Wohnung von Internatsdirektor Kilius mit filmreifer Brille und Silberlocken, Onkel der Eiskönigin Kilius, das lässt einen erstarren, sobald er nur auftaucht. Keine Angst, er ist auch weg, sagt der, der mich geholt hat, niemand ist da, nur wir beide. Und wie zum Beweis greift er mir in den Nacken, ein sachtes Lenken meiner Schritte, er lenkt mich in den Flur des Kantoreiheims, wir treten in sein Zimmer am Anfang des Flurs. Dort brennt vor dem Bett eine Kerze, als hätte die Adventszeit schon begonnen, und es riecht nach seinem Mundwasser, aber auch nach kaltem Rauch, einer Mischung aus beidem, die das Herz noch mehr schwellen lässt, alles andere als erstarren. Leg dich hin, sagt er und zeigt auf das Bett (von der Tür gesehen links an der Wand). Er schließt die Tür und kommt ans Bett, er legt mir, unter der Pyjamajacke, eine Hand auf den Bauch – der Augenblick, in dem alles Verlorensein dieser ersten ewigen Internatszeit wie in einem Kippbild plötzlich als ein horrendes Glück im Unglück erscheint.

14

Gestern am späten Abend gab es zwei Überraschungen im selben Moment, den Fund eines alten Buchs meiner Mutter und das Auftauchen von Mrs. Bennett in der camera dei libri, dem Lesezimmer mit der wilden Sammlung von Büchern, die meisten zurückgelassen von den Hotelgästen, ihre sonnencremefleckige Strandlektüre, darunter durchaus Lesenswertes, etwa Moravias La Noia, Pasternaks Doktor Schiwago oder Faulkners The Sound and the Fury. Und beim Herausnehmen des frühen Faulkner-Romans aus dem Regal zeigte sich eine hintere Reihe mit besonders zerlesenen Büchern, solchen, die man noch nicht wegwerfen wollte, nur eben versteckte, darunter Bonjour tristesse, auf Französisch, auf Italienisch, auf Deutsch. Das Exemplar auf Deutsch, erschienen neunzehnhundertfünfundfünfzig, ein Jahr nach dem Original, war schon halb aufgelöst von Sonne und Meerluft in all den Jahren und hätte auch gut durch die Hände meiner Mutter gegangen sein können – eine Überlegung, die gleich eine andere nach sich zog: Ob sie, die Bewunderin der Sagan, womöglich etwas Eigenes mit Widmung dem Hotel und seiner Büchersammlung vermacht hatte, nachträglich, denn zur Zeit ihrer Glückstage hier war sie nur Autorin von Fortsetzungsromanen in Illustrierten. Ein solcher Akt hätte zu ihr gepasst, also warf ich einen Blick auf alles, was hinter der vorderen Reihe stand, immer zwei, drei der präsentablen Bücher hervorziehend, und genau in dem Moment, als die Amerikanerin das Lesezimmer betrat – fast lächerlich genau in dem Moment –, sah ich den Titel Des Lebens Freude und griff nach dem Buch und schlug es vorn auf, darin in der raumgreifenden Schrift meiner Mutter die Widmung: Für das Hotel zum Schönen Aufenthalt, wo wir schönste Tage hatten!, darunter ihr Mädchenname und eine Datierung, Oktober 1962, das Erscheinungsjahr ihres ersten gedruckten Romans, als alles Eheglück längst gescheitert war und den so schönen Tagen beim Schreiben der Widmung eher etwas Unschönes angehaftet hatte – kaum vorstellbar, dass die Autorin allein an den Ort dieser Tage zurückgekehrt war, das Buch im Koffer. Aber ich sehe meine Mutter in Frankfurt zur Post gehen, um das Päckchen mit dem Buch darin frankieren zu lassen, und höre sie am Schalter fragen, ob das empfangene Porto auch ausreichend sei für Italien. Ja, ich höre sie zu einem verdutzten Beamten sagen, in dem Päckchen sei ein Roman von ihr, Des Lebens Freude, der würde ihm sicher gefallen.

Mrs. Bennett kam auf mich zu, sie fragte unumwunden, was das für ein Buch sei, das ich mir so spät abends noch holte, und es war die Macht der Umstände – gerade eben auf den ersten Roman meiner Mutter samt ihrer Widmung gestoßen zu sein und die Amerikanerin in einem Abendkleid vor mir zu sehen, völlig unpassend in dem Lesezimmer –, die mich etwas erfinden ließ. Es sei ein Buch, das ich vor langer Zeit gelesen hätte, hier zufällig entdeckt, jetzt wollte ich es wieder lesen. Und damit wünschte ich ihr Gute Nacht, fast schon auf dem Weg zur Tür, aber Mrs. Bennett tippte an den Umschlag, den Titel in etwas übertriebener, dramatischer Schreibschrift, sie fragte, was die drei Worte bedeuteten, und ich sagte Something like joy of life, eine Antwort, die sie den Kopf zurücklegen ließ, verbunden mit einem Lächeln, das ich samt dem Buch mitnahm auf mein Zimmer, das ja eigentlich ihr Zimmer war, nur nicht für mich; für mich war es das der märchenhaften Tage und wohl auch Nächte meiner Eltern. Ich ging auf den kleinen Balkon – die Luft war immer noch mild, eine milde Nacht Ende September –, ich blätterte in dem Buch, obwohl es dunkel war, höchstens mit etwas Licht aus dem Zimmer, und deutlicher als die Buchstaben, die Anfangsworte des Romans, Der Zweite Weltkrieg endete für mich in Saalbach, einem kleinen, entlegenen Ort in den österreichischen Bergen, Punkt, stand mir noch dieses Lächeln vor Augen, weil es auch das meiner Mutter gewesen war, wenn sie im Grunde weinen wollte.

Bei einem der Besuche, als sie noch ins Freie ging, wir beide, Mutter und Sohn, im großen Innenhof der Wohnanlage einen Spaziergang in der ersten Frühjahrssonne machten, Mitte achtzig war sie da, auf ihren Stock gestützt und fest bei mir eingehängt, blieb sie plötzlich stehen und zeigte dieses Lächeln anstelle von Tränen und sagte, nur unsere Besuche, die Stunden mit mir, die Tage mit meiner Schwester, seien in ihrem Leben noch eine Freude, alles andere zähle nicht mehr. Sie legte den Kopf zurück, wie eine Maßnahme gegen die Schwerkraft, die an den Augen zerrte, und behielt ihr Lächeln bei, auch das gegen die Kräfte der Gravitation oder des eigenen Unglücks. Es war ein Nachmittag im März, in dem Hof lag noch Schnee, aber die Wege waren freigeschaufelt, und in der ersten wärmenden Sonne saßen ein paar der Bewohnerinnen mit entblößten Schultern, um sich zu bräunen, was die Spaziergängerin im Mantel empörte. Diese Weiber, sieh sie dir an, flüsterte sie im Weitergehen. Trotzdem sollte ich ihnen zunicken, einen Gruß andeuten, weil sie doch wüssten, wer ich sei, alle etwas wollten von mir. Und ich versuchte, ihr klarzumachen, dass die Schulterentblößten mit Sonnenbrille und einem Aperol Spritz in der Hand kaum etwas an mir finden dürften – fünfzig Jahre früher vielleicht, das sagte ich im Spaß, aber sie griff es auf, jetzt mit einer ganz anderen Art des Lächelns, auch am Rande von Tränen, aber falscher aus Rührung. Fünfzig Jahre, mein Gott, da warst du im Internat, da hatte sogar dieser Kantor ein Auge auf dich, und ich war in Frankfurt, frisch verliebt! Ein Wort, das fast durch den Hof schallte, verliebt; noch immer war sie bei mir eingehakt, wir bewegten uns im Kreis, mehrfach an den entblößten Schultern vorbei, und ich wollte ihr zum ersten Mal in aller Deutlichkeit sagen, wie früh und auf welche Art ich in Liebesdinge verwickelt worden sei, nicht nur im Internat, wo ihrer Ansicht nach eine gewisse Nähe zwischen Pädagoge und Zögling unvermeidlich sei, eine, wie es sie schon seit den alten Griechen gebe, sondern viel früher, gleichsam vor den alten Griechen, im gültigen Tiroler Sommer.

Aber der Kavalierssohn, der seine Mutter in dem sonnenbeschienenen und dabei noch winterlich weißen Hof umherführte – sie in dem Pelzmantel, der seit ihrem Tod in einem Kellerschrank hängt, niemand wagt es, ihn zu tragen, niemand wagt es, ihn zu verkaufen –, sagte nur, wie sehr er in den ersten Internatsjahren in eine ihm unbegreifliche Aufgabe verwickelt war, eigentlich nicht lösbar, ohne sich zu entblößen wie die mit den nackten Schultern – ein Vergleich, den sie widerlich fand, der sie fast aufstampfen ließ. Und sei ich denn nicht aus all dem gut herausgekommen, sagte sie, vom Umhergehen etwas atemlos, und ich sah zu den Schulterfreien, die ihre Köpfe zusammensteckten, über uns sprachen. Ein paar Sekunden vergingen, langsam, wie mit Händen zu greifen, dann fragte sie, wie spät es sei. Sie trug selbst eine Uhr, die kleine goldene, aber ich sollte ihr die Zeit davon ablesen, sie hielt mir ihre Hand hin wie zum Handkuss. Kurz nach halb vier, sagte ich, und sie griff um meinen Arm: Dann sei es für sie allerhöchste Zeit, sich wieder zu setzen. Also traten wir den Rückweg an, und das kurze Gespräch über das, aus dem der Sohn keineswegs gut herausgekommen war, bloß herausgekommen, hatte ein Ende. Wir gingen Schritt für Schritt, und wer immer uns begegnete, andere Bewohner oder Besucher, bekam ein Grüß Gott! an den Kopf geworfen, die Verschlussformel über allem, was auf dem Hofspaziergang vielleicht in ihr angerührt worden war – in einer, die im Alter von zehn auf eine Klosterschule kam, mit Schlafsaal, stillen Gebeten und noch stillerer Gehässigkeit. Sie hatte nie viel aus diesen Jahren erzählt, oder es war nicht viel bei mir hängengeblieben, aber das wenige, das ich wusste, hätte reichen können, mir den Rest zu denken. Ihr Grüß Gott!, das war mein Wegschauen, wenn uns jemand entgegenkam, ihr schöner Mantel war meine unschöne Lederjacke, ihr Lächeln gegen die Tränen meine Ironie. Erst nach Betreten des Appartements half ich ihr aus dem Mantel, um das teure Stück, angeleitet von seiner Besitzerin, schonend in der Garderobe aufzuhängen und sie anschließend zu ihrem Lesesessel zu führen. Endlich konnte sie sich setzen und sammelte, in einer ganz bestimmten Sitzhaltung, umhüllt von noch winterlicher Heizungshitze im Raum, wieder Kräfte, die Kräfte, um alles Widerliche, Negative von sich fernhalten zu können, das Frühe im Gedächtnis des Sohnes eingeschlossen.

Ich muss mich korrigieren: Die Adventszeit hatte schon angefangen, als mich der Kantor zum ersten Mal auf sein Zimmer holte, im Treppenhaus und auch im oberen Stock roch es nach frischen Tannenzweigen, stärker als nach Zigarettenrauch, und in dem Zimmer brannte, wie gesagt, eine Kerze, und die war rot und dick, eine Adventskerze. Ihr Licht hat etwas Beruhigendes, mehr als die fremde Hand auf dem Bauch des Chorknaben – dem ich wieder nahekomme beim Häuten der Zeit, der Nacht im Zimmer des Kantors. Herr Gieser ging zum Fenster und öffnete es trotz der Dezemberkälte. Er wollte lüften, den Geruch der Roth-Händle abziehen lassen, und herein zog der Geruch des nahen Seeufers, nach Schilf, nach Tang, nach Moder – alles aus dieser Nacht ist so lückenlos, dass ein Film danach entstehen könnte mit nur zwei Darstellern, der eine elf, der andere vierunddreißig. Das Fenster zum See wird wieder geschlossen, ein Heizöfchen wird neben dem Bett aufgestellt, und der Ältere beugt sich über den Jungen, der noch kein Junge ist. Er legt ihm erneut die Hand auf den Bauch, die Finger, die noch vor Stunden etwas von Schütz am Flügel angespielt haben, eine der Cantiones Sacrae, Ego sum tui plaga doloris, und jetzt ziehen sie am Gummi der Schlafanzugshose, heben es an und lassen es zurückschnappen, einmal, zweimal: Es ist zu eng für einen mit Bauchweh. Darum der Vorschlag, die Hose auszuziehen, damit sie nicht spannt, der Kantor hilft dabei, Po etwas hoch, sagt er, und schon ist die Hose über den Knien, über den Füßen. Nichts spannt mehr am Bauch, und die Hand liegt nun dort, wo das Gummi gedrückt hat, die Finger bewegen sich wie über die schwarzen und weißen Tasten. Der Halbjunge hebt den Kopf an, er sieht an sich herunter, besorgt, weil die Hand nah an dem Teil liegt, der so leicht steif wird und ihn bloßstellt, also denkt er an etwas ganz anderes, seinen letzten Kinobesuch, einen Film mit Eddie Constantine. Nur hilft alles Wegdenken nichts, als die Hand das noch weiche Teil streichelt, als hätte er auch dort Krämpfe, die Haut fein zurückstreift und an der Naht entlangfährt, allem dort unten schnell auf die Schliche kommt, und schon wird es groß und hart und lässt den, den er bloßstellt, wie verrückt darüber nachdenken, was ihn entlasten könnte – nichts. Es gibt keine gute Erklärung dafür, darum lachen ja auch alle in der Turnstunde, wenn sich bei einem die Trainingshose vorn ausbeult. Aber der Kantor erteilt eine Absolution, leise, ihm fast in den Mund gesprochen – Worte, die sich so eingeätzt, ja eingefleischt haben, wie die der Mutter in den Mittagsdämmerstunden oberhalb des Schwarzsees mit seinem Moorgeruch –, Dem Schwein ist alles schwein, dem Reinen ist alles rein. Er sagt es mit seiner dunklen, melodischen Stimme und erwartet keine Antwort, oder Schweigen genügt ihm als Antwort. Und der, den er streichelt, kann auch gar nichts sagen, er kann nur daliegen mit seinem Steifen wie ein Anhängsel davon, als im

Grunde kleinerer Teil eines großen, auf Erlösung hin drängenden Teils. Das reckt er dem entgegen, der sich über ihn beugt, der zu ihm spricht, leise Duschönerdu sagt. Es ist das eine Wort, das genügt, damit die Moleküle ihren Zusammenhalt aufgeben, dem Elfjährigen Schauer über Arme und Beine laufen, ein Hin und Her zwischen glühendem Verlangen und glühender Scham. Seine Erregung ist so peinlich wie einfach da, und der, der sie steigert, nimmt das Knabengesicht in die Hände und küsst den Mund, wie ihn noch keiner geküsst hat – ein Geschehen mit der Wucht einer brechenden Welle. Da ist eine Zunge, die sich über und unter die eigene Zunge schiebt und leicht metallisch schmeckt, nach Zigarettenrauch, das erste Sichvermengen mit einem anderen. Und der Geküsste wagt es sogar, mit seiner Zunge zu antworten – ohne zu wissen, wie er damit das Zeichen ganzer Gewährung gibt. Erst ist es nur ein Kosten, übergehend in ein Zurückküssen, noch mit dem Gedanken, dass es ja unhöflich wäre, den Kuss nicht zu erwidern; dann aber geschieht es in dem Gefühl, etwas zu tun, das eben noch außerhalb jeder Vorstellung lag und nun erreicht ist, als könnte man auf einmal, geniehaft, etwa Geige spielen. Und all das nimmt im Schein der roten Adventskerze seinen Lauf – ein vorzügliches Licht für den Knabenkörper mit steifem Schwanz, haarlos noch, doppelt nackt, und ganz in der Hand dessen, der die Kerze mit ihrem Ideallicht zum Küssen entzündet hat.

Kaum ein anderer, späterer Kuss ist mir so im Gedächtnis geblieben, eingestanzt in die Lippen, das Zahnfleisch, die Zunge, den Gaumen. Was da geschah, geschah jenseits von allem Bekannten und aller Worte, so bestürzend wie betörend (und die wenigen anderen unvergesslichen Küsse waren Küsse mit Raucherinnen, als durch den Hauch von Metallgeschmack der fremden Zunge die Erinnerung auf der Stelle zurückkehrte, ein zweifaches Hin-und-weg-Sein). Schwer zu sagen, wie lange dieser Initialkuss gedauert hat, aber am Ende der Spanne überspringt der Bestürzte, Betörte, sein noch halbes Kindsein und platzt in die Hand des Erwachsenen, als würde er Milch pinkeln, ein rauschhaftes Verströmen wie auf jenem Bahnsteig, als die zwei Frauen seines Kinderlebens davonfuhren. Und der Kantor – auch das reicht bis ins Heute, ist bleibende Gegenwart – versteht es, das Verströmen bis zum Gehtnichtmehr zu dehnen, die freie Hand auf dem Mund, den er bis eben geküsst hat; anschließend raucht er im halben Liegen. Und noch während er raucht, kommt das Abtupfen des Flüssigen, Glasigen mit einem Stofftaschentuch, erst bei sich selbst, schnell unter der Hand, wie die Beseitigung eines Malheurs, dann bei dem, der den Rauch mit eingesogen hat, äußerst langsam. Der falsche Elfjährige – ich fühlte mich in einem Moment schon wie zwölf, wie dreizehn und im nächsten wie neun – schauert noch, als er abgetupft wird, als wäre dort unten eine Wunde entstanden, die gesäubert werden muss. Noch immer weiß er nicht, wie ihm geschieht, erschreckender aber ist, was er weiß: Dieser so still Daliegende mit geöffneten Beinen (wohl noch verzweifelt bemüht, den Sinn des eben Geschehenen zu erfassen) ist kein anderer als er selbst, ein Junge mit Taschentuch zwischen den Schenkeln, der sich im Kerzenschein als Mädchen sieht, eins, das alles mit sich machen lässt.

Seit dieser Dezembernacht war ich kein Neuer mehr, aber auch keiner wie die anderen im Heim. Ich war ein Erwählter, Emporgehobener, dazu noch ein Verzauberter, äußerlich Junge, innerlich Mädchen, einer mit geheimem Körper und Wissen – zu niemandem ein Wort, hatte Herr Gieser noch am Ende gesagt, die Haut unter meinem Kinn schmerzend zwischen zwei Fingern, und umso leichter fielen mir dann alle möglichen Wörter, das Benutzen meiner großen Klappe, darin die Zunge, die schon geküsst hat. Ich traute mich sogar, Laxmann, den Schläger mit Jeans und Rundschnitt, in der Freizeit anzusprechen, wenn von einer seitlichen Anhöhe über dem Sportplatz Papierflieger geworfen wurden und die besten über den halben Platz schwebten. Meiner kommt bis zur anderen Seite! So trat ich an Laxmann heran, und er gab mir eine Kopfnuss, als Zeichen, dass ich Hirngespinste hätte, sagte aber noch etwas, die Hand nach der Kopfnuss in meinem Nacken: Lass dir die Haare nicht schneiden, wenn Eisenbeiß kommt, er darf es gar nicht gegen den erklärten Willen, ein Nein genügt. Und wegen deiner Brille – es hatte sich herumgesprochen auf dem Stockwerk, dass ich in den Weihnachtsferien eine Brille bekäme –, kein Kassengestell, es gibt auch andere, verstanden?

Nie hatten mir wenige Worte mehr den Rücken gestärkt und zugleich den Kopf gewaschen als diese Laxmann'schen auf der Anhöhe über dem Sportplatz – Worte, an denen ich kaum Zweifel habe, wenn ich an sie denke oder sie gar vor mich hin spreche, und die mir zweifelhaft erscheinen, sobald ich sie geschrieben sehe, ein Schwanken von Minute zu Minute an dem kleinen Zimmerschreibtisch (vor die offene Balkontür gerückt, um jederzeit aufs Meer schauen zu können). Keinerlei Zweifel gibt es nur beim Wiedergeben des Sprachlosen aus der ersten Nacht mit dem Kantor, allem Körperlichen in diesen Stunden, zum Beispiel dem Gefühl des langen, fremden Haars zwischen den Fingern; und ebenso klar – auch in geschriebenen Worten so klar bleibend – sind die Bilder des Bläulichen oder Indianischen der Kantorlippen und seiner Zigarette, wie ihre Glut erstrahlt beim Ziehen, die Zigarette dann gehalten mit Daumen, Zeige- und Mittelfinger, bevor ihm der Rauch aus der Nase strömt und er mich ansieht. Aber ich weiß auch noch – ein Wissen, als käme es aus der Haut, oder man könnte mit der Haut denken –, wie er mich angesehen hat, auf eine stille Art hungrig, und wie erschrocken ich war, nach dem Ausdrücken der Zigarette und seinem Tun an mir, dieselben, durch Bach und Schütz gleichsam geheiligten Klavierfinger, im Schein der

Adventskerze inmitten des Entströmenden zu sehen, das noch meins war, mir entströmte, aber zugleich schon seins, das er verstrich, wo die Haut am gespanntesten war, womit alle übrige Haut bis zum Hals hinauf kleine Wellen durchliefen, und es auch schnell, fast verschämt, an die Lippen führte, um davon zu kosten – Bilder, für die der Erwachsene, sosehr sich die Jahrzehnte davor türmen, seine Hand ins Feuer legen würde.

Und das Bild vom Tag danach und auch das der folgenden Tage ist eins von der abendlichen Probe: Herr Gieser in weißem Hemd, die Ärmel umgeschlagen, mit seiner Roth-Händle zwischen den Lippen am Flügel, wie er nur mit einem Blick den Einsatz für die Altstimme gibt, und ich mit Notenblatt in der Hand ganz vorne im Chor, die andere Hand im Nacken, um mein Ausrasiertes zu verbergen. Noch ist es nicht gelungen, mich dem Frisör zu widersetzen, Frau Guth hat das Haareschneiden im Waschraum beaufsichtigt, und Eisenbeiß, stets mit erloschener Zigarette im Mundwinkel, putzte für eine Mark jeden Nacken aus und legte die Ohren frei. Einer nach dem anderen kam in der Adventszeit an die Reihe, und am Ende waren alle bis auf Laxmann über einen Kamm geschoren. Es ging mit Nazifrisuren auf Weihnachten zu, wir sangen als Pimpfe Macht hoch die Tür, die Tor macht weit, es kommt der Herr der Herrlichkeit. Und für die Eltern, die ihm entschwunden waren seit dem Spätsommer, zwei Phantome, hat der Pimpf auch, so, wie es sein sollte, etwas Schönes gebastelt.

15

Heute ist der sechste Oktober, ein Freitag, und immer noch bestimmt der Sommerirrläufer das Wetter im nördlichen Mittel-
meerraum und macht Alassio zu einem Badeort auf Abruf. Ich
war am Strand vor dem Hotel, meine Premiere auf bezahlter
Liege, mit dabei Des Lebens Freude, einst erschienen im Verlag
Andreas Zettner, ein Name mit nur fernem Echo in mir. Für
ganze Tage stand das erste Buch meiner Mutter als reines
Objekt auf dem Nachttisch, an den Lampenfuß gelehnt, und
heute Vormittag am Strand habe ich es willkürlich aufgeschla-
gen, darin gelesen – Nie zuvor war Forster so fordernd, so ge-
walttätig gegen mich gewesen. Ich glaubte, in seinen Armen
zerbrechen zu müssen, und mein Mund wurde wund unter
seinen Lippen. Das sind die letzten Sätze von Kapitel dreizehn
in dem Roman, ich schrieb sie heraus und überflog das Voran-
gegangene, bevor ich weiterlas. Der so fordernde Forster, von
Ehrgeiz verschlungen, küsst die Romanheldin Ruth blutig, eine
durch den Krieg zur jungen Witwe gemachte Frau mit Sohn,
die aber den Sohn in Pflege gibt für ihre Karriere. Sie will diesen Forster und bekommt ihn auch nach dem Tod seiner ersten
Frau, aber bald darauf erleidet er einen tödlichen Infarkt, und
Ruth begreift, dass sie den falschen Lebensweg gewählt hat, sie
will jetzt nur noch ihren Sohn glücklich sehen. So weit, so gut;
aber warum gelingt es dem Sohn der damals jungen Autorin
nicht, das Buch Seite für Seite zu lesen?
   Ich habe es versucht, beim Gehen im flachen Wasser, beim
Liegen im Halbschatten, bei einem Mittagsimbiss, mehr aus
Überdruss als aus Hunger – nach zwei, drei Seiten kam immer

dieselbe Müdigkeit an den Worten, den Sätzen, der Sprache, dasselbe ungerechte Gefühl gegenüber der, die all das einmal geschrieben hatte, zu Anfang noch im alten Haus, allein in der Veranda, während der Sohn, statt französische Vokabeln zu lernen, mit dem Gewehr durch den Garten strich, still auf die schiefe Bahn kam. Sie war zu der Zeit schon verlassen oder wusste, dass sie verlassen wird, ihr Eheglück gescheitert war, sie tippte gegen das Scheitern an, nur reichte das letzte Jahr im schützenden Haus nicht mehr, um mit Ruth an ein Ende zu kommen. Und als auch der Familientraum geplatzt war, setzte sie, umgezogen nach Frankfurt mit Stelle als Texterin, den Traum vom Schreiberfolg fort. Nach Büroschluss in der Werbeagentur Laux tippte sie jetzt in einer Einzimmerwohnung, Eduard-Rüppell-Straße, um die Ecke der Hessische Rundfunk. Dort erhoffte sie sich etwas für ihre Verbreitung und ihr Portemonnaie, nicht sofort, aber mit einem ersten gedruckten Roman im Rücken – ihrem immer wieder schmerzenden, das eigene Leben oft völlig beherrschenden Rücken, verlässlichste Schwachstelle seit einem Sturz in früher Jugend. Sie brauchte diesen Roman als Korsett, also musste sie tippen, Abend für Abend ihre Seiten füllen, wie festgezurrt mit Wärmflasche und Kissen im Kreuz auf einem unmöglichen Stuhl an einem provisorischen Schreibtisch, als Gesellschaft nur ein Radio mit grünem Auge – von Grundig in meiner Erinnerung. Es läuft leise ein Konzert, etwa die Wiener Philharmoniker mit Mahlers dritter Sinfonie (lange bevor Visconti Mahlers Musik für Tod in Venedig entdeckte); die schweren Töne gehen durch sie hindurch, und doch bleibt etwas hängen davon, ein akustischer Flor, der sich mit ihrem Flor verbindet. Sie tippt und genehmigt sich gegen das Verhangene oder Ungute in ihr einen Whisky, Johnnie Walker, dazu raucht sie eine Reval, die ihr nicht schmeckt, dafür nach dem riecht, der sie verlassen hat. Mit kleinen stampfenden Bewegungen drückt sie die Zigarette schließlich aus und bittet den lieben Gott um Beistand: dass er sie zum Erfolg führe. Und mit dem Stoßgebet im Rücken bildet sie Sätze zu Forster (zweifellos mit Zügen meines Vaters) und Sätze zu Ruth, in der sie sich selbst versteckt, einer Frau und Mutter, die schmerzlich erkennt, dass die Liebe zu einem Mann nicht alles im Leben ist – Ich konnte meine Arme voller Sehnsucht nach ihm strecken, ich würde ihn nicht erreichen, nie wieder, und es war besser so. Heiß und unaufhaltsam liefen mir Tränen übers Gesicht. Sie ist gefangen in Worten und Sätzen, die den Weg in einen anderen, größeren Verlag verbauen, dafür aber die ihren sind, ihre Worte und Sätze wie Fesseln, die sie nicht abstreifen kann; sie sitzt auf dem unmöglichen Stuhl, und in einer Schleife kehren alle Worte beim Tippen wieder und wieder. Ihr Rücken schmerzt, dem hat sie standzuhalten, und da ist die Angst, allein zu bleiben, gegen die tippt sie auch an. Solange sie ihre Sätze schreibt – solche wie Alles war wunderbar, ich half ihm in die Hausjacke, ich schenkte ihm Tee ein und gab ihm Feuer, ich war unbeschreiblich glücklich –, ist sie beschützt; außerdem hat sie zwei Kinder, der Sohn in einem Internat mit Schloss, die kleine Tochter in guter Obhut. Trotzdem, denke ich, hat sie manchmal beim Tippen geweint, von sich selbst erschüttert, der, die da abends so tapfer sitzt, die leeren Blätter füllt, ja überhaupt das Leere, seit sie mit vierzehn den Vater verloren hat, gefallen gleich im Polenfeldzug. Er war der warme, der beseelte Schlamm ihrer Kindheit, der Grund, in den sie versinken konnte, vor dem ihr nicht graute, ihr Urglück. Das Lebenssiegel der Vaterlosen, es liegt auf jeder ihrer Seiten über faszinierende Männer, besessen von eigener Größe, Ruhm und Eroberung, und Frauen, die zu spät begreifen, dass sie nur grauen Schläfen und dem Handkuss erlegen sind. Sie spürt das und tippt es zu Sätzen; die Einzimmerwohnung ist der Bauch, in dem sie sich Abend für Abend selbst austrägt, bis Des Lebens Freude geschrieben ist.

Ich sehe sie die letzte Seite abends aus der Maschine ziehen, samt dem dünnen Kohlepapier und einem Durchschlag. Ihre Fingerkuppen sind dunkel geworden von dem Papier, sie sieht sie an wie eine Näherin nach langem Tag ihre Hände, die feinen Spuren darin. Sie hat Wörter und Sätze zusammengenäht, während der Sohn am Liebesfaden des Kantors hängt, und der Mann, der nicht mehr ihr Mann ist, sein ganzes Leben neu vernäht. Ich sehe sie auch ins Bad gehen, um sich die Hände zu waschen, aber noch ehe sie an den Hahn greift, ist da der Spiegel über dem Becken, und sie sieht sich, eine Frau von sechsunddreißig, immer noch mädchenhaft schön, wenn sie lacht. Sie hat ihr Schlummergetränk dabei und nippt daran und weint von einem Moment zum anderen; das geschieht einfach, die Tränen rollen. Einmal nippt sie noch am Whisky, dann stellt sie ihr Glas ab. Und mit den Händen an zwei heißen Wangen beugt sie sich über das Waschbecken und weint umso mehr, weil keine Menschenseele es sieht außer ihr.

Der Schaum einer Welle, ihr blasiger Ausläufer, kam bis an die Liege, das war die Nachmittagsflut, und ich griff nach dem Buch im Sand, dort abgelegt nach dem Blättern und Lesen; ich blies einzelne Körnchen vom Umschlag, darauf nur Titel und Name der Autorin, noch voller Vertrauen auf die Schrift. Dann schlug ich den ersten Roman einer jungen, sich an die Idee der Freude klammernden Frau, meiner Mutter, hinten auf und las den Schlusssatz, den sie mit Wärmflasche im Rücken und all dem Stolz, so weit gekommen zu sein, getippt hatte – Weiche Flocken fielen vom Himmel, vermehrten sich immer schneller, und bald war ich eingehüllt in dichtes Schneetreiben.

Schnee. Das letzte Weihnachten im Kindheitshaus, Kirchzarten, Höfener Straße vierundzwanzig, die Nummer entsprechend dem Tage, an dem sich alle Vorfreude erfüllt, schon morgens, wenn das größte der Türchen im silbern bestäubten Kalender mit dem Fingernagel aufgezogen wird und die Heilige Familie als ein Abbild der eigenen erscheint, und vor dem Fenster die Schneeflocken eher herabsinken als vom Himmel fallen und den, der am Fenster steht, in ein Glückstreiben einhüllen.

Ich bin elf (und schon befleckt: der, dem eben nicht alles rein ist), meine Schwester ist sieben, wir wissen nicht, dass sich die Eltern getrennt haben, nur für uns anwesend sind, wie zusammengehalten von der Macht unserer jetzt gemeinsamen Hüterin. Aber wir wissen, dass es kein weiteres Weihnachten in diesem Haus geben wird, dass der Rohbauanbau künftig unser Zuhause sein wird. Es sind Abschiedstage, keine Wiedersehenstage mit den Eltern – die mich vom Freiburger Bahnhof abgeholt haben, von einem Zug, der sich pünktlich in Radolfzell in Bewegung gesetzt hatte, um zwölf Uhr vierundvierzig: unvergessliche Uhrzeit, weil sie das nahende Ende der schier ewigen elternlosen Zeit zwischen dem letzten sommerlichen Sonntag und dem Beginn der Weihnachtsferien angezeigt hat. Sie standen hinter der Sperre, die Eltern, eine Frau in halblanger weißlicher Jacke, an ihrer Seite ein Mann mit Hut und getönter Brille; der Rückkehrer aus dem Internat hat beide im ersten Moment kaum erkannt. Und dann geht es noch einmal in dem grauen VW mit geteilter Heckscheibe zur alten Familienadresse, und der Sohn soll vom Internat erzählen, wie es ihm gefalle dort und ob er auch das Schloss schon einmal betreten habe, dieses schöne Schloss am See, und seinen Schlips, ob er den nun selbst binden könnte, und ob er in Englisch mitkäme. Yes, I do, sagt er, und die Mutter applaudiert ihm, und er sagt noch ein Wort mehr, I'm singing, und sein Vater macht das bekannte Lied daraus, das aus dem Film Singin' in the Rain, da biegen sie bereits von der B 31 nach Kirchzarten ab, und der Internatsschüler erwähnt die Kantorei, dass er dort singen würde, richtig singen, ja auch schon Noten lesen könne, nur nicht von der Tafel, weil seine Augen schlecht seien. Er müsse eine Brille bekommen, sagt er, aber kein Kassengestell, da ist man schon im Haus, sitzt schon im Wohnzimmer mit noch ungeschmücktem Baum neben dem Sofa, und er kommt von der Brille wieder auf die Kantorei, auf sein Singen. Fast jeden Abend probten sie mit Herrn Gieser, der wie Winnetou aussehe, und sein Vater sagt, Na, na, wer sieht denn so aus? Er raucht seine Reval, filterlos wie die Roth-Händle, nur riecht sie nicht ganz so würzig; der Sängerknabe, so nennt ihn der Vater jetzt, kann das bereits unterscheiden, und seine Mutter bittet um eine Vorführung, er soll doch mal etwas singen, die Stimme habe er schließlich von ihr, Komm, sing O du Fröhliche, ruft sie. Aber wenn er schon singt, wenn er schon etwas offenbart von sich und dem Kantor, dann Cantate Domino von Buxtehude, sein kleines Solo. Er gibt sich selbst den Einsatz, hebt zwei Finger, als würden sie eine Stimmgabel halten, und mit ersten Tönen löst sich etwas hinter seinen Augen, das sich dort gestaut hat seit dem Spätsommer, jedes Weitersingen ist unmöglich. Sieh ihn dir an, er ist übermüdet, sagt sein Vater, ab ins Bett – und zweimal oder dreimal musste ich noch schlafen in meinem Kinderzimmer, dann war Heiligabend, und der Baum neben dem Wohnzimmersofa war nun geschmückt, und alles geschah noch einmal genau wie in den Jahren zuvor, nur eben zum letzten Mal in unserem Haus. Die Märklin-Eisenbahn fuhr zum letzten Mal durch die Berglandschaft auf der großen Holzplatte (für die in dem Rohbauanbau gar kein Platz gewesen wäre), und der Elfjährige wollte sich abends von dem Anblick nicht trennen und durfte im Bescherungszimmer auf dem Sofa schlafen, mit dem Kopf unter den überhängenden Zweigen des Baums, die konnte er im Dunkeln berühren und riechen, er sah sogar das Lametta schimmern. Jede Nacht berührte er die Zweige, so ließ es sich einschlafen, und er zählte an seinen Fingern, ob ihm noch drei oder zwei oder nur eine der Nächte zwischen den Jahren blieben. Denn gleich am Anfang des

neuen Jahres – Neunzehnhundertsechzig, mein Gott!, der mütterliche Ausruf an Silvester – würden die Eltern abreisen und
die Tage von da an gegen ihn laufen: An Dreikönig müsste er
zurück ins Internat. Der Zug, fünfzehn Uhr fünf ab Freiburg,
ebenfalls unvergessliche, schwarze Uhrzeit, fährt über Titisee
nach Donaueschingen, dort das Umsteigen in den Zug aus
Karlsruhe, darin schon einige aus dem Heim, die er kennt. Jeder Name ist ein Halt, wie in den seligen Nächten die Zweige
über dem Sofabett. Einer, der Gerd Bäcker heißt, sitzt im Zug,
mit seinem Freund Kurt Walter Rohr; dann der dicke Freitag
von Radio-Freitag in Karlsruhe, der ohne Vornamen aus-
kommt, wie Merkle im selben Zug, der KSC-Merkle. Vor
allem aber sitzt dort sein Wächterfreund Werner Rauh im dunkelblauen Zweireiher, der Brauereibesitzersohn mit Direktoren-
nase (nach fast sechzig Jahren hatte ich ihn vor einer Lesung in
Karlsruhe auf Anhieb erkannt). Unter seinem Schutz geht es im
Zug über Singen bis Radolfzell, wo im Bahnhof noch derselbe
Adventskranz hängt, der bei der ersehnten Reise zu den Eltern
ein Vorbote allen Glücks war. Nun aber, am sechsten Januar,
noch immer dieser Kranz, mit erloschenen Kerzen, Sinnbild all
dessen, was vorbei ist. Und weiter geht es mit dem Bus auf die
Höri, im Dunkeln am Untersee entlang bis Marbach, dort erwartet ihn schon die Ungut mit ihrer Ernte 23 in der Hand
und triumphierendem Glanz in den Augen. All ihre Macht
greift wieder, gleich am nächsten Tag nennt sie ihn, eine Faust
mit den Knöcheln über seinen Hinterkopf ziehend, Schlamper,
weil ihm im Vokabelheft die Schrift über den Rand gerutscht
ist. Und abends fangen die neuen Kantoreiproben an, Herr
Gieser hat Großes vor, Carmina Burana, er wirft schon wieder
Blicke auf ihn, solche, mit denen es sich nicht einschlafen lässt.
Also denkt er zurück an die Weihnachtstage, die Märklin-
Eisenbahn und wie sein Vater nachmittags mit ihm gespielt hat,
als wäre alles wirklich auf der Holzplatte, der Berg, der Tunnel,

die Häuschen, die fahrenden Züge, klein, aber wirklich, statt nur Modell von etwas Großem. Er spürt dieses Wirkliche noch in der Hand, das Gewicht der Güterlok, wenn man sie vom Gleis hebt, etwa wie ein Aschenbecher, und er hat es im Ohr: als leises Klimpern der Anhängerkupplungen, wenn man den einzelnen Waggon, zum Beispiel den Schlafwagen, mit seinen Rädchen auf ein Gleis setzt, oder als Klicken der Signale, wenn sie von Rot auf Grün springen, und als gutes Gefühl in den Fingern beim Zusammenstecken von Schienen oder dem Anhängen eines Zugs an die Lok, wenn eben eins ins andere greift, und, nach Drehung am Trafo, als beglückendes Sirren der anfahrenden E-Lok; er spürt noch, wie es ist, wenn alles funktioniert, jedes Lämpchen aufleuchtet, jede Weiche ihren Dienst tut, jede Schranke zugeht, während das Herz immer weiter wird. Und der wieder Elternlose in dem Bett, das an das Bett des Brauereierben stößt, streckt, um in den Schlaf zu finden, eine Hand nach den Tannenbaumzweigen, die es nicht mehr gibt.

Dieser Baum stand etwas erhöht neben dem für mich zum Bett gemachten Sofa, seine längsten, geschmückten Zweige ragten ganz über das Kopfteil, und berührte ich einen Zweig mit der Hand, gab es ein feines, wie im Inneren des Baums erzeugtes Klingeln – all das zu sehen oder zu erahnen auf einem kleinen Foto, aufgenommen in diesen letzten Kindheitsweihnachtstagen in unserem Haus, im Hintergrund das dunkle Sofa mit hellem Kopfkissen, seitlich davon der große Baum. Im Vordergrund aber sieht man die Dame des Hauses in einem der Geschenke, die unter dem Baum gelegen hatten, einem winterlichen Mantel, den sie offen trägt, seine Schöße sogar aufhaltend, in der Hand eine Zigarette: Eine junge, erwartungsvolle Frau präsentiert in einem bescheiden eingerichteten Wohnzimmer einen weit weniger bescheidenen Mantel und sich selbst gleich mit. Der Mantelkragen ist männlich aufgestellt, die auseinandergehaltenen Schöße geben den Blick auf ein Abendkleid frei, auf eine weibliche Bereitschaft zu irdischen Dingen, die noch nicht feststehen, aber schon in der Luft liegen. Weihnachten und damit das Himmlische, das Imaginäre ist vorbei, nun geht der Blick nach vorn, auf das welterschließende Neue; es spricht viel dafür, dass es ein Foto aus der Silvesternacht ist, meine junge Mutter kurz nach der Knallerei im Garten, darum auch der Mantel, sie hat ihn einfach anbehalten, ihr Haar ist leicht zerzaust vom Wind. Eine Übermütige in der ersten Stunde des neuen Jahrzehnts, jener Sechziger, die mit ihrem wachsenden Eigenschwung – frecher Mode und einer Musik aus der Hüfte, neuen Zeichen anstelle alter Symbole, all dem kindlich Bunten, wo vorher nur Grau war, und einer aufsässigen, erstmals globalen Sprache – am Ende alles Verstaubte, Verklebte, noch immer Geduckte und dumpf Gemütliche einer verschleppten Nachkriegszeit aufgewirbelt haben. Und eine leise Ahnung davon spricht aus diesem Schnappschuss oder frühen Modelshot in Schwarzweiß, Frau im offenen Mantel mit Zigarette; interessant ist nicht das Bild, das an einen Silvesterabend erinnert, nicht das Foto als Stütze einer Rückbesinnung, sondern die zukunftweisenden Details darin. Da gibt es etwa die Beinstellung, einen Fuß im hohen Schuh leicht abgespreizt, oder das Kleid, das zwar die Knie bedeckt, aber mit seinem Schimmer, seinem Schnitt, ein Versprechen auf den Körper darunter ist; dazu kommt das Entschiedene der Hände beim Aufhalten des Mantels, die Zigarette zwischen Mittelfinger und Ringfinger, und ein Blick, der nicht ganz zur Kamera geht, der im Ungefähren bleibt, könnte man denken, in Wahrheit aber jemandem gilt, und das Ganze mit einem Boulevardlächeln – Seht her, wie ich das neue Jahrzehnt begrüße!

Bei Foto-Bank in der unteren Höfener Straße hat es nur zwei Tage gedauert, bis ein Schwarzweißfilm von Agfa entwickelt war und je ein Abzug, Hochglanz mit Rand, vorlag (der

Sohn des Hauses, Hubert Bank, stark fehlsichtig, saß mit mir in der Volksschulklasse, sein Sehfehler hat ihm regelmäßig Stockhiebe wegen mangelnder Schönschrift eingebracht, und nach einer Lesung in Kirchzarten vor Jahren hörte ich von seinem frühen Tod). Noch auf der Treppe vor dem Laden wurde das Silvesterfoto aussortiert und in die Innentasche eines Anoraks geschoben, als wäre es wegen mangelnder Schärfe oder Belichtung gar nicht erst entwickelt worden. Der Sohn behielt es als sein verborgenes Mutterbildnis, und es fand, als er wieder im Internat war, auch einen verborgenen Platz: unter den zwei weißen Hemden, an deren Innenkragen seine großmütterliche Hüterin die ihm zugeteilte Wäschenummer genäht hatte (eine kleine rote 41, noch heute an dem damals getragenen silbrigen Schlips, wie ein untrüglicher Beweis, dass all die inneren Bilder dieser so fernen Jahre keine Hirngespinste sind). Das Foto ist das erste Pin-up im Besitz des Elfjährigen, aber er schaut es nur an, wenn der Brauereierbe abgelenkt ist, eins seiner Fresspakete öffnet – bei ihm ging die Liebe in der Tat durch den Magen, bei mir durch die Augen. Wenigstens einmal in der Woche streicht der Augenjunge, vormals Augenstern, seiner Mutter, mit dem Zeigefinger über das schimmrige Abendkleid unter dem aufgehaltenen Mantel, weiß er doch genau, was es verhüllt. Er kratzt mit dem Nagel, dem, der das letzte Kalendertürchen geöffnet hat, die Heilige Familie befreite, immer wieder darauf herum, weil der mütterliche Blick am Kameraauge und also auch an ihm vorbeigeht – man sieht nicht, wohin, aber sehr wahrscheinlich geht ihr Blick zu dem Mann, der ihr noch einmal unerwartet zugetan war in dieser ersten Nacht des neuen Jahrzehnts, überschwänglich erwähnt in ihrem letzten Ehebericht; sie sieht zu meinem Vater, der ihr den Mantel geschenkt hat, den sie so freimütig, so leichtsinnig aufhält.

Die kleine rote Wäschenummer auf dem Schlips, den es noch gibt, die Kratzspuren auf dem Foto, das nicht mehr unter weißen Hemden liegt, sondern zwischen anderen Fotos aus jener Zeit seinen Platz hat – es sind nur Beweise, dass es diese Zeit gab oder seitdem bald sechzig Jahre vergangen sind, Belege dafür, dass die Erinnerung nicht ins Leere läuft. Einmal hatte der schon ältere Sohn das fast ebenso alte Silvesterfoto dabei, als er die mit zerzaustem Haar im aufgehaltenen Mantel, seine Mutter in ihrem Appartement am Alpenrand als Zwischenstation auf einer Lesereise besuchte. Sie war schon geschwächt und lag im Bett und empfing ihn erstmals ohne die gewohnte Perücke, wieder mit zerzaustem Haar, ihrem eigenen dünnen, watteweißen, nur nicht im Übermut zerzaust, sondern aus Erschöpfung, und er zeigte ihr das Foto, Schau, das bist du, an Silvester, noch im alten Haus, und sie wollte oder konnte es gar nicht glauben, Wann sollte das denn bitte schön gewesen sein, sagte sie, welches Silvester um Himmels willen?

Ich saß neben ihrem Bett und hielt ihr das Foto hin; sie war nicht bereit, es selbst in die Hand zu nehmen, und auch die Lesebrille setzte sie nicht dafür auf. Sie sah es nur irgendwie an, und ihr schmaler Kopf, das Gesicht schon knochig bis auf die Wangen, machte die kleinen verneinenden Bewegungen, die es auch machte, wenn sie ihr Essen bekam, auf den vorbereiteten Teller sah, das ihr immer Zuviele darauf. Das war die Silvesternacht zu neunzehnhundertsechzig, sagte ich. Und du siehst glücklich aus, wie glücklich verheiratet. Obwohl ihr ja schon auseinander seid. Oder nicht? Ich hielt ihr das Foto jetzt hin, und sie schloss einfach die Augen. Wie spät es sei, fragte sie, ihre übliche Art, etwas abzubrechen; es war erst halb sechs, für mich noch der spätere Nachmittag, für sie schon die Zeit, sich auf das Abendessen vorzubereiten. Also half ich ihr aus dem Bett, eine Millimeterarbeit, ich half auch beim Anziehen des Bademantels, ebenfalls in kleinsten Schritten, und führte sie dann zum Esstisch, vorbei am eingebauten Schrank, sie klopfte gegen eine der Türen – dahinter lägen, in einem Extrafach, ihre alten Tagebücher, die sollte ich jetzt endlich an mich nehmen und lesen, bevor sie hier noch wegkämen, gestohlen würden. Ich half ihr, sich an den Tisch zu setzen, und kam auf die gestrige Lesung in Miesbach, ein schöner Saal und viele Leute – meine Art, ein Thema abzubrechen.

Schon mehrfach hatte sie mir ihre Tagebücher angeboten, ohne zu sagen, dass es Ehejahresberichte waren, nur wollte ich sie nicht haben, nicht im Leben der noch lebenden Verfasserin blättern. Erst anderthalb Jahre nach diesem Kurzbesuch oder Abstecher von einer beruflichen Reise erhielt ich die Kladden aus den Händen meiner Schwester, nachdem sie das Appartement aufgelöst hatte. Und entgegen aller Gewohnheit las ich die Eintragungen von hinten; sie endeten im März neunzehnhundertsechzig, datiert mit dem Hochzeitstag, wie auch die Berichte davor. Es war ein Lesen im Stehen, bei noch hellem Augustabendlicht, anfangs mehr das Überfliegen weniger Zeilen über einen Sonntag im Spätsommer neunundfünfzig, als es im VW mit geteilter Heckscheibe, nach dem Abliefern des Sohns im Internat, vom Bodensee wieder nach Freiburg ging, dann aber ein Lesen Wort für Wort – Und auf der Rückfahrt war in mir das Gefühl einer drohenden Gefahr, wie wir sie zuletzt am Ende des Krieges empfunden haben, der Gefahr, dass nun alles verloren gehen könnte, auch wenn unser Sohn in guter Umgebung war. Und neben mir ein Mann, der immer fremder, immer kühler wurde. Abends, in einem Weinlokal in Freiburg, ging ich auf Dein Drängen ein und versprach Dir, meinem allerliebsten Menschen, zwei Monate Freiheit. Noch an diesem milden, fast sommerlichen Abend trennten sich unsere Wege. Und als ich es schließlich nicht mehr aushielt, da stand nur noch die Frist eines Wochenendes zwischen mir und der ganzen Wahrheit. Sie war schlimm, und ich will hier nicht niederschreiben, wie schlimm sie war; was galten daneben unsere ewige Geldknappheit und mein erstes gedrucktes Buch. Dann starb Dein Vater, wir fuhren noch einmal nach Hannover, ich war trotz allem, neben meinem Mann im Wagen, glücklich. Aber als wir am Grab standen, weinte ich nicht um den Toten, ich weinte um alle lebendigen Dinge, die nicht wiederkehren würden, ja für Momente war es, als wärst Du mitgestorben. Und auch das Weihnachtsfest brachte keinen Frieden, nur die Kinder waren glücklich. Für mich war es die schlechte Imitation aller Weihnachten der letzten Jahre. Silvester aber war wie ein Wunder, ein unverhofftes, ich danke Dir dafür, mein Liebster, danke! Und ich danke Dir auch für dieses letzte Jahr, das mich wissend machte und mich doch nicht davon abbringen kann, Dich zu lieben. Kirchzarten, den 22. 3. 1960.

Hier reißen die Jahresberichte ab – nach und nach vom Empfänger der Kladden alle gelesen –, das unverhoffte Silvesterwunder bleibt offen, nur das Foto mit aufgehaltenem Mantel lässt davon etwas ahnen; der Rest der zweiten Kladde ist leer, erschreckend weiße Seiten. Und bei der schlichten, an ein Protokoll erinnernden Angabe von Ort und Datum am Ende, statt wie in den Jahren zuvor eines euphorischen Schlusssatzes, hat die Schrift meiner Mutter, in den ersten Berichten noch die eines Mädchens, ihre finale Prägung: Sie hätte Ort und Datum auch im Alter mit derselben steilen, Klarheit beanspruchenden, dabei aber in sich erschütterten, immer wieder neu ansetzenden Stiftführung geschrieben, manche Buchstaben wie isoliert oder vereinsamt in ihren Briefen zu jedem Sohnesgeburtstag. Und auch zwischendurch schickte sie gern ein paar Zeilen, oft nur ein hingeschriebenes Zitat über das Dasein, mit dem Wunsch, es anzunehmen, damit es mein Leben, und sie meinte das innerliche, verbessere; der letzte dieser Kurzbriefe kam zwei Jahre vor ihrem Tod. Die meisten Buchstaben darin sind lose und geben doch das feste Bestreben wieder, all die Schriftzeichen noch einmal, mit blauer Tinte auf weißem Papier, sinnvoll anzuordnen. Mein lieber Sohn! Lese zzt. Augustinus. Es gibt da ein Wort, über das besonders unruhige Menschen (gemeint der Sohn) nachdenken sollten, im Lateinischen klingt es noch eindrücklicher als auf Deutsch: Inquietum est cor nostrum donec requiescat in te. Unser Herz ist unruhig, bis es ausruht in Dir. Deine ganz im Lesen versunkene Mutter.

Auf solche Briefe hin erwartete sie einen Anruf, mit Recht, also wählte ich die Nummer, die mir noch heute nicht aus dem Kopf will, null acht null zwo zwo, zwo sieben null, eins fünf zwo, ein Zahlengebet, Lieber Gott, lass sie mit klarer Stimme sich melden und nicht aus unendlicher Ferne nach Luft ringen, nicht am anderen Ende kaum mehr als ein ersticktes Ja zustande bringen. Sie aber hob schon nach dem zweiten Läuten ab, ein gutes Zeichen, und meldete sich mit der Stimme, die im Grunde ihre nie geflossene Muttermilch war, auch ihr so lange versäumtes Kochen und Immerdasein, der Stimme, die etwas Nährendes, Behütendes, Tröstliches hatte (bis am Ende nichts von all dem noch übrig war, kein Stoßgebet des Anrufers mehr geholfen hatte). Und an dem Tag lag in ihrer Stimme sogar eine Aufforderung, sich etwas zu holen von ihr, ein wahres Wort wie eine gut mit Butter bestrichene Scheibe Brot, darum kam ich von Augustinus' unruhigem Herzen auf meine eigene lebenslange Unruhe, oder wie schwer es mir falle, seit jeher, mich zu entspannen. Und Musik, sagte sie, was ist mit schöner Musik? Mein Gott, ich höre eine Oper, ein Konzert und entspanne. Mach das einmal, hör dir ein Klavierkonzert an, ein Oratorium, einen Chor. Oder willst du gar nicht entspannen? Sie wartete eine Antwort ab, was nur selten der Fall war, und ich sagte etwas, das noch einen Herzschlag zuvor außerhalb jeder Rede lag. Seit dem Internat, den ersten Jahren dort, sagte ich ins Telefon, zieht sich mir bei solcher Musik alles zusammen, je schöner sie ist, umso mehr, du kannst dir denken, warum. Jeder reine Gesang trifft meine schwächste Stelle, ich liebe diese Art Musik, aber bin ihr gegenüber hautlos, gar nicht imstande zuzuhören, sondern ihr nur ausgeliefert, da kann man sich nicht zurücklehnen, unmöglich. Ich entspanne beim Radfahren durch die Stadt, manchmal auch im Gehen, hast du heut schon deinen Gang im Flur gemacht? Das fragte ich sie, mit genau diesen Worten, hast du heut schon deinen Gang im Flur gemacht, während die Worte davor den tatsächlichen Worten am Telefon höchstens ähnlich sind, bereinigte Worte, und auf die unbereinigten hat sie gar nicht erst reagiert. Meinen Gang im Flur, ja, ich habe ihn vorhin gemacht, sagte sie, worauf ich sie bat, mir davon zu erzählen. Und das tat sie auch gleich, mit der Stimme, die noch einmal wie die nie geflossene Muttermilch war, und es gelang ihr, den unruhigen, immer alarmierten Sohn damit zu entspannen, im Erstaunen darüber, wie man vom Hin und Her in einem totenstillen Flur überhaupt eine Geschichte erzählen kann, mit Anfang, Höhepunkt und Ende, die Geschichte des langsamen Gehens nach der Uhr, vom Fenster mit Stuhl und Pflanze davor bis zu der Fahrstuhltür mit dem Kalenderspruch des Tages und wieder zurück.

16

Gehen als Vergewisserung, dass man lebt, auf eigenen Füßen vorankommt, ob zügig oder langsam. Meine Mutter hatte seit jeher ihre täglichen Wege gemacht, jahrzehntelang im Freien, genannt Spaziergang, dann in Hausfluren, angezogen wie fürs Freie, erst noch mit Stock, später mit Rollator, und zuletzt waren es Wege zwischen Bett und Bad, einen Fuß vor den anderen setzend, stets an einen fremden Arm geklammert, meist an den der Tochter, nur selten an den des Sohns, als hätte sie ihm das Gehen nicht beigebracht. Hatte sie aber – kein Schreiben ohne zwischendurch hin und her zu gehen und am Ende des Tages sogar zu laufen, auch von A nach B und wieder zurück, auch als Vergewisserung, dass Beine und Herz noch mitmachen, man bis auf Weiteres unsterblich ist.

In Alassio war es leicht, eine Strecke zu finden, dort am frühen Abend mein Pensum zu laufen, eine halbe Stunde auf der schmalen, nur von Lieferanten befahrenen Straße zwischen den Hotels und dem Strand, immer mit Musik im Ohr, einer, die in die Beine geht, sie weniger schwer macht oder davon ablenkt, dass sie schwer sind. Am heutigen späten Nachmittag aber war es die Musik, bei der sich alles zusammenzieht; ich hörte Carmina Burana in einer Aufnahme des Chicago Symphony Chorus and Orchestra, das Oratorium, das sich der indianische Kantor für den Beginn des neuen Jahrzehnts vorgenommen hatte, mein erstes Wiederhören seit damals, um das Gedächtnis anzureizen, und das Laufen war wie ein Anlaufen gegen die Musik, immer am Strand entlang, bis zu einem langen Pier aufs Meer hinaus und auf diesem Pier oder Steg bis an die

Spitze, den Wendepunkt der Strecke. Dort aber stand heute Mrs. Bennett zwischen den Anglern, leider nicht ganz mit dem Blick auf ihre langen Ruten; sie hatte mich gesehen, noch ehe ich kehrtmachen konnte, und beide kamen wir aufeinander zu, der eine noch mit halbem Tempo, außer Atem, sie dagegen einfach gehend, obwohl auch in Laufschuhen, aber mit Jeans und in einem Khakihemd, der Kragen aufgestellt, darüber ihr irgendwie blondes, aller Wahrscheinlichkeit nach aber doch graues Haar. Ich nahm die Stöpsel aus den Ohren, und sie sagte als Erstes, sie hätte ja die umgekehrten Initialen wie ich oder ich die ihren, nur eben vertauscht, sei das nicht komisch, um dann nach meinem Mittelnamen zu fragen, ob es da vielleicht auch denselben Buchstaben gebe. Es war ein sprachlicher Überfall, und ich nannte meine zwei Mittelnamen und sagte, dass es die Namen von Gefallenen seien, der eine mein Großvater mütterlicherseits, der andere der Verlobte einer erst Achtzehnjährigen, die später meine Mutter wurde, Angaben noch mit stoßweisem Atem – unter ruhigeren Bedingungen wohl für mich behalten. Aber gesagt war gesagt, und für die Amerikanerin war damit Tür und Tor geöffnet, was die eigenen Umstände betraf. Ich erfuhr, dass sie weder verwitwet war noch geschieden, sie lebte nur jeweils um diese Jahreszeit getrennt, weil ihr Mann, ein Versicherungsmensch, während der Hurricane-Saison in Florida alle Hände voll zu tun hatte. Wir stellten uns jetzt beide zu den Anglern, mein Atem hatte sich beruhigt, und als sich bei einem die Rute krümmte, er eine große Dorade aus den Wellen zog, legte mir Mrs. Bennett eine Hand auf den Unterarm. Look at that, sagte sie, als hätte ich für das Anglerglück keine Augen, aber das war nur der Auftakt für eine Frage, mit der sie wieder, ohne es zu wissen, auf meine näheren Umstände kam – dieses Buch, das ich neulich Nacht entdeckt hätte, Joy of Life, ob ich das empfehlen könnte, wenn es eine Übersetzung gäbe. Sie drehte sich zu dem Angler und sah höchst interessiert zu, wie er erst den Haken aus dem Fischmaul löste, dann die Dorade mit einem Holzklöppel erschlug, genügend Zeit für eine überlegte Antwort. Joy of Life sei ein Liebesroman, mehr ließe sich nach ein paar Seiten darüber nicht sagen. I let you know, when I finish the book – mein Trostwort schon beim Nachziehen der Schnürsenkel, und die Amerikanerin deutete an, dass sie mich keineswegs länger aufhalten wollte, eine Geste von Läuferin zu Läufer, die Sportlichkeit dessen, der ihr Zimmer bewohnte, offenbar überschätzend. Kleider machen Leute, sagte man früher, Laufschuhe und Stöpsel im Ohr machen Sportler, könnte man inzwischen sagen; ich hörte wieder Carmina Burana, und mein beschleunigtes Herz auf der Strecke war auch das des Jungen bei der täglichen Probe, wenn ihm sein Kantor vor dem Einsatz ans Zwerchfell griff und die Hand dort einfach ließ.

Es sind die Vorproben zu dem Orff-Oratorium, und die abendliche Hand am Zwerchfell ist alles, was der Sängerknabe bekommt; er tröstet sich mit Fresspaketen, die schickt ihm die Großmutter, seit er darum gebeten hat. Darin sind Würstchen in schlanker Dose mit ihrem salzigen Duft gleich beim Öffnen, und in einer breiten Dose schwimmen kalifornische Pfirsiche in sämigem Sud, ihr süßes Zergehen im Mund ist eine Art Ersatzkuss. Ferner gibt es die Tafel Schokolade und ein Dutzend Lakritzerollen sowie zwei glänzende Äpfel und immer den Brief mit der großen, freimütigen Schrift der Absenderin schon auf dem Kuvert, wo sein ganzer Name und auch noch einmal die genaue Adresse stehen – Evangelische Internatsschule Schloss Gaienhofen, Marbach-Heim, als könnte der Brief sonst verloren gehen. Und in dem Brief, noch in ein Extrablatt geschlagen, liegt das sogenannte Bilderl, ein Zehnmarkschein, die Hilfe bei jeglichem Kummer, auch dem Liebeskummer. Nichts anderes ist es ja, wenn die warme Hand warm auf dem Zwerchfell liegt, dort das Atmen vorgibt, und all das, was noch im alten Jahr im Zimmer des Kantors passiert ist, in dem Jungen, der ganz nah am Flügel stand, in bevorzugter Position, etwas so Traumhaftes wie Alptraumhaftes annimmt, seine Sehnsucht danach auch ein Erschrecken davor ist und in dem Schrecken wieder ein Sehnen liegt.

Die Süße der hautlosen Pfirsiche, ihr süßes weiches Zergehen an Gaumen und Zunge hilft gegen beides, und es bleiben ja auch noch die eigenen Hände. Der Elfjährige weiß schon, dass man nicht daran stirbt, wenn man sich zwischen den Beinen Gutes tut, nur seine Augen werden nicht besser damit, die Brille ist jetzt vorgesehen für Ostern. Er muss abends einfach warten, bis der Brauereierbe schläft, dann kann er es tun, das Reizen bis zum Äußersten und Schnappen nach dem Kitzel, der sich nicht schnappen lässt; er weiß auch schon um die Leere danach, das schlechte Gefühl. Und keiner sieht ihm an, was er im Dunkeln getan hat, nicht einmal sein Kantor, der kneift ihn nur manchmal, im Vorbeigehen, in den Nacken, auch wie ein Kussersatz. Die Zeit scheint stillzustehen in diesen ersten Monaten des Jahres, nur die Fresspäckchen alle zwei Wochen sind eine Art Kalender, und wenn er den Inhalt hortet, wenn er sich selbst ein Päckchen macht, wird es ein kleiner kalendarischer Schwindel. Und so vergeht die Zeit doch, plötzlich steht Ostern bevor, er darf zu seiner Mutter fahren, Frau Guth hat es ihm mitgeteilt, sie allein hat die Macht über das einzige Telefon. Mit einem Lächeln kam diese Mitteilung, Du darfst zu deiner Mutter nach Frankfurt, dem erzieherischen Lächeln, das sie bei Gelegenheit, etwa in Anwesenheit der Eltern, in ein verschwommen menschliches abzubiegen verstand, dann schöpfte man Hoffnung, was ihre Person betraf, ich aber schöpfte in dieser Minute, in der sie mir gegenüberstand, nur aus dem Städtenamen Hoffnung.

Frankfurt, da war er noch nie, und für die Reise bindet er

sich den silbrigen Schlips um. Er kann jetzt den Windsor-Knoten, ja kann ihn sogar ohne Spiegel, blind – so muss es sein für Frankfurt, denkt er. Und im Zug ist er noch mit anderen bis Karlsruhe zusammen, der halbe untere Stock in einem Abteil, Bierflaschen kreisen, auch eine Flasche Asbach. Sie trinken, sie rauchen, sie reißen Witze und zeigen einander, für Momente, den harten Schwanz, heben den Pulli, den Nicki, das Hemd. Ab Karlsruhe fährt er allein, ihm glüht der Kopf, er geht aufs Zugklo, schaut dort in die Schüssel, das Loch, bei dem unten der Gleisschotter wegrast. Danach raucht er eine Roth-Händle, die hat er in Radolfzell am Bahnhof gekauft, und trinkt den Rest Asbach, den hat ihm der KSC-Merkle gelassen. Er saugt an der Flasche und sieht sich im Spiegel über dem Waschbecken, seine Hose ist offen; er verreibt die letzten Tropfen Asbach auf dem Harten, er tut, was er nicht lassen kann, die Stirn am Milchglasfenster, noch hinter Darmstadt. Wie ein Zuhälter würde er riechen, sagt seine Mutter wenig später bei der Umarmung gleich auf dem Bahnsteig im Frankfurter Hauptbahnhof. Aber sie küsst ihn auf Wangen und Mund, und der Angekommene nimmt ihren süßen, aus den Spalten der Kleidung steigenden warmen Geruch auf und findet die Frau auf dem Silvesterfoto wieder. Aber was ist ein Zuhälter? Das möchte er wissen, und die Mutter erklärt es auf dem Weg vom Bahnhof Richtung Innenstadt, wo sie arbeitet. Sie sagt, dass es hier, auf der Kaiserstraße, abends von Hürchen wimmle, hübschen kleinen Ludern, die für Geld mit jedem ins Bett gingen – ihm halb ins Ohr gesprochene Wörter, die er sich leichter merkt als Vokabeln. Und hübsche Luder hätten eben Zuhälter, die auf sie aufpassten, Typen, die trinken und sich prügeln. Und wie findest du deine Mutter? Sie bleibt stehen, und er weiß nicht, was er sagen soll, er blinzelt sie an, und ihr fällt ein, dass er ja eine Brille braucht: Die kaufen wir jetzt! Also geht es ins nächste Brillengeschäft, sie sehen sich Gestelle an, aber die schönen, die schlanken und schwarzen, sind alle teuer, manche kosten hundert Mark. Meine Güte, flüstert die, auf die es beim Kaufen ankommt, meine Güte, und man verlässt das Geschäft wieder. Der Akt, der alles ändern soll, das Sehen und das Aussehen, ist erneut verschoben, auch wenn er kaum noch lesen kann, ob sein Kantor in Musik ein f oder fis vorn an die Tafel schreibt. Er sieht auch die Stadt nur verschwommen, wie in einem Dunstlicht mutet alles an, selbst die Einzimmerwohnung in der Eduard-Rüppell-Straße, mit seinem Schlafplatz auf der Couch. Die Mutter lässt ihm ein Bad ein, gegen den Zuhältergeruch, sie erzählt von ihrer Rührigkeit, ihren Erfolgen in der Stadt; zum nahen Hessischen Rundfunk gibt es inzwischen Kontakte, glänzende, sagt die frühere Schauspielerin: Ich habe schon glänzende Kontakte zum Funk! Und nach seinem Bad, er jetzt mit Scheitel, den hat sie gezogen, und wieder mit Windsor-Knoten, gebunden unter ihren Augen, bedacht mit ihrem Applaus, Donnerwetter!, zeigt sie ihm das große Funkgebäude, ja geht sogar mit ihm hinein. Nur muss er dafür diesem und jenem Herrn dort auch die Hand geben und sagen, dass er am Bodensee im Internat sei, in einem Schloss – viel mehr ist nicht geblieben von diesen frühesten Frankfurttagen: meine erfundenen Internatsgeschichten, ich, Bewohner eines Schlosses am See, dazu die Wörter Zuhälter, Hürchen und Luder und Bilder von Frankfurt als einer Stadt der Büros und Baustellen und einem Bild meiner lebendigen, mir morgens ein Brot schmierenden Mutter, so glanzvoll wie auf dem Silvesterfoto, aber nicht reich, keine hundert Mark für eine Brille in dem neuen Mantel.

Die Erinnerung setzt erst wieder verlässlich ein beim Rest dieser Osterferien. Ich verbrachte die Tage bei meiner Hüterin in Kirchzarten, erstmals in dem Rohbauanbau, wo ich das winzige Kinderschlafzimmer mit der kleinen Schwester teilte, nicht aber teilte, was unsere gemeinsame Großmutter am

Abend auf den Esstisch stellte, jedenfalls nicht gerecht; ich bekam stets die größere Portion, bis mir die Benachteiligte schließlich mit ihrer Gabel in den Kopf stach. Es war ein Akt der Selbstbehauptung, der bei der Köchin Empörung auslöste, beim großen Bruder dagegen stillen Respekt. Aber danach ging es wohl doch gerechter zu, es blieb bei dem einen Aufbegehren, und das gemeinsame gebannte Zuhören, wenn unsere Hüterin während des Essens Geschichten erzählte, so lebendig, dass es den Fernseher, den es bei ihr noch nicht gab, mehr als ersetzte, tat ein Übriges. Wir lauschten als Geschwister, gleichaltrig in unserem Mitfiebern bei ihren kleinen Dramen, die sie aus dem Personal der Micky-Maus-Heftchen schöpfte, Geschichten aus dem Handgelenk um Gustav Gans, den Glückspilz, und Donald Duck, den ewigen Pechvogel, der immer wieder bei der schönen Daisy – in der ich Doris, meine Kinderliebe sah – abblitzt; um Tick, Trick und Track, die frechen Neffen, und Daniel Düsentrieb, das Erfindergenie, um Ede Wolf und Kater Karlo, beide nicht halb so böse wie der Ruf, der ihnen vorauseilt. Die Erzählerin, immer ein kaltes Bier vor sich, träufelt uns Güte ein mit ihren Abendgeschichten; trotz all der kleinen Boshaftigkeiten, die sie so darin verteilt, dass wir uns biegen vor Lachen, gibt sie ihren Figuren eine Unschuld, die sich auf uns, die gebannten Zuhörer am Esstisch, überträgt – eine Unschuld, wie sie sonst niemand in mein Leben gebracht hat.

Und es war auch, aus ihrer Güte heraus, der Blick für die wahren Wünsche von Kindern Gottes, als die sie uns sah, für das Legitime daran und damit ein Recht auf Erfüllung, der sie das Brillenproblem des Enkels in Angriff nehmen ließ. Noch in den Osterferien durfte er bei Optik-Eckmann in der Bahnhofstraße, nach Prüfung der Augen, unter sämtlichen Modellen, auch den teuersten, wählen, und er entschied sich für ein Gestell, das aus dem falschen Unschuldsknabengesicht schlagartig ein falsches Hochmutsgesicht machte. Weit über hundert Mark sollte es kosten, eine Summe auch jenseits der großmütterlichen Verhältnisse, aber der Optiker war mit einer Ratenzahlung einverstanden, und so wurde mir noch in derselben Woche die fertige Brille feierlich aufgesetzt. Endlich sah ich alles scharf und kam mir selbst scharf oder ansehnlich vor, mit einem Gestell von reinstem, schimmerndem Schwarz, die Bügel schmal, der Rahmen um die Gläser fein geschwungen. Nur ein ausrasierter Nacken trübte das Bild, und so erschien ich, erstmals erwartungsvoll, mit aufgestelltem Jackenkragen zu der neuen Brille nach den Ferien im Marbach-Heim – wo Frau Guth dem Rückkehrer als Erstes den Kragen umschlägt, ihre Zigarette im Mund, als Nächstes die Brille abnimmt und das Gestell betrachtet, als wäre es ein im Internat verbotener Gegenstand, eine Schleuder, ein Dolch, eine Luftpistole, um ihm dann, als Drittes, die Brille wieder aufzusetzen, so lächerlich auf die Nasenspitze, dass es zu seinem Nacken passt.

So hoch die Erwartungen waren, so tief ist der Fall; der Junge mit Kinobrille statt Kassengestell, nunmehr Quintaner und bald zwölf, muss noch in der ersten Schulwoche, begleitet von seiner Heimleiterin, den Salon des Anton Eisenbeiß in Gaienhofen besuchen, ein nach kaltem Rauch und Kölnischwasser riechendes Gelass mit zwei roten Frisörstühlen. Und in einem der Stühle wird ihm der Nacken wie auch das Haar über den Ohren so ausgeputzt, dass nichts mehr dagegen ankommt, kein hoher Kragen und auch keine Brille, wie sie sonst niemand hat, nicht einmal der Internatsdirektor Kilius. Als Besiegter mit leuchtend blankem Nacken, im Gesicht eine betrügerisch elegante Brille, kehrt er in das Unterstufenheim zurück und bangt, als es nach dem Abendessen in den Musikraum geht, um die Gunst seines Kantors – und der schien mich auch gar nicht zu sehen während der Probe, kein einziger Blick ging zu mir. Erst am nächsten Tag in der Sportstunde, als wir in dem schweißigen Kellerturnraum – in der Abendfreizeit immerhin die Tischtennisarena – Sprünge über den Kasten machten und ich nur so tat, als würde ich mit Schwung an die Sache gehen, um die teure Brille nicht zu gefährden, nahm er mich am Ende der Stunde beiseite, die Haut unter meinem Kinn zwischen Daumen und Zeigefinger. Er verdrehte die Haut samt dem Fleisch darunter, langsam, aber stetig, und sah mich an dabei, ob ich den Schmerz verbeißen könnte, ein Junge wäre, kein Mädchen, also verbiss ich den Schmerz, so ging das Spiel, und er griff nach der Brille und schob sie mir ins Haar (wie Sonnenbrillen erst Jahrzehnte später neckisch ins Haar geschoben wurden), dann sagte er leise: Wir sehen uns, Schöner.

Und der auf sein Geschlecht Geprüfte nagt an den vier Worten. Er weiß nicht, wann dieses Sichsehen sein wird, er weiß nur, dass er dann in Form sein muss, äußerlich ganz Junge, darum bringt er sich in Form. Wenn am Abend, nach der Chorprobe, im Turnraum noch Tischtennis gespielt wird, der berühmte Rundlauf, alle um die Platte rennen und jeder rausfliegt, der den Ball nicht erwischt oder falsch zurückschlägt, bis nur noch zwei übrig bleiben, fast immer dieselben, Korn und Laxmann, beide mit echtem Schaumgummischläger wie die Chinesen, um dann ein ganzes Spiel auszutragen, von allen bestaunt, ist er von nun an dabei, obwohl er nicht einmal den gewöhnlichen Holzschläger besitzt. Er spielt den Ball mit dem Evangelischen Katechismus zurück, auch gehalten mit Daumen und Zeigefinger, so lernt er von der Pike auf Tischtennis, allmählich sogar Rückhand und Schmettern, und Wochen vergehen, bis es an einem der ersten milden Abende im Mai gelingt, auch mit dem kleinen steifen Buch, das er schwingt, ins Endspiel vorzustoßen, nachdem er den blonden Korn von der Platte gefegt hat. Jetzt steht bloß noch Laxmann auf der anderen Seite, in Levis mit nacktem Oberkörper, und der will ihn im Schneider abziehen, ja geht auch gleich in Führung mit seinem

Chinaschläger, bis dem Gegner mit Katechismus ein Stoppball gelingt und Laxmann aus dem Rhythmus kommt, bloß noch schmettert, mal ins Netz, mal über die Platte. Dennoch gewinnt er, nur nicht wie geplant, macht aber gute Miene zum nicht ganz guten Spiel: Er reicht dem Verlierer die Hand und rät ihm, sich einen richtigen Schläger zu besorgen.

Mit den helleren und wärmeren Abenden endeten die Rundlaufturniere im Turnraum, die Freizeit verlagerte sich auf den Sportplatz, und bald ging es auch an den nahen See, und das geheime Warten auf die Einlösung der Worte Wir sehen uns hatte ein Ende. Alles übrige Warten, auf einen Brief von zu Hause, ein Zeichen der Eltern oder gar die mütterliche Stimme – es gab ja das Telefon nur in Ausnahmefällen, wenn etwa ein Elternteil oder man selbst verunglückt war: Ans Telefon!, das hieß nichts Gutes –, wurde an einem Juniabend gegenstandslos. Unter Aufsicht des Kantors in seiner Eigenschaft als Sportlehrer gingen alle Jungs nach dem Abendbrot noch zum Schwimmen in den schon erwärmten Seearm, ein Weg durch abschüssiges, dichtes Schilf – und der Junge, der jetzt Tischtennis spielen kann und auch wieder Haare im Nacken hat, trödelt den anderen hinterher. Er schämt sich seiner wollenen Badehose, im nassen Zustand wie eine schlaffe Windel, und hofft, der Kantor würde vor ihm ins Wasser gehen. Aber Herr Gieser steht in seiner roten Turnhose im Flachen, er wartet auf den Nachzügler, und ich höre ihn noch in einer dunklen Melodik sagen: Wir beide, wir gehen später als Letzte zurück. Also schlägt das Jungenherz, das eigentlich noch ein Kinderherz ist, beim Hinauskraulen bis zum Hals, in banger Erwartung von etwas, das so zwischen hell und dunkel liegt wie das Abendlicht. Man bleibt beieinander auf dem See, und einer fängt damit an, dem vor ihm Schwimmenden die Badehose herunterzuziehen, bis bald jeder nackt im Wasser ist, seine Hose um den Hals, und die manchmal kalte Strömung an den

Füßen, die Ahnung des dort unsichtbar fließenden Rheins, allem noch einen Zusatzschauer gibt. Einige tauchen sogar, um dem Schauer zu begegnen, andere greifen einander zwischen die Beine, man sieht es ja nicht, man hört nur beim Wiederauftauchen, dass unter Wasser etwas passiert sein musste. Und dem Jungen, der ohne die Brille, gut verwahrt auf dem Zimmer, überhaupt alles verschwommen sieht und es dennoch sieht, gibt es das Gefühl, nicht allein zu sein: Da sind auch andere auf Seiten des Dunklen. Es ist ein Schwimmen fast bis zur Mitte des Seearms, vielleicht schon über schweizerischem Grund, dann kommt das Kommando zur Umkehr, die Stimme des Kantors, und mit jedem Zug wieder dem Ufer entgegen scheint der See kühler zu werden. Die Zähne schlagen dem, der als Letzter zurückgehen soll, aufeinander, bis er endlich den Schlamm unter den Füßen spürt, vor dem es seiner Mutter gegraust hat. Der Kantor winkt einen Präfekten heran, er soll alle durchs Schilf und über die Straße führen, er selbst hätte hier noch kurz etwas zu besprechen für die morgige Probe, so weit nichts Ungewöhnliches: mit einer der Solostimmen etwas unter vier Augen zu klären. Komm, sagt er, als sich die anderen schon, wieder in Badehosen, auf den Weg gemacht haben, komm.

Ein paar Schritte sind es nur bis ins dichte Schilf, und das anhaltende Aufeinanderschlagen von Zähnen ist kein Auftaktgeräusch von etwas Kurzem, sondern einer empfundenen ganzen Stunde (nach ruhigem Nachdenken auf meinem Balkon mit Meerblick eher einer halben Stunde), in einem Unlicht wie dem einer Sonnenfinsternis. Der Kantor legt dem Frierenden sein Hemd um die Schultern, er redet von einem Geheimweg durch das Schilf und geht voraus, noch in der nassen, anliegenden Turnhose. Er raucht im Gehen, und tatsächlich ist da ein versteckter Weg oder Pfad, erst zu sehen, wenn man ihn betreten hat. Aber schon nach zehn, zwölf Schritten zwischen zersplissenen Halmen endet der Pfad an einer Luftmatratze auf dem Boden. Es ist ein vorbereiteter Ort, und der Hingeführte soll sich auf die Matratze legen, also legt er sich dort hin, er macht sich schmal, damit noch Platz bleibt für seinen Kantor, und der streift sich die Hose herunter und hängt sie als nasse Fahne auf einen abgebrochenen Schilfhalm und legt sich zu ihm. Er summt, was sonst nur abends bei den Proben an der Reihe ist, Carmina Burana, und reibt ihm dabei die Schultern, den Rücken, die Schenkel, er nennt ihn wieder Schönerdu, auf der ersten Silbe reitend wie Frau Guth, wenn sie Schlamperdu sagt. Und so ist er ein schöner Schlamper mit Schwanz, jetzt nach dem Schwimmen aber wie in sich verkrümelt. Der Kantor spielt damit, er macht ihn spielend größer, mit derselben Hand, die in Musik einen Notenschlüssel an die Tafel schreibt, mit Schwüngen, die der Junge auf Schmierpapier nachahmt, neben der Unterschrift von Herrn Gieser, mit einem G, so tief nach unten gezogen wie der Notenschlüssel. Irgendwo knackt es im Schilf, das kann nur ein Schwan sein, es gab schon Warnungen vor den Schwänen, haltet euch fern, wenn sie brüten. Nicht bewegen, nur mich ansehen, flüstert der Kantor und fängt den Blick des Jungen ein; die einzige Bewegung ist die seiner Hand, ihr langsames, fast bedächtiges Tun, dort, wo es ihm am meisten guttut, sich alles Wollen, alles Drängen zuspitzt. Und er verlangt von dem, dem noch immer die Zähne aufeinanderschlagen, dass er ihn ansehe, bis zuletzt – als möchte er sein Auge brechen sehen, den letzten eigenen Willen, das Licht reichte dafür gerade noch. Ich erinnere mich an das Gesicht über mir, das fallende Haar, wie ein dunkler Kranz oder Flor um das Herunterschauen auf mich, und auch an eine weitere Bewegung, ein Reiben an meiner Hüfte, und wie alarmiert ich war, einen Blick zu sehen, der nichts mehr von dem Kantorblick am Flügel hatte, von dem Beherrschten, Ruhigen (und mir von da an einen Weg wies, glaube ich heute, mich in die

Welt der Erwachsenen zu denken, in ihr Dunkel, ihren Abgrund). Es ist ein Blick aus blöden schönen Augen – überhaupt war der Kantor schöner als er selbst, ganz im Gegensatz zu Winnetou, dem edlen Apachen –, Augen, denen am Ende das Sehen vergeht, die etwas Ersterbendes annehmen. Das ist die Liebe, sagt der, der sonst am Flügel sitzt, als auch dem Jungen das Sehen vergeht, nicht das Hören; es ist das Schlusswort, das er aufschnappt, als aus ihm hervorbricht, wofür es noch immer kein helfendes Wort gibt. Danach nur noch Atmen, das sich erst allmählich beruhigt, als wären sie beide gerannt. Und auf einmal ist der Ältere wieder erwachsen und hilft dem Jungen auf die Beine, er führt ihn durchs Schilf bis zur Straße. Das letzte Stück soll er besser allein gehen, und mit den Schlichen eines Verbrechers – er hat das Verbrechen der Hingabe begangen – gelingt es ihm, ungesehen ins Bett zu kommen. Unter der Decke, im Dunklen, riecht er an seinen Fingern; die Liebe, das weiß er jetzt, hat einen Geruch, sie riecht wie kalte Spucke.

Der Frühsommer nahm nach diesem ersten Schwimmen im See seinen Lauf, es wurde immer wärmer, bei noch längeren Abenden und noch bangerem Warten auf einen Wink meines Kantors, immer größerer Sorge, ihm nicht zu genügen, weder als Junge im Schilf noch als der mit kleinem Solo in Carmina Burana, Oh, Oh, Oh, totus floreo, iam amore virginali totus ardeo, novus, novus amor est, quo pereo und so weiter. Aber wie es auch kam, immer stimmte etwas nicht, ein Ton, ein Tempo, eine Pause, immer wandte sich der Kantor einem anderen zu, bei dem selbst jeder Halbton saß, darum galt es, auf einen Schlag seine ganze Zuwendung zu erringen. Und eines unvergesslichen Feiertags, Fronleichnam ohne Blütenbilder, löste ich, allein im Waschraum, die Klinge aus meinem Bleistiftspitzer und zog sie mir vor einem Spiegel kreuz und quer über die Wangen. Das Blut floss in dünnen Fäden, und zu dem Schrecken bei dem Anblick kam ein Gefühl von Stolz, als wäre eine Schlacht überstanden. Das getrocknete Blut spülte ich ab, die feinen verkrusteten Schnitte blieben, und abends beim Essen erklärte ich, sie stammten von Dornen – eine Lüge, sagte Frau Guth. Die Strafe war ein Aufsatz, Warum man nicht lügen soll, zehn Seiten. Aber auch am Beginn der Chorprobe nach dem Essen blieb ich bei den Dornen, und der Kantor legte mir eine Hand aufs Zwerchfell, Wer's glaubt, wird selig. In den folgenden Tagen aber schrieb ich, wenn alle anderen am See waren, über das Lügen und füllte die zehn Seiten, am Ende wieder in einem Gefühl von Stolz. Ich übergab den Aufsatz, ja legte ihn der Ungut wie ein geheimes Dokument in die Hände, und er war weg damit und wurde auch nicht kommentiert, so, als wäre er nie geschrieben worden.

Ein Gutes aber hatte das Ganze: Der Bestrafte ist während des sinnlosen Schreibens in der Nachmittagsfreizeit von seinem Kantor und Sportlehrer am See vermisst worden. Und bei einer Abendprobe für das nahende Sommerfest mit der Aufführung des Orff-Oratoriums vor sämtlichen Eltern, Lehrern, Erziehern und Schülern als Höhepunkt, spricht Herr Gieser es sogar aus in der Pause, Ich habe dich vermisst, Schönerdu. Ein leises Wort zwischen zwei Zigarettenzügen, das weiße Hemd bis zur Brust geöffnet wegen der feuchten Hitze im Musikraum, nachdem es bis zum Abend geschüttet hatte. Und nach einem weiteren Zug und dem Verblasen des Rauchs, langsam aus der Nase, schlägt er ein Treffen vor, im Wäldchen hinter dem Sportplatz, sobald die Probe vorbei sei. Es klingt wie eine Notlösung, ist aber ein durchdachter Vorschlag. Der Regen hat den Platz zu sehr aufgeweicht, um dort zu bolzen, niemand würde einen sehen, wenn man ihn überquert. Außerdem gibt es in dem kleinen, ansteigenden Wald eine geschützte Stelle, unter dichtem, überhängendem Gestrüpp; und dann hat Frau Guth an dem Abend Dienst im Mädchenheim, sie vertritt dort irgendwen und schleicht nicht auf ihrem Stock durch die Zimmer, um zu schauen, ob alle im Bett liegen. Im Wäldchen also, nach der Probe. Dem, der dort hin soll, pocht das Herz. Eine Dreiviertelstunde muss er noch singen, auch sein Solo, und es kommt anders als sonst, weniger weich, wie von der Bleistiftspitzerklinge noch verspätet zerkratzt. Ein-, zweimal sieht ihn sein Kantor an; auch er muss ja warten, Geduld aufbringen. Um halb neun aber ist die Probe endlich vorbei, und sie gehen auf getrennten Wegen zum vereinbarten Ort, der Junge mit der besonderen Brille, seit kurzem zwölf, und der Mann mit dem Winnetouhaar, jetzt Mitte dreißig. Nur eine Woche vor dem Internatssommerfest und der Aufführung des Oratoriums, der letzten Anstrengung vor den großen Ferien, kommen sie unter dem Gestrüppdach noch einmal zusammen, ein rasches, aber kein hastiges Tun, mit den Lippen, der Zunge, den Fingern, dem Andrang des Bluts – Herr Gieser rauchte dabei, während ich einsaugte, was er verströmen ließ. Am Ende löschte er die Zigarette in dem, was für mich nach Liebe roch.

17

Und zu der Aufführung von Carmina Burana beim Gaienhofener Sommerfest sind beide Eltern an den Bodensee gekommen, ein Wunder für den Sohn, seine Mutter hat jetzt einen eigenen VW, nagelneu und sahneweiß, mit dabei die kleine Schwester und ihre Hüterin, der Vater noch in dem grauen VW mit geteilter Heckscheibe. Die Familie ohne Familienleben sieht sich zuerst die Wettkämpfe der Ruderabteilung an, das Mittagsprogramm, und verfolgt dann im Kreise der anderen Eltern und aller Angehörigen des Internats in dem Saal, in dem sonst gegessen wird und sonntags der Gottesdienst stattfindet, was die Kantorei seit Jahresbeginn einstudiert hat. Es ist ein drückender Julisamstag, Chor und Schulorchester geben ihr Bestes, alle im Bann des indianischen Dirigenten, und gemessen am Applaus nach dem letzten Ton – darunter helle Bravorufe meiner Mutter –, muss es eine mehr als gelungene Aufführung gewesen sein, dieses Mehr in der Gestalt des Kantors mit fallendem Haarschopf bei jeder Verbeugung am Schluss. Auch ich hatte mein Bestes gegeben, die Solostelle in die stickige Luft gesungen, aber das anhaltende Klatschen gehörte dem Maestro, nach der Aufführung von Eltern mit Mercedes oder mindestens Opel Kapitän in Beschlag genommen, dem Beirat. Und so kam es erst am Abend, beim Sommerfestball vor einer Freilichtbühne zwischen der Schlossmauer und dem Seeufer, auf der Bühne die Internatscombo aus Primanern mit Fliege, für mich wie Götter, als sie Blueberry Hill spielten, zur ersten Begegnung zwischen dem Kantor und meinen Eltern. Er trat an unseren Tisch, seine Roth-Händle zwischen den Fingern, die weißen Hemdsärmel wie immer bis über die Ellbogen hochgekrempelt, und meine Mutter nannte ihn begnadet, einen begnadeten Mann, während mein Vater, keineswegs misstrauisch, aber auch nicht ganz ohne Argwohn, wissen wollte, wie man eine Bande von Jungs so in den Griff bekomme, dass sie musikalisch stramm in eine Richtung marschierten. Er sah es als früherer Kompaniechef, und der Kantor, kurz eine Hand in meinem Nacken, sagte, die Stimmen seien alle da, man müsse sie bloß kommen lassen, sie pflegen und führen. Mein Vater nahm sich eine Reval, er zuckte mit den Schultern, Zeichen dafür, dass er von Musik nichts verstand, er beugte sich den Kantorworten, und Herr Gieser gab ihm Feuer, während die zwei Damen am Tisch, die Immer-noch-Schauspielerin mit jetzt kleiner Bürobühne in der Werbeagentur und die einstige Opernsängerin, gleichsam von sich aus Feuer und Flamme waren. Sie drückten dem Begnadeten beide Hände, ja winkten ihm nach, als er zum nächsten Tisch ging – nach einem Wort halb in mein Ohr: Pass auf dich auf im Sommer –, und ich sehe mich auch noch winken, als hätte mir jemand die Hand geführt, winken und mich ein Stück zur Musik bewegen und sogar mitsingen, was die Primanercombo spielt, Moonlight. Die Tanzfläche füllt sich, und meine Mutter, mondän wie auf dem Silvesterfoto, bittet den Mann, der nicht mehr ihr Mann ist, dass er sie auffordere, und er fordert sie auf, beide wiegen sich zur Musik, sie ganz die gewählte Dame, er wundersam beweglich trotz Holzbein. Sie tanzen, als wären sie das Paar der Paare auf diesem Ball, und die Dame macht Gebärden zu ihrem Sohn hin, Schau, das sind wir, deine tanzenden Eltern!

Die Internatsregeln waren aufgehoben in dieser Ballnacht, ich saß noch lange in Nähe der Combo, die Primaner spielten am Ende leise den Mitternachtsblues, für mich bewegender als das ganze geschmetterte Oratorium, und der am Schlagzeug nahm sogar Notiz von dem Jungen, der zwischen Büschen saß, er zwinkerte ihm zu, ein großer Moment. Ich verbrachte gleichsam die Nacht darin, und am nächsten Morgen trennten sich die Wege des Tanzpaars vom Vorabend wieder; mein Vater fuhr Richtung Stuttgart, wo es für ihn berufliche Aussichten gab, verknüpft mit dem Namen Zeiss, und in dem neuen sahneweißen VW saßen vorn Mutter und Großmutter, beide noch von dem Begnadeten schwärmend, und hinten meine Schwester und ich. Die Fahrt ging am Bodensee entlang bis Bregenz und weiter, über den Arlbergpass, in die Tiroler Sommerfrische mit zwei Quartieren. Meine Mutter hatte sich in einem Kitzbüheler Ferienhäuschen eingemietet, gelegen am Fußweg zum Schwarzsee, und die Hüterin ihrer Enkel nahm neuerdings Quartier in einer Pension im nicht weit entfernten Fieberbrunn, wo ihre bedürftige Schwester jetzt bei einem schrulligen Hundezüchter und dessen Lebensgefährtin die Sommerfrische verbrachte. Zwei Orte, zwei Welten; mal durfte die kleine Tochter für eine Woche ins reizvolle Kitzbühel zu einer Mutter, die dort wieder gesellschaftlichen Anschluss suchte, mal durfte es der Sohn. Für mich war es ein wöchentliches Pendeln von gleichförmigem Kinderurlaub zwischen den unversöhnlichen, unzertrennlichen Schwestern (die bedürftige immer noch Mundküsse fordernd) zu erwartungsvollsten Tagen in der Badeanstalt Seebichel mit all den Körpern dort auf den Planken, in engem Einteiler, lose die Träger, in knapper Dreieckshose, seitlich geschnürt, und zu noch erwartungsvolleren Abenden auf den Plätzen von Kitzbühel, als junger Herr und Begleiter einer allseits bestaunten jungen Mutter.

Ein Möchtegern unter Möchtegerns mit kunstvoll frisierter Stirnlocke; an seiner filmreifen Brille steckt auch am Abend noch ein Aufsatz mit Sonnengläsern, dazu trägt er weiße Tennishosen und ein Hemd von Fred Perry. Und die Frau Mama, wie sie allgemein genannt wird, zeigt sich mit Haubenfrisur in einem Dirndl, flatternd um ein Grüppchen von Kleinadligen. Es sind Abende auf glattem Parkett, die ständige Achtsamkeit verlangen, das Spielen einer Rolle ohne gelernten Text, man ist erschöpft danach und weiß nicht recht, warum. Beide sitzen vor dem Schlafengehen noch auf dem Holzbalkon des Ferienhäuschens, so benommen eigentlich von nichts wie auch von nichts aufgekratzt. Die Frau ohne Mann raucht und lässt den Sohn an der Zigarette ziehen, einmal, zweimal; sie trinkt einen Whisky, er darf daran nippen, sie hält das Glas, Mein lieber Herr Gesangverein, raucht schon und trinkt, sagt sie, da sind auch bald die Mädchen an der Reihe, na denn Prost! Sie leert das Glas, es gibt den Gutenachtkuss, und jeder geht in sein kleines Gemach, in sein Bett. Eine warme Nacht, man braucht keinen Schlafanzug, der Junge mit Rauch- und mit Whiskygeschmack im Mund küsst seinen Unterarm, er riecht am eigenen Speichel: Wie die Haut eines anderen, nackt unter ihm, niedergerungen, riecht seine Armbeuge, und er knüllt das Kissen und vergeht sich daran, er beißt zuletzt in die Decke und schläft danach, was denn auch sonst, im eigenen Saft.

So endet die Woche im noblen Kitzbühel, am nächsten Tag fahren Mutter und Sohn über St. Johann nach Fieberbrunn, die kleine Schwester soll dort abgeholt werden, der Bruder hingebracht, und kaum ist er mit Großmutter und Großtante abends allein beim Auwirt, fällt alles Jungerherrgetue von ihm ab. Er hängt in einer Ecke der Gaststube am Radio und hört die Berichte von den Olympischen Spielen in Rom, vom Hundertmeterlauf, bei dem Armin Hary nach zwei Fehlstarts mit zehn Komma zwei gewonnen hat, vor den Amis, und alles, was er noch sein möchte, ist einer, der um die elf null läuft, dann wäre er schneller als Laxmann bei den Bundesjugendspielen vor dem Sommerfest, der lief elf fünf auf der Aschenbahn, natürlich mit Spikes. Er träumt von solchen Rennschuhen, die man ohne Socken trägt, von dem Knirschen unter den Sohlen, wenn man damit über den Pausenhof zum Sportplatz geht, er träumt von Siegen, die er damit erläuft, in einer roten Turnhose wie die seines Kantors, der die Stoppuhr anhält, elf Komma vier sagt, eine Zeit, für die es Männerbeine braucht. Also stärkt er sich jeden Abend im Auwirt mit Schnitzel für seine künftigen Rennen, danach trainiert er gleich etwas, eilt im Laufschritt ins Dorfkino, wo das Programm täglich wechselt und man es an der Kasse nicht so genau nimmt, ob einer schon sechzehn oder gar achtzehn ist. Und so sieht der Zwölfjährige neben Kriegsfilmen auch Die Sünderin und einen Film, der sogar Nackte Welt heißt (wenn ich mich richtig erinnere). Da tritt eine schöne Frau auf einer Bühne auf, sie trägt eine Pelzjacke und ein langes Kleid, sie raucht und bewegt sich zu einer fernen, nächtlichen Musik, dabei zieht sie sich langsam aus, bis auf eine Hand am Schluss zwischen den Beinen. So tritt sie an den Bühnenrand und fragt ins Publikum, ob sich ein schöner Mann im Saal aufhalte, dann sollte er sich melden, aber es meldet sich niemand, und da lacht sie, dass die nackten Brüste zittern, und flüstert ins Mikrofon: Kein Wunder, wenn der einzige schöne Mann im Saal auf der Bühne steht. It's me, sagt sie mit einem Kichern auf Englisch und lüftet die Hand zwischen den Beinen etwas, und der, der den Film gar nicht sehen darf, ist von da an verloren. Er verfließt mit dem, was auf der Leinwand geschieht, jedem Bild, jedem Wort, und nimmt es, als im Saal das Licht angeht, alles still durch die Seitentüren ins Freie tritt, mit aus dem Dorfkino. Er nimmt es in das Haus mit, in dem er und seine Hüterin je ein Zimmer bewohnen, in die Pension Springer mit einer Haustochter, Margit, die ihm gefällt, ihre Stimme, ihre Wangen, und nimmt es mit ins Bett, unter die Decke. Dort, in der Dunkelheit, wo niemand ihn sehen kann, will er mit sich selbst zusammenkommen, indem er sich krümmt, einen Kreis mit dem eigenen Fleisch zu schließen versucht. Er flüstert die Wörter aus dem Film, It's me, und ist Momente lang Junge und Mädchen, gleichsam zu zweit, er erschöpft sich in die immer noch eigene Hand, aber kostet davon, als entstammt es einem anderen. Und am nächsten Tag trifft er in der kleinen hölzernen Moorwasserbadeanstalt von Fieberbrunn auf Margit, die Haustochter, etwas älter als er; sie sonnt sich dort, auf dem Bauch liegend, vor sich ein Heftchen, und er fragt sie, ob es möglich wäre, mit ihr abends in Kino zu gehen, die Antwort ist ein freundliches Nein. Sie will nicht mit ihm ins Kino oder hat schon wen, der mit ihr ins Kino geht, und er rennt von der Badeanstalt zurück zur Pension, das gerade Stück an der Ache entlang, womöglich unter elf null, wenn einer gestoppt hätte. Es ist früher Nachmittag, seine Hüterin schläft, also fällt auch er ins Bett und stellt sich Margit ohne Kopf vor, ohne Willen, und tut dabei, was sein muss; es geschieht einfach, wie von fremder Hand, er kann es nicht aufhalten, er verliert gegen sich. Dafür wirft er sich anschließend in Schale, das machte die Niederlage wett, er kleidet und kämmt sich für den Nachmittagsspaziergang mit der beweglicheren der zwei Schwestern, die sich wiederum für ihn in Schale geworfen hat – Tante Matzi mit Rouge auf den faltigen Wangen und Lippen hob sich den Mundkuss für den Spaziergang auf, ohne die gehfaule Schwester als Zeugin, aber die macht vor dem Gang ein Foto von ihrem Enkel in Schale, und das nicht als Schnappschuss, sondern weil er darum gebeten hat.

Das Foto zeigt ihn im Garten der Pension Springer mit dem spitzen Kirchturm von Fieberbrunn im Hintergrund. Trotz des sicher milden, wenn nicht warmen Hochsommerwetters trägt er das Internatsclubjackett, mit einiger Verspätung gekauft. Es ist marineblau und hat Goldknöpfe und ein schildförmiges gelbes Abzeichen an der Brusttasche, darauf, ebenfalls blau, ein Kreuz mit drei Zinnen an jedem Ende, das Kreuz der Evangelischen Internatsschule Schloss Gaienhofen. Unter dem Clubjackett – das etwas Theaterhaftes hat in der sommerfrischlerischen Umgebung – erkennt man ein helles Frotteehemd, der große Kragen über den anderen Kragen gelegt. Die Hände des Jungen stecken halb in den Taschen enger Hosen, die Beine darin sind durchgedrückt (mir abgeschaut bei Laxmann), die Schultern sind hochgezogen, der Kopf ist dagegen leicht nach unten geneigt, was dem Blick in die Kamera etwas Verdunkeltes gibt, als sei die Pose nur ein Gefallen, den er schnell und widerstrebend einer Verehrerin erweist – der Großtante, die nicht alt sein wollte, sondern verführerisch. Sie ging immer stramm dieselbe Runde mit ihren Hunden, sie erbat sich auch immer an derselben geschützten Stelle, hinter einem Marterl, den Mundkuss, anschließend schwankend darin, ob sie die roten Lippenstiftspuren restlos wegwischen sollte oder als Zeichen ihrer weiblichen Macht noch etwas davon übrig bleiben könnte; und so übergab sie nach dem Spaziergang den feschen jungen Mann, wie sie ihn nannte, mit meist noch feinen Spuren um den Mund an ihre bequemere Schwester. Die machte aber dafür mit dem Enkel vor jedem Abendessen einen Bummel durch den Ort, mit Halt vor allen Schaufenstern, besonders einem, über dem in schwungvoller Schreibschrift Sportmoden stand. Dort gab es immer etwas, das mir gefiel, folglich verging die Fieberbrunnwoche nicht, ohne dass ich ein Hemd, einen Gürtel oder sonst ein Kleidungsstück bekam, das in der Woche darauf, an der Seite einer eingehängten Mutter, abends in den Kleinadelskreisen zu Komplimenten führte.

Und mit dem neuen Hemd und frisierter Stirnlocke, das Internatsjackett um die Schultern, nahm der Sohn wieder am gesellschaftlichen Leben teil, auch wenn die Teilnahme nur darin bestand, zu bestimmten Frauen Gnädige Frau zu sagen und einen Handkuss anzudeuten. Sie waren entzückt, er war entrückt, manchmal auch angewidert. Da gab es welche in Tracht um die fünfzig, die nichts als herumsaßen und Bridge spielten oder im Ortskern von Kitzbühel zwischen den zwei Toren hin- und herschritten, bis sie sich auf der Terrasse des Hotels zur Tenne für ein Glas Sekt niederließen – die Stunde, in der meine Mutter dazustieß, mit einem Internatsschüler als Begleiter, und bald hieß es: Erzähl den Damen doch mal aus dem Internat, na komm. Und ich erfand etwas, das die Müßigen in Erstaunen versetzte, den Großen Schwimmpokal des Internats, wenn man es schaffte, über den Untersee bis in die Schweiz und wieder zurückzuschwimmen. Ich erzählte vom Training unter Leitung eines Kantors, der auch Sportlehrer sei und wie Winnetou aussehe, von meiner Mutter sogleich bestätigt – Ein begnadeter und gut aussehender Mann, höre ich sie noch sagen, als ihr Geschichten erfindender Sohn schon fortfuhr, von den Strömungen im See sprach, wie viel Kraft es koste, dagegenzuhalten. Und eine der Damen – unauslöschlich ihr Name, Lizzi von Himmelreich – beugte sich zu dem jungen Bodenseeschwimmer und deutete einen Griff um dessen Oberarm an, also ließ er den Muskel dort schwellen. Und die von Himmelreich sparte nicht mit Komplimenten, pudersüßen Kaiserschmarrnwörtern, die er später mit ins Bett nahm.

Sprache als Gift, das nicht den Magen verdirbt, sondern sich still des Geistes bemächtigt, in Wellen wilder Nacht- und Tagträume über dem Zwölfjährigen zusammenschlägt. Dösend auf der warmen Planke der Badeanstalt, mit halbem Auge bei den Körpern um sich herum, von Jungs wie von Frauen oder fraulichen Mädchen, erliegt er dem Sprachgift im süßen Duft von Piz Buin und Tiroler Nussöl, im Glitzer des Moorsees unter blauem Himmel. Jeden dieser Körper könnte er haben, denn jede, die sich dort sonnt, Wangen und Schenkel im Licht, will ihn anfassen, denkt er, wie Lizzi von Himmelreich. Seit neuestem hat auch er eine Dreiecksbadehose, hellblau mit weißen Schnüren, gekauft bei den Sportmoden in Fieberbrunn, in der zeigt er sich als kleiner Halbstarker mit einer Mutter, die im Schatten sitzt, einen Stift in der Hand und auf den Knien einen Block. Sie spielt die Schreibende, aber spielt auch nicht – was sie da macht, soll schließlich Geld bringen, ihr Luft verschaffen. Er spielt den Müßigen und geht zu einem Moorloch, darin zwei Frauen, nur ihre Köpfe ragen aus dem Schlamm; er kennt das Loch, man kann sich hineinfallen lassen, also wartet er, bis es frei wird, dann lässt er sich fallen. Der schwärzliche Schlamm ist ein Leib um seinen, er fühlt sich eins mit ihm, eine Weile liegt er ganz still, die kleinste Bewegung macht Geräusche wie Schmatzen. Erst die Sorge um die neue Hose lässt ihn aus dem Loch kommen, schlammüberzogen; er nimmt Anlauf und springt in den See, Füße nach vorn geworfen wie beim Weitsprung – sieben Meter könnten es sein, dann hätte er den Schulrekord gebrochen. Die Mutter winkt mit beiden Händen, und er schwimmt zum Ufer und steigt aus dem dunklen Wasser, von Morast befreit, auch mit sauberer Hose. Er kann sich sehen lassen und geht auf den warmen Planken von Körper zu Körper, immer dicht an denen vorbei, die auf dem Bauch liegen, das Gesicht in der Armbeuge, dann verschwindet er in der Umkleidekabine von Mutter und Sohn. Dort riecht es nach feuchtwarmem Holz, und in der Wand zur Nebenkabine ist ein Astspalt, hinter dem es hell schimmert, wenn sich dort eine, die er mit Gnädige Frau anzureden gelernt hat, ohne Eile, ja geradezu träge, ihrer sonstigen Untätigkeit entsprechend, auszieht. Bei ihm geht dagegen alles rasch, ein Auge am Astspalt. Danach verflucht er sich. Ihm bleibt nur, mehr Kräfte zu gewinnen, als er verloren hat. Er verlässt die Kabine und springt erneut in den See, krault wie um sein Leben, ja taucht sogar ins Moorwasser, bis alles schwarz um ihn ist, die Angst nicht größer werden könnte, um als Sieger über sich wieder aufzutauchen. Den Rest besorgt das Mittagsessen, das seine Mutter im Seebichel-Lokal spendiert, sie mit offener Bluse über dem Badeanzug, er in der Dreieckshose, vor sich ein Schnitzel, das über den Teller lappt – in keiner anderen Stunde wurde sie so still und aufrichtig geliebt.

Jede der Kitzbühelwochen verfliegt, und immer sind es Tage, an denen der Sohn, über sein Tun in der Umkleidekabine und das Schwimmen danach, das Mittagessen und später die Konversation mit den Damen, sprunghaft älter wird, vierzehn, fünfzehn, um vor dem Zubettgehen noch einmal ganz Kind zu sein, sich darin fügend, dass ihm die Mutter alle Reste des Moorwassers, einen angeblichen trüben Film auf der Haut, in einer Wanne abwäscht – ein Akt, der sich eingesenkt hat und zehn Jahre danach auf einem der ersten, mehr gezeichneten als gemalten Bilder des Sohnes wieder auftaucht: Eine Frau sitzt dort nackt auf einem Wannenrand, das Haar hochgebunden, ein Junge steht frontal in der Wanne, etwas seitlich vor ihr, in sich steif wie in einer Grundstellung gegenüber der, die ihn wäscht und mit ihrer Hand ein Stück von ihm wird – ein Bild, das verloren ging, eher zerstört als verschenkt wurde. Es existiert nur noch ein Foto davon, einziger Beweis, dass ich mit zweiundzwanzig etwas gemalt habe, was im Alter von zwölf passiert sein könnte und auch zehn Jahre später noch jenseits von Sprache war, zeichenhaft kalt. Beide Personen, die Mutter auf dem Wannenrand von hinten, mit ideal gerundeten vier Buchstaben, und der stehende Junge, die mütterliche Hand im Schritt, wie als das bessere, eigentliche Geschlecht, gehen an dieser Stelle ineinander über und bilden so eine Einheit, eine Art weltlicher Pietà. Das Gesicht des Jungen hat etwas Totes, aber ohne Verklärtheit, ohne Spur von Erlösung, es hat etwas irdisch Totes. Und doch lastet auch Trauer auf dem Gesicht, die Trauer über das nahende Ende der Kitzbüheler Wochen, ja überhaupt des ganzen Sommers; es droht bereits die Rückkehr ins Internat, das Elternabgewandte am unteren Bodensee, die lichtarme Zeit, in der nur sein Armseliges aufscheint.

Gegen acht wird es jetzt abends schon dunkel, und die weiterhin warme Luft bekommt etwas Falsches, als würde sie einen an der Nase herumführen, damit man den Herbstanfang übersieht. Es mutet auch falsch an, dass tagsüber wieder die Sonne strahlt, obwohl ganz untrügerisch vom blauen Himmel über Alassio; und wenn ich auf dem Weg zum Frühstück an der Rezeption vorbeikomme, macht der Herr mit dem leichten Silberblick, immer im Dienst, so scheint es, Tag und Nacht, eine Handbewegung zur Terrasse hin, wie ein: Bitte, da haben wir's, das Prachtwetter! Abends dagegen, wenn ich in den Ort aufbreche, um in einem der Lokale am Strand etwas zu essen, ist es eine eher bekümmerte oder ratlose Geste, ein kurzes Hin und Her der offenen Hand über dem Tresen, und gestern fasste ich mir ein Herz und fragte, was das zu bedeuten habe – etwa, dass ich jeden Abend die Hotelküche verpassen würde? Das war in dem Augenblick meine Vermutung, und sie war nicht falsch, sie war nur unvollständig. Der gute Geist des Beau Sejour bedauerte es ausdrücklich, dass ich nicht im Hotel aß, es mir entging, unter drei Menüs zu wählen oder à la carte zu bestellen; noch bedauerlicher aber war es für ihn, dass ich nicht mit Mrs. Bennett abends auf der Terrasse einen Tisch teilte. Sie sei allein hier, ich sei allein hier – ein Essen zu zweit, und sie würde das mit dem Zimmer leichter nehmen. Er sah auf seinen Bildschirm, eine Hand am Mund, plötzlich verlegen, wie von den eigenen Worten begossen, und ich sah auf die Uhr und sagte, ich müsse los, ich sei verabredet im Ort, eine alte Freundin würde auf mich warten.

18

Schwindeln, lügen, eine Geschichte erfinden, damit man für
sich bleiben kann, unbehelligt, oder etwas auftischen, damit
andere staunen, man ebenso für sich bleibt, als der Bestaunte
(der für einen Schwimmpokal trainiert, den es nie gab, und es
mit dem Bodensee aufnimmt). Das Schwindeln, um mich
abzukapseln und trotzdem Anklang zu finden, hatte in den
Tagen mit meiner Mutter, als ich immer wieder ihren früh-
abendlichen Kreis unterhielt, eine bleibende Form gefunden.
Und in den letzten zwei Ferienwochen, mit der kleinen Schwester unter der Obhut unserer Hüterin in dem Rohbauanbau,
radelte ich jeden Tag nach Freiburg ins Kino, um mir fürs Ge-
schichtenerfinden die Bilder zu holen, die es anstießen, aber
auch glaubhafter machten. Ich ging in Western und Kriegs-
filme, in Filme mit Helden vom ersten Moment an und Filme
mit Gladiatoren, die zu Helden wurden, in alles, was mit
Kampf oder Verbrechen zu tun hatte. Ich sah Lino Ventura als
Gangster, dem ich gefolgt wäre, und Paul Newman als Spieler,
dem ich mich angeschlossen hätte; ich sah Elvis mit seinem
Kussmund und zwei Revolvern, die aus der Hüfte abzufeuern
wie er mir als das höchste der Gefühle erschien. Und wann immer am Ende die seitlichen Türen aufgingen und das Tageslicht in den noch dunklen Kinosaal fiel, warf das Internat einen
um die Filmlänge größer gewordenen Schatten voraus.

Die Rückreise mit dem Zug sollte am letzten Augustsonntag
sein, und das getrennte Elternpaar war am Wochenende noch
für zwei Nächte nach Kirchzarten gefahren, um sich den Kindern zu zeigen, die Mutter aus Frankfurt kommend, der Vater

aus Stuttgart – sicher gut gemeint, auch sicher ein Opfer, ein geopfertes Wochenende, noch dazu in der Bedrängnis des Anbaus. Die Hauptmieterin wich für zwei Nächte in den Gasthof zum Löwen aus, die Tochter schlief mit der Mutter im etwas größeren Schlafzimmer, der Sohn mit dem Vater im schachtelartigen Kinderzimmer, vier auf kleinstem Raum Zerstreute, auch bei den Mahlzeiten. Da saß zwar eine Familie um den Esstisch, Vater, Mutter und zwei Kinder, im Grunde aber vier Personen wie die so nächtlich Verlorenen auf den Bildern Edward Hoppers, eine jede für sich – damals kaum ein dumpfes Gefühl, überstrahlt von meiner kindlichen Auffassung, eben doch Teil einer wahren Familie zu sein. Und aus dieser Auffassung heraus (oder dem kaum dumpfen Gefühl) greift der Sohn am Sonntag seiner Rückkehr ins Internat zu einem Fotoapparat, den der Vater, inzwischen für Zeiss Ikon in Stuttgart tätig, mitgebracht hat, und fotografiert die Familie, abzüglich seiner Person, und hielt damit etwas fest, das er gar nicht sah, erst ein Menschenleben später. Das entwickelte Foto existierte nur als Dia in einem Karton, es war für Jahrzehnte verschwunden, bis die erwachsene Tochter es dort buchstäblich entdeckte, seine ganze verborgene Erzählung, und für den Bruder einen schon erschreckend großen Abzug machen ließ.

Vater, Mutter und Tochter sitzen am Frühstückstisch, wie das Geschirr und eine Dose Nescafé und eine bauchige Kanne zeigen; allerdings stehen auch drei Rotweinflaschen auf dem Tisch, davon eine fast leer. Die beiden Erwachsenen rauchen, jeweils die Hand mit der Zigarette aufgestellt, das Rauchen nach einem Sonntagsfrühstück ohne Eile, die Verdauungszigarette. Der Vater, knapp Mitte vierzig, ist halb von hinten im Bild, er schaut auf den Tisch, vielleicht zu den Flaschen, die in der Nähe der Tochter stehen, die am anderen Tischende sitzt. Sie sieht als Einzige in Richtung der Kamera, ohne sich von dem Frühstücksfoto, ja überhaupt diesem Zusammensitzen am

Familientisch irgendetwas zu versprechen; es ist der Blick eines ganz in sich zurückgezogenen anmutigen Mädchens, das dunkle Haar als Rahmen um einen Ausdruck wie der auf verglasten Fotos an Kindergräbern, wenn aus dem Gesicht schon etwas Entrücktes spricht. Und die dritte Person im Bild, die Mutter, etwas über Mitte dreißig, sitzt im rechten Winkel zu dem Mann, der nicht mehr ihr Mann ist, ihm damit näher als dem Mädchen am Tisch, dafür geht der Blick in Richtung der Tochter, aber mehr auch nicht: Es ist der Seitenblick in einen Spiegel, der die eigenen Gedanken zurückwirft, solche, die ein selbstgerührtes Lächeln begleitet – Schönheit und Traurigkeit sind die zwei Seiten unserer weiblichen Medaille, mein Kind, deine Mutter weiß ein Lied davon zu singen! Und der Mann am Tisch kennt dieses Lied, er hat es oft genug gehört und will davon nichts mehr wissen. Seine Haltung ist hermetisch, er hält die Zigarette nah am Gesicht, der andere Arm liegt auf der Tischkante, während die Frau in der Mutterrolle die Zigarette eher weg von sich hält, als sichtbaren Teil ihrer eigentlichen Rolle, der als moderne Frau, die erhobene Hand von der anderen gestützt. Beide halten die Zigarette links, beide zeigen die gleiche elegante Position der Finger; als kultiviert Rauchende sind sie noch ein Paar – und auch das Mädchen am Tisch wird künftig rauchen und sich mit Rauchern liieren. Noch hat es die Hände im Schoß, wie verpuppt sitzt es da, in mädchenhafter Reinheit, von aller Welt verlassen bis auf die stille eigene, als ein geduldiger Fremdkörper in einem kleinlich-peinlichen Interieur. Ja, eigentlich sitzen drei Fremdkörper an dem Tisch in der Zimmerecke mit einer trostlosen Hängepflanze im Winkel der Wände und einem einzelnen Bild an der Wand hinter der Mutter, wie ein misslungener Akzent gegen die Gesamtatmosphäre: ein gerahmter Druck von van Goghs leuchtendem Nachtcafé, antipodisch zu Hoppers düsteren Nighthawks. Bleibt noch der freie Stuhl im Vordergrund, das Zeichen für einen abwesend anwesenden Vierten, den, der auf den Auslöser drückt. Der Sohn fotografiert Eltern mit Tochter am Frühstückstisch, und heraus kommt ein Bild der gescheiterten Intimität – fünfzehn Jahre nach Kriegsende, aus heutiger Sicht kein Zeitraum, daher auch kein Wunder, dass auf allem noch etwas Erbärmliches lastet, ein Mangel an gutem, gemeinsamem Leben, an Zusammensein, auch ein Gefühl für das Überflüssige, ein Mangel an Geschmack. Die drei Personen im Bild sind isoliert in ihrem Selbstglanz, ihren Lebensträumen – bei den Erwachsenen verbunden mit dem unbedingten Willen zum Erfolg. Das Foto weist aber nur auf die Träume hin und deutet ihre Ferne zur Realität an; dagegen zeigt es mit dem offensichtlich langen Frühstück einen letzten Aufschub des Abwesenden am Tisch vor der Rückfahrt ins Internat nach den Sommerferien. Für ihn endet an dem Tag die Freiheit, für seine Eltern endet nur eine Unterbrechung der Arbeit an verschiedenen Orten – Grund für deren Getrenntheit in den Augen der Kinder, sie wissen auch weiterhin nichts von einer Scheidung. Ein Familiensonntagsfrühstück also, wie es sein sollte, auch in einem Rohbauanbau geschützt vor der Welt, ihrem Eindringen in das schäbige, aber geschlossen erscheinende Reich.

Nur drang dann doch ganz unerwartet ein Stück Leben ein an diesem Tag, der schon etwas Herbstliches hatte, wie die Kleidung auf dem Foto vermuten lässt, jeder trug einen Pullover, der Vater in Weinrot, die Mutter in Schwarz, die Tochter in Grau. Noch während man am Tisch saß, klingelte das Telefon, meine Mutter hob ab, unvergessen ihr Ausruf nach kaum zwei Herzschlägen: Der begnadete Kantor, welch eine Freude! Und ich sehe noch, wie sie mir zuwinkt, und höre sie laut wiederholen, was der Anrufer ihr sagt, dass er mich am späten Nachmittag abholen könnte, da er doch von seiner Freiburger Gegend auch an den Bodensee fahre, warum mich also nicht mitnehmen? Und meine Mutter schlägt vor, dass wir dann in unserem neuen Haus doch alle noch ein Stück Kuchen essen könnten, und macht dem Mann am Tisch, meinem Vater, Zeichen, dass sie beide erst später fahren sollten. Auch ihre Mutter wäre mit von der Partie, sagt sie ins Telefon, die frühere Sängerin, alle würden sich freuen auf ihn – Stell dir vor, er kommt her, ruft sie mir zu. Sie führt das Gespräch nach zwei Seiten, ist ganz aus dem Häuschen, während ich nur abwinkende Bewegungen mache, mich jetzt schon schäme für den Rohbauanbau, das neue Haus, und auch schon weiß, was sein wird, wenn ich abends als Letzter ins Heim komme und Frau Guth im Flur steht, aber mein Vater sagt, es sei besser als im Zug zu hocken, außerdem spare man das Geld für die Fahrkarte. Und kaum ist das Gespräch beendet, wird die ausquartierte Bewohnerin des Anbaus telefonisch gebeten, Kuchen aus ihrem Gasthof mitzubringen: für den Kantor, der zu Besuch käme. Ich aber eile nach oben ins Bad, um etwas aus meinen Haaren zu machen, die im Sommer gewachsen sind.

Und der mitgebrachte Kuchen ist Schwarzwälder Kirschtorte, gleich auf den abgeräumten Tisch gestellt, dann machen sich beide Frauen, die einstige Primadonna und die Schauspielerin ohne Bühne, in dem engen Bad für den Begnadeten fein, während mein Vater mit einer Zeitung auf dem Sofa sitzt und raucht, dicht neben sich die anmutige Tochter, froh über die gewonnenen Stunden mit dem, den sie Vati nennt und der bald wieder verschwunden wäre für Monate, als Phantomvater, desgleichen die Mutter, sonst wo in Frankfurt, und auch der Bruder, verschwunden im Internat; nur ihre Hüterin aus Leib und Seele ist kein Phantom. Noch aber hat die kleine Tochter den Vater, auch wenn er Zeitung liest und raucht, sie sieht einfach mit in die Zeitung und atmet auch den Rauch seiner Reval mit ein, sie macht dem großen Bruder Zeichen: Schau mal, ich kann schon rauchen, du nicht! Aber der Zwölfjährige hat für Späße jetzt keinen Sinn. Er geht wie auf glühenden Kohlen hin und her und legt sich Sätze zurecht, wie Herrn Gieser das schäbige neue Haus zu erklären wäre, der Mangel an Schönheit, der auf ihn, den er Schönerdu genannt hat, zurückfiele. Keiner seiner Sätze taugt etwas, ja, er sieht sich selbst als untauglich, auch in dem VW des Kantors wird er kaum zu etwas taugen, der Schlamper sein, als den Frau Guth ihn an die Wand malt, und sein Magen verkrampft. Er legt sich auf das noch freie Stück Sofa und öffnet den Gürtel, er ruft nach seiner Mutter, und die kommt schließlich in einem Kostüm, das sie – gottlob! – dabeihatte, kommt ans Sofa. Der Vater wechselt auf einen von zwei Sesseln, seine Tochter setzt sich daneben auf den Boden, das Gesicht an der Sessellehne, am Vatiarm. Die Mutter beginnt, ihrem Sohn den Bauch zu massieren, sie weiß, worauf es ankommt, auf eine zarte Hand und gutes Zureden, damit sich die Krämpfe lösen. Und bald erscheint auch, ebenfalls zurechtgemacht für den Kantor, die Bewohnerin des Anbaus; sie deckt den Tisch für Kaffee und Kuchen und fährt mit einem Staubtuch über den Fernsehapparat von Telefunken, den es seit kurzem gibt, den ersten in der Familie, wie der Vater am Vortag feierlich festgestellt hat, auch wenn die Familie zerstreut ist. Dafür gab es das Samstagabendfamilienprogramm mit Peter Frankenfeld im Pepitajackett, ein Quiz vor großem Publikum, und Frankenfeld rief eine junge Dame zu sich, Fräulein, kommen Sie doch mal zu mir!, schon stand es auf, das Fräulein, und meine Mutter sagte, Seht sie euch an, diese Type! Worte, die mir im Gedächtnis sind wie ihre Hand auf meinem Bauch, als es jeden Moment an der Haustür klingeln musste und unabwendbar war, dass Herr Gieser mit am Tisch säße und man mir ansehen könnte, was wir getan hatten, im Bett, im Schilf, im Wald. Lieber Gott, er weint ja – ein leises Wort beim Massieren, und der Vater im Sessel lässt die Zeitung sinken und drückt seinem Sohn auf dem Sofa die Hand, Bauchweh gehe vorbei, da gebe es Schlimmeres – er, dem sie im Krieg ein Bein abgesägt hatten, dachte in den Majuskeln des Körpers, den Großbuchstaben unübersehbarer Schmerzen. Aber alles, was mit dem Kantor zu tun hatte, existierte nur kleingeschrieben, in einer unsäglichen Schlange aus Wörtern, derhatmirimschilfdenschwanzgeriebendassersteifwurdeundimmerweitergemachtbisesvornherausspritzteundesmitdemfingeraufdereichelverstrichendassichzusterbenmeinte. Und die streichelnde Mutter kommt zum Trost mit einer Krokodilstränengeschichte, nach einer Verbrennung im Kohlenkeller des alten Hauses, ich hatte im Feuer Koks von Briketts getrennt und danach an die falsche Seite des Schürhakens gefasst. Stellt euch das nur vor, ruft sie, und schon kehrt das Geräusch zurück, wenn die Eierbriketts über den abgewetzten Schnabel des Kohleeimers ins Ofenloch rutschten, so vorbei, so verloren wie das Haus mit Garten, und es laufen noch mehr Tränen, während mein Vater mir an den Kopf greift, ins Haar – ob der Junge nicht vor der Rückfahrt zum Frisör hätte sollen, sagt er, und ich erkläre das Bauchweh für überwunden, eine Hand im vollen Nacken.

Was dort gewachsen ist, fühlt sich gut an und ist alles, was der Junge hat an dem Tag, was für ihn spricht, wenn er später mit seinem Kantor in den Abend fährt, darauf achtet, was der sagt und tut, wie er schaltet, wie er raucht, wie er in den Rückspiegel sieht und auch zu ihm, wie er Nadu sagt und den Zigarettenrest aus dem Fenster schnippt, wie er sich an den Mund fasst mit zwei Fingern, erst über seine Lippen streicht, dann über die in seiner Nähe – ich weiß das alles und gehe mir das Gesicht waschen und frisiere die zu langen Haare noch einmal mit Wasser, bis eine Locke über der Stirn steht, eine wie die von Elvis, nur nicht recht passend zu meiner Brille, auch nicht zum Bauchweh – das nicht überwunden ist, nur von der Haarlocke, als könnte man es mir ansehen, gewissermaßen verdeckt.

Ich lösche das Licht im Bad, und da klingelt es schon, einmal kurz, also laufe ich die Treppe hinunter, zur trübverglasten Anbauhaustür und erkenne die Fliegerjacke, darüber der indianische Kopf. Er ist da, ruft die Mutter aus dem Wohnzimmer, er ist da!, und ihr Sohn öffnet die Tür, dabei auf Zehenspitzen, als wären im Sommer auch seine Beine gewachsen, und der Häuptling der Kantorei sagt Sallü, was von den Franzosen kommt, die in der Gegend Kasernen haben, von ihrem Musiksender, Salut les copains.

Der Besuch begann mit einer Führung durch meine Mutter, kein Raum wurde ausgelassen in dem Anbau, jedes Stück Komfort fand Erwähnung, zuletzt die Durchreiche zur Küche, als man am Esstisch Platz nahm. Mit glühenden Wangen aß ich die Kirschtorte zwischen den Eltern und dem Kantor, dabei auch meine Schwester, wieder still verschlossen (in Wahrheit hellwach), und die musikalische Bewohnerin der Räume. Sie stellte Fragen zur Gesangsausbildung und gab eigene Erfahrungen zum Besten, sie erkundigte sich nach den Plänen der Kantorei. Und der Gast in der Fliegerjacke sprach erstmals von einer Konzertreise durch Finnland in den nächsten Sommerferien, das Programm dafür sollte im jetzigen Herbst und Winter einstudiert werden, auch mit dem Knaben hier, und schön wär's, wenn er mitdürfte nach Finnland! Ein Wort in die Elternohren, danach ging man zum Rauchen über, mein Vater reichte jedem Feuer mit einem Streichholz, wobei er die Flamme erst im letzten Moment ausschüttelte, als würde er sie nicht spüren. Er rauchte und sah auf die Uhr, er sagte, es werde langsam Zeit für jeden aufzubrechen, nach Frankfurt, nach Stuttgart, an den Bodensee. Und meine Hüterin summte gegen ihren Abschiedsschmerz Takte aus der Fischerin vom Bodensee, überleitend zu etwas anderem, aus der Fledermaus, aus dem Weißen Rössl, aus ihrem alten, dem verlorenen Leben.

Vieles von dieser Kaffeestunde mit dem Kantor an einem Familientisch, der keiner war, ist mir so im Gedächtnis, dass sich schnell Worte dazu finden, zu schnell und auch zu leicht; in dem Maße, wie mir dieser ganze Tag vor Augen steht, in dem Maße gibt es Zweifel am Drama der Details – Grund genug für einen Anruf bei der, die mit am Tisch gesessen hatte.

Ich erzählte meiner Schwester zuerst von Alassio, von dem Hotel und dem Zimmer, dann sprachen wir über das Mädchen auf dem Foto und die erwachsene Frau, die sich darin erkennt, ihren Schrecken über die ganze erstarrte Frühstücksszene mit den Eltern; und wir sprachen über den Besuch des Kantors am Nachmittag, wie peinlich es auch für sie war, als er durch den Anbau geführt wurde. Ja, sie konnte sich sogar an die Verabschiedung erinnern, bei dem VW mit Verdeck, von der Mutter todschick genannt, oder wie Herr Gieser sich eine Zigarette ansteckte, bevor er einstieg. Und zuletzt machte sie den schreibenden Bruder noch auf etwas aufmerksam, für das er blind war: seine Ähnlichkeit mit der Frau auf dem Foto, als er das Alter hatte wie sie damals, in den Wangen, dem Mund, den Augen – Schon verrückt ähnlich, sagte die Schwester, die sich im Gegensatz zu mir mit Bleistift und feinem Pinsel ihren Reim auf verstörende alte Fotos macht, sie als Vorlage nimmt für kolorierte Zeichnungen, eins ihrer Talente: geduldiges, aneignendes Wiedergeben, Zeichnen als Ausdruck von Handschrift, wie schon beim talentierten Vater; sie zeichnet höchst genau und setzt die Farbe behutsam ein, mit derselben ruhigen Hand, die früher Blutgerinnsel aus Gehirnen entfernt hat.

19

Die angesteckte Zigarette zwischen den Lippen, so wendet der
Kantor auf der Höfener Straße und fährt über die Lindenau auf
die B 31 Richtung Donaueschingen; und schon bei Himmelreich, dem Ort gleich nach Kirchzarten, greift er in das Haar,
das die ganzen Ferien über nicht gekürzt wurde, sich bereits
kringelt in meinem Nacken, und sagt Wir haben viel Zeit. Es
waren seine Auftaktworte an diesem windigen Spätnachmittag
oder eher frühen Abend mit schon etwas Herbstlichem, wir-
belnden Blättern in einem Licht, das nichts Erhebendes mehr
hatte wie das am Anfang der Ferien, das schwer über allem lag,
als es ins Höllental ging und bald die engen Kurven nach Hinterzarten hinauf. Auch beim VW mit Verdeck gibt es das feine
Klirren im Motor, dazu noch ein Flattern, wo der Verdeckstoff
nicht anliegt. Der Zwölfjährige auf dem Beifahrersitz bestaunt
den Mann am Steuer, wie ihm in jeder Kurve eine Strähne ins
Gesicht fällt, während die Zigarette wie festgeklemmt ist von
den bläulichen Lippen – genauso will er selbst einmal Auto
fahren, rauchend in den Abend, in die Nacht. Und schließlich
wird es auch eine Fahrt in die Nacht, auf leerer Straße zwischen Immendingen und den Schleifen hinunter in den Hegau,
eine Fahrt, als wäre außer uns niemand unterwegs, die Bedingungen für den Gedanken, dass wir die beiden einzigen
Menschen überhaupt seien, weil eben kein anderes Auto zu
sehen war und auch nirgends Häuser mit erleuchteten Fenstern,
nur die Straße und dunkle Hügel mit Tannen oder halbdunkle
ohne Tannen und darüber – gut möglich – der Mond. Wir
fuhren aus der Welt oder hatten die bewohnte Welt bereits hin-

ter uns gelassen, aber auf einmal bremst der Kantor und schaltet mit dem Handteller herunter (später auch meine Art, den Gang zu wechseln). Machen wir hier Pause, sagt er und biegt in einen Waldweg, schon mit Standlicht; ein paar Meter fährt er noch auf dem Weg, bis zu einem Stapel gefällter Tannen, dort macht er den Motor aus und auch alles Licht.

Herr Gieser raucht – ein verlässliches Bild: die Glut seiner Zigarette, ihr Aufglimmen und der Schimmer auf den Lippen, der Glanz in den Augen, dann wieder Dunkelheit und Stille bis auf das eigene Herzklopfen. Ein Halbwort nach der Zigarette beendet die Stille, Nadu. Schwer, darauf etwas zu erwidern, nur muss der Junge auf dem Beifahrersitz auch nichts erwidern. Er muss nur da sein und stillhalten, als sich der Fahrer, sein Kantor, über Schalthebel und Handbremse hinweg zu ihm beugt und sich nimmt, was ihm nicht gehört, es aus der Kleidung holt; aber erstens nimmt er es nicht weg, er borgt es sich lediglich aus, und zweitens bietet er im Gegenzug auch etwas an, Da, sagt er, komm. Und beide verkeilen sich in der Enge des Wagens, es reicht nicht mehr, einfach stillzuhalten, auch der Junge hat zu tun, sosehr ihm die Schenkel zittern. Er weiß wieder nicht, wie ihm geschieht, und weiß es inzwischen doch, er weiß, dass gleich die Schweinerei passiert. Aber der Kantor hat vorgesorgt, das eigene weiße Hemd hält er bereit, ein ganzes Stück davon für sie beide, und der Junge kann sich gehenlassen, so wie es, zwischen Küssen, von ihm erbeten wird. Der Kantor legt ihm sein Anliegen buchstäblich in den Mund, sich dort unten zu vermischen, es ist wie das Vorsummen einer Solostelle, wenn er am Flügel sitzt und ihn auf die Tonart hebt. Er nimmt Wörter in den Mund, die sonst keiner in den Mund nimmt, er kaut sie ihm vor und flößt sie ihm ein, bis sich erst beider Atem vermischt und endlich, in einem Platzen, das gar nicht aufhören will, nur in Wellen langsam verebbt, auch all das Überschwemmende. Sie teilen sich das Stück Hemd, um abzuwischen, was sich vermischt hat, sie teilen ihr Verstummen danach, das Nichtmehrweiterwissen mit noch heruntergelassenen Hosen, die Niederlage im Zigarettenrauch – bis der Erwachsene am Steuer das Autoradio anstellt, irgendeine Kammermusik, die zum Sonntagabend passt, und rückwärts aus dem Waldweg fährt, wieder in die Straße biegt – und nur noch fuhr und fuhr und kein Wort sprach. Ein Schweigen wie eine Verdopplung der Dunkelheit, erst beendet, als hinter Radolfzell der Untersee im Mondlicht dalag – auch ein unverrückbares Bild – und er auf einmal Kämm dich sagte, mach, damit die Guth nichts merkt. Nur merkte sie dann doch etwas, als der Gekämmte vor ihr steht, um sich von den Ferien als Letzter auf dem Stock zurückzumelden, abgeholt und hergebracht von Herrn Gieser, etwas von seiner Erschöpfung. Mit zwei Fingern macht sie das Zeichen einer Schere und nennt sein Haar Mädchenhaar, sie schickt ihn ins Bett, und er geht auf das Zimmer, in dem der Brauereierbe schon schläft. Er zieht sich aus und legt sich hin, gefasst auf Monate der Ohnmacht und beim Übergang in den Schlaf von einem Geschlecht, wie er es im Sommer, als die Ferien noch ewig erschienen, im Fieberbrunner Kino in dem Film ab achtzehn gesehen hat.

Etwas ist mit mir geschehen, wie von Mächten verursacht, für die es keine Worte gab, und geschah danach auch mit Sicherheit wieder; fraglich ist hier nur, wie oft dieses so in Höhen Tragende wie Herunterziehende, so Erfüllende wie Entleerende zwischen dem Kantor und mir passiert in den Unterstufenjahren, die etwas nicht Endendes haben. Von der nächtlichen Autofahrt an geschieht es regelmäßig, fast jede Woche – eher aber etwas weniger oft, als es die Erinnerung will, um mit der höheren Zahl möglichst viel erklären zu können. Kein Zweifel besteht nur daran, dass sich die Art und Weise ändert, der Ältere sich mehr und mehr nimmt und der Zwölf- und später

Dreizehnjährige mehr und mehr gibt, jeden dehnbaren Muskel seines Körpers, und das an Orten, die ein Immermehr geradezu fordern, in den Herbst- und Winternächten im Kellerturnraum, über den hölzernen Sprungkasten gebeugt, und zur warmen Jahreszeit wieder im Schilfversteck, wo der Junge auch gleich das Rauchen lernt, sogar Kringel zu formen mit seinem Kussmund, während ein hinterherhinkendes Herz all die geflüsterten Wörter wie ein gefundenes Fressen aufnimmt.

Das Jahr nach der Rückfahrt ins Internat im Auto des Kantors, die Zeit vom Spätsommer über den Herbst und Winter und ein langes Frühjahr bis in den nächsten Sommer hinein, hatte in dem Übermaß an Erlebtem und dem Mangel an Sprache dazu eine Schwerkraft, die bis heute wirkt, die Bilder aus dieser Zeit verzerrt, sie krümmt wie nach Gesetzen einer intimen Physik. Gleich im September hatten die Chorproben wieder angefangen, schon im Hinblick auf die geplante Konzertreise durch Finnland in den nächsten Sommerferien. Noch waren es milde Tage, während der Abendprobe waren die Fenster im Musikraum auf, Vogelzwitschern mischte sich in den hellen Gesang, Die Himmel erzählen die Ehre Gottes; Bach musste es sein für die Finnen, eine Kantate zum Auftakt. Das milde Wetter hielt sich bis in den Oktober, morgens mit dichtem Nebel, der gegen Mittag aufriss, den glatten See und einen blauen Himmel freigab. Es roch süßlich nach Fallobst in diesen Tagen, gärend in der Herbstsonne, bis sie an Kraft verlor und all die Farben zu einem Graubraun wurden. In den Klassenräumen brannte jetzt vormittags Licht, im Pausenhof fror man, und in der Freizeit ging man nur aus Langeweile durch das Schilf an den See, der immer flacher wurde, mehr als einen Steinwurf weit seinen schlickigen Grund zeigte. Um vier Uhr am Nachmittag, wenn es schon dunkelte, begann das sogenannte Studium, zwei Stunden für die Hausaufgaben, still unter Aufsicht im Musikraum, und der mit dem Kussmund

und hinterherhinkendem Herzen – wieder mit Nazifrisur, verpasst von Frisör Eisenbeiß unter den Augen einer Heimleiterin, die nichts durchgehen ließ – machte bei jeder Aufgabe seine ganz eigenen Fehler. Er rechnete auf seine Art falsch und schrieb englische Vokabeln nach ihrem Klang, er lernte Gedichte, wie sie ihm richtig erschienen und verfehlte beim Aufsatz das Thema. Und so war der Junge mit blankem Nacken nicht nur ein Schlamper, er war auch ein Spinner, und beides traf im Grunde zu – mein Denken war zerfranst, eben schlampig, dazu voller Träumereien. Jeder Gedanke war auch ein Spinnen, das Weben eines Netzes, das mich schützte.

Bis zehn nach sechs ging das Studium; um halb sieben gab es schon Abendbrot, und danach fing die Chorprobe an. Unvergessen: das Warten auf einen Blick von Herrn Gieser, sein stummes Wort an mich, Ich habe dich im Auge, auch wenn dein Nacken ausrasiert ist und die Ohren freistehen, nur dein Mund und die Stimme zählen, sieh mich an und sing! Aber die weiche Jungenstimme, vorgesehen wieder für eine alleinige, nur von ihr getragene Stelle, bekommt innerhalb von Wochen etwas frühzeitig Hartes, wie eine Antwort aus dem Hals auf alles andere zu früh mit dem Körper Geschehene – noch vor der Adventszeit war mein Singen kaum mehr als ein Bewegen der Lippen, ein pantomimischer Akt, und eines Novemberabends nach der Probe nahm mich der Kantor beiseite. Er griff mir ins wieder nachgewachsene Haar und sagte, ich sei für die hohen Töne schon zu entwickelt und für die tieferen noch zu jung, er zog mich an sich heran, Stirn an Stirn, und sprach von einem Moratorium, ein Wort mit dunklem Klang, das mir Angst machte. Und von da an hörte ich es nur im Treppenhaus, wenn die mit den reinen Stimmen probten, und machte Abend für Abend, dass ich von dort wegkam, auf die entlegenste Toilette im Keller. Dabei war es gar keine Verbannung aus der Kantorei, im Gegenteil, ich sollte sogar mit auf die Konzertreise und dafür ein paar Sätze Finnisch lernen, um an den Auftrittsorten mit meiner Klappe, wie es hieß, Werbung für die abendlichen Konzerte zu machen, nicht zu singen, sondern zu trommeln. Ihm zuliebe sollte ich mitfahren, sagte Herr Gieser nach einer Sportstunde im Kellerturnraum, er und ich allein am Kasten, zwei in brauner Trainingshose und weißem Unterhemd. Es war Januar, noch am Anfang der so lichtblicklosen Zeit bis Ostern, und unser Tun auf dem Kasten oder über den Kasten gebeugt – das Gedächtnis hat hier kahle Stellen – verhieß immerhin einen Sekundenlichtblick, den Blitzstrahl der Entleerung. Keine zehn Minuten waren das, in der Pause vor einer Freistunde und etwas darüber hinaus, die Turnraumtür von innen verschlossen, aber mit diesen Minuten im Januar gingen die Dinge zwischen einem von seinen Wünschen, seinem Verlangen Vor-sich-her-Getriebenen und dem Jungen an der Grenze zum Stimmbruch in ihre letzte Phase, über den Winter und das Frühjahr bis hinein in einen finnischen Sommer mit seinen so hellen falschen Nächten.

Die Begegnungen wurden immer hastiger, die Intervalle immer unberechenbarer. Zwei, drei Wochen konnten vergehen, ohne dass in der Sportstunde seine Hand etwas länger auf meiner lag als nötig, und um auf mich aufmerksam zu machen, lernte ich bereits zungenbrecherische Sätze für die Konzertreise. Die finnische Botschaft in Bonn hatte die werbenden Sätze zugeschickt, nach einer Vorlage des Heimleiters vom Gaienhofener Schloss, der die Reise begleiten sollte, ein früherer Marinemann, Herr der Mittelstufe und Internatsruder AG, mit dem ich dadurch vorzeitig in Berührung kam – er übergab die Sätze wie ein Geheimdokument, und der Junge aus der Unterstufe trug sie von da an mit sich herum und sprach sie vor sich hin, wenn der Kantor in seiner Nähe war. Noch war es ein Ablesen, noch saßen die Sätze nicht, aber es war auch das Erheben der Stimme, die nicht singen konnte, das Lockmittel des Jungen, bis er schließlich zu einem Gang an den noch winter-flachen See geholt wurde, ein Nachmittag Ende Februar mit erster wärmender Sonne, die Gelegenheit, um zu zeigen, wie er etwa in Rovaniemi – bis an den Polarkreis sollte die Busreise gehen – finnische Passanten auf den deutschen Knabenchor und sein Abendkonzert hinweisen wollte. Er spielte die Szene, sagte den ganzen Spruch auf, manche Worte schon ohne abzulesen, und der Lohn oder die Anerkennung waren Minuten im Schilf, ehe die Zweifel, ob er es wert war, auch ohne Gesang umarmt zu werden, von vorn begannen, bis zu erneuten Minuten im Schilf, im Wald, im Turnraum, auch wieder im Auto, halb bekleidet oder entblößt, im März, im April, im Mai.

Die paar finnischen Sätze ohne Versprecher reichten nicht, um mich als liebenswert zu empfinden, auch nicht meine Siege im Tischtennis oder ein Weitsprung über fünf Meter. Es blieben nur die Träumereien von einer Größe, die über allem Liebenswerten stand: Ich sah mich am nahenden Tag der auch großen Worte, dem siebzehnten Juni, die flammende Schülerrede halten, wenn nach Anbruch der Dunkelheit auf dem Sportplatz ein Gedenkfeuer für den Volksaufstand in der Ostzone brannte und sich die Lehrer, die von drüben kamen, mit Freiheitsreden überboten. Und als Höhepunkt tritt ein knapp Dreizehnjähriger vor das Feuer, mit Worten, die durch den Eisernen Vorhang dringen. Aber als es so weit war, als das Gedenkfeuer am Nationalfeiertag brannte und ein Primaner die Rede hielt, stand ich nur da, zitternd vor innerer Spannung, meinem Wollen und Nichtkönnen, ein Zittern noch während des Deutschlandliedes am Ende der Feier, tonangebend die Kantorei, ihr Leiter mit wehendem Haar von den Hitzewellen aus den Flammen, und in mir nur noch der Wunsch, dass er mich vom Joch dieser Spannung befreite, wie die unglücklichen Menschen in der Ostzone vom Joch des Kommunismus befreit werden sollten.

Immer wieder war das Wort Joch in den flammenden Reden gefallen und stand am Ende für die Haut, aus der ich nicht fahren konnte, weder an dem Abend noch in den frühsommerlich warmen Tagen danach, auch nicht mit Hilfe des Kantors, seinen Händen, seiner Zunge, seinem Geflüster. Es gab keinen Weg aus der eigenen, überspannten Haut; ihr Gereiztes, Wundes, nach Reibung an einer anderen Haut Verlangendes blieb, und so suchte ich Zuflucht im Gegenteil, einem Tun ganz im Gehäuse meiner selbst. Ich verkrümelte mich, wie man sagt, und begann in einem Vokabelheft mit lateinischen Verben, eigentlich zu lernen samt ihren Zeiten für eine schriftliche Arbeit, mit der Geschichte eines lebensmüden Jungen. Er plant, von einem Turm zu springen, kann aber sein Vorhaben nicht geheim halten, und am fraglichen Tag drängen sich Schaulustige um den Turm; bald gibt es Würstchenbuden, Souvenirstände und eine Musikkapelle, und der Junge flieht in einen nahen Wald und weint dort, bis nichts mehr von ihm übrig ist. Die eigene Verflüssigung ist sein Weg, aus der Haut zu fahren, ein Freitod ohne das Sterben. Aber ich dachte auch an wirkliche Flucht und schickte dem amerikanischen Onkel, dessen Name ich als Dank für seine Care-Pakete trage, eine Luftpostkarte nach Kissimmee, Florida, PO Box 411, darauf stand, dass ich zu ihm kommen wollte, ja schon so gut wie unterwegs sei. Und etwa zehn Tage später rief er, nach vielen Jahren ohne Kontakt zu seinem jüngeren Bruder, meinen Vater an, besorgt über die eingetroffene Karte und den Verbleib des Neffen, und der Vater rief noch am selben Tag im Internat an, damit man dort ein besonderes Auge auf mich habe. Dem Sohn aber, der zum verlorenen Sohn zu werden drohte, schrieb er zu dessen dreizehntem Geburtstag einen Brief, in dem stand, dass es für einen Jungen unmöglich sei, bis nach Amerika zu kommen, weil ein ganzer Ozean dazwischenliege. Also keine Flausen mehr, lieber auf die Sommerferien warten, auf die Finnlandreise – welcher Junge fährt denn schon bis zum Polarkreis? Damit endete der Brief.

Bis zu den Ferien waren es aber noch über zwei Wochen, und der einzige Trost war das Älterwerden: dass ich mich auf die Zahlen hinbewegte, die erst das Rauchen und später jeden Kinobesuch erlaubten. Das tröstliche Datum fiel auf einen heißen, mit Regen endenden Julitag; in der Nachmittagsfreizeit schien noch die Sonne, wir schwammen im See, die halbe Kantorei und ihr Leiter, und anschließend gab es im Schilf ein Geschenk. Er nannte es so, ein Geschenk, auch wenn es ein Nehmen war und kein Geben. Der Kantor nahm sich meine Haut, ihre ganze Gespanntheit, er nahm sich auch alles Bange in mir. Ich ging buchstäblich leer aus, fühlte mich aber erhoben und war bereit für ein tatsächliches Geschenk. Nach dem Abendbrot war es erlaubt, die Tische im Speiseraum für eine Geburtstagsfeier zur Seite zu rücken, und das Geschenk bestand darin, zur Musik vom internatseigenen Plattenspieler unter Aufsicht zu tanzen. Alle aus meinem Stockwerk waren eingeladen, dazu ein paar Mädchen aus dem Bella-Vista-Haus, die mit mir in der Klasse waren. So hopste und ringelreihte man umher, von der Erzieherin mit Ernte 23 zwischen den Fingern keinen Moment aus den Augen gelassen, und dennoch schwoll dem Geburtstagskind das Herz bei Hello Mary Lou und Blue Suede Shoes, bei Kiss Me Quick und Love Me Tender, Lieder wie Köder, nach denen er schnappte, samt den Haken darin. Sein Jungenkörper wand sich mehr zur Musik, als dass er sich drehte, und nur eine im Raum hatte das Auge dafür – denke ich heute –, wann dieses Sichwinden noch unbeholfenes Tanzen war und wann schon stummes Hilferufen. Sie hieß Karen und kam aus Freiburg und war erst seit Jahresanfang im Internat. Im Zug von Freiburg nach Radolfzell aber hat sie ihm, dem Mittänzer, daher schon gegenübergesessen, erzählt, dass sie eigentlich aus Schweden sei, und an dem Abend passt für sein Gefühl plötzlich alles zusammen: die blauen Augen und das blonde halblange Haar, der so weiche Mund und die Wangen. Sanft energisch führt sie ihn zu Schöner fremder Mann von Connie Francis in den Foxtrott ein, lenkt seine Schritte, seine Drehungen, es ist ihr Lied – der, der den Plattenspieler bedient, weiß, was die Mädchen wollen, weil alle hübscheren etwas von ihm wollen. Ganz lässig steht er da, um seinen aufgestellten Daumen sind die Single-Platten, und bevor er eine auflegt, drückt er das sternförmige Mittelstück in das Loch der Scheibe und zwinkert dabei, und natürlich ist es Laxmann mit der schnellen Faust, dem Rundschnitt und einem Sinn für Auftritte. Er zeigt dem Jubilar, wie es geht mit den Mädchen, fast durch Nichtstun. Ein Lächeln, ein Wippen, ein Verschränken der Hände im Nacken, ja das Hochziehen nur einer Braue genügt, und der Junge tut es ihm nach, wippt und lächelt und kräuselt die Stirn, damit Karen auch beim nächsten Lied mit ihm tanzt, die Schwedin aus Freiburg mit Adresse am feinen Schlossberg. Er hat im Klassenbuch nachgeschaut, Wintererstraße 35, in der Gegend wohnen nur welche, die auf andere herabsehen, das hat der Schlossberg so an sich. Und bei den Zugfahrten ins Internat ist sie auch immer erst im letzten Moment auf dem Bahnsteig erschienen, als würde der Zug auf sie warten, um dann für zweieinhalb Stunden dem, der gebangt hatte, ob sie den Zug überhaupt noch erreicht, gegenüberzusitzen, immer den Kopf in leicht schräger Haltung, damit ihr Haar eine kleine seitliche Unschönheit bedeckt, die eines zugewachsenen Ohres. Sie hat es ihm auf der Fahrt nach den kurzen Pfingstferien im Vertrauen gesagt, sogar ihr Haar für einen Moment zurückgestrichen, damit er es sehen konnte, der Moment, der genügte, um sich in einem späteren, dem genau richtigen Moment über beide Ohren zu verlieben, bei Schöner fremder Mann am Abend seines dreizehnten Geburtstags, ein Geschehen als Decke über jedem Denken.

Ein ins Unreine Verliebter – so, wie man anfangs ins Unreine schreibt – taumelte da, gedankenlos, bodenlos, durch die letzten Tage vor den großen Ferien und dem Start ins ferne Finnland zu der Konzertreise, durch immer heißere Sommertage mit Hitzefreistunden und überhaupt einer Aufweichung jeder Ordnung. Die eher Waghalsigen, Sportliche und Raucher, gingen nachts in den See, die eher Nervösen gingen in fremde Betten. Alle Verliebtheit in Karen, die Schwedin – sie sprach in der Klasse kaum ein Wort mit mir, als hätte es unseren Tanz nicht gegeben –, übertrug sich auf einen mit schönen Augen, schönem Mund und nur etwas Flaum, wo andere schon dunkles Gekräusel hatten, auf René. Wir rangen und umarmten einander, dem höherschlagenden Herzen so ausgeliefert wie dem Pochen zwischen den Beinen, als wäre dabei etwas Drittes im Spiel, das uns die Hand führt, eine Macht ausübt, der man sich beugt und die man bekämpft, beides zugleich: eine Macht wie der Keim einer Krankheit, den der Dreizehnjährige in sich trägt. Und am Wochenende vor den Ferien – die so argwöhnische, gern auch eine Unterhose gegen das Licht haltende Frau Guth auf einer Tagung, abwesend – gab es nachts kein Halten mehr. Nur noch die Verzagten lagen im eigenen Bett, alle übrigen suchten das Weite in der Nähe zu einem anderen unruhigen Körper, stillschweigend, linkisch, und doch verwegen, verwegen, ohne es zu wissen – undenkbar, je davon zu erzählen, so falsch und klein im einen Moment und so erfüllend richtig, übergroß, im nächsten erschien einem alles Geschehen in diesen Nachtstunden, im Grunde das Entdecken der Gegenseitigkeit, letztlich des Liebens. Erst viele Jahre später wurde einem der Beteiligten von damals klar – ich war längst erwachsen mit Steuernummer –, dass falsch und richtig, klein und groß, in diesen Stunden gar nichts gegolten hatten, weil es mythische Stunden waren. Es gab kein Maß für die Küsse und kein Maß für das Entgegenrecken des pochenden Prallen, auch kein Maß oder ermessendes Wort für die Laute, wenn der jäh erlösende Strahl warm die Handschale füllte, um sofort zu erkalten und einen Geruch auszusenden wie den, wenn es freitags Fisch gab und auf jedem Teller etwas zurückblieb, der Rest, der weder Fisch noch Fleisch war wie man selbst.

Der Junge im Stimmbruch ist in diesen Julinächten ein Verführer ohne Grenzen. Er umgarnt René, den Erwählten, in dessen Bett und liebkost ihn, bis der Liebkoste alle Macht über sich verliert, das ist das wahre Ziel; erst gilt es, die Bedenken zu zerstreuen, dann ihn mittun zu lassen, und schließlich mit ihm zu tun, was man will, bis er selbst nichts anderes mehr will. Er gibt sich hin, wie man sagt, aber es ist Unterwerfung, ein Sichfügen. Am Ende wirft er einen verlorenen Kopf hin und her und stöhnt in die eigene Faust, während er weißlich ins Bett macht – eine dreifache Wahrheit, die der Bewegung, der Laute und des Strahls, wie ein Geständnis aus drei stummen Worten, die wie eins sind: das stumme Ichliebedich, das der Verführer vom Verführten abliest, und für Augenblicke ist tatsächlich alles rein, das Fleischliche ist das Himmlische und umgekehrt. Es sind die Augenblicke für eine ganze Jugend in diesen Nächten, und am Ende der zweiten Nacht wird er selbst zum Erwählten, Unterworfenen. Er steht im Waschraum, in aller Frühe, über eins der Becken gebeugt, um Wasser zu trinken, als von hinten eine Hand um ihn greift, sich nimmt, was sich der Kantor genommen hat. Es ist die Hand, die er seit der ersten Minute im Internat kennt, imstande zuzuschlagen, dass einer umknickt, und die auch ganz anders kann, das weiß er seit der Geburtstagsfeier, wenn sie die Nadel eines Plattenarms genau auf die Rille setzt, mit der ein Lied auf seinen Höhepunkt zuläuft. Laxmann fand diese Rille, obwohl er hinter mir stand und nur schwaches Morgenlicht durch das geriffelte Waschraumfenster hereinfiel – ein Geschehen in der Erinnerung, das etwas über die darin Verwickelten so weit Hinausreichendes,

Überliefertes hatte wie die Dinge in den Nächten davor, ja mehr noch: Als wäre es seit jeher Bestandteil eines allgemeinen Lebensromans, den man für sich annehmen kann oder ablehnen; am Inhalt ändert sich damit nichts.

Roman, epische Form in Prosa, die in großen Zusammenhängen Zeit und Gesellschaft widerspiegelt und das Schicksal einer Einzelpersönlichkeit oder einer Gruppe von Individuen in ihrer Auseinandersetzung mit der Welt darstellt, so heißt es im Fremdwörterduden, den man heranzieht, wenn man bei etwas ganz sichergehen will und im eigenen Lebensroman vieles unklar ist, letztlich auch fremd. Mitten in der Nacht – der Nacht, die noch andauerte, eben erst in den Morgen mündend, mit einem so schwach bläulichen Licht über dem Meer wie dem in dem Waschraum – hatte ich das nachgesehen, und weil an Schlaf nicht mehr zu denken war, nach dem Roman gegriffen, der im Bett lag, Des Lebens Freude – mit Joy of Life nur provisorisch übersetzt, aber Mrs. Bennett kann ihn ja ohnehin nicht lesen. Ich las dagegen, während es hell wurde, die mir fehlende erste Hälfte, wie Ruth den noch verheirateten Erfolgsmann Forster näher kennenlernt, vor allem aber, wo – an dem See, den ich als meinen empfinde. Offenbar war die Autorin, ohne dass je sie davon erzählt hat, in jungen Jahren einmal dort.

20

Noch bis in den Vormittag – einen weiteren strahlenden Oktobervormittag in Alassio – hielt das Staunen vom frühen Morgen an, als ich in dem Roman mit der alten handschriftlichen Widmung meiner Mutter für das Hotel Beau Sejour auf die Ortsnamen Riva und Torbole, Gardone und Fasano, San Vigilio und Malcesine gestoßen war, Orte, an denen die Heldin Ruth allein über den nächtlichen Gardasee schaut, sich weit entfernt von Frankfurt und ihrem bisherigen Leben fühlt, oder wo sie sich tagsüber am Ufer sonnt (Steinstufen führten von einer Felsplatte in den See, ich konnte stundenlang dort sitzen, vor mir die weite Wasserfläche in der Sonne), bis sie auf Forster trifft und nun mit ihm den See erlebt, wie vorher schon andere Liebende mit einem Sinn für Schönheit, von Catull bis D. H. Lawrence. Ruth und ihre Autorin vermischen sich in diesem Erleben zu ein und demselben Glück; aber Jahrzehnte später kann sich die, die den Roman als junge Frau geschrieben hat, an jenes Kapitel des eigenen Lebensromans nicht mehr erinnern.

Etwa acht Jahre vor ihrem Tod – meine Mutter konnte noch, gestützt auf einen Arm, recht gut gehen – hatte sie mitten im Sommer die Kühnheit, sich über die Alpen fahren zu lassen, um im Haus des Sohnes mit Seeblick ein paar Tage zu verbringen, und in diesen Tagen kam es auch zu einem Besuch von San Vigilio, wo Steinstufen von einer Felsplatte in den See führen. Wir gingen das Stück vom Parkplatz ans Wasser, einen Weg zwischen uralten Zypressen über die schmale Landzunge mit der schlichten Renaissancevilla an ihrer Seeseite, ein Gang auf auch uraltem Pflaster, abwärts, sie an meinen Arm geklammert, und als wir zu dem kleinen Hafen kamen, bis zu den Stufen gingen, die in den See führen, gab es bei ihr keine Spur des Wiedererkennens. Sie war so in einer Augenblicklichkeit gefangen, der Angst, sie könnte fallen oder auch nur die eine falsche Bewegung machen, bei der ihr eingesetztes Hüftgelenk mit schlimmstem Schmerz herausspringt, wie schon passiert, so von sich selbst überhäuft als älterer, sich auf schmalstem Grat bewegender Dame, dass ihr früheres Leben als junge Frau, der, die auf den Steinstufen gesessen hatte, wie ausgelöscht war – sie konnte sich gar nicht erinnern daran und folglich auch nichts davon erzählen, war außerstande, in diesem Abschnitt ihres eigenen Lebens etwas zu lesen; dafür konnte sie von der Schönheit des Ortes schwärmen, sozusagen ihre alten Romanstellen neu in die Luft schreiben. Was für ein traumhaft schönes Plätzchen, rief sie, als wir vor den Steinstufen standen. Der Sohn aber, voller Misstrauen, sobald etwas Schönes schön genannt wird, kam auf Pasolini, der den See mit ganz anderen Augen gesehen habe (in dem Film Salò oder die hundertzwanzig Tage), und sie wiederum kam auf Thomas Mann, auf dessen Kur in Riva gegen die Depression oder Erschöpfung. Sie zitierte ihn sogar, weil sie das entsprechende Tagebuch im Gepäck hatte, und der Sohn führte die belesene ältere Dame nicht ohne Stolz in das Café an dem kleinen Hafen, er sorgte für ein Kissen auf dem Stuhl und Schatten.

Meine Mutter war zeitlebens eine Leserin, sie hatte immer Bücher um sich, nur konnte sie an allem, was ihrer Idee von der Schönheit zuwiderlief, vorbeilesen. Sie nahm es auf, aber nicht wahr. Oft las sie ganze Tage in dem Appartement mit dem Flur vor der Tür, auf dem sie ihre Gänge machte, saß vollständig angezogen und mit ihrer perlgrauen haubenartigen Perücke in einem Ohrensessel, das Buch in beiden Händen. Solange sie noch las und auch Briefe schrieb, traf ich sie mit einem Buch an – zwischen den nicht häufigen Besuchen lagen oft mehrere umfangreiche Bücher, darin ihre Bleistiftunterstreichungen –, und jedes Mal schloss sie den Sohn in die aktuelle Lektüre mit ein, als wäre er eine der Figuren des Romans oder hätte daran mitgeschrieben oder könnte für das eigene Schreiben daraus lernen. Und bei einem der Besuche mit Übernachtung, der Abend ungewöhnlich warm für die schon bergige Gegend, las sie mir vor dem Essen auf ihrem Balkon – der Balkon nach langem Zerstreuen von Bedenken – ein Zitat aus den Erinnerungen von Chateaubriand vor, aus einem Brief der Herzogin von Duras an ihn, Mein früheres Leben ist so weit von meinem jetzigen entfernt, dass ich das Gefühl habe, Memoiren zu lesen. Sie hatte es auf ein Blatt ihres Briefpapiers geschrieben und überreichte mir das Blatt, als stammte das Zitat von ihr, dabei kam sie auf ihre alten Jahreseheberichte, die zwei Kladden in dem besonderen Schrankfach – die ich nicht anzunehmen bereit sei vor ihrem Tod. Sie habe erst kürzlich hineingesehen und den Eindruck gehabt, in den Erinnerungen einer anderen Frau zu lesen. Da standen Sachen, sagte sie, die ich völlig vergessen hatte, zum Glück. Und aus viel früheren Jahren, als ich dreizehn, vierzehn war, weiß ich noch alles.

Ein Abend im Juni, warm, aber nicht drückend, dazu windstill, und sie war mit ihren damals fünfundachtzig in einer so selten gelösten Stimmung, dass wir, trotz eines doch möglichen Windes, und allem, was sie sonst davon abhielt, den Balkon überhaupt zu betreten, dort unter freiem Himmel ein paar Kleinigkeiten aßen, die ich in dem nahen Laden besorgt hatte, und über frühe, unvergessene Jahre sprachen, ihre und meine, die der Pubertät – ein Wort, das ihr nicht gefiel, das ihr zu rüde klang, und der Sohn, auf seine Art auch gelöst, vom Weißwein angestimmt, stieß gleich in die Kerbe. Die erste Katastrophe seiner Pubertät, sagte er wie aus dem heiteren Abendhimmel über ihnen, sei damals auf der Finnlandkonzertreise passiert, bei der er nur als Werbetrommler mitgemacht habe, nicht als Sänger – ein Auftaktsatz, der mich selbst überrascht hatte, und während sich meine Mutter in eine Jacke helfen ließ, weil es für ihr Gefühl gar nicht anders sein konnte, als dass etwas Wind ging, kam mehr nach den Gesetzen der Konversation als aus Interesse die Frage, was das für eine Katastrophe gewesen sei – ein Wort, das sie theatralisch aussprach, mit Vergnügen an seinen Silben. Ich aber holte vorsorglich eine zweite Flasche Wein aus ihrem sonst leeren Kühlschrank und trank sie beim Erzählen der Katastrophe, ein Glas für jede Silbe.

Auf der Überfahrt von Stockholm nach Finnland, in einer Nacht auf dem Meer, in der es nicht dunkel wurde, kam heraus, dass ich nicht der Einzige war, den der Kantor beiseitenahm. Ich war nur einer von mehreren oder etlichen, mit denen er Geheimnisse hatte, und wollte ihn nach der Ankunft in Finnland töten, in einem See ertränken, und habe ihn stattdessen während der Reise angebetet, wenn ich abends in den Kirchenkonzerten neben dem Harmonium auf dem Boden saß, ganz nah beim Begleiter des Chors, mit den Augen bei seinen Händen, ihrem Spiel auf den Tasten. Nachts auf der Fähre hatte ich dagegen bei den Älteren aus der Kantorei gesessen, etwas abseits, als würde ich auf dem Deck schlafen, und gehört, wie sie über ihn geredet haben, dass er mit Jungs zusammen sei, obwohl er doch leicht die Frauen ins Bett bekäme, und es wurden auch Namen geflüstert. Ich hätte noch länger zuhören können, aber Herr Diesch, der Leiter vom Schlossheim, der die Reise begleitet hat, der legendäre Herbert Georg Diesch mit ewiger Pfeife und einem Siegelring, der das Siegel seiner Ohrfeigen mit dem Handrücken war, wollte mit mir die finnischen Sätze noch einmal in einer Art Generalprobe durchgehen. Ich sollte sie aus dem Effeff können – und kann sie nach fast sechzig Jahren immer noch fehlerfrei sagen, übersetzt heißen sie:

Heute Abend tritt in der hiesigen Kirche um neunzehn Uhr ein deutscher Knabenchor mit geistlichen Liedern auf, der Eintritt kostet hundert Finnmark (damals eine D-Mark). Wir würden uns sehr freuen über Ihren Besuch und wünschen einen schönen Tag, Lobet den Herrn (kitos nyt herran). Diesch holte seinen Trommlerjungen, wie er ihn nannte, also für die Generalprobe von den Älteren weg, aber da hatte der schon genug gehört, zuletzt das Wort Homo, für ihn, seit der Quarta mit Latein, der Mensch; so aber, wie es in dieser hellen Nacht auf dem Meer in ihm nachklang, war es das schwache Fleisch, vor dem in jedem evangelischen Gottesdienst gewarnt wurde. Und auf dem hintersten Deck, wo die Probe stattfand, machte der Trommler plötzlich lauter Fehler, die Herr Diesch mit soldatischer Stimme so lange verbesserte, bis es dem Jungen, den er auch nur Jung' nannte, gelang, die Rede wenigstens einmal fehlerfrei aufzusagen. Danach war er entlassen und suchte sich einen stillen Platz auf der Fähre, um zu rauchen – ich hatte mir vor der Reise ein Päckchen Roth-Händle gekauft, da war es noch die Liebeszigarette, in der Nacht auf dem Meer war es die Beruhigungszigarette zwischen Tauen und einem Rettungsboot. Die Nacht ging in den Tag über, ich war hellwach und müde zugleich, in einem Dämmer, der nach dem Verlassen der Fähre weiterging, über den ganzen Tag, an den es keine Erinnerung gibt, und bis in die ersten, auch noch hellen oder nur kaum dunklen Finnlandnächte an einem See, ganz von Wald umgeben. Wir zelteten zwischen den Bäumen – daran kann ich mich wieder erinnern –, und in der zweiten Nacht holte mich der Kantor aus dem Zelt, wir liefen zu einer Hütte am Seeufer. Der Waldrand spiegelte sich im Wasser, so hell war die Nacht, und ich fragte ihn, wie spät es sei, und er sagte, Zu spät, Schöner. Dabei wedelte er die Mücken weg, die es überall gab –, ein Wedeln vor seinem und meinem Gesicht, bevor wir in die Hütte gingen, die eine Sauna war, so heiß, dass man gleich alles auszog. Es roch nach Holz, nach Wald, und neben dem Ofen lagen Birkenzweige. Hier gibt es keine Mücken, sagte der Kantor, nur uns beide. Aber auf dieses Wort hin kam nicht das Übliche, sondern ein Ringen auf dem heißen Holz. Es war ein ungleicher Kampf, schnell lag der Schwächere auf dem Bauch und der Stärkere über ihm, er sprach mir ins Ohr, dass ich nicht glauben solle, was andere über ihn sagten. Folglich hatte er etwas mitbekommen von dem Gerede auf der Fähre, und was in der Saunahütte passierte, passierte schon in einer Art Panik. Bisher hatte ich immer sein Gesicht gesehen, wenn es auf ein Ende zulief, jetzt war da nur das Holz unter mir, und ich glaubte, er würde mich umbringen, den, der etwas wusste, das er nicht wissen sollte, ihn mit den Armen um seine Brust erdrücken. Ich bekam keine Luft, konnte mich aber, weil ihm der Halt an mir fehlte vor Schweiß, für Momente umdrehen und sah ihn weinen, wenn das ein Weinen war. Sein Gesicht war voller Tropfen, das Haar klebte ihm am Hals, es war nur ein Sekundenblick, dann hatte er wieder einen Zugriff gefunden, mich erneut auf den Bauch gedreht, Arme jetzt unter meinen Achseln, die Hände im ausrasierten Nacken gefaltet, als würde er beten. Polizeigriff hieß das, es gab kein Entkommen daraus, und er sagte, was auch andere, die stärker waren, beim Ringen sagten, Ergib dich, und das tat ich, damit er den Griff lockerte, das Ganze zum Abschluss käme, dem schon gewohnten. Er aber wollte ein ganz eigenes Ende, über mich gebeugt, jetzt eine Hand um meinen Bauch, die andere fahrig, wo wir uns am nächsten waren, vereinten, auch nur für Sekunden – so getilgt wie Raum und Zeit vor einem Unfall. Beides trat erst wieder in Kraft, als wir von der Saunahütte, noch glühend am ganzen Körper, in den waldumgebenen See gingen, etwas hinausschwammen und ich ihn unter Wasser drücken wollte, töten, das ebenfalls nur für Momente. Wir schwammen zurück, wir zogen uns an, und er rauchte noch eine Zigarette am See und beschwor mich, mit keinem über ihn zu reden; das war das letzte Mal, dass wir zusammen waren. Auf der ganzen Finnlandreise hat er kaum ein Wort mit mir gesprochen, und nur einen Tag nach dem Schlusskonzert in Rovaniemi war er einfach verschwunden, angeblich mit dem Schnellzug heimgefahren wegen eines Todesfalls. Nach den Sommerferien aber hieß es, Herr Gieser sei in Südamerika, und ich stellte ihn mir dort vor, wie er mit anderen, echten Indianern auf dem Amazonas in einem schmalen Boot sitzt, wie sein langes Haar weht und wie er sich, eine Hand schützend vor dem Fahrtwind, eine Zigarette ansteckt, die Marke, die er dort inzwischen raucht, weil ihm seine Roth-Händle schon ausgegangen sind.

All das hatte ich nicht etwa bis ans Ende erzählt während des Abendessens mit meiner Mutter auf ihrem Balkon (dem letzten Essen dort), nur den Teil bis zur Ankunft in Finnland, und wir sprachen danach über den Roman, den sie gerade las oder wieder einmal las, Der Stechlin, während die Geschichte in mir weiterging, in Bildern, nicht in Worten, auch noch über unsere Stunde auf dem Balkon hinaus, als meine Mutter schon im Bett lag und Türen und Fenster fest zu waren wegen der Mücken, angeblich Tausender, wie es sie nur an dem See mit der Saunahütte gegeben hatte, aber davon wusste sie ja nichts. Wir sprachen also über Fontane, und bald kam sie vom alten Major von Stechlin, der Besuch von seinem Sohn erhält – schwer zu sagen, wie sie den Übergang fand –, zu ihren eigenen Dingen, der immer wehen Schulter, dem zu warmen Wetter, dem lieblosen Personal, dem ungenießbaren Essen. Sie klagte, und der einzige Anwesende konnte nur zuhören, bis sie zum Bad geführt werden wollte, also führte er sie zum Bad und war damit für eine Viertelstunde entlassen, genügend Zeit, um beim lieblosen Personal eine Zigarette zu erbitten. Es war ein Verlangen, als hätte der Besuchersohn nie aufgehört zu rauchen, und er lief zur Teeküche der Nachtdienstlerinnen. Dort saß eine, die er vom Sehen kannte, eine blondgesichtige Bulgarin, die sprach er an, bat um eine Zigarette und Feuer. Daraufhin ging sie mit ihm ins Freie und hielt ihm noch im Gehen ein angebrochenes Päckchen Marlboro hin, in der anderen Hand ein Feuerzeug. Er wollte es ihr abnehmen, doch sie war schneller, gab erst ihm und dann sich Feuer, zweimal einen Schimmer auf Wangen und Stirn. Ihr Name war Marina, das stand an ihrer Dienstbluse, und mit Marinas Marlboro in der Hand suchte er sich im Innenhof einen Platz zwischen Büschen für die Beruhigungszigarette. Es war ein Rauchen wie an Deck der Fähre über den Meerbusen nach Finnland, die Glut im Auge, den verblasenen Rauch, die Hand mit der Marlboro – so eingeteilt, dass danach ein langsamer Gang durchs Haus reichte, um das Appartement erst zu betreten, als die Bewohnerin wieder im Bett lag, ohne Perücke, dafür mit Handtuchturban.

Meine Mutter griff nach einem kleinen gerahmten Foto auf dem Nachttisch, das ihren Vater als Major zu Pferd zeigt, sie hielt es mir hin: Wäre er nicht gefallen, dieser wunderbarste aller Väter, hätte er später ausgesehen wie du! Sie gab mir das Foto, damit ich es wieder an seinen Platz stellte, sie beschrieb die genaue Position, ich stellte es dorthin und sagte, er habe nicht lange genug gelebt, um sie enttäuschen zu können, ein Satz, den sie überhörte. Sie bat darum, ihr Wasserglas für die Nacht aufzufüllen, es aber ja nicht vollzumachen, nur etwas über halb voll. Und als das etwas über halb volle Glas stand, wo es stehen sollte, fragte ich sie nach der letzten Erinnerung an ihren Vater. Er hat mir noch eins seiner Gedichte in die Hand gelegt, sagte sie. Dann hat er mich auf die Stirn geküsst, ist in seinen Dienstwagen gestiegen und nach Polen gefahren. Dort wurde er in einem Landhaus erschossen, weil er an dem Tag einen Ausflug seiner Kameraden nicht mitgemacht hatte, um mir wieder ein Gedicht zu schreiben, ganz allein im Haus war, als die Partisanen kamen. Ist die Balkontür fest zu? Sie hatte immer noch Angst vor Mücken, sie hatte auch Angst vor der Nacht, vor dem Wachliegen, den eigenen Gedanken in endloser Schleife. Sie bat mich, ihr das Wasserglas an den Mund zu führen, obwohl sie es noch selbst gekonnt hätte, nur wollte sie bedient werden, bei jeder Gelegenheit, als wäre damit ihr Los insgesamt erleichtert, was ich für möglich hielt. Und nach dem Trinken, ohne die eigene Hand gebrauchen zu müssen, bot sie gleich ihren Mund für den Gutenachtkuss an, der letzte Akt an diesem warmen Juniabend, als da schon wieder das Verlangen nach einer Zigarette war, diesem Intervall, in dem die gewohnte Zeit stillzustehen scheint, nur noch die Zigarettenlänge gilt.

Rauchen. Wie nach der Flucht des Kantors, als es abends im Musikraum still war und statt Bangen und Hoffen, ob er mich beachte, eine Leere herrschte – das Wort Leere trifft es nicht ganz, weil ich noch erfüllt war von ihm, aber alles Erfüllte in der Luft hing –, gab mir das Rauchen ein Gefühl des Lebendigen. Es war vor allem das stumme Schauspiel um die Zigarette, weniger ihre Wirkung, die Pantomime, bei der ich mir selbst zusah, von der etwas Hilfreiches ausging. Und so war es auch an diesem Frühsommerabend, nachdem die Bulgarin Marina sogar ein frisches Päckchen Marlboro für mich oder sie oder uns beide geöffnet hatte. Sie wurde gerade an kein Bett gerufen, und wir rauchten im Innenhof, die Gelegenheit für eine Unterhaltung, die meiner Mutter helfen könnte – nicht jetzt, aber später, wenn sie nachts ohne Hilfe nicht mehr ins Bad käme und jemanden bräuchte, der verlässlich nach ihr sieht (was die Bulgarin später auch tun sollte, um schließlich die kleine goldene Uhr an sich zu nehmen, nicht der einzige Diebstahl, wie sich herausstellte). Ich fragte nach ihren Plänen, sie sagte, Reisen, vielleicht auch eine Strandbar führen, dort, wo es immer warm sei, in Thailand; sie machte lange Züge an der Zigarette, Kopf leicht im Nacken, die Haarspitzen auf dem Kragen der weißen Arbeitsbluse, das Gesicht im Schimmer der Glut von einer Augenblicksschönheit, wie man sie nachträglich, etwa für ein Phantombild, kaum beschreiben könnte; zum Niederknien. Und da erreichte sie doch ein Anruf, irgendwer verlangte dringend nach ihr – letztes aller lebenslangen Verlangen, auf die Toilette geführt zu werden –, und mit einem bekümmerten Blick ließ sie mir noch eine Marlboro da, samt dem Wegwerffeuerzeug, und ging nicht allzu eilig davon.

Ich rauchte die Zigarette im Gästezimmer, was nicht erlaubt war, ein verbotenes Rauchen wie das auf dem Klo neben dem Kellerturnraum, als es den Kantor nicht mehr gab, aber seine Roth-Händle noch. Es war mehr ein Missen als Vermissen in der ersten Zeit ohne ihn, viele Wochen schon nach den Dingen in der Hütte, und dort hatte es tatsächlich ein Niederknien gegeben, vor der Macht des Moments und dem Kantor, der mich mit den Birkenzweigen schlug, die vor dem Ofen lagen. Das war so Brauch in der finnischen Sauna, man schlug auf den schweißnassen Rücken des anderen, der vor einem kniete, und das Geschlage mit den Zweigen ging auf der Reise auch weiter, weil es an allen Auftrittsorten einen See mit Saunahütte gab. Nach jedem Konzert peitschte der Werbetrommler gleich zwei, drei der Sänger, um sich im Gegenzug von ihnen peitschen zu lassen, aber abgesehen hatte er es nur auf einen, so verlassen, so verraten wie er selbst – wir wussten, dass auch der andere ein Umarmter war, aber sprachen darüber nicht, als wir eines Nachts allein in einer Hütte saßen, die zur Ortskirche gehörte, mit niederer Decke und noch aufgeheizt vom Abend. Wir taten nur, was uns in Fleisch und Blut übergegangen war, am Ende mit Lauten, als würde man Dreck verspritzen. Das wiederholte sich, jedes Mal wortlos, jedes Mal wütender, und wir schliefen danach wie Tote in irgendwelchen Gemeinderäumen auf dem

Boden, saßen aber am nächsten Tag wieder lebend im Bus, so ging es bis an den Polarkreis. Und überall tanzten die Mücken, und es roch nach Harz, und meine finnischen Sätze kamen weiter aus dem Effeff, und der Kantor gab seinen Einsatz in vollen Kirchen, während ich immer noch neben dem Harmonium saß, auf seine Hände sah. Nach dem Schlusskonzert in Lappland gab es zwei freie Tage, Tage wie in einem Halbschlaf, in denen Herr Gieser verschwand – ich erinnere mich nur an Rentiere, eine ganze Herde, an Latschenwald und die Mücken und Milch aus Eimern. Und vom Norden Finnlands ging es schließlich, ohne den Leiter der Kantorei, durch ganz Schweden und Dänemark wieder Richtung Heimat, in zehn Tagen und Nächten, die weder ganz dem Tag noch der Nacht angehörten, in den Fahrstunden wie festgenagelt auf einem Einzelsitz, eine Schläfe an der zitternden Scheibe, und nach all den Wochen in einer Kleidung wie eine zweite, schmutzstarre Haut. Der Bus fuhr nur bis Karlsruhe, zum Sitz der Evangelischen Landeskirche, wo Eltern schon neben ihren Mercedes warteten, und in einem brachte man mich zum Bahnhof, ohne dass man vorn im Wagen auf die Idee gekommen wäre, dass ich keine Mark mehr in der Tasche hatte; es reichte gerade noch für eine Bahnsteigkarte.

Und so steigt der Rückkehrer einfach in einen Personenzug mit qualmender Lokomotive, die ihn nach Hause bringen würde, zu seiner Hüterin, sogar mit Halt in Kirchzarten, versteckt sich dort aber auf der Toilette vom hintersten Wagen vor dem Schaffner; und alles, was sich in den Finnlandwochen unter der starren Kleidungsschicht und der eigenen Haut angestaut hat, droht in dieser Klozelle mit klappernder Tür, als der Zug Fahrt aufnimmt, aus ihm hervorzubrechen. Sein Körper hält nicht mehr dicht, die Augen tränen, und alles juckt, er muss plötzlich scheißen, dieses Wort treibt ihn wie das Klappern der Tür, obwohl sie verriegelt ist, und auch das milchglasige Fenster schließt nicht, ein Qualmgeruch zieht herein, die Strafe für den Fahrgast ohne Karte. Gerade noch bekommt er die Hosen herunter, die Knie und Arme zittern ihm, als er sich nach Tagen platzend entleert, ohne den schwärzlichen Klodeckel zu berühren. Es will gar nicht aufhören, und er sucht Halt am blechernen Waschbeckenrand, in dem kleinen Becken liegt die restliche Klorolle, aufgeweicht, wenigstens überhaupt Papier, kitos nyt herran, lobet den Herrn. Wie von selbst kommen seine finnischen Wörter und Sätze, auch sie entleeren sich, bis es vorbei ist, während Tür und Fenster immer noch klappern. Er zieht die Hosen hoch und tritt auf das Pedal am Boden, damit die Schlacken verschwinden, alles, was er mitgeschleppt hat von der Reise, samt den nassen Papierfetzen und Resten von Vorgängern in der leimfarbenen Schüssel; er bückt sich und sieht in das dunkle Rohr, das ins Freie führt, auf Schwellen und Schotter, die unter der Öffnung wegrasen, wie an Ostern in dem Zug nach Frankfurt auf der Toilette, so wegrasen, als würden sie ihm prasselnd ins Gesicht geschleudert. Alles ist lärmend, stinkend, höllisch, und er muss dagegenhalten, um nicht ins Rohr gesaugt zu werden, also macht er mit sich, was am Ende, für Sekunden, paradiesisch ist. Vorgebeugt steht er da mit offener Hose, sein Blick geht in die Schüssel, auf kleine Brocken, die am Rohrrand kleben, bis sie abrutschen und an der unteren Öffnung wie Blättchen zittern, ehe sie vom Luftstrom weggerissen werden, und etwas reißt auch ihn weg, irgendwo zwischen Karlsruhe und Freiburg auf freier Strecke, als die Dampflok vor dem Personenzug ihr Äußerstes gibt, mit stampfenden Kolben und Qualm bis zum hintersten Wagen, wo an der Klotür weiter in roten Buchstaben Besetzt steht.

Zwei lange Stunden dauerte die Zugfahrt ohne Karte, und es waren die Stunden der ersten Buchstaben eines ganz eigenen, vor aller Welt verborgenen Alphabets, als aus dem noch jungenhaften Wunsch nach Nähe, nach Reinheit, dem Wort, das nichts als guttut, der Hand, die nichts als Halt gibt, in der Zugtoilette die noch vage Idee von etwas Barbarischem wird, von Blicken wie dem in das Rohr, die man sucht, während alle anderen davor fliehen, von Aborten, die einen schützen, nicht nur vor dem Schaffner, der die Fahrkarte sehen will, vor jedem, der prüft, ob man berechtigt an einem Platz ist – ich fuhr unberechtigt Zug, ich hatte auch unberechtigt, ohne Stimme, die Kantoreireise mitgemacht, und ich war, mit Eltern ohne Mercedes, unberechtigt im Internat. Erst hinter Freiburg, als in dem Fensterspalt die Felder erschienen, durch die mein erster Schulweg geführt hatte, und der Zug vor Kirchzarten schon langsamer wurde, drehte ich den Türriegel herum.

Was sie noch interessieren würde, sagte meine Mutter, als ich am nächsten Morgen vor dem Abschied, und das hieß wieder, vor Erscheinen der Putzfrau, an ihrem Bett saß, bei mir schon die Reisetasche – was denn nun das Schlimme damals in Finnland gewesen sei, so erfüllt, wie ich später, bei ihr in Frankfurt in den Herbstferien, davon erzählt hätte. Sie bat mich, den schon halb zugezogenen Vorhang noch weiter zu schließen, weil bald die Sonne hereinscheine, und ich schloss ihn bis auf einen Spalt und sagte, das eigentlich Schlimme sei erst nach der Reise passiert, aber sie sprang schon wieder in die Gegenwart, fragte nach meinem Schlaf, meinem Frühstück, ob ich Herrn Abban beim Frühstück gegrüßt hätte, und die Geschichte blieb auf der Strecke, wie sie auch bei dem Frankfurtbesuch in den Herbstferien auf der Strecke geblieben war. Nach dem Finnlandsommer – das hätte der Internatsschüler seiner tagsüber berufstätigen und abends tippenden Mutter eigentlich erzählen sollen, als sie einmal essen waren und er nur von hölzernen Kirchen und einsamen Seen sprach – bekam das Internat einen neuen Leiter, Herrn Müller, immer in kurzärmligem Hemd, das seine muskulösen Arme zeigte. Ihm oblag es, Gerüchten um den angeblich nach Südamerika verschwundenen Kantor nachzugehen, darum verhörte er jeden, der ihm reizvoll erschien, Wann geschah was und wo, und was geschah da genau, auch a tergo? Konzentrier dich, Freundchen! Herr Müller, allgemein bald Müller-Schmier, hatte zu der Waffe seiner Arme noch die einer schneidenden Stimme. Und das Freundchen konnte nichts dazu sagen, nur war auch das Schweigen ein Eingeständnis, dass alles, was in lateinischen Wörtern im Raum stand, zutraf. Andere hätten mehr erzählt, rief Müller-Schmier, und um noch Beweise zu sichern, durchsuchte er den Schrank des Verdächtigen und stieß auf ein Foto der Mutter im aufgehaltenen Mantel mit Zigarette. Ausgesprochen schöne Frau – das waren seine Worte, und er stellte keine Fragen mehr, als wäre das Foto die Antwort auf alle Fragen.

Meine Mutter sah auf die kleine Uhr, die ihr noch drei Jahre bleiben sollte, es wurde Zeit für mich wegen der Putzfrau, und wir sagten, nach den Küssen auf Wangen und Mund, einander mehrmals, jede Silbe betonend, Auf Wiedersehen, die Formel gegen den Tod – auch schon gültig am Ende des Herbstferienbesuchs in Frankfurt, als eine Sechsunddreißigjährige ihren Dreizehnjährigen am Bahnsteig verabschiedet hatte, Auf Wiedersehen, auf Wiedersehen, mein Engel, sag es auch, sag auch auf Wiedersehen zu deiner Mutter, sag es.

21

Frankfurt im Oktober einundsechzig, ein knapp Halbwüchsiger geht am Main entlang, er trägt eine Wildlederjacke seiner Mutter, dazu auch ein Halstuch von ihr mit Spuren eines Parfums, sogar den Namen weiß er, Chanel No 5. Es ist früher Nachmittag, und er geht Richtung Hauptbahnhof, irgendwann muss er rechts abbiegen, um in die Gegend zu kommen, die er eigentlich meiden soll, nur ist es der kürzeste Weg zur neuen kleinen Wohnung der Mutter, Savignystraße zwanzig am Rande des Westends. Er bummelt mehr, als dass er geht, so zögert er es noch heraus, sich dort aufzuhalten, wo das Herz in den Hals schlagen wird, das ahnt er. Es ist ein Gehen mit Kopf im Nacken, Hände in den Seitentaschen der Jacke, und bei jedem Schritt ein hell-metallisches Klacken unter den Schuhen, weil er sich da kleine Eisen hat anbringen lassen, wie einer, den er bewundert im Internat, für seine Schläge, seine Haare, seine Jeans und eben auch die Eisenplättchen an den Sohlen. Der Himmel über dem Jungen ist herbstlich grau, mit dunklen, sich ständig ändernden Schlieren, davor ein Krähenschwarm, der erst hoch über dem Fluss und dann der Stadt (noch ohne ihre aufragenden Häuser) immer wieder die Richtung und Formation wechselt, eine jagende Wolke aus Punkten, jäh zerrissen zu kleineren Wolken, die sich bald dehnen, bald zusammenziehen und dabei einer unsichtbaren Mitte gehorchen, wie auf Befehl die Richtung wechseln und sich ebenso plötzlich wieder vereinen, zu einer Himmelsflagge aus Krähen (so es denn Krähen waren), die sich aufhellt, wenn sie sich dehnt, und verdunkelt, wenn sich die Vögel sammeln wie für einen Angriff, dazu noch ein zigfaches heiseres Schreien aus der Höhe. Dann aber dreht der Schwarm ab, hin zu der Gegend, die der bummelnde, nur nach außen hin trödelnde Junge anpeilt, und scheint für Momente, vielleicht über dem Platz vor dem Bahnhof, in der Luft zu verharren, um sich im nächsten Moment schon lanzenförmig zu strecken, wie einem inneren Pfeil folgend, ehe sich blitzhaft ein Signal oder einzelner Schrei verbreitet und die ganze Krähenwolke in einer Spirale himmelwärts steigt – mich gleichsam aus ihren Augen ließ.

In dem Glauben, dass niemand ihn sieht und auch niemand sehen kann, dem Gefühl einer märchenhaften Eigenschaft, seiner Unsichtbarkeit, streift der Internatsschüler vom Bodensee in der Damenwildlederjacke mit aufgestelltem Kragen durch eine Gegend in Frankfurt, die ihn so anzieht wie ängstigt, seit er dort zum ersten Mal, abgeholt vom Zug, gegangen ist, die Gegend der hübschen Luder. Sein Weg führt die Kaiserstraße entlang, vorbei an Kinos, die nur Erwachsene betreten dürfen, so steht es da, an Schaukästen mit Bildern von Frauen, nackt bis auf zwei schwarze Balken; vorbei auch an Leuchtschriften aus nur drei Buchstaben, mal der eine, mal der andere erloschen, das S, das X, das A von Bar. Es ist der Weg durch ein gefährliches Paradies, und bald biegt er in eine Seitenstraße, die Moselstraße heißt, und raucht im Gehen, gibt sich gelassen, obgleich sein Herz klopft, als würde er rennen; es ist ein Scheinspaziergang, vorbei an Frauen in Hauseingängen, blasshäutig, träge, weich, irgendwie auch mit Balken über den Luderhaften. Und eine greift gar nach seinem Kragen, für einen Herzschlag sieht er in ein Gesicht, in Augen wie die des Kantors, aber ummalt, umschleiert, Augen wie rötliche Murmeln, Süßer, geh weiter, kauf dir einen Lolli, sagt sie lachend und verpasst ihm noch einen Schubs dabei, einen Rückenstüber, und er torkelt eher weiter, als dass er geht, das Pochen in seiner Brust, glaubt er, sei lauter als das Geräusch der eigenen

Schritte von den kleinen Eisen unter den Sohlen. Wörter wie Schlingen um den Hals waren das eben, enger als das mütterliche Tuch, und er geht schneller, ja rennt jetzt fast, in seinem Rücken ein Lachen, als würde ihm die Hose rutschen, der Pospalt hervorschauen. Fluchtartig überquert er eine Kreuzung und biegt in die Savigny ein, dort gibt es gleich am Anfang ein schönes neues Hotel mit dem Namen der Straße, da ist er mit seiner auch schönen Mutter in der Halle verabredet, aber erst später am Nachmittag. Er betritt das Hotel als junger Mann mit Halstuch und Wildlederjacke, die Gäste in der Halle sehen von ihren Zeitungen auf wegen der klackenden Beschläge auf dem Marmorboden, Männer mit grauen Schläfen im dunkelblauen Anzug, in der Brusttasche ein weißes Einstecktuch, wie der Vater, der in Stuttgart ist – Herren sind das, würde seine Mutter sagen, jawohl, während zwei, die an der Bar stehen, den Schlips gelockert, das Haar in der Stirn, Ganovenvisagen haben, Sieh sie dir an, die Typen! Sätze, die er in sich trägt wie ein weiteres verborgenes Register, und er macht einen Bogen um die zwei, die zu wissen scheinen, wo er gerade herkommt, ja auch was ihm im Kopf herumgeht, das Wörtchen Lolli aus dem Mund der Trägen, Weichen. Schnell verschwindet er dahin, wo einen wirklich niemand mehr sieht, in die Herrentoilette im Untergeschoss, stille, märchenhafte Räume. Er schließt sich dort ein, nur mit einem feinen Klicken, er zieht sich aus bis auf die Strümpfe, dann flüstert er die Schlingenwörter, Süßer, geh weiter, und knausert mit dem Herumspielen an sich, mit jeder Bewegung, als käme es auch von allein zum gewünschten Ende, wenn er sich nur genug krümmt, mit der eigenen Nacktheit eins wird – das Wunder der Selbstvergoldung, das nicht eintrat, und als er sich wieder anzog, nur erleichtert, nicht verwandelt, und zuletzt nach der Damenlederjacke griff, als weiches Bündel am Boden, fiel aus der Innentasche ein postkartengroßes Foto, darauf seine Mutter, wie er sie noch nie gesehen hatte, im dunklen Kostüm, ein Glas Sekt in der Hand, die Lippen dicht am Glasrand, die Augen geschlossen im Moment vor dem Trinken; und seitlich hinter ihr ein Mann mit allem, was zum älteren Herrn gehört, die grauen Schläfen, klare Falten und ein Blick für sie.

Es war und ist das Bild der Bilder meiner Mutter, ein professionell entstandenes Schwarzweißfoto, das, wie jedes Porträt, an sich noch keine Geschichte erzählt, die liegt allein beim Betrachter. Das im Sekundenbruchteil Festgehaltene (ein Ausdruck des Verlangens kurz vor dem Nippen am Glasrand) bleibt so stumm auf dem Foto wie die Person, die nicht mehr lebt, nichts mehr beitragen kann, und doch setzen beide Bestandteile die Sprache in Gang, das Erzählen des Betrachters, sobald er sich in der Zeit zurückbewegt, man könnte auch sagen: den Proust'schen Kosmos betritt. Das Foto an sich – im Zentrum die Frau, die meine Mutter war, auf dem Höhepunkt ihrer Ausstrahlung, im Hintergrund der damals neue Lebensgefährte Kurt, ihre aus heutiger Sicht innigste Liebe, sowie am Bildrand zwei Herren, die ihr zuprosten – ist kein Bestandteil dieses Kosmos; es ist nur ein plattes Objekt, das man zur Hand nehmen kann. Ich durfte die Wildlederjacke mit der Knöpfung für Damen und einem seidig gefütterten Kragen als Leihgabe behalten und damit auch das von ihr wohl vergessene Foto, auf der Rückseite des Abzugs ein Stempel der Agentur, der ihre Tage gehörten, bis in den Abend, wenn man aus geschäftlichem Anlass zusammenstand mit Glas in der Hand, festgehalten in Schwarzweiß mit Blitzlicht. Aber es ist auch ein Objekt, dessen Form sich ändern lässt – mit seiner Nagelschere hat es der Sohn, zerstörerisch und liebevoll zugleich, noch während der Zugfahrt zurück an den Bodensee in die Form eines romanischen Fensters gebracht, darin zu sehen nur noch die Mutter als Ikone. Und auch weiterhin verwahrt in der feinen

Damenjacke, abends sichtbar über seinen Stuhl im Zimmer gehängt, musste das Foto nirgends hängen oder stehen, um zu wirken – erst nach dem Tod der Schönen mit dem Glas nah an den Lippen wurde es dauerhaft dem Licht ausgesetzt, wie um das Bleibende der Schönheit zu testen: das Bleibende der Macht, die ihr eigenes Glücksversprechen vereitelt, um es mit heutigen Worten zu sagen.

Das Foto bekam einen Platz in der Wohnung des Sohns und ließ die Gedanken von da an in die Welt der Recherche gehen, als eine Art Fenster zum Gewesenen und dem so verschlingenden Imperfekt des Erzählens – dem nur das bestechend Zeitlose der Einzelheiten entgegensteht. Da ist etwa das Licht auf der Hand, die das Glas hält, der Zeigefinger halb angehoben, fast frech; und da ist die eine leicht hochgezogene Braue, wie ein stummes, knappes Oho. Das Bestechendste aber sind die geschlossenen Augen – und waren es schon für den, der das Foto auf der Zugfahrt beschnitten hat –, Augen, die dennoch etwas Blickendes haben, als der Fotograf den Auslöser drückt, den Blick auf einen inneren Spiegel, darin die Szenerie des Umschwärmtseins. Und womöglich war es auch Absicht, dem Sohn mit der überlassenen Wildlederjacke genau dieses Bild mitzugeben, das einer Begehrten vor dem Nippen an einem Glas Sekt, die Augen geschlossen, ohne dass sie wirklich zu wären, eher nur den Blick abschirmen, den Überschwang darin, das Gefährdete in dem Moment. Kein anderes Foto zeigt meine Mutter – sie war etwas über Mitte dreißig – so nah und zugleich von sich selbst umhüllt. Und die geschlossenen Augen hatten es mir leichter gemacht, mit dem Abzug etwas zu tun, was die Frau darauf besser nicht sehen sollte, nämlich ihre Verehrer mit der Schere zu entfernen – ein auf Reinheit, nicht auf Zerstörung ausgerichtetes Schneiden, im Grunde ein platonisches Bemühen: das Schaffen eines bogenförmigen Bildes oder Tors, darin zu sehen die Idee einer Mutter als Geliebten.

Sie ist nah und doch unerreichbar, zugleich lebendig und tot (ein Merkmal des Schauspielerinnenkörpers seit jeher); außer dem Gesicht, ihrem Hals und der Hand, die das Glas hält, liegt fast alles im Dunkeln, die Kostümjacke, ein Stück der oberen Brust mit schmaler Kette, ihr gelocktes Haar, das Haar, das sie später, als es nichts mehr hermachte, für Jahrzehnte unter der Perücke versteckt hat. Auch dieses Fenster in die Zukunft verbindet sich mit dem Foto, seit es aufgestellt ist, einen Platz bei mir hat: Ich sehe eine strahlende Frau, zeitlos in ihrem Augenblicksglanz, und, Lichtjahre davon entfernt, meine hinfällige Mutter, ohne ihre perlgraue Haube, ohne spielerischen Finger, dafür mit offenen, vor Entsetzen geweiteten Augen.

In ihrem letzten Lebensabschnitt, zwei Jahren, in denen sie fast nur noch im Bett lag, von sich selbst zermürbt, hatte die Perücke ausgedient, und vor jedem mühsamen Akt des Aufstehens strich sie das wattig wirre Eigenhaar mit einer Bürste mechanisch zurück; aus der Ikone mit nach innen gekehrtem Blick und Sektglas war eine Schattengestalt auf der Bettkante geworden, kaum mehr imstande zu der Entscheidung, einen Schluck aus ihrem Wasserglas zu trinken oder keinen Schluck zu trinken. Ein Spalt in dem Verlies ihrer selbst entstand nur, wenn ich ihr die Hand hielt, sie streichelte, alles Reden damit überflüssig machte, wenn sie mich nichts als dankbar ansah. Es war das Ende jeglicher Schauspielerei, jeden Kalküls, der wiedererlangte Unschuldszustand des Kindes, das allein auf Blicke und Berührungen und die Melodie einer Stimme reagiert, sich weder in dem irrt, was es empfindet, noch irgendeine Empfindung vortäuscht, um damit etwas zu erreichen.

Das Ikonenfoto blieb in der mütterlichen Wildlederjacke, der Internatsschüler trug die Jacke in jeder Freizeit, sein ersichtlicher Grund, nicht an den Spielen der anderen teilzunehmen, lieber am Rande des Sportplatzes zu sitzen oder bei Regen im

Zimmer, damit das feine Leder keinen Schaden nimmt. Und oft tat er so, als würde er etwas in ein Vokabelheft schreiben, das bequem in die Seitentasche der Jacke passte, oder in einem Buch lesen, wie es ebenfalls in einer der seitlichen Taschen Platz fand, eins der biegsamen rororo-Bücher – ich erinnere mich an Hemingways Fiesta, mir samt der Jacke mitgegeben für die lange Zugfahrt von Frankfurt nach Radolfzell, ein Exemplar, das noch existiert, und mit etwas gutem Willen trägt der broschierte Umschlag auch noch den Geruch des Wildleders, während die weiche Jacke mit Damenkragen und Knopflöchern auf der Herzseite später zur Besitzerin zurückgefunden hatte und irgendwann verschwunden war, wie aufgelöst von der Zeit, nicht dagegen das Foto aus der Innentasche. Erst wurde es dort noch verwahrt, ab der Mittelstufe aber, als ich endlich ein Bewohner des Schlossheims war, oft wie zufällig auf der Ablage meines Klappbetts liegen gelassen, damit jeder es sehen konnte (nach dem Internat war es für Jahrzehnte mit anderen Fotos in einer Schachtel verbannt, wo es seinen Glanz bewahrt hat, und nach dem Tod meiner Mutter wurde es eben mit festem Platz aufgestellt, als hätte sie auch in ihrer Eigenschaft als Ikone die letzte Ruhe gefunden).

Die Ablage über dem Bett im Schlossheim war mein erstes Buchregal, neben Fiesta standen dort Winnetou eins bis drei, Das kleine Universum, Gustav Schwabs Deutsche Volks- und Heldensagen und die Erzählungen von Thomas Mann, Bücher, die eine Zuflucht waren. Herr Diesch, mein Sätzeeinpeitscher von der Finnlandreise, der so preußische Leiter oder Kapitän des Heims – er weckte seine Mannen mit Marschmusik von einer Platte, am liebsten mit Alte Kameraden –, hatte mir ein Viererzimmer im obersten Stock zugedacht, wo er selbst recht spartanisch wohnte, und bei der Belegung des Zimmers dürften auch Erinnerungen an die Welt der Marine eine Rolle gespielt haben. Er sah sein Schlossheim nicht auf festem Boden, er sah es unter Segeln auf hoher See und steckte den Jungen mit Damenjacke, der schon Bücher besaß, die nichts mit der Schule zu tun hatten, gleichsam als Schiffsjungen zu einem, der sich schon rasierte und weder mit der Schule noch mit Lesen etwas zu tun haben wollte, dem es völlig reichte, dass ihn die einen fürchteten und die anderen bewunderten. Ich aber war mehr stolz als erschrocken, so in Laxmanns Nähe zu geraten, fast Bett an Bett, und machte noch vor der ersten gemeinsamen Nacht den ersten Fehler. Als ich ihn am Seeufer vor dem Schloss in seinen engen Jeans und einem Ringelhemd stehen sah, flache Steine ins Wasser schleudernd, lief ich auf ihn zu und sagte überschwänglich, dass er zu mir aufs Zimmer komme, worauf er den letzten Stein warf, einen, der vier, fünf Sprünge machte, und danach, noch aus der Wurfbewegung heraus, schlagartig meinen Kopf in den Schwitzkasten nahm und mich ins nächste Gebüsch zog, um mir dort ins Ohr zu flüstern, dass es haargenau das Gegenteil sei: Ich die Ehre habe, mit ihm auf ein Zimmer zu kommen – viel Vergnügen.

Es war der Auftakt zu einem Halbjahr im Internat, das aus dem Schiffsjungen im Viererzimmer ein Körperbündel machte, als hätten sich alle entscheidenden Teile samt Denken und Fühlen zu einem dünnhäutigen Gebilde vereint, das auf meinen Namen hört. Aus einem mit Büchern auf dem Bett und Tennisschläger unter dem Bett, einem Scheinleser und Scheinsportler, wird zuerst ein Nachahmer von Laxmanns Art, zu reden und sich zu bewegen, sich zu frisieren und zu kleiden oder einfach nur unübersehbar dazustehen, und schließlich der Erdulder all seiner Launen, angefangen mit dem Schleudern eines Hartgummiballs, so energiereich wie die flachen Steine in den See, Nacht für Nacht im Dunkeln gegen die Zimmerwand, so dass man nie wusste, wann und wo einen das Geschoss traf. Und je mehr es zu erdulden gab, immer wieder auch kräftige Schlucke aus Laxmanns Haarwasserflasche, fünf Schlucke Seborin, wenn er eine Fünf geschrieben hatte, damit sich für ihn die Stimmung hob, umso mehr blähte sich die Sprache des ja lesenden Dulders auf, als einzige verfügbare Waffe; aber es gab auch den Gedanken an seine echte Waffe, das Luftgewehr, wie er es zerlegen und ins Internat schaffen könnte.

Bis es so weit wäre, nach den nächsten Ferien, blieb mir nur die Sprache, das Talent für glaubhafte Lügengeschichten. Ich erfand ganze Legenden um einen Vater, der angeblich zwei Nachtclubs in Hamburg besaß, und eine Mutter, die in Frankfurt Mittelpunkt einer glamourösen Gesellschaft war, ein kompliziertes Gebäude aus Geschichten, das sich nur mit immer neuen Hinzufügungen vor dem Einsturz retten ließ, ein Lügengewebe, in das ich die frisch ins Internat gekommene zehnjährige Schwester wenigstens im Groben einweihen musste, um nicht durch ein harmloses falsches Wort von ihr aufzufliegen und damit alles gewonnene Prestige zu verlieren. Es war ein erzählerischer Aufwand, der in erster Linie meinen Hintergrund verschleiern sollte, das Enge und Bescheidene daran – bei einem Vater und einer Mutter, die selbst unter dem Bescheidenen litten, es seit den Nachkriegsjahren mit aller Anstrengung zu sprengen versuchten, jeder an seinem Ort inzwischen, aber von dieser Anstrengung wusste der Sohn nichts. In seinen Geschichten agierten die Eltern zwar an getrennten Schauplätzen, Hamburg und Frankfurt, aber beide in einer Aura des Berüchtigten, als gäbe es ein geheimes Band zwischen ihnen, das sie vereinte, in Wahrheit jedoch das trennende Band der täglichen Plagerei, sich vom Joch der Geldknappheit und damit der Vergangenheit zu befreien, nur gehörte der andere jeweils dieser Vergangenheit an. Von all dem ahnte ich nicht einmal etwas, woher auch, die Eltern waren ferne Wesen ohne Alltag, anwesend nur in der Idee von Eltern, die zu arbeiten hatten, auch damit ihre Kinder ein Internat besuchen konnten;

ich war mit ein Grund der Abwesenheit, ihres Schemenhaften. Und so waren sie als Figuren meiner Geschichten realer als in Wirklichkeit, es galt nur, dass alles Erfundene sein inneres Stimmiges behielt, wenn etwas Neues hinzukam, dass keine Ungereimtheiten entstanden. Aber sosehr es dem Erzähler, ohne Hand und Fuß zu haben, auch einen Stand gab, sosehr rieb es ihn auch auf, weil er an keinem Tag mehr aus der Sorge herauskam, beim geringsten Fehler enttarnt zu werden.

Besonders Laxmann stellte abends Fragen, die bohrendste nach dem Auto des Nachtclubbesitzers und Vaters, und der mit den Büchern, die ihm nur noch als Schutzschild halfen, wenn der Hartgummiball flog, kam auf den glorreichen Gedanken, dass sein Vater zwei Autos besaß, einen alten grauen VW, um nicht weiter aufzufallen, und einen neuen roten Ford Fairlane mit Heckflossen für die Reeperbahn. Den konnte er sogar beschreiben, mit Worten aus einem Jerry-Cotton-Band, nicht auf der Ablage über seinem Bett, sondern unter dem Kopfkissen. Nur hakte der Herr des Zimmers bald nach, er war misstrauisch geworden und wollte Genaueres über den amerikanischen Wagen hören, PS und Drehzahl, die Bereifung, die Sitze, das Baujahr, den Tachostand. Der Erzähler hatte gerade sein Bett frisch bezogen, er strich es noch glatt, als er sich mit den Antworten schon in Widersprüche verstrickte, darauf hatte Laxmann nur gewartet. Er nahm das so schön Bezogene, Kopfkissen und Decke, und warf es aus dem Fenster im obersten Stock in Regenlachen auf dem Hof – Anfang einer neuen Serie von Ideen für die Verbesserung seiner Laune, und noch vor der Hälfte des Schuljahrs wurde ich anhaltend krank.

22

Eine verschleppte Rippenfellentzündung, sagte man, als das Fieber und die Schwäche auch mit Bettruhe kaum zurückgingen, und der Patient, dem auf der Krankenstation nicht mehr zu helfen war, durfte für unbestimmte Zeit nach Hause, das aber hieß, zu seiner Hüterin in den Rohbauanbau. Ich war erlöst von der Last meiner Erfindungen, das Sofa im Wohnraum war mein Bett, dort aß ich die fette Kost, die mich gesund machen sollte, und stieß auf die Erfindungen anderer in Form von Büchern, die aus dem alten Haus in den Anbau gelangt waren, weil sich weder die Mutter noch der Vater in ihrer jeweils neuen Umgebung damit belasten wollten. Etwa fünfzig meist dickleibige Romane standen in einem Eckregal, und der Junge mit Rippenfellentzündung, in Wahrheit eher eine Geistesentzündung, griff nach den verlockendsten Titeln oder Einbänden, nach Radetzkymarsch von Joseph Roth, da gab es eine Kriegsszene auf dem Umschlag, nach Der Tod in Venedig, da sah man den schönen Knaben im seichten Meerwasser spielen, nach Madame Bovary, da war eine wie meine Mutter bei ihrer Toilette zu sehen, nach Kafkas Amerika, da gab es eine bunte Zirkusszene auf dem Umschlag. Es war ein wildes Lesen, immer auf der Suche nach den Worten, die eine Bestätigung meines Fiebers waren, meine Schwäche stützten, die mir das Gefühl gaben, einem geheimen Kreis anzugehören. Und abends gab es kinderherzbeglückende Geschichten zu warmem Essen und kaltem Bier und gelegentlich auch Kostproben aus der einen oder anderen Oper oder Operette, Puccinis La Bohème stand auf dem unsichtbaren Programmzettel und immer wieder, halb geatmet, halb gepfiffen, die Ouvertüre zur Fledermaus mit einer Schmissigkeit, auf die die einstige Sängerin als Allheilmittel schwor – alles in allem eine Fürsorge, in der auch etwas Krankes steckte, das den, der auf die Beine kommen sollte, wieder unter seinesgleichen als Gesunder, in eine immer eigenere, immer geschlossenere Welt einwies – seinesgleichen, das waren Figuren in den Romanen, Karl Roßmann in Oklahoma oder der junge Trotta in seiner Garnison am Rand der Welt, Léon, der Kanzlist, der sich heimlich mit Emma Bovary trifft, und sogar der alternde Aschenbach in seinem alterslosen Fieber am Lido von Venedig; allen voran aber Hans Castorp, der Kranke ohne Befund aus dem dicksten der Romane, an den er sich erst in der dritten Woche gewagt hatte, nur noch mit erhöhter Temperatur, aber anhaltend schwach. Vier Wochen lagen dann noch vor ihm zur weiteren Erholung, genügend Zeit für den Zauberberg – über sieben Wochen war ich insgesamt aus dem normalen Leben getreten, fast den ganzen Herbst, ohne ein Schulbuch auch nur in die Hand genommen zu haben, dafür umso öfter, als es mit den Kräften aufwärtsging, das wilde Lesen nachließ, mein Luftgewehr. Ich lernte, es zu zerlegen, und präparierte ein Fach im Koffer, um es, wenn ich wieder ganz auf den Beinen wäre, unbemerkt ins Internat bringen zu können: endlich eine echte Waffe und keine falschen Geschichten mehr.

Noch aber genießt der Patient seine Schwäche und jede stille Mittagsstunde, wenn die Bewohnerin des Anbaus im oberen Stock schläft und er auf dem Wohnzimmersofa den eigenen Körper behandelt, als wäre es der eines anderen. Inmitten seiner Mattheit ist eine Unruhe, die er täglich besänftigt, immer dieselben Bilder vor Augen, Illustriertenfotos aus der Quick, aus dem Stern. Marilyn Monroe ist da wieder einmal zu sehen, deren Tod immer noch Rätsel aufgibt, und er stellt sich vor, sie vor diesem Tod bewahrt zu haben, sodass er als Gegenleistung fordern darf, was er will. Er ahmt ihre Laute nach, ihr Betteln um sein Tun an ihr und mischt sie mit den eigenen Lauten, er bettelt sich selbst an. Und wenn alles vorbei ist, geht er auf Zehenspitzen nach oben ins kleine Kinderzimmer, holt sein Luftgewehr aus dem Schrank und öffnet das Fenster, spannt und lädt das Gewehr und wartet, bis sich ein Spatz in dem Apfelbaum auf dem Gartenstück, das zu dem Anbau gehört, auf einem der vorderen Äste niederlässt. Er legt an, und sein Herz pocht wie auf dem Sofa, als die Monroe alles tat, was er wollte; er zielt und drückt ab, der Spatz kippt vom Ast. Schnell läuft der Schütze in den Garten und begräbt den Vogel, damit ihn seine Hüterin weiter für eine gute Seele hält. Er legt sich wieder auf das Sofa und wartet die Stunde am Nachmittag ab, wenn ihm etwas vorgelesen wird bei einer Tasse Nescafé, etwas aus seinen Leib-und-Magen-Kinderbüchern, Die Abenteuer des kleinen Muck oder aus Deutsche Heldensagen; und die anderen Bücher, Radetzkymarsch oder Der Tod in Venedig, ja selbst Der Zauberberg, rücken in eine Ferne wie die seiner Eltern, ebenso die Geschehnisse des frühen Nachmittags. Dafür gehören die Vormittage ganz den Verwirrungen von Hans Castorp, wie er die Liebe aufleuchten sieht und in den Abgrund des Geistes blickt, wie er dem Tod begegnet – das alles mit stiller Wirkung auf den bettlägerigen Leser. Je weiter er in dem dicken Buch kommt, mit dem traurigen Moment, dass irgendwann die noch ungelesenen Seiten schon weniger sind als die gelesenen, das Ende der Geschichte und damit der Menschen in dem Roman naht, desto mehr trifft ihn die vergehende Zeit – ich konnte in diesen sieben weltfernen Wochen keine Uhren ertragen, ich habe sie umgedreht oder zugedeckt –, und desto mehr erhält die eigene Sprache Unterschlupf bei einer fremden, ihren künstlichen Glanz.

Der Junge kleidet sich mit einer Sprache, die bestaunt wird wie sein neuer, aus dem Neckermann-Katalog bestellter Hausmantel, eigentlich ein Kleidungsstück für den älteren Herrn, aber er trägt ihn, wann immer seine wienerische Operngroßmutter Damen aus ihrem dörflichen Bekanntenkreis mit Kaffee und Kuchen bewirtet (wie einst die Offizierswitwen in der Hamburger Greflingerstraße). Dann liegt er in dem Hausmantel, kunstvoll frisiert, das gewachsene Haar etwas in der Stirn und über den Ohren, ohne Decke auf dem Sofa, angeblich weiterhin geschwächt und doch imstande, den Kaffeegesprächen seinen Stempel aufzudrücken. Er streut ganze Sätze aus den Romanen ein und lenkt die Unterhaltung auf Pointen hin, er wischt es weg, wenn sich die Damen überschlagen wegen seiner Wortwahl, aber auch Komplimente machen für seine Verfassung, das sichtliche Erblühen auf dem Sofa. Und von Mal zu Mal ist er geschickter darin, mit dieser Art von öffentlicher Leidenschaft umzugehen, nicht nur zwischen Aufrichtigkeit und Theater zu unterscheiden, sondern auch Theater mit Theater zu beantworten. Seine noch fiebrig glänzenden Augen auf das Damenkränzchen gerichtet, hält er einen Vortrag über das am Vormittag Gelesene; er spricht über den jungen Leutnant, der seinem Vater, dem Rittmeister Trotta, der in der Schlacht von Solferino dem Kaiser das Leben gerettet hat, nicht mehr gerecht wird, und darum zur Schwermut neigt und in der entlegenen Garnisonsstadt Trost bei den Huren sucht. Ja, er spricht vom Noblen des Leutnants, seiner Melancholie, und der Fäulnis im untergehenden Habsburger Reich, wie er es auf dem hinteren Buchdeckel gelesen hat, denkt sich aber die noble Fäulnis eines Bordells mit trägen Frauen in Samt und Seide. In der stillen Mittagsstunde ist ihm heiß geworden beim Lesen dieser Passage, einzelne Sätze waren wie zum Greifen, sprangen ihn aus dem Buch förmlich an, er musste dagegenhalten, und im Gespräch mit den Damen steht er darüber (die Tonangebende hieß Kätha Götz, mit Zigarettenspitze als Taktstöckchen, eine andere war Frau von Theissen mit medizinischer

Laienkenntnis, die es ihr erlaubte, den fiebrig Sprachbegabten unter seinem Hausmantel zu befühlen). Und sind die Damen nach dem Likör mit Winke-Winke gegangen, steigern sich Großmutter und Enkel in einen Lachanfall hinein.

Es war ein Gelästere bis weit in den Abend, jede der Damen kriegte ihr Fett ab, und meine Hüterin kam so in Fahrt, dass sie plötzlich aus ihrem Sessel aufstand und zu singen anfing. Sie sang Ein Lied geht um die Welt, erst leise, dann ungehemmt, und erzählte, als sie wieder saß, bewegt vom kleinwüchsigen, ihr kaum an den Busen reichenden Joseph Schmidt mit einer so großen Stimme, wie sie allein der Herrgott vergeben kann; sie goss sich ein kaltes Bier ein und war noch in Gedanken weit vor dem Krieg, vergangenheitsselig trank sie den Schaum ab. Nach diesem Gemütsauftakt, die Lachtränen vermischt mit denen der Erinnerung, wechselte sie das Fach und sang einen alten Schlager, Heute Nacht oder nie. Walther Ludwigs lyrischen Tenor hob sie mühelos in ihre Sopranlage, meine wieder fiebererhitzte Hand in der ihren – Heute Nacht oder nie sollst du mir sagen nur das eine: ob du mich liebst. Heute Nacht oder nie will ich dich fragen, ob du mir deine Liebe gibst. Höhepunkt aber war am Ende solcher Abende die Barcarole aus Hoffmanns Erzählungen wie eine letzte, von ihr mit Kopfstimme gesummte Reminiszenz an jenen SA-Zahnarzt – für mich das Phantom Dr. Branzger –, der die frühe Kriegerwitwe im Wien der letzten Kriegswochen getröstet hat, ehe er meine künftigen Eltern zusammenführte, eine Art Nachfahre des grausigen Wetterglashändlers Coppelius aus E. T. A. Hoffmanns Der Sandmann.

Jede Woche gab es so einen Abend, und meine Genesung, wovon auch immer, machte Fortschritte. An Vormittagen mit gutem Wetter ging ich schon in den Ort, warm angezogen und mit Sonnenbrille, die den angegriffenen Zustand noch kennzeichnen sollte. Ich ging zur Rotbach-Brücke bei der Schmiede und sah auf die Forellen, wie sie sich mit Schwanzbewegungen gegen die Strömung hielten; ich lief auf der Oberrieder Straße zum Schlachthof und sah dort wieder beim Töten zu, sah, wie ein Rind sich in seiner Angst noch entleerte, dann zerrte man es schon in den offenen Schlachtraum, und einer schlug ihm mit einer Axt, stumpfe Seite, gegen die Stirn, dass es zusammenbrach. Ich sah das aufgerissene, verdrehte Auge, als man ihm die Kehle durchschnitt, und floh zurück in die Anbauhöhle, mein alleiniges Reich – die kleine Schwester war ja seit Ostern im selben Internat, zehnjährig in der Sexta, auch sie heimwehkrank, nur ohne Fieber. Die Krankheit des großen Bruders scheint dagegen überwunden, in Wahrheit hat sich das Fiebrige nur verlagert. Es sitzt jetzt in der Körpermitte, unter anderem Namen, und bricht jeweils in der Stille des frühen Nachmittags aus; dann sieht sich der Vierzehnjährige mal als Verführer der Damen, die ihn bestaunt hatten, mal selbst als Objekt, das verführt wird. Er spricht die Sätze über die Huren aus dem Roman vor sich hin, er ist nackt unter dem Hausmantel, auf seinem Bauch herausgelöste Seiten aus der Quick, aus dem Stern, der Revue. Überall lauert der so böse und doch verheißungsvolle Sex, böse wie das kleine abgebrochene Wort, verheißungsvoll wie sein Klang mit dem offenen S-Laut am Ende, das damit nur verschliffene, in seiner Härte beschönigte X (später der beliebteste Buchstabe, um eine Automodellreihe als angriffslustig zu kennzeichnen). Es ist ein stilles Lauern in den Kleinanzeigen unter dem Titel Lieben ohne Reue, ein Lauern auch in der Gebrauchsanleitung des Fieberthermometers, ja in Gerüchen, dem von Nivea-Creme und Kaloderma-Gelee, auch von Filterzigaretten, dazu noch der Anblick eines Filters mit Lippenstiftspuren im Aschenbecher. Und das kleine, abgebrochene Wort lauert in Nylonstrümpfen, welk auf einem Stuhl liegend, er lauert in Witzen, die sich die Damen beim Likör erzählen, oder wie sie hinten in der Quick stehen, es versteckt sich in Wörtern wie Frauenarzt oder Gardine, dazu in der Werbung, wenn die Hausfrau, von der neuen Waschmaschine entlastet, sich im Badeanzug ein Sonnenbad gönnt, vor sich hin träumt, während die Wäsche geschleudert wird. Ja überhaupt die Wäsche: In jedem Mieder, jedem Unterrock, jeder Anzeige für Wäsche lauert das Halbwort mit den drei Buchstaben – die als Zeichen für den Jungen auf dem Sofa so viel Macht besitzen wie das Kreuz, als wären sie dessen dunkle Kehrseite.

Und immer wieder das so wütende, vergebliche Bemühen, sich selbst der andere zu sein, mit dem eigenen Körper wie mit einem fremden umzugehen, im Grunde sich selbst zu durchdringen. Es waren einsame, von geflüsterten Parolen angeheizte Schlachten, und danach jedes Mal die Rache am schwachen Fleisch; ich machte, als es kein messbares Fieber mehr gab, tägliche Radtouren und dehnte den Expander bis zum Gehtnichtmehr. Unaufhaltsam wurde ich wieder internatsfähig, nur schulisch gab es kein Aufholen mehr. Ich kam äußerlich erholt am Bodensee an, aber bat selbst um eine Rückkehr in das Unterstufenheim, um die halbe Quarta zu wiederholen. Und zu meinem Gepäck zählte ein sorgsam zerlegtes Luftgewehr im Kofferboden, einschließlich zweihundert Schuss Munition.

23

Schon bei erster Gelegenheit, während der Freistunden eines Sonntagsnachmittags im Dämmerlicht des späten Novembers, schoss ich in dem Wäldchen oberhalb des Sportplatzes, aus dem Dickicht heraus, das dem Kantor als Ort für eine schnelle Umarmung gedient hatte, auf eins der Mädchen aus der dritten Klasse, in der ich jetzt wieder war – ein Triumph für Frau Guth, auch erneut meine Erzieherin: die den ewigen Schlamper nun als Schulversager ansah und in das einzige Einbettzimmer auf ihrem Stock gesteckt hat. Das Mädchen, auf das ich schoss, hieß Eva Stahl und war etwas älter als die übrigen und wirkte umso älter, fast erwachsen, durch eine steife Hochfrisur und das Tragen eines langen, wippenden Mantels in der Freizeit. Ich zielte auf diesen Mantel, wie auch meine Mutter einen be-saß (den Mantel auf dem Silvesterfoto), in der Annahme, die kleine Kugel würde in seinem Stoff an Kraft verlieren und höchstens einen Schrecken auslösen – letztlich ein Wink sein, wie sehr mir Eva Stahl mit ihrer Hochfrisur und ihren schon fraulich geformten, in jeder Turnstunde zur Schau gestellten Schenkeln durch den Kopf ging. Aber der Wind am Rande des Wäldchens hatte den Mantel im Moment des Abdrückens zur Seite geweht, und so ging der Schuss in die Wade, nicht tief, aber tief genug, um die Stahl aufschreien zu lassen und denen, die herbeieilten, die kleine blutende Wunde zu zeigen, auch mir, nachdem ich die Waffe schnell unter Laub begraben hatte. Sie saß im feuchten Gras, wie niedergeworfen von dem Schuss, der Mantel – ein schönes Stück, kamelhaarfarben mit großem Kragen – stand offen, das Bein mit der verletzten Wade lag frei, ihr Faltenrock war hochgerutscht bis zur Schenkelmitte, und der Junge, der geschossen hatte, nahm es sich heraus, um die seidenbestrumpfte Fessel zu greifen und mit einem Zipfel seines Unterhemds das Blut abzutupfen, ja das Loch im durchsichtigen Strumpf vom Loch im hellen Wadenfleisch zu trennen – ein Tun im Halbdunkel, vom Sportplatz die Rufe der Bolzenden, das Geräusch der Schuhe im Matsch, dazu das noch schnelle, angsterregte Atmen von Eva Stahl: die sich gefallen ließ, was ich tat, ja sich sogar etwas drehte, um mir mehr von ihrem Bein zu überlassen.

Es blieb bei diesem einen, letztlich ins Schwarze gegangenen Schuss, von dem keiner sagen konnte, woher er kam, nur dass es eine Luftgewehrkugel war, verfangen in Strumpf und Fleisch; der Schütze wurde nie ermittelt, man sprach sogar von einem entflohenen Häftling, und viele machten einen Bogen um das Wäldchen, als es abends immer früher dunkel wurde. Zu den Weihnachtsferien kam das Gewehr dann wieder, zerlegt im Kofferboden, in das Kinderzimmer im Rohbauanbau, das ich mit der Schwester teilte. Und in den Tagen nach Neujahr, als die Eltern nach dem Weihnachtsbesuch erneut in zwei Richtungen abgereist waren, vertraute ich ihr an, wer da aus dem Wäldchen heraus geschossen hatte, das Geheimnis war bei ihr gut aufgehoben. Noch mehr aber wurden wir zu Geschwistern, zu Hänsel und Gretel, auf der Rückfahrt ins Internat am unteren Bodensee, im Personenzug über den Schwarzwald, seine Hänge grauweiß unter tiefen Wolken, mit Halt an verlorenen Bahnhöfen (und ohne meine gewohnte Begleiterin bei diesen beklemmenden Rückfahrten, die Schwedin Karen aus Freiburg, die nach Umzug der Eltern mit Beginn des neuen Jahres eine Schule bei München besuchte). Nur wir beide, so schien es uns, waren in dem Zug, Bruder und Schwester, zwei, die in Wellen von Heizungsluft und kaltem Rauch am Fenster saßen, mal die schräge Bahn eines Tropfens an der Scheibe verfolgten, mal ins Weite sahen, auf eine Landschaft ohne Reim, mehr grau als weiß und leer, in einem Licht, das von nirgendwoher zu kommen schien, das keinen Ort hatte, wie die, die am Fenster hingen, nichts als zwei Elternlose, fern von allem Beschützten, Behausten – vielleicht hatte sich deshalb die Station Hausen vorm Wald so sehr eingeprägt. Nah war allein der Schatten, den das Internat vorauswarf, und mit jeder Station kam er näher, Engen, Singen, Radolfzell; Radolfzell, wo, wie gesagt, noch der Adventskranz im Bahnhof hing, hoffnungslos erloschen, auf dem Boden darunter bräunliche Nadeln. Und vor dem Bahnhof das Warten auf den Bus, das Aufstampfen gegen die kalten Füße, auch gegen die schier ewige Zeit bis Ostern. Zeit und Kälte gehörten zusammen, die ersten Wochen des Jahres waren eine gefrorene Zeit, oft tagelang in derselben, nicht mehr ganz astreinen langen Unterhose, in den schon sauren Socken und mit dem immer kühlen ausrasierten Nacken. Monate lagen vor uns, mit nichts als einem Kellerlicht in den Zimmern und Fluren des Marbach-Heims, mit nichts als Schule und Müdigkeit, dazwischen die Pausen, das Rempeln im schneematschigen Hof, der dampfende Atem zwischen den Wörtern für die Lahmen, die Stotterer, die Pickligen, die mit dicken Brillengläsern oder orthopädischem Schuh – Streuselkuchen, Glotzer, Klomann, Kretin, Namen, auf die die Betreffenden alsbald hörten, den Kopf hoben, nickten, bei Fuß kamen. Wochen waren es, die wir nicht zählten aus Angst vor der Zahl, mit nichts als Schule und Hausaufgaben, Keilereien im Hof und dem immer gleichen Essen, den immer gleichen Tischgebeten, Herr hab Dank für Speis und Trank, und immer flüsterte wer Scheiß und Trank. Nur die Zeit im Bett vor dem Einschlafen, die Minuten im Dunkeln unter der Decke, gehörten mir. Der einzige Lichtblick in dieser gefrorenen Zeit war der Wechsel von Frau Guth als Erzieherin ins Mädchenheim, damit allerdings, das trübte das Licht wieder ein, zuständig für meine Schwester – in der sie von Anfang an die Schwester des Schlampers sah, zu hübsch, um anständig zu bleiben (später sollte sie für deren Rauswurf sorgen, weil die Hübsche bei Cola, Musik und gedämpftem Licht Händchen gehalten hatte).

Ein Aushilfelehrer für Latein war von da an zuständiger Erzieher für mich, mit Blicken wie der Kantor, auch er ein Raucher und an allem jungenhaft Rumorenden interessiert, aber auf sprachlichem Umweg; er schloss meine Lateinlücken und sah sein Honorar darin, dass er dabei als Liebesberater wirken durfte. Nec timide promitte: trahunt promissa puellas! Und sei im Versprechen nicht ängstlich: Versprechungen ziehen Mädchen an! Fast im Handumdrehen brachte er mir Ovid nahe und glich auch noch mein Mathematikdefizit aus, so wurde die Schule in den letzten Wochen vor Ostern zur Nebensache. Ich hatte Zeit und begann damit, an Karen, die Schwedin, zu schreiben, jetzt in Gauting bei München, ihre zurückgebliebene Freundin hatte mir die Adresse gegeben. Während der täglichen Stunden für die Hausaufgaben unter Aufsicht schrieb ich hinter vorgehaltenem Schulbuch meinen ersten Liebesbrief voller Versprechungen, eine Arbeit in Fortsetzungen, an manchen Tagen kaum ein paar Zeilen, dann wieder eine ganze Seite, letztlich aber war alles nur eine Beweisführung, wie sehr es sich für die Empfängerin lohnen würde, den Briefschreiber zu lieben. Und nach der erneuten Versetzung in die Untertertia, dem erneuten Sprung in die Mittelstufe und damit zurück in das Schlossheim mit morgendlicher Marschmusik, schob ich den umfangreichen Brief, über Gebühr frankiert, am liliputanisch kleinen Postamt von Gaienhofen mit erheblichem Herzklopfen in den Schlitz.

Der erstarkte Untertertianer kommt in sein altes Zimmer im obersten Stock und trifft dort wieder auf Laxmann, nur ist jetzt einer mit im Zimmer, der schon auf der Finnlandreise dabei war und zu denen zählt, die dem Liebesbriefschreiber liegen, einer, der verbotene Bücher unter dem Bett hat, in Packpapier eingeschlagen, und Cello spielt, der etwas von Musik versteht und schon einiges von Liebesdingen weiß. Obwohl Asthmatiker, immer keuchend, ist er Kettenraucher, Marke Gauloises, schon morgens hustend und bleich, dazu auf souveräne Weise unsportlich. Durch ihn, den Musikliebhaber mit Morgenzigarette (ich verdanke ihm meine erste Klassikschallplatte, Dvořáks Cello-Konzert in h-Moll), wechselt der noch am Roth-Händle-Geschmack Hängende, der täglich auf einen Antwortbrief hofft, beim heimlichen Rauchen an der Spitze des Gaienhofener Landungsstegs zu den kleinen, dicken Künstlerzigaretten aus Paris, locker gestopft und mit scharfem Aroma. Vom Leser der verbotenen Bücher – Der Wendekreis des Krebses, Die Blechtrommel, Der gelüftete Vorhang – lernt er auch, eine Zeitung sorgfältig umzublättern und politische Ansichten zu vertreten, ja überhaupt Ansichten zu haben. Und eine der frühesten Ansichten des neuen Verbündeten – mein Brauereierbe war inzwischen auf einer seinen Neigungen entgegenkommenderen Schule – ist mir als solche erst später klar geworden: Nach Verschwinden des Kantors war von dem kaum Dreizehnjährigen mit Cello in breitem südbadischem Dialekt (den er auch als Berliner Neurologe nie abgelegt hat) eine Bemerkung gekommen, die legendär wurde: Mit dem Weggang von Herrn Gieser sei das Niveau im Internat gesunken.

Als Liebesbriefschreiber hatte ich dieses Wort aufgegriffen und von dem gesunkenen Niveau gesprochen, seit sie, Karen, nicht mehr in der Klasse sei, ihre Beiträge zum Deutschunterricht fehlten, auch ihr leichter Akzent, ihr irgendwie anderes, eben Schwedisches. Mit der Verbohrtheit des Schwärmenden, mehr an den eigenen Gefühlen interessiert als dem Objekt seiner Schwärmereien und dessen Gefühlen, schrieb der nun vom Geist der Gauloises Erfüllte inzwischen wöchentlich nach

Gauting bei München, obwohl er noch immer keine Antwort auf seinen ersten langen Brief erhalten hatte. Wenn andere in der Freizeit an den See gingen oder einfach im Aufenthaltsraum herumsaßen und Musik hörten, alles, was das Jahr neunzehnhundertdreiundsechzig an Aufwühlendem mit sich brachte, was aus England kam und Herzen wie Köpfe verdrehte, saß er im Keller, rauchte und schrieb, war aber nicht allein. Der Schlosskeller reichte tief, es gab dort einen Tischtennisraum und weitere, noch tiefer gelegene Räume und auch eine Dunkelkammer, zu der sich kaum einer vorwagte – die Gruft von Laxmann, der schon immer fotografiert hatte und ganze Sammlungen besaß, von künstlerischen Fotos, wie er sie nannte, darauf Frauen und Männer, die in Tanz- oder Sportposen ihre Reize zur Schau stellten. Und zu diesen halb freizügigen Stimmungsbildern kam eines Tages eine Sammlung, die er in Hamburg gekauft haben wollte und dem Briefschreiber mit väterlichem Fuß in gleich zwei Hamburger Nachtlokalen, sofern das Ganze nicht ausgedacht war, aber wer weiß, in den Tiefen des Schlosskellers zeigte.

Es waren die ersten Pornofotos, die mir unter die Augen kamen, solche, die Seeleute auf ihren Reisen begleiten, handliche Fotos in Schwarzweiß mit allem, was den Matrosen nach Wochen ohne Landgang beschäftigt. Und es war, als hätte sich mir ein Tor geöffnet, zu einem Traumreich, das zugleich etwas Höllisches hatte, wie schon die Straßen in der Nähe des Frankfurter Hauptbahnhofs. Ich erinnere mich an ein glühendes Schaudern, als das erste der Fotos in meiner Hand war, gehalten zwischen Daumen und Zeigefinger, um auch ja alles darauf im Schein der nackten Kellerbirne zu sehen – Mann und Frau auf einem Sofa, nackt und gleichsam seitenverkehrt, er mit dem Mund an ihrem Ballonhintern, sie mit dem Mund um sein behaartes Geschlecht, eigentlich eine kannibalistische Szene, zwei, die einander verschlingen, beide kräftig gebaut, mit runden Schultern, vollen Waden, die Fußsohlen der Frau sichtlich schmutzig – das Detail, das alle anderen in seinen Schlepp nahm. Pro Bild eine Mark, sagte Laxmann. Und wenn du fünf nimmst, dann gibt es das sechste umsonst.

Ich nahm nur eins, gleich das erste, und verwahrte es im Evangelischen Gesangbuch, das sich wiederum leicht in eine Jackentasche schieben ließ, bevor ich damit in der Nachmittagsfreizeit ins Schilf ging. Der Besitzer und Vertreiber der Fotos hatte zu äußerster Vorsicht geraten, und mindestens einmal am Tag murmelte er in meiner Nähe das Wort Diskretion, aus gutem Grund: Er verkaufte jedem, den er für vertrauenswürdig hielt, im Grunde aber nur für anfällig, eins oder mehrere der Fotos, und es dauerte keine zwei Wochen, da hatten die Bilder im Besitz von Vierzehn- bis Sechzehnjährigen im ganzen Schlossheim eine Art Treibhausklima erzeugt, noch weit vor dem Sommer die Temperatur angehoben. Die Luft in den Fluren war wie aufgeheizt von den Fotos, und es gab ein Schwirren und Schwärmen von Wörtern, besonders während des wöchentlichen Kulturfilmabends, wenn Herr Diesch den Vorführapparat bediente und es auf der Leinwand meistens ins Innere eines afrikanischen Landes ging, dorthin, wo die Frauen noch mit nackten Brüsten Tänze vollführten; dann schwirrten die Wörter und damit Teile der Fotos sprachmückenhaft von Mund zu Mund, von Ohr zu Ohr, und der alte Marinemann konnte sich ziemlich schnell einen Reim darauf machen. Sein Schlossheimschiff drohte auf Grund zu laufen, er musste mit allen Mitteln dagegensteuern, und so führte er gemeinsam mit Internatsleiter Müller (Müller-Schmier) und einem aus der DDR geflohenen Sportlehrer mit Gespür für Angstschweiß und verborgene Ecken auf einen Schlag Zimmerdurchsuchungen durch. Es gab keine Möglichkeit mehr, das, wonach gesucht wurde, noch zu vernichten; erst wenn die Durchsuchung begann, konnte man in Begleitung das Zimmer betreten, ich war so gut wie geliefert. Aber Laxmann, als Urheber des Ganzen ohnehin geliefert, ließ sich, Sekunden bevor das Durchsuchungstrio ans Werk ging, von mir das Foto geben, das in meinen Sachen entdeckt worden wäre, noch dazu im Gesangbuch versteckt, zündete es mit seinem Metallfeuerzeug hinter dem eigenen Rücken an und ließ es in der hohlen Hand, ohne eine Miene zu verziehen, in Flammen aufgehen, während der DDR-geschulte Lehrer schon das Kommando zum Umdrehen der Matratzen gab und damit anfing, Bücher auszuschütteln, allen voran Die Blechtrommel, die beim Cellisten zum Vorschein gekommen war. Keiner sagte ein Wort, alles nahm nur seinen Lauf, einschließlich des kleinen Feuers, von den drei Durchsuchern erst bemerkt, als Laxmann, und das mit einem Lächeln, seine verbrannte Hand hinhielt, die so schnelle rechte aus meiner ersten Internatsminute, darin die Asche des Fotos, das mich um ein Haar aus der gymnasialen Bahn geworfen hätte; er musste noch in derselben Woche den Koffer packen und mit ihm jeder, bei dem eins oder mehrere der Fotos entdeckt worden waren. Achtzehn Schüler fielen mit dem Consilium abeundi der evangelischen Inquisition zum Opfer.

Die kannibalistische Szene existierte jetzt nur noch in meinem Kopf, dort aber unauslöschlich, und erst etwas anderes Welteröffnendes, so schwarz auf weiß in meiner Hand wie das Foto, kam dagegen an: An einem der ersten warmen Tage erhielt ich endlich Antwort von meiner Schwedin, einen Brief von kaum einer halben Seite mit folgendem Inhalt: Sie habe alle meine Briefe erhalten und gelesen, müsse aber in Bayern so viel für die Schule tun, dass sie erst jetzt Zeit für eine Antwort finde. Danke für die interessanten Gedanken darin, obwohl ihr die meisten auch nach längerem Nachdenken nicht klar geworden seien. Wir könnten aber bald darüber reden, weil sie ihre Freundin aus dem Mädchenheim besuchen würde, wir könnten dann vielleicht am See spazieren gehen, wenn es nicht so viel regnet wie bei ihr in Gauting, mit Grüßen, Karen.

Dieser Besuch fand im Mai statt, und das Wetter spielte mit, es kam zu dem Spaziergang am See. Ich hatte einen Fotoapparat dabei, ein Weihnachtsgeschenk meines Vaters, noch immer für Zeiss in Stuttgart tätig, eine Kamera der Marke Contessa, bei der man Entfernung und Belichtungszeit einstellen konnte, und Höhepunkt des Nachmittagsspaziergangs war ein mit Selbstauslöser gemachtes Foto, das es mir erlaubte, innerhalb der zehn Sekunden bis zum Auslösen einen Arm um das Mädchen zu legen, in das ich seit den gemeinsamen Zugfahrten zwischen Freiburg und dem Bodensee verliebt war. Seit der kurzen Antwort auf meine langen Briefe aber erschien mir Karen als die, die mich vor dem bewahren könnte, was jenes eine verbrannte, nur im Kopf noch existierende Foto an immer weiteren Bildern hervorrief, ein Chaos wie dem in Träumen. Was mir vorschwebte, war ein Foto, das alle höllischen Bilder löschte, und entstehen sollte es mit Hilfe einer Mechanik, die mir eben jene zehn Sekunden vor dem Moment der Belichtung schenkte – die besten in diesem Frühjahr mit Ende vierzehn, weil ich nicht nur einen Arm um Karen legen konnte, sondern auch den Kopf zu ihr neigen, während wir beide in die Kamera sahen, zuvor auf geschichteten Steinen in Position gebracht, und so posierend in uns verharrten, als hätten wir um das Lebenslange dieses Augenblicks gewusst.

Der See ist noch flach nach dem Frühjahr, hinter uns sieht man das kieselig-schlickige Ufer und den glatten Unterseearm, auf der anderen Seite die Häuser von Steckborn, der schweizerische Hügelzug – ein für den Spaziergang von vornherein geplantes Foto, als Einleitung für einen Kuss, zu dem es nicht kam. Mein Vater hatte mir die Möglichkeiten der schon recht vielseitigen, aber etwas fotografisches Verständnis erfordernden Kamera genau erklärt und auch erwähnt, wie hilfreich der

Selbstauslösermechanismus sein könnte, wenn ich etwa mit einem Mädchen unterwegs sei. Ich glaube, ihm lag daran, dass ein möglicherweise fehlgeleitetes geschlechtliches Leben – in Andeutungen höchstens war die Kantorgeschichte zu ihm gedrungen – alsbald in richtige Bahnen käme und damit überhaupt erst in Gang, wobei er immer wieder sagte, dass Wollen und Können in jungen Jahren leider auseinanderklafften (an seiner Seite war bald darauf eine neue, sehr viel jüngere Frau, die ich erst nach dem Abitur kennenlernen sollte).

Schon einen Tag nach dem Spaziergang war Karen wieder Richtung München aufgebrochen, und wenige Tage später war ich im Besitz des entwickelten Fotos. Es zeigt, wie der Junge nach dem greift oder zu greifen versucht, was er liebt und sich einverleiben will, wodurch sich beider Köpfe fast berühren, seiner zugeneigter als ihrer – eins der Indizien für den Liebesdruck. Ein anderes ist die Sonnenbrille, als könnten meine Augen diesen Druck verraten, sowie die schon ausgeprägte Falte der Verneinung zwischen den Brauen, obschon die Liebe doch eine Bejahung ist. Und ein weiteres Indiz ist die Jungenhand, die nahezu im Klammergriff um die Mädchenschulter liegt, während Karens Hände auf ihren Beinen ruhen. Nur von ihr geht etwas Entspanntes aus, so, wie sie lachend in die Kamera schaut, lachend über zwei Wangen, die ich gern gestreichelt hätte. Sie trägt enge Hosen und einen eher weiten Pullover, ich trage Jeans und ein Hemd, die obersten Knöpfe offen (es gibt eine Erinnerung an dieses Hemd, gekauft im Sporthaus Glockner in Freiburg, und auch an die Jeans aus dem Levis-Laden von Lisa Frömmel hinter dem Astoria-Kino). Einen Abzug des Fotos hatte ich nach Gauting geschickt, als Beigabe eines langen Briefes, der noch einmal die Notwendigkeit unserer Verbindung mit einer Art Liebesalgebra darlegte, und der knappe Dank für das Foto sowie ein weiterer Hinweis auf die schulischen Anforderungen in Bayern beendeten den

Briefwechsel, der keiner war. Ich gab es auf, an Karen zu schreiben, nur das Schreiben an sich behielt ich bei. Statt weiterer Briefe entstand ein erstes Theaterstück. Der Mistkäfer und die Mathematik.

Ein stattlicher Mistkäfer, zu Hause im Garten einer Dichterin und in sie verliebt, glaubt, er könnte sie mit Mathematik beeindrucken und erobern. Er fliegt in Schulklassen, um sich etwas abzuschauen, schwirrt vor der Tafel herum und wird vom Lehrer vertrieben; er nimmt Nachhilfe bei einer Heuschrecke und scheitert schon am kleinen Einmaleins. Sie hält ihn für völlig unbegabt, schwärmt aber vom Glanz seiner Flügel, und da begreift er, dass er als Mistkäfer nur auf sein Äußeres setzen kann. Er lässt sich auf dem Schreibtisch der Dichterin nieder, und sie nimmt ihn alsbald bei sich auf, ja, sie widmet ihm sogar ein Gedicht. Ich sah das Stück schon auf allen Bühnen, ja sah meine Mutter in der Rolle der Dichterin. Sie las die sechzig handgeschriebenen Seiten, lachte immer wieder, aber war auch gerührt und zitierte das eine und andere, sie gab mir das Gefühl, dem Erfolg bereits nahe zu sein. Also machte ich eine Abschrift für das Theater, das mein Stück uraufführen sollte, schreckte nur im letzten Moment davor zurück, die zwei vollgeschriebenen Schulhefte an das Zürcher Schauspielhaus zu schicken, das Theater, das wir vom Internat aus monatlich besuchten.

Der inzwischen heimliche Dramatiker ist jetzt knappe fünfzehn. Seinen Geburtstag hat er mit Mutter und Großmutter in einem Landgasthof gefeiert, in einem neuen dunkelgrünlichen Jackett, etwa die Farbe der Käferflügel, zu dem er auch eine Fliege trug, die er mühsam vor dem Spiegel zu binden gelernt hat, eine Fliege, wie die Primaner aus besseren Familien sie trugen, dazu das endlich erlaubte Entenschwänzchen im Nacken. Er saß nach dem Geburtstagsessen mit übereinandergeschlagenen Beinen da, wie ein Foto zeigt, Zigarette in der einen Hand, seine Sonnenbrille in der anderen. Es war ein Wochenende in dem Landgasthof, er schlief im Zimmer der Mutter, und vor der Rückfahrt ins Internat beschenkte er sich noch selbst, weil ihm das neue Jackett, einige Bücher und ein Fünfzigmarkschein als unzureichend erschienen waren: Er nahm eine kleine Flasche Eau de Toilette der Mutter an sich, in das Glas fein eingraviert der Name Calèche, ein Verlust, der sich erst im Auto, bei einer Fahrpause, herausstellte und dem Zimmermädchen zur Last gelegt wurde. Und der, der die Flasche im Koffer hatte, freute sich im wahrsten Sinne diebisch, ein Gefühl, das schon am nächsten Tag umschlug – ich war mit dem Eau de Toilette ins Schilf gegangen, sein Duft sollte helfen, meine Schwedin zu vergessen, aber das Gegenteil trat ein. Ich wand mich vor Sehnsucht, ich wand mich auch vor Widerwillen, ja Verachtung gegenüber einem, der sich so sehnt, und noch vor Ende der Nachmittagsfreizeit ging ich in den Salon des Anton Eisenbeiß, der mit erloschener Zigarette im Mundwinkel den Südkurier las, und forderte ihn auf, mir eine Glatze zu rasieren. Eisenbeiß weigerte sich zunächst, der Ruf des Salons stand auf dem Spiel, aber der Internatsschüler blieb hartnäckig, er wollte einen Beleg für seine Selbstverachtung, und der Gaienhofener Frisör nannte schließlich einen Verlegenheitspreis für das Abrasieren aller Haare: Fünfzig Pfennig.

Ich höre noch, wie er es murmelt mit der erloschenen Zigarette im Mund, Fünfzig Pfennig, und sehe, wie er einen der weißen Kittel von Haken nimmt, mir Schultern und Brust bedeckt, ich fühle das Krepppapier, das er mir um den Hals legt, wie er damit einen Kragen bildet, ich höre das Sirren seines Haarschneidegeräts in Form und Größe eines Maulwurfs und spüre das Kitzeln, wo er ansetzt, und eine Kühle an der Kopfhaut, wo sie schon kahl ist. So wurde der Junge mit dem Eau de Toilette seiner Mutter in der Tasche zum frühen Skinhead, ohne das hilfreiche Wort dazu, auch ohne die Kleidung und das Umfeld anderer Glatzköpfe. Mein kahler Schädel war nicht das weithin sichtbare Zeichen von Auflehnung, es war das der Unterwerfung unter eine höhere Gewalt, bestenfalls einer Flucht nach vorn, hinein in den Sturm jugendlichen Verzweifeltseins, letztlich, mit dem Kopf voraus, in das alles erdrückende Liebessehnen, die höhere Gewalt der Gefühle. Das Geschorene, Kahle, leuchtend Blanke war das Zeichen einer unbekannten und womöglich gefährlichen Krankheit, mit der die Internatsleitung nicht umzugehen wusste. Eine Glatze fiel unter kein Verbot, war aber, durch die Aufmerksamkeit, die sie erregte, das ihr wesentliche Nackte, das alle Blicke anzog, auf keinen Fall gutzuheißen; folglich hatte ich allen öffentlichen Ereignissen wie Gottesdiensten und Theaterbesuchen oder auch den Filmabenden im Speisesaal fernzubleiben.

Und in den letzten Wochen vor den Sommerferien zog sich der Geächtete, anstatt im See zu baden, immer wieder in einen der kleinen schalldichten Musikübungsräume im Schulkeller zurück, um an dem Fläschchen mit der Aufschrift Calèche zu riechen und in einem verbotenen Buch zu lesen, eingeschlagen in Zeitungspapier. Das Buch war eine Dauerleihgabe des Cellisten mit dem Gauloiseshusten, Jean Genets Roman Querelle, dem der Neuleser vom ersten Satz an verfallen war – Mit der Vorstellung von Mord verbindet sich oft der Gedanke an Meer und Matrosen, Meer und Matrosen erscheinen dann nicht mit der Schärfe eines Abbilds, Mord lässt vielmehr unsere Erregung in Wogen verebben. Es war einer der Sätze, die mir den Vorhang in die Welt einer Sprache geöffnet haben, die weit mehr kann, als nur festzuhalten, was andere wissen sollten. Genet, der Dieb, der Verurteilte, der Insasse im Leben wie im Schreiben, dazu auch kahlköpfig, Genet, der Ausgestoßene und doch Erkannte, wurde mein Held, während die Haare bis zum Beginn der Ferien zu einem Sträflingsschnitt nachwuchsen. Ich blieb von allem Öffentlichen weiter ausgeschlossen, zum Glück waren schon Theaterferien; mich schmerzten nur die Filmabende im Speisesaal, auch mit Herrn Diesch als Vorführer. Ich versäumte High Noon, die Originalversion, ich versäumte Fahrraddiebe und Die zwölf Geschworenen, und an einem schwülen Abend waren es die Kinder des Olymp. Stattdessen ging ich an den See und traf dort eine, die den Film schon kannte und für kitschig hielt, eine Externe, die mir seit der Unterstufe Rätsel aufgab, Tochter eines bedeutenden Malers der Höri, Curth Georg Becker, im Kreis um Otto Dix, der noch täglich Spaziergänge zwischen Hemmenhofen und Gaienhofen machte und jedem, der ihm begegnete, mit mürrischer Miene zum Ausweichen und Mundhalten brachte. Auch die Malertochter hatte etwas Einschüchterndes, mit großen dunklen Augen und großem Mund, und doch erschien sie mir als die Richtige, um nach ein paar Worten über das Wetter – sie in der Hoffnung, dass es bei den bevorstehenden Bundesjugendspielen in Strömen regnete, der Blödsinn ins Wasser falle – ein Gespräch über Genet anzufangen, von den Kindern des Olymp weit entfernt. Beide wussten wir nicht recht, worüber wir da sprachen, und doch war es ein Gespräch, bei meinen Gauloises und ihren Gitanes, aus dem ich in dem Gefühl hervorging, etwas zu haben, das mich so stärkt wie mein Expander, nur eben an anderer, unsichtbarer Stelle, unter der Sträflingsfrisur.

Erst zum Sommerfest wurde der Bann aufgehoben, ich nahm an den Bundesjugendspielen teil, bei bestem Wetter, und durfte bei der Theateraufführung auf der Freilichtbühne vor dem Schloss sogar als zwielichtiger Hintergrundstatist in Goldonis Diener zweier Herren auftreten, das aber vor allen Schülern, Lehrern, Erziehern und Eltern, auch meinen, angereist, um mit den Kindern in den Urlaub zu fahren – den ersten nach ihrer Scheidung, von der wir weiterhin nichts wussten. Wir wussten nur oder glaubten daran, dass jeder eben an seinem Ort zu tun hatte und sie jetzt zusammengekommen waren, um mit uns zwei Wochen in einer Ferienwohnung am Lago Maggiore zu verbringen. Wie eine Woge trug uns die mütterliche Vorfreude aus der Internatsenge in eine Welt, die schon auf dem Weg zum Gotthard für meine Schwester und mich begann, hinten im väterlichen VW, so ewig weiterlaufend, wie es in der Werbung hieß – eine Weltvorfreude, wie ich sie noch heute am Beginn jeder Reise empfinde, letztlich noch immer in dem alten VW.

In allen Tonlagen, die sie für italienisch hält, spricht meine Mutter in Abständen Lago Maggiore vor sich hin, während der Mann am Steuer von Zeit zu Zeit auf die sich ändernde Architektur und Vegetation aufmerksam macht. Bruder und Schwester schweigen dagegen, eingeklemmt zwischen Gepäck, zwei, denen man nicht ansieht, woran sie denken – der heimliche Dramatiker unter anderem daran, wie er im nächsten Jahr auf der Freilichtbühne eine Hauptrolle spielt, am besten in einem eigenen Stück. Einmal fragt ihn die Mutter sogar, was eigentlich sein Mistkäferdrama mache, und der Vater zeigt auf einen Campanile, Jetzt konzentrieren wir uns mal lieber auf Italien! Ein Appell an Mutter und Sohn; die Tochter sieht ohnehin aus dem Fenster. Sie ist die Einzige, die alles sieht, alles aufnimmt, keinerlei Selbstschlieren vor Augen hat, auch wenn ihre Mutter lachend sagt: Wie sie träumt, unsere Kleine, das Näschen am Fenster. Herrgott, Italien, wir sind wieder da!

24

Meine Mutter hatte ihr Bühnenlachen, glockenhell für Parkett und Galerie, wie sie auch Bühnentränen hatte, nur fürs Parkett, und privat kam gelegentlich beides zusammen. Umso wunderbarer aber war ihr echtes Lachen, ein Lachen aus Freude und Mitfreude, wenn sie etwa teilhatte an einem Glücksfall im Leben der Kinder oder überhaupt am Leben, ein Lachen vor Daseinsfreude; und umso ergreifender auch ihre Tränen aus Verzweiflung, der an sich selbst eingeschlossen. Hier aber, in dem Zimmer mit Meerblick, das meine Eltern zwischen Mitte und Ende September achtundfünfzig bewohnt haben, höre ich sie vor reinem Lebensglück seufzen und lachen, wenn sie morgens den Vorhang öffnet, wie angesteckt von der auch lachenden Sonne, während mein Vater höchstens ins Kissen seufzt, noch schlafen will, sich zur Wand dreht, an der sein Holzbein lehnt, das viele Licht und den morgendlichen Überschwang nur mit Mühe erträgt, besser allerdings als die Tränen vor Seligkeit abends auf dem Balkon – wie viele unbeschwerte Tage, ohne einen Gedanken an Geld, den Mangel in all ihrem sonstigen Dasein, haben sie hier wohl verbracht? Oder nach wie wenigen Tagen hat sie ihr enges Leben eingeholt, wenn auch nur mit dem Gefühl, an einem Platz zu sein, der ihnen nicht zusteht; vielleicht schon am dritten Abend, denkt sich der, der damals noch auf der Volksschule war, aber schon vorgesehen für das Gymnasium und eine glänzende Zukunft.

An diesem dritten Abend gehen sie essen, in eins der besseren Restaurants am Strand, mit Lämpchen auf jedem Tisch und einem Oberkellner, der nur leise spricht; auch die Gäste sprechen gedämpft, Damen mit Stola und Herren mit Halstuch, ein Stück Boulevard im wirklichen Leben, als wäre man schon in der glänzenden Zukunft. Meine junge Mutter trägt ein fliederweißes Kostüm mit roten Punkten, dazu einen breiten Gürtel, um die Schultern hat sie ein wollenes Tuch, fast eine Stola, ihre Haare fallen in kurzen braunen Locken, die geschwungenen Lippen sind rot, die Wangen höchstens etwas abgepudert, außer dem Ehering trägt sie nur einen Armreif. Eine damenhafte junge Frau, die sich immer wieder umschaut in dem Restaurant, in ihrem Blick mal etwas kindlich Neugieriges, dann wieder etwas gespielt Mondänes – hätte sie mir gefallen, wäre ich einer der Gäste gewesen, allein an einem Tisch und sie ohne meinen Vater? Ich denke, ja; mir hätten ihre Hände, ihre Wangen, das Lächeln und der Blick gefallen, das so Gespaltene darin, neben dem Gespielten die unschuldige Sehnsucht nach Leben. Damit wäre leicht etwas in Gang gekommen, der Gedanke, ihr von dem Unschuldigen etwas zu nehmen, sie ins Leben zu ziehen wie in einen Schmutz. Nur ist sie eben nicht allein, bei ihr sitzt ein gut aussehender Mann, beide spielen mit ihren auffallend schönen Händen, streicheln einander und verhaken sich, tun es mit den Händen auf dem Tischlaken; die des Mannes sind groß und braun, so geschmeidig wie zupackend, und auch ihre Hände haben etwas Verführerisches, sie sind schlank und hell mit gepflegten Nägeln, lanzenförmig. Der Ober tritt an den Tisch, klein, blass, mit langen Wimpern, und mein Vater bestellt eine Flasche Wein, vom heimischen, dem ligurischen Weißen; er übernimmt gleich die ganze Bestellung, zuerst ein Spaghettigericht, das mit Tomaten, danach Fisch. Er sieht die Preise und macht Handbewegungen, dass nun schon alles egal sei, er fasst an die Innentasche seines sommerlichen Jacketts, darin ein Kuvert mit Lire-Scheinen in schwindelerregenden Höhen, er seufzt und greift nach den Revals. Seine junge Frau steht auf, sie strebt

Richtung Damentoilette, vermutlich um ihre Lippen nach-
zuziehen, was gar nicht nötig wäre. Sie durchquert das Lokal
und nickt anderen Gästen zu, das geschieht einfach, sie kann
dagegen nichts tun; mein Vater rechnet in der Zwischenzeit.
Die Lizenz für sein Tastotherm hat achttausend Mark gebracht,
einen Teil davon in bar, übergeben in einer Hotelhalle in Nizza,
in Franc; von dem Geld muss er Schulden bezahlen und Löhne
in seiner Firma und keinen Wein und Fisch in Alassio. Das
Restaurant war nicht seine Idee, aber es ist seine Frau, die hier
aufblüht, sich zwischen den Tischen wie auf einer Bühne bewegt, als sie zurückkehrt. Sie erzählt von einem älteren Herrn,
wohl Besitzer des Restaurants La Prua, der sie gegrüßt habe.
Jede Beachtung, auch die geringste, erfüllt sie, mehr als der
Wein, mit dem sie anstoßen. Ihr Verlangen nach Aufmerksamkeit ist maßlos, sogar der erste Schluck ist ein kleiner Akt für
das Publikum an den anderen Tischen, und noch fügt sich
mein Vater in dieses Verlangen (das älter ist als die Frau, die
mit ihm auf die Liebe trinkt, mindestens römisch alt). Der Wein,
stellt sich heraus, ist sein Geld wert, er schmeckt nach Stein,
nach Erde, nach einem Leben im Freien, und auch der Fisch,
der bald gereicht wird – Schau, wie man uns den Fisch reicht,
sagt meine Mutter –, ist vorzüglich, er schmeckt nach Meer,
nach Ungezähmtem, selbst mein Vater schwelgt. Er isst und
trinkt und denkt nicht ans Geld, er ordert noch eine Flasche
Wein, man kann sie ja mitnehmen, wenn etwas übrig bleibt. Es
ist der Abend, von dem meine Mutter immer geträumt hat, der
Abend, an dem alles stimmt. Und dann kommt auch noch ein
Dunkellockiger mit Gitarre ins Restaurant, er spielt und singt,
und die so Glückliche summt mit; sie hat das Lied noch nie gehört, aber summt es mit, Tränen in den Augen, und ihr Gegenüber, mein Vater, denkt jetzt doch wieder ans Geld, das lenkt
ihn ab von dem Theater am Tisch. Er überschlägt die Kosten
für den Abend, damit es keine böse Überraschung gibt, er achtet

kaum auf den Sänger, hält ihn aber für einen Filou. Nur gibt es die Überraschung am Ende doch, eine ungeheure Zahl steht unten auf der Rechnung, er muss zweimal hinsehen, um es zu glauben, neunundsechzigtausend, flüstert er. Eine Mark, das sind tausendvierhundert Lire, also kostet das Essen fünfzig Mark, weit mehr, als sie im Domgeist am Münsterplatz für zweimal Zwiebelrostbraten und zwei Flaschen Trollinger hingelegt hätten, plus Nachtisch. Meine Mutter knüllt die Serviette bei der Bezahlung, anschließend verlassen sie das Restaurant unter Blicken für das so schmucke Paar, der Mann mit halb voller Weinflasche hinter dem Rücken. Neunundsechzigtausend, lieber Gott! Eine Zahl, die man vor sich hin sagen muss, um sie auszuhalten, dafür gehen sie besser am Strand entlang, und es ist auch der schönere Weg zurück zum Hotel, nur für einen mit Prothese nicht ganz leicht im weichen Sand. Mein Vater stützt sich auf die Frau an seiner Seite und bleibt schließlich stehen, er trinkt aus der Flasche, er spült die Rechnung weg. Du auch, sagt er, aber meine Mutter kann nicht aus einer Flasche trinken. Es ist gar keine Frage der Etikette, es will ihr einfach nicht gelingen, der Wein rinnt über Mund und Kinn, mein Vater drängt sie, es erneut zu versuchen, Trink einfach, sagt er, trink, und sie wird zum Kind, das im Dunkeln tappt, Ich kann es nicht, ich kann nicht, ruft sie. Und wieder einmal ist da bei ihm die Idee, dass er sich trennen sollte von ihr, vollständig lösen von einer Gegenwart, die ihn nicht aufbaut, sondern weich ist wie der Sand unter dem einen Fuß, den er aufsetzen kann – von seiner Zukunft ahnt er dabei noch nichts, das Augenblickliche ist übermächtig. Er hinkt durch den Sand, eine Hand auf der Schulter seiner Frau, und ahnt nicht, dass er einmal ein Haus haben wird und keine Schulden mehr, dazu eine sehr viel jüngere Frau ohne Theatralik, aber kein weiteres Kind; allein von diesem Versäumnis hätte er etwas ahnen können. Zeit, dass wir abreisen, sagt er, als meine Mutter zu den

Sternen über dem Meer schaut. Lass uns doch tun, als hätten wir Geld, ist ihre Antwort. Nur noch für ein, zwei Tage, bitte! Sie nimmt ihm die Flasche ab und versucht es noch einmal, ihm zuliebe, wieder rinnt ihr der Wein über Mund und Kinn, und mein Vater – zu dem Zeitpunkt erst einundvierzig – küsst sie schnell, auf diese Weise geht nichts verloren vom Wein. Er sagt jetzt kein Wort mehr, obwohl ihm der ganze Italienabstecher nicht geheuer war, aber seine träumerische Frau hat nach dem Geschäft in Nizza so lange von Italien (das sie gar nicht kannte) geschwärmt, bis er mit ihr den Zug bestieg. Bereits auf der Fahrt vergießt sie erste Glückstränen, und abends auf dem Balkon mit Meerblick – anders ist es gar nicht vorstellbar – gibt es kein Halten mehr. Sie sieht sich als strahlende Figur in dem Roman, den sie im Geiste schon schreibt, die Frau eines erfolgreichen Geschäftsmanns, beide, nach einem Abschluss, auf Kurzurlaub an der italienischen Riviera; allein das Wort Riviera stürzt sie ins Glück (wie später Lago Maggiore). Alles um sie herum, das Meer, das Hotel, das bevorzugte Zimmer und prächtige Wetter, ist wie im Bund mit ihr, sogar der Sternenhimmel an dem Abend, mein Vater ist dagegen machtlos, ihm bleibt nur ein achselzuckender Einwand. Es geht so nicht weiter, sagt er, als sie beide nach dem teuren Essen und dem Gang am Strand noch an der Hotelbar sitzen, für einen Schlummertrunk; schließlich kostet auch ihr Zimmer am Tag fünfzigtausend, das ist, als würden sie täglich ein Stück der Firma abknabbern. Sie trinken Whisky, obwohl ihm Whisky gar nicht schmeckt, aber das englische Paar, das mit ihnen dort sitzt, trinkt auch Whisky. Für meine Mutter sind es Aristokraten, und sie führen eine Idealehe, voller gegenseitigem Vertrauen, was sie von ihrer Seite nicht behaupten könnte. Es gab Dinge, über die will sie lieber nicht nachdenken, die zählen zu den Schattenseiten, wenn Männer gut aussehen, ein fehlendes Bein stört da nicht, im Gegenteil: Sie kennt die Frauen, die hinter Helden her sind, ja einmal hat sie sogar kurz daran gedacht, wie es wäre, über diese Dinge in einem Roman zu schreiben. Aber dann müsste auch das so Beschämende vorkommen, nicht die zu sein, für die sich der eigene Mann Beine ausreißt oder auch nur sein eines Bein, für die er sich zum Narren macht, bloß damit sie sich auszieht für ihn. Viel lieber wäre ihr ein Buch wie Bonjour tristesse, Traurigsein ist nicht beschämend, und von den Honoraren könnten sie jeden Abend für ein Vermögen essen. Ja, sie träumt davon, Geld herbeizuschreiben, ihr Whiskyglas in der Hand, mein Vater sieht nur den Mangel, die Löcher, die er zu stopfen hat. Er erdrückt sein Glas fast in der braunen Hand und sagt Gehen wir schlafen, obwohl er ein Nachtmensch ist, nachts erst richtig in Schwung kommt, Ideen hat, etwa für ein neues Gerät, das mehr als nur die Temperatur misst, das mit Schallwellen in den Körper hineinspüren kann, oder für ein Buch, das davon handelt, wie eine kleine Firma von großen zerquetscht wird. Und im Zimmer, als das Licht gelöscht ist, kann er auch nicht schlafen vor lauter Ideen, aus denen nichts wird, weil andere sie wegnehmen mit ihrem Geld, also streichelt er seine Frau, die einzige Idee, die sich im Augenblick umsetzen lässt, sie zu verführen, was recht einfach geht, weil sie beschwipst ist, müde zwar, aber nachgiebig wie der Sand, sich seufzend auflöst. Und auch er löst sich auf, ist nichts und hat nichts außer einem Körper in seinen Armen. Ja, im Grunde tragen sie beide noch still das Nichts ihrer frühen Jahre mit sich herum, die fehlenden Kohlen der ersten eisigen Winter, die gefälschten Lebensmittelkarten, das peinlich Provisorische der Kleidung, der Schnürschuhe, der Strümpfe, der Wäsche, all das Habenichtshafte, das sie mit größter Anstrengung überspielen. Nur in den Minuten der Liebe ist das Nichts auf einmal alles, und was sie füreinander empfinden, ist letztlich Dank – Danke, dass es Dich gibt, heißt es im Ehebericht meiner Mutter für das Jahr, aus dem sie die paar Septembertage herausgeschnitten hatten, bis alles Schöne daran aufgezehrt war und nur der Schnitt übrig blieb.

Am Morgen des fünften Tages – denke ich – hat mein Vater das Zimmer bezahlt, Schein für Schein auf die Empfangstheke geblättert, dann sind sie mit dem Zug zurück nach Nizza gefahren und dort vom Bahnhof im Taxi zum Flughafen. Wer flog damals schon, nur einige wenige, sie bekamen Plätze in der Maschine nach Frankfurt, gegen eine Zuzahlung auf ihre Tickets mit früherem Datum, und auch für die Dauer des Propellerflugs, gut zwei Stunden, sind sie Teil einer entgegenkommenden Welt. Der Passagier mit dem Bargeld im Jackett trinkt den Moselwein, den die Lufthansa an Bord serviert, seine Frau ein Glas Henkell trocken; sie saugt die Atmosphäre über den Wolken auf, das so Gebettete – in ihrem nächsten Roman sollte ein Paar zwischen Himmel und Erde vorkommen, Unternehmer und Geliebte auf einem Nachtflug. Das Vorbild für den Unternehmer schläft nach dem Wein, für ihn ist schon Nacht, er schnarcht leise und rührt die Frau an seiner Seite: der erschöpfte Mann auf dem Rückflug von einem Geschäft. Und in Frankfurt besteigen sie den nächsten D-Zug nach Freiburg, unterwegs notiert mein Vater, was mit dem Lizenzgeld geschehen muss; am Schluss bleibt nichts davon, keine Mark. Von Freiburg geht es mit dem Taxi nach Kirchzarten, ihre Kinder erwarten sie schon. Die kleine Tochter bekommt ein italienisches Püppchen in Tracht als Mitbringsel, der Sohn etwas, das wohl erst in letzter Minute gekauft worden ist – etwa gegenüber vom Freiburger Bahnhof wo es Läden gab –, einen großen, aufblasbaren blauen Nivea-Ball, auf den hatte er mit auch großen Augen immer im Freibad geschaut. Und beide Kinder wissen vor Freude über das Wiedersehen – man hatte ja Tage früher mit den Eltern gerechnet und wusste nur durch ein Telegramm, dass sie am Meer waren, in Italien, aber wo ist das Meer, wo

Italien – und Freude über die Geschenke nicht, was sie zuerst tun sollen. Sollten sie die Arme um die Heimgekehrten schlingen, die Mutter, den Vater, am besten um beide zugleich, oder das, was geradewegs aus dem Meer und Italien zu kommen schien, in den Händen halten, den Ball, den der Vater gleich aufbläst, kaum zu umfassen vom Sohn, je dicker er wird, und das Püppchen, das die Tochter ans Herz drückt, als würde es leben. Es war ein Kindergeburtstag, der nicht im Kalender stand, die Hände der Geschwister im einen Moment bei den Geschenken, der glatten, prallen Haut des Balls, größer als jeder andere Ball, dem winzigen Strohhut auf dem Kopf der Puppe, zierlicher als alles sonst, und im nächsten wieder bei den Eltern, die schon zum Alltag übergingen, rauchten, telefonierten, sich die Nägel schnitten und abends in eine Zeitung sahen, als gäbe es außer der Zeitung nichts, keine Blicke über die Schulter, keine Hände auf ihren Armen.

Ich kann mich nicht erinnern, dass damals etwas von Alassio oder dem Hotel Beau Sejour erzählt worden wäre, die Rede war nur von Märchentagen in Italien, es fielen Wörter, die meine Mutter wie Losungen oder kleine Gebete durchs Haus rief, arrivederci, minestrone, frutti di mare, un milione, delizioso, grazie, grazie, tante grazie und immer wieder per favore! Sie rief es vor allem an Sonntagen, während mein Vater seine Ideen skizzierte, gleich mit den werbenden Sätzen dazu, als gäbe es die Geräte schon; sie sang auch Lieder, die an Italien erinnerten, Wenn bei Capri die rote Sonne im Meer versinkt oder Arrivederci Roma, good bye, auf Wiedersehen, das sang sie bei geschlossenen Augen. Und sie verstummte erst, wenn ihr Mann am späten Nachmittag angeblich noch in die Firma fuhr, sich aber vielleicht auch, ganz woanders, mit sonst einer traf – einmal sprach sie das vor sich hin: Er trifft sich wieder mit sonst einer. Draußen war es dann schon dunkel, und sie saß im Wohnzimmer und las oder sah manchmal auch nur auf ihre Hände, die Innenseiten mit den prophezeienden Linien, als würde sie an irgendeine bessere Zukunft denken – und war doch unendlich weit entfernt von jeder Ahnung ihrer tatsächlichen Zukunft, etwa, dass sie mit Anfang fünfzig auf einer Bootsfahrt von Ischia nach Capri ihren zweiten Ehemann kennenlernen würde und die Geldsorgen damit ein Ende hätten, andere dagegen überhaupt erst kämen.

Und einmal sah ich sie auch weinen an einem Abend, der eigentlich ein Familienabend hätte sein sollen, oder sehe es in der Erinnerung, wie sie auf dem Sofa sitzt und weint, und höre mich noch fragen, ob ihr etwas wehtue, ob sie Schmerzen habe, und sie sagte nur mehrmals leise Herrgott – das Gegenteil von ihrem Herrgott Italien!, Jahre später unterwegs zum Lago Maggiore. Sie war glücklich auf dieser Autofahrt, obwohl sie als eine Geschiedene mitfuhr, am Steuer der Mann, den sie geliebt hatte, glücklich, denke ich, weil das Schlimmste hinter ihr lag. Dieser erste gemeinsame Urlaub nach dem Schlimmsten war wie das erste Aufatmen nach dem Krieg, im Liegestuhl auf fetter Wiese. Und auch als sie schon alt war, über achtzig, sprach sie noch, als wir in einem bayrischen Lokal saßen, ich Schweinebraten aß, von einem Abend am Lago Maggiore in höchsten Tönen, dem Abend der Abende in der kurzen Zeit eines Scheinfamilienlebens – das ihre Kinder aber erfüllt hatte, wie sie Jahre zuvor die Tage von Alassio, ihr beider Status als Gäste des Beau Sejour, als wäre man so wohlhabend und gelassen gewesen wie das englische Pärchen mit Whisky an der Hotelbar.

25

Der Abend der Abende am Lago Maggiore erhält, noch bevor er beendet ist, seinen bleibenden Namen und geht damit als Schweinebratenabend in die Familienlegende ein, bei Gelegenheit immer wieder das Stichwort, um an ein Glück zu erinnern, das es doch auch nach der Elterntrennung gegeben habe, eben an diesem Abend oder in ähnlichen Stunden, aber letztlich nur in den Erzählungen. Selbst nach Jahren noch, Jahrzehnten sogar, muss der Abend als Glücksabend herhalten, in bleibender Gegenwart – ein schon fertiger Schweinebraten schmort eigentlich im Ofen für das Mittagessen am folgenden Tag, einem Sonntag, aber abends auf dem Balkon der Ferienwohnung bei Rotwein und Zigaretten kommt plötzlich ein allgemeiner Heißhunger nach dem Braten auf, ausgelöst durch seine Düfte aus dem Ofen. Zuerst heißt es noch: Jeder ein kleines Stück, nur zum Probieren, dann aber fallen alle über den Braten her. Die im Grunde aufgelöste, lediglich befristete Familie wird zur Fressgemeinschaft um den runden Tisch, in seiner Mitte das Fleisch auf einem Brett, vier, die mit den Fingern essen und nichts von dem Braten übrig lassen, die dazu Rotwein, Bier und Cola trinken und versonnen zu den Sternen schauen. Sie sprechen über das Universum und die Ewigkeit, sie sprechen über die Schöpfung und den Sinn des Lebens und schlafen am Ende als gesättigte, gesegnete Familie ein. Und beim Erwachen an anderen Morgen scheint der Abend sogar weiterzugehen, man ist müde, aber aufgekratzt; es gibt Frühstück auf dem Balkon, und später geht man auf den Sonntagsmarkt von Luino, den nächsten Ort am See. Dort hören wir Kinder zum ersten

Mal lautes Gefeilsche in einer Sprache, die wie Musik klingt, und sehen, was wir nie zuvor gesehen haben: Stände, überquellend vor buntem Zeug, Wäsche, Schuhe, Geschirr, Spielsachen, Jacken und Hosen, Hemden und Gürtel; daneben gibt es Karren mit Früchten wie aus einem Garten Eden, Bergen von Tomaten und Granatäpfeln, Wassermelonen so groß, dass man beide Hände braucht, um sie zu halten. Unser Vater kauft eine, er lässt sie sich aufschneiden und beißt hinein, der rötliche Saft läuft ihm den gebräunten Hals hinunter, unsere Mutter tut es ihm nach oder tut so, als würde sie auch zubeißen; meine Schwester und ich, wir beißen gleichzeitig in ein Stück, die saftige Süße überwältigt uns, wie am Abend zuvor der Schweinebraten. Und auch in all den nächsten Tagen bleibt das Gefühl der Überwältigung, dazu reicht schon eine Luftmatratze, auf dem Markt gekauft, sie ist unser Boot, wir stürzen uns zu viert darauf, zwei Kinder und ihre Eltern stechen in den Lago Maggiore. Wir zählen jeden Tag, und als die Zeit um ist, gibt es auf Drängen unserer Mutter eine Zugabe: Venedig. In der Augustglut geht es dort hin im engen VW, und die Erinnerung an den Besuch ist die an eine Gondelfahrt – damals schon teuer, sündhaft teuer, hieß es. Dafür war es eine Fahrt auch durch stille Seitenkanäle, und die Venedigselige mit Stimme ließ es sich nicht nehmen, den Gondoliere zu einem Duett anzustiften, während ihr geschiedener Mann Fotos machte, und wir Kinder offenen Mundes in der Gondel saßen, wohl erstmals vom alten Atem eines Landes erreicht, das uns beide nicht mehr loslassen sollte. Es war brütend an dem Tag, und bald flohen wir aus Venedig, um an einen weiteren See zu fahren, wieder auf Drängen – der Mann am Steuer nannte es löchern – der Beifahrerin, und als wir gegen Abend, vermutlich bei Garda, den See erreichten, herrschte eine düstere Gewitterstimmung. Sein Wasser war grünlich bis weißlich aufgewühlt, die Berge über dem anderen Ufer lagen hinter Vorhängen von

Regen, und je weiter wir Richtung Norden am See entlang-fuhren – auch ahnungslos durch den Ort, der heute meine Wahlheimat ist – auf der Suche nach dem billigsten Quartier, desto abweisender wurde der See, auf der gegenüberliegenden Seite schließlich mit einer riesigen Felswand, an der Wolken-fetzen hingen. Etwa auf der Höhe fanden wir zwei Zimmer, nur in der Nacht kaum Schlaf, weil die Wellen den Uferkies wälzten. Am anderen Morgen aber war der Himmel von ge-radezu erschreckender Klarheit, und der See zeigte alles, was Catull schon vor langem in nur zwei Worten zusammengefasst hatte. Meeresbrausen, Sonnenglanz.

Der Rest war nur noch Rückfahrt, als wären die Sommer-ferien schon zu Ende, erst über die Alpen und später ein Stück weit am Bodensee entlang und über die Brücke bei Stein am Rhein Richtung Schwarzwald, um die Kinder bei ihrer Hüte-rin abzuliefern. Und auf diesem Stück – an einer Stelle vom Schweizer Ufer aus mit Sicht auf das Internat – presste ich mir die Hände auf die Augen, bis es hieß, wir seien schon im Hegau, aber das reichte noch nicht, weil es Teil der Strecke war, die nach Gaienhofen führte. Erst hinter Donaueschingen nahm ich die Hände von den Augen und blinzelte in die Abendsonne, und eine gerührte Mutter strich ihrem Sohn über den Kopf: Hält er sich die Äuglein zu, fast zwei Stunden lang, ein biss-chen ist er schon verrückt, unser Schatz! Sie lachte, und mein Vater drückte aufs Gas, er wollte wohl nur noch ankommen, um am nächsten Morgen wieder in sein neues eigentliches Le-ben zu fahren, desgleichen meine Mutter; sie stieg mittags in einen Zug nach Frankfurt und versprach beim Abschied noch, dass ich sie in den Herbstferien wieder besuchen dürfe.

Die letzten Wochen der großen Ferien. Langsam schon kühler werdende Tage und Nächte, die Kinderzimmerschachtel in dem Rohbauanbau geteilt mit der Schwester – sie versank in ihren Dingen, für den Bruder nicht zu erkennen, in welche, während er fast täglich nach Freiburg radelte, um dort ins Kino zu gehen, möglichst in Filme ab sechzehn. Aber ein paarmal gelang es auch, eingelassen von schläfrigen Frauen an der Kasse und im Halbdunkel bei schon laufender Wochenschau vorbei an der Platzanweiserin mit Taschenlampe, in Filme ab achtzehn zu kommen. Und mit jeder dieser Nachmittagsstunden in fast leeren Kinos, dem Astoria, der Kurbel, den Union-Lichtspielen, wurde aus dem, der mit Eltern und Schwester nachts den Schweinebraten vertilgt hatte, Teil der Fressrunde war, wieder ein Junge ohne Anhang, ganz auf sich gestellt, oder allein mit dem Teil von sich als Anhang, an dem er hoffnungslos zu zappeln schien, kleiner als das große Harte. Nur die hinterste Reihe im Kino, vorn auf der Leinwand etwas wie Das Schweigen – ohne von Bergman auch nur gehört zu haben – war einsam genug, um dort dem Zappeln vorübergehend ein Ende zu machen; was blieb, war ein Glühen vor Scham, wenn sich nach dem Film jäh die Seitentüren öffneten.

Der kleine Tod, wie unsere Nachbarn zum letztendlichen Punkt sagen, la petite mort, war mein Schritt ans Tageslicht aus dem dunklen Kino nach dem Film ab achtzehn. Ich lief zum abgestellten Fahrrad und strampelte die vierzehn Kilometer bis Kirchzarten, so schnell es nur ging, um mich redlich zu verausgaben nach dem Unredlichen, eine kurze Gewalttour auf Nebenstraßen und Feldwegen, als könnte ich den Bildern aus dem Film oder mir selbst davonradeln. Nur ging es am nächsten Tag schon wieder nach Freiburg, wieder in einen Film, und kein Mensch wusste, wo ich war, was ich tat. Alle anderen waren Blinde, Taube und Stumpfe, und am Ende dieser Kinobesuche, während des Films jeweils die Sekunden einer rauschhaften Verschmelzung mit den bewegten Bildern, entdeckte ich, zum ersten Mal bewusst, den Trost durch Verachtung, in dem Fall für alle, die brav mit der Platzkarte in der Hand in die frühe Abendvorstellung wollten und schon mit ihresgleichen erwartungsvoll am Einlass standen, wenn ich als glühender Verlierer und Sieger zugleich ins Freie ging.

So endeten die Sommerferien, und als der Kinogänger, jetzt als Obertertianer, an den Bodensee zurückkehrte, hatte ihn der soldatische Leiter des Schlossheims, Herr Diesch, in ein anderes Zimmer verlegt, einen Stock tiefer zu drei neu aufs Internat Gekommenen. Zwei waren schon da, sie packten noch ihre Koffer aus und stellten Fragen über Fragen, wie das Essen sei, wie die Toiletten, wann man geweckt werde, ob Transistorradios erlaubt seien, ob man im See angeln könnte, was man für Wirtschaften in Gaienhofen finde, wie das Bier dort sei, das Schnitzel, der Wurstsalat, was mit der Schmutzwäsche passiere, ob es ein Fernsehzimmer gebe, ab wie viel Fieber man im Bett bleiben dürfe. Sie hörten gar nicht mehr auf vor Nervosität mit Fragen, gingen dann aber in das Zeitschriftenzimmer, das es gab, zu einer Begrüßung und Einführung für alle Neuen im Heim; nur einer fehlte dort, der Dritte aus dem Zimmer, das jetzt mein Zuhause war. Ich holte dann noch letzte Sachen aus dem alten Zuhause, nahm aber auch Abschied vom alten Bett und den Wänden, zwischen denen Laxmanns Hartgummiball nachts hin- und hergeflogen war, und als ich einen Stock tiefer wieder durch die Tür trat, lief im Zimmer Musik.

Der dritte Neue lag auf dem noch freien Bett, vor sich ein Tonbandgerät, wie ich es noch bei keinem gesehen hatte, mit Knöpfen, Schaltern und zuckenden Zeigern, und es war auch eine Musik, die mich völlig unvorbereitet traf – das verlorene Trompetenspiel von Miles Davis. Der Neue erwähnte es noch vor der Begrüßung, er gebrauchte auch das Wort verloren, dann holte er Zigaretten und Feuerzeug aus einer Lederjacke wie die meiner Mutter, nur eben mit Männerkragen und Männerknöpfung, eine Schachtel Pall Mall, und bot mir eine an, als wäre das Rauchen gestattet, um bei genau der Gelegenheit seinen Namen zu nennen, Michael. Er nannte ihn nur beiläufig, ja spielte die ganze Szene des Kennenlernens herunter, stellte auch keine Fragen wie die anderen; er sagte nur, das sei jetzt also hier die Verbannung, na gut, und ich konnte ihn davon abbringen, auf der Stelle zu rauchen, seine Verbannung nicht gleich aufs Spiel zu setzen mit etwas Verbotenem.

Erst später am Abend, als die beiden anderen im Zimmer schon schliefen, rauchten er und ich am offenen Fenster und kamen in ein Gespräch, das über zwei Fünfzehnjährige mit Zigarette und im Schlafanzug weit hinausging und doch ein Teil von uns war oder in jedem etwas mitschwingen ließ, das zu ihm gehörte. Wir sprachen über Schriftsteller, die im Exil waren, er hatte das Stichwort gegeben, weil er sich selbst im Exil sah, verbannt an den Bodensee. Und was wir da alles sagten, begann an diesem Abend Ende August (1963) als ein bis dahin stiller Keim, in ihm, in mir, ebenso still zu wachsen (aus heutiger Sicht, wie sicher noch viele andere Gespräche dieser Art an vielen anderen Orten, ein erstes Einstimmen schon auf den Gefühls- und Sprachausbruch gegen Ende des Jahrzehnts, auf Achtundsechzig mit seinen eben recht langen und meist in keiner Weise auf den späteren Baum und dessen Früchte hindeutenden Wurzeln). Wir sprachen über Stefan Zweig, seine Schachnovelle, die wir beide kannten, wir fragten uns, warum er mit seiner Frau in den Tod gegangen war, obwohl er doch auch im Exil Beachtung fand; wir sprachen über Joseph Roth, den hellsichtigen Trinker im inneren Exil, elend zugrunde gegangen, mehr an sich selbst oder an der Zeit, das war die Frage; und wir sprachen über Klaus Mann, der sich das Leben genommen hatte, obwohl der Krieg vorbei war – der die Welt nicht mehr ertragen habe, wie es der Besitzer des Tonbandgeräts und der verlorenen Musik ausdrückte, und er empfahl mir das Buch Der Wendepunkt. Danach verfiel er in bedeutsames Schweigen, und schließlich schnippte er den Zigarettenrest aus dem Fenster, bis in Richtung der Freilichtbühne, auf der ich im nächsten Jahr glänzen wollte, und legte sich hin und las noch etwas im Schein einer kleinen, eleganten Privatlampe (die mir schon hätte sagen können, wie leicht sich das Aufbegehren gegen die Welt oder das Ungerechte der Verhältnisse mit Exklusivität und Besitz verbindet). Ich ließ mir das empfohlene Buch aus Frankfurt schicken, las es in einem Zug, und wir sprachen darüber, saßen rauchend, redend vorn am Landungssteg – womit auch das Internatsleben einen Wendepunkt bekam: Es gab die erdrückenden Jahre vor Michael und nunmehr die Zeit mit ihm.

Wir freundeten uns an, nur mit der Regel, dass unsere Nähe zueinander nicht der Rede wert war, außer für die anderen im Zimmer, die keinen Zugang hatten zu unseren Gesprächen. Da gab es den, der sich allein für Kriegsschiffe interessierte, mit Bänden von Weyers Flottenkalender ins Bett ging, und den mit elterlichem Bauunternehmen, den wir Tonne nannten und der noch Heftchen las, während wir in den Wochen bis zu den Herbstferien bei Sartre angekommen waren, dem Roman Der Ekel – schwer zu sagen, was wir davon verstanden haben, bestimmt aber, dass dieser kleine schielende Mann jemand war, dessen Bücher sich wie Waffen einsetzen ließen – Der Geist, der stets verneint, sagte der neue Freund, als sei das Wort von ihm; alles, was wir als Zaun aus Sprache um uns errichteten, hatten wir irgendwo gelesen, und es entstand ein Wettstreit, wer mehr zu dem Zaun beiträgt und, wichtiger noch, wer auch seinen ganz eigenen Sprachzaun um sich ziehen konnte, mit Büchern, die er vor dem anderen geheim hielt.

26

Die camera dei libri mit ihrem Durcheinander aus hinterlasse-
nen oder bei der Abreise vergessenen, vielleicht auch angeschafften, wohl aber nur selten von Autoren nachträglich
zugeschickten Büchern mit Widmung für das Hotel (wie das
meiner Mutter), kam erst heute, nach drei bewölkten Tagen,
aus einem Schattendasein innerhalb des Hauses, schon in Kon-
kurrenz des gut besuchten Fitnessraums. Mir waren von meinem Platz in der offenen Balkontür die freien Liegen am Strand
aufgefallen, auch dass schon erste Liegen gestapelt wurden wie
für einen Abtransport, und dass auf den genutzten Liegen gelesen wurde, tatsächlich in ein Buch gesehen und nicht in Illustrierten geblättert, eine Art Schlechtwetterbuch also, wie man
es sich eher ausleiht als im Gepäck hat, weil man nur mit
Sonne rechnet und ein mitgeführter komplizierter Roman den
grauen Himmel am Ende noch heraufbeschwören könnte.

Das waren etwa die Gedanken oder Vermutungen im Laufe
des Tages, und gegen Abend, nach dem Schreiben, dem letzten Wort für den Tag, lag es auf der Hand, wieder einmal in
das Bücherzimmer zu gehen, und wie erwartet herrschte dort
ein gewisses Leben. Einzelne Gäste, nicht nur weibliche, streif-
ten still an den gefüllten Regalen entlang, zogen hier und da
ein Buch hervor und schlugen die erste Seite auf, suchten den
idealen Abstand zwischen Augen und Schrift und lasen ein
paar Zeilen; fiel das Urteil zugunsten des Anfangs aus, nahmen
sie in einem der Sessel Platz, doch nur auf der Kante, um der
ganzen Seite eine Chance zu geben, und setzten sie danach
Hoffnung in das gesamte Buch, verließen sie den Raum mit der

Lesebeute für den nächsten bewölkten Tag. Offenbar ist es unter den Stammgästen – noch eine Vermutung: dass nur Stammgäste des Beau Sejour von der Büchersammlung Gebrauch machen – nicht üblich oder nicht verbreitet, einen in der camera dei libri entdeckten Roman auch dort zu lesen, obwohl der Raum zum Lesen einlädt. Und so war es, als ich nach längerem Blättern in einem alten bebilderten Reiseführer der Riviera dei Fiori wieder in den Raum sah, umso erstaunlicher, in einem der Sessel, die schon meiner Mutter gedient haben könnten, Mrs. Bennett in ein Buch vertieft zu sehen, die nackten Füße auf einem zweiten, herangerückten Sessel, von den Füßen aufwärts aber häuslich bequem gekleidet, Leggins und Sweatshirt, neben sich einen Drink, alles in allem eine auf gemächliches Lesen angelegte Situation.

Sie las Twilight in Italy von D. H. Lawrence, eins der mir liebsten Bücher zu Italien, seiner Landschaft im Norden, dort, wo sie erstmals an das Südliche stößt, und der Menschen auf dieser Klima- und Kulturnaht – vor gut hundert Jahren, aber manches davon findet sich noch am Gardasee –, und ich fragte leise, ob sie das Buch hier entdeckt habe, was sie, ebenfalls leise, so leise, als würden noch andere in anderen Sesseln lesen, bejahte und mich dann über den Rand einer zu ihrer bequemen Kleidung passenden Lesebrille ansah. Offenbar wollte sie noch etwas sagen und schien über die richtigen Worte nachzudenken, oder wollte es nicht sagen, solange noch zwei weitere Gäste anwesend waren, ein älteres Paar, das sich flüsternd über das eventuell Lesenswerte austauschte, aber sich auch anschickte, mit je einem Buch in der Hand den Raum zu verlassen, und als das geschehen war, schob sich Mrs. Bennett die Lesebrille in ihr so blondes, eigentlich graues Haar. Das Buch über meine Eltern, die sich hier im Hotel geliebt hätten, sagte sie, wie es vorangehe damit – will you finish it here, in my room with a sea view? Sie musterte mich jetzt, als wäre Schreiben eine Sportart, und der

Körper, seine Haltung, die Spannung in jedem Teil, könnte ihr schon mitteilen, ob ich imstande wäre, dieses Match zu gewinnen, und ich korrigierte sie nur. Noch geliebt, sagte ich, sie hätten sich hier gerade noch geliebt, das sei der Grund für mein Hiersein, ihre wenigen, aber existenziellen Tage und Nächte in dem Zimmer mit Meerblick, und die Amerikanerin sagte, das höre sich schwierig an, ziemlich schwierig, so good luck! Sie winkte mir zu, als würde sie jemanden verabschieden, der zu einer Reise ins Ungewisse aufbricht, mit dem Zug eine Nachtfahrt an die Front des Gewesenen antritt, bleich am Abteilfenster steht, und ich tat ihr den Gefallen dieses Aufbruchs mit einem kurzen, gleichsam tapferen Zurückwinken und dem Verlassen der camera dei libri.

Ich lief an den Strand hinunter, zwischen den eingeklappten Liegen hindurch bis zu den Ausläufern der Wellen, ich zog die Schuhe aus und ging ein Stück durchs Wasser, wie ein Abwaschen oder Wegspülen der ganzen kleinen, nur durch ein einziges Wort bestimmten Szene mit Mrs. Bennett, obwohl es logisch war, woher das Wort existenziell plötzlich kam – auch damals, mit fünfzehn im Internat, hatte nicht viel dazugehört, damit es locker auf der Zunge saß, zwei Namen wie Fanale reichten, um bei jeder Gelegenheit vom Existenziellen zu reden, sogar vom Existenziellen vorn am Gaienhofener Landungssteg, wenn wir dort rauchten, während sich mittags der Oktobernebel hob und die letzte warme Sonne auf Camus' Der Fremde fiel, auf Heute ist Mama gestorben.

Aber erst auf der Zugfahrt in die Herbstferien, wie versprochen für einige Tage nach Frankfurt, konnte ich endlich mehr als nur den Anfang lesen; der Freund mit der verlorenen Musik hatte mir das Buch, vorher wie ein Brevier ständig mit sich herumgetragen, für eine Woche geliehen. Und so las ich Der Fremde in dem vollen Zug auf einem Notsitz im Gang nahezu atemlos bis zu der Stelle, an der Meursault den Araber erschießt, ohne sich etwas dabei zu denken, wie er sich auch nichts gedacht hatte, als er nach dem Tod seiner Mutter in eine Filmkomödie mit Fernandel ging. Nur war er andererseits auch jemand, der nachdachte, der Autor seiner eigenen Geschichte, irgendetwas konnte also nicht stimmen, darin lag der Sog des Romans, den ich dann auch, um es dem Freund gleichzutun, ständig mit mir herumtrug, auf den Gängen zwischen der mütterlichen Wohnung in der Savignystraße und der Agentur, für die sie tätig war, in der Stadtmitte nahe der Hauptwache. Ich las den Rest in kleinen Schritten, zwei, drei Seiten auf der Bank einer Straßenbahnstation oder im langsamen Gehen, dann wieder einen Abschnitt in einem Café; und im Gehen hielt ich das Buch nach Priesterart in der Hand.

Ein Foto aus diesen Frankfurttagen im Oktober dreiundsechzig – schwarzweiß, Ansichtskartenformat, aufgenommen von einem, der, mit Kamera um den Hals, Passanten ansprach, ob sie vielleicht ein Foto von sich wollten für fünf Mark – zeigt den Internatsschüler als jungen, auf der Kaiserstraße flanierenden Herrn: enge Hose mit Bügelfalte, Jackett und Schlips, Brille und Scheitel bei immer noch kurzem Haar (Kleidung und Frisur heutiger Jungbanker), und in der Hand ein Buch, bei genauem Hinsehen Camus' Der Fremde. Und der da auf dem Foto längs der Kaiserstraße auf dem breiten Bürgersteig Richtung Hauptbahnhof geht – in die Gegend, in der er schon ein Jahr zuvor wie unter Zwang umhergestreift ist – hat nichts von einem Fünfzehnjährigen; er erscheint darauf wie siebzehn, ja achtzehn. Das Bild zeigt eine Maskerade, einschließlich des Buchs in der Hand, und es hält einen der letzten Momente von Gesammeltsein an diesem frühen Nachmittag fest, eines Flanierens auf schon schiefer Bahn. Ich ging in eins der dortigen Kinos, die man nur betreten durfte, wenn man achtzehn war, und die ausschließlich Männer betraten, Einzelgänger in Män-

teln mit Aktentasche, dem Modell, in das noch eine Thermos-
flasche passte. Erst war es ein Herumdrücken vor dem Kino,
ein Beobachten der Besucher, die mit gesenktem Kopf vor der
Kasse standen, schließlich das Lösen der Eintrittskarte dank
einer schon tiefen Stimme. Der angekündigte Film lief bereits,
und bald war klar, dass er weder Anfang noch Ende hatte, sondern die Zuschauer an jeder Stelle mitnahm, mich geradezu
fortriss – aus dem einen verbrannten Foto, das der junge Kino-
besucher noch vor Augen hat, der starren kannibalischen Szene
zwischen Mann und Frau auf dem Sofa, werden auf einmal
große bewegte Körper, zu sehen aber nur in Teilen, als dunkler
Haarbusch um das noch Dunklere dahinter, als zum Schrei ge-
öffneter Mund und zitternder Schenkel, als verkrallte Hand
mit langen Nägeln. An sein Buch geklammert (sozusagen an
den Fremden, mir schützend vor die Brust gehalten) sitzt der
Jüngste im Saal in einer hinteren Reihe, kaum imstande zu
atmen, und es dauert etwas, bis er den einzigen anderen in derselben Sitzreihe wahrnimmt: einen Mann, der seinen Mantel
geöffnet hat und im Schoß Bewegungen macht, als wollte er
mit einem Stöckchen ein Feuer entfachen. Die Bilder auf der
Leinwand und diese Bewegungen sind wie eins, eine nahende
übermächtige Welle, und der Junge flüchtet aus dem Kino,
eine Flucht mit leeren Taschen; erst das Straßenfoto, dann die
Kinokarte, keine Mark mehr ist ihm geblieben. Er flüchtet in
die Innenstadt, zur Sandhofpassage, wo die Agentur Laux das
ganze oberste Stockwerk einnimmt und seine Mutter ihr Büro
hat, die Texte für sogenannte Tonbildschauen zu den Produk-
ten großer Firmen erstellt und mit ihrem Charme auch neue
Aufträge an Land zieht. Der Sohn besucht sie nach dem Kino-
schock, er erzählt, dass ihm im Hauptbahnhof, wo er nach Verbindungen für die Rückfahrt an den Bodensee gefragt habe,
das Portemonnaie (das ich gar nicht besaß) gestohlen worden
sei, mit seinem letzten Geld, dreißig Mark, und sie spricht von

Gesindel im Bahnhof und rundherum, von all den Huren und Hürchen dort, sie erwähnt sogar die legendäre Nitribitt (zu der Zeit längst tot) und ersetzt aus einem wahrhaft mütterlichen Impuls dem Sohn die dreißig Mark, damit sollte er sich morgen einen richtig schönen Nachmittag machen. Geh erst in ein Café, danach ins Kino, das waren ihre Worte. Und heute, sagte sie noch und führte mich dabei ins Nebenbüro, werden wir auch einen richtig schönen Abend haben! Der einleitende Satz, um mir den neuen Menschen an ihrer Seite vorzustellen, einen trotz aller Falten oder gerade mit seinen Falten gut aussehenden, schon etwas älteren Mann − letztlich der Mann ihres Lebens, der, der sie am bedingungslosesten liebte und neben dem sie so bei sich war wie neben keinem anderen.

So lernte ich Kurt kennen, genannt Das Kurtchen, damals Ende fünfzig, Texter bei der Firma Laux und Kettenraucher, verheiratet mit einer trinkenden Ex-Tänzerin, mit der er sich eine Sozialwohnung teilte und die er am Leben hielt, weshalb er immer knapp bei Kasse war, mir aber gleich, als wir kurz allein waren, ein Fünfmarkstück zusteckte und bei einer Zigarette erzählte, wie es hinter den Fassaden der Bahnhofsgegend zuging, in den Künstlergarderoben der Stripteaselokale, wenn dort morgens um vier jeder Glitzer abfalle, in den Stricherecken, wenn die nicht mehr taufrischen Freier auftauchten, die mit Ehefrau und Titel. Kurt hatte ein Gespür für alles Abgründige, auch Gespür für jedes Erfasstsein davon; ihm war − ich erfuhr es nach und nach in den zwölf Jahren bis zu seinem Tod − nichts Menschliches fremd. Während des Krieges hatte er als Pressemann und Betreuer von Stars bei der Ufa gearbeitet, Kokainsüchtigen und sonst wie Abgestürzten die passenden Worte in den Mund gelegt; er war vom Fronteinsatz befreit, ein von Goebbels Geschützter, bis er sich freiwillig meldete und eine schwere Verletzung davontrug, aber anders als mein

Vater mit allen Gliedmaßen zurückkam. Kurt war ein Lebensgebeutelter und liebte meine Mutter mit ihren sämtlichen Schwächen, während sie in ihm den Gentleman auf dünnem Eis liebte. Und so war er von ihren fünf tragischen Lieben – dem Vater, der fiel, als sie vierzehn war, dem Verlobten, der fiel, als sie neunzehn war, meinem Vater, der sie nach fünfzehn Jahren verließ, und ihrem späten zweiten Ehemann, der geistig zu schwinden anfing, als sie Mitte siebzig war – die einzige heilsame, ihr Herz öffnende. Sie liebte Kurts Feinheit, denn er konnte selbst auf feine Art ferklig sein, auch seinen Humor in jeder Lage und das Abgründige in ihm, zu dem er eine Sprache besaß, an die sie sich anlehnen konnte – und die auch mir half, vom ersten Tag an. Der richtig schöne Abend, den meine Mutter in Aussicht gestellt hatte, war ein Abend in einer Apfelweinwirtschaft, im Gemalten Haus, und ausgerechnet an diesem geselligen Ort fand das Geschehen aus dem Bahnhofsviertelkino vom frühen Nachmittag noch eine Steigerung, später nur aufgefangen durch die passenden Worte von Kurt.

Der Internatsschüler sitzt seiner Mutter und ihrem Lebensgefährten in der Enge auf den langen Holzbänken gegenüber; sie trinken, was alle trinken, und essen, was die meisten essen, Rippchen mit Kraut, und wie auf der Kaiserstraße taucht ein Fotograf auf, einer mit Blick für Paare, die den Moment zur Ewigkeit machen wollen. Er fotografiert die schöne Frau und den zwanzig Jahre Älteren an ihrer Seite, nicht aber den Sohn, dem gezeigt wird, wie man zu schauen hat, wenn der Moment für die Ewigkeit sein soll. Und nicht einmal erahnen lässt dieses Foto heute, was dem Internatsschüler da – man sieht nur seine rechte Schulter von hinten –, gleichsam im Windschatten des Hochhergehens im Gemalten Haus und der ganzen Aufmerksamkeit seiner Mutter für den Mann mit dem Blitzlicht, von einem Banknachbarn unter dem Tisch gezeigt wurde: Als er noch ganz klein gewesen sei, ein Baby, habe man ihn auch einmal fotografiert, sagte der Bein an Bein Sitzende und hielt den Beweis halb unter dem Tisch in der hohlen Hand, darauf zu sehen ein nackter Säugling mit schwarzer Schambehaarung und gewaltiger Erektion – ein Montagetrick, aber das begriff ich in dem Augenblick nicht. Es war, als hielte mir der Banknachbar einen Spiegel vor und sagte: Sieh gut hin, das bist eigentlich du, der an seinem Steifen zappelt, ein Unkind.

Meine Mutter stand noch im Banne des Fotografen, ohne ein Auge für mich, nur Kurt bemerkte etwas vom Schrecken des Sohnes seiner Geliebten, als der mit dem Trickbild schon verschwunden war. Er schlug mir vor, kurz an die Luft zu gehen, er kroch dafür sogar unter dem Tisch hindurch – nicht ganz einfach, wenn man das Gemalte Haus kennt –, und wir gingen ins Freie, er bot mir eine Zigarette an und wurde auf seine feine Art ein Verbündeter. Ich musste gar nicht ins Detail gehen, nur sagen, dass mir jemand ein Foto gezeigt habe, und Kurt erzählte von einer Clique bei der Ufa, älteren Schauspielern, die er nachts aus Berliner Schwulenbars geholt habe, damit sie am nächsten Tag die Fasson hätten, um Goebbels am Set zu begegnen. Seine Sprache, mehr als die einzelnen Worte, sein Ton machte mir klar, wie sehr er auf der Seite dieser Verlorenen stand, so nannte er sie, und dass solche Fotos ein Teil dieser Verlorenheit seien, ein Stück der Nacht in jedem, das sagte er, in jedem, der sich dem Daseinsrisiko nicht verschließt – Worte, die mir in Erinnerung sind, auch wenn sie sich mit den Gedanken mischen, die man gern für die eigenen hält –, dem Risiko, zu begehren, was einem nicht gehört, oder selbst begehrt zu werden, ob es einem gefällt oder nicht. Und obwohl fast ein Menschenleben zwischen uns lag, gab er mir vor dem Gemalten Haus das Gefühl, dass der Platz, an dem man ganz bei sich und zugleich bei allen anderen ist, sogar der Sitzplatz auf der Bank einer Apfelweinwirtschaft sein kann. Wir kehrten an unseren Tisch zurück, wir stießen auf die Gemütlichkeit an und leerten den letzten Bembel, die Rechnung, mit Bleistift geschrieben, ging durch zwei. Und zu dritt saßen wir dann im VW meiner Mutter, sie fuhr ihr Kurtchen noch in den Kettelerallee im Frankfurter Ostend, und beim Abschied drückte er noch ein Fünfmarkstück in meine Hand, damit es eine schöne gerade Zahl nach dem unschönen Foto würde, das sagte er mir ins Ohr. Dann ging er mit gespieltem Schwung auf den trostlosen Häuserblock zu, um seine trinkende Frau ins Bett zu bringen, und Mutter und Sohn fuhren ins Westend, in die Savignystraße. In ihrer kleinen Wohnung gab es noch einen Whisky für jeden, das fand sie schick, und so endete ein schwerwiegender, aber auch ertragreicher Tag – ich hatte jetzt, mit den erschwindelten dreißig Mark und den zwei Fünfer-stücken vierzig Mark in der Tasche, und die wollte ich gleich am nächsten Tag für ein Buch und den Kinobesuch ausgeben.

Whisky: Nach einem irischen Redbreast an der kleinen Hotel-bar – Tribut an meine Eltern, die dort einst saßen, es dem eng-lischen Paar gleichtaten – bin ich mit einem zweiten Glas im Zimmer, erstmals vor dem Fernseher mit einer Unzahl von Sendern, auch deutschen, die sich vom Bett aus auf den Schirm holen lassen, eine Ablenkung vom Regen, der seit dem Nach-mittag fällt; morgen soll damit wieder Schluss sein, noch eine ganze wolkenlose Woche ist in Aussicht, angeblich die letzte vor dem ersten Herbststurm. Deutsches Fernsehen also, die Nachrichten im Zweiten Programm, und wenn ich an meine Eltern denke, damals hier im Zimmer nicht einmal mit Radio (ohne etwa zu erfahren, dass Elvis um die Zeit als GI in Bad Nauheim angekommen war), hätte sie bei einem Blick in meine Gegenwart das bis in die Haarspitzen scharfe Spektakel auf dem Schirm völlig aus der Fassung gebracht. Die Nachrichten wären ihnen entgangen, sie hätten wie Kinder auf die Bilder gestarrt, die das Interesse am Weltgeschehen nur dann nicht erdrücken, wenn man den Anblick gewohnt ist, sich auch nicht wundert, wenn die Ankerfrau der Sendung, was das Spektakel noch erhöht, plötzlich ihren Platz verlässt, heute, um vor einem Schaubild die Reichweite nordkoreanischer Raketen zu erläutern, wobei ihre Art, gelöst und doch gesammelt dazustehen, zugleich konzentriert auf die Worte, meine Mutter zu einem halbblauten Donnerwetter veranlasst hätte, während mein Vater wohl auf die Idee gekommen wäre, dass sich seine charmante, bühnenerprobte Frau für diese Tätigkeit doch bewerben könnte. Da hängt Segen dran, hätte er gesagt und Geld gemeint.

Ich sah die Nachrichten und trank; am Ende gab es Guten-Abend-Wünsche, so direkt, als wäre man persönlich gemeint, auch im Bett eines Hotelzimmers in Alassio, Wünsche mit einem Lächeln wie für Kinder, die langsam ins Bett sollten, und in diesen Schlusssekunden schien sich tatsächlich etwas von meiner Mutter ins Bild zu mischen, wie ein Blick hinter dem Blick auf dem Schirm, ein Mund hinter dem lächelnden Mund. Danach kam Werbung für ein Mittel, das die Hirnleistung steigert, und Werbung für ein Auto, das von selbst einparkt oder andersherum, erst das Auto, dann das Hirnmittel; auf jeden Fall folgten der Wetterbericht und die Vorschau auf einen Film am späteren Abend – einen von der Sorte, für die man in kein Kino geht, nicht vor der Kasse ansteht, nicht überlegt, ob man preiswert oder teurer sitzen will, und aufatmet, wenn dann keine mit Hochfrisur vor einem Platz nimmt und die Armlehnen links und rechts frei sind, während schon das Licht in Stufen erlischt und der Vorhang aufgeht.

27

Die Kinos mit den guten Filmen lagen in der Innenstadt, das Alemannia, das Elysee, der Europa-Palast, das Gloria mit Raucherloge, Kinos, in denen man unbesorgt sitzen konnte, selbst am Nachmittag, wenn dort die Einsamen ihre Zeit totschlugen. Aber in der Innenstadt gab es auch die Buchhandlungen mit den vielversprechendsten Büchern im Fenster, und statt in ein Kino ging der Internatsschüler vom Bodensee mit seinen vierzig Mark in der Tasche in einen Buchladen in der Goethestraße und kaufte dort – das Bild auf dem Umschlag war entscheidend: eine schöne, schon etwas ältere Frau an einem Fenster, mit sehnsüchtigem Blick vermutlich auf einen Platz hinunter – einen schmalen Roman von Tennessee Williams, Mrs. Stone und ihr römischer Frühling. Mit diesem Buch setzte er sich in ein nahes Café (das plüschige Schwille, das kaum einer mehr kennt) und las dort den Roman bei einer Cola bis zur letzten Seite, so erfüllt danach, dass sich der Kinobesuch vorerst erübrigte. Er verließ das Café, steckte sich auf der Straße eine Roth-Händle an, wedelte wie sein Vater die Flamme aus und schlenderte rauchend, vorbei an der Opernruine mit geparkten Autos davor, in die Taunusanlage, als ginge es durch den Borghese-Park in Richtung der Spanischen Treppe, um als römischer Gigolo seine Gönnerin Mrs. Stone zu treffen oder wie zu Beginn des Romans für sie den Mantel zu öffnen, kurz seine Blöße zu zeigen. Tatsächlich aber ging der jugendliche Leser – immer noch in den Sätzen, in der Geschichte – Richtung Hauptbahnhof, wie einem Wink folgend, und fand sich schließlich in einer der Querstraßen wieder, die nach Flüssen mit weiblichem Geschlecht benannt sind, Elbe, Mosel, Nidda, der Gegend, vor der seine Mutter gewarnt hatte, wenn es denn eine Warnung war. Das Buch in der Jacketttasche, seine linke, kräftigere Hand darum wie um eine Waffe, die ihn schützen könnte, lief der Fünfzehnjährige mitten am Nachmittag, zehn nach drei mochte es sein, eine der drei stillen Straßen entlang, still um diese Tageszeit, schläfrig fast, bis auf ein gelegentlich wippendes Knie in einem Hauseingang oder eine pendelnde Hand mit Zigarette darin. Er sah es nur mit halbem Auge, aber sah es, und hörte auch wie mit halbem Ohr ein leises Schnalzen, ein leises Nadu? Den Gehsteig hatte er verlassen, er lief jetzt am Rinnstein entlang, über die Gullys, und ihm war, als käme das Schnalzen und immer wieder auch ein Wort für ihn von dort unten aus den Kanalrohren und nicht von den Hauseingängen. Nur kam es von dort, und bald konnte er nicht anders, als den Kopf zu heben, hinzusehen, zu einer der Frauen, die auch den Kopf hob, damit Zeichen machte, Kopfbewegungen hin zu dem Eingang, vor dem sie stand, zu einem der oberen Stockwerke. Eine große oder eher durch die blonde steife Frisur groß erscheinende Frau in einem taubengrauen Kostüm, zum Zerreißen um die Hüften, einem Grau wie dem des Anzugs, den Mrs. Stone ihrem Geliebten, dem römischen Paolo, hat machen lassen, und für einen Augenblick – oder das Aussetzen eines Herzschlags mit kurzer Eintrübung für das Auge – war die in dem Hauseingang die amerikanisch-römische Dame, der sich der lesende Junge zu Füßen geworfen hätte, nur damit sie ihn aufhebt.

Es war der Auftakt einer jener Stunden – in Wahrheit kaum einer Viertelstunde –, die sich weiter durchs Leben ziehen, mit einer eigenen Zeit, die der übrigen trotzt, die keine Vergänglichkeit kennt, kein Verblassen. Ich bleibe stehen und wische mir Schmutz vom Schuh, dann trete ich auf den Gehsteig und suche etwas in meinen Taschen, ich spiele den Zerstreuten, bis erneut ein Schnalzen kommt und jetzt auch ein deutliches Wort, ein Vorschlag, ein Preis, dreißig, für etwas Schönes oben im Zimmer. In meiner Tasche sind aber nur noch ein Zwanziger und eins der Fünfmarkstücke; das Buch und die Cola hatten auch ihren Preis, und ich zeige, was ich habe und entschuldige mich sogar. Tut mir leid, sage ich, das ist mein ganzes Geld, und wieder gibt es eine Kopfbewegung, Richtung Treppenhaus jetzt, ein stummes Meinetwegen, dann eben fünfundzwanzig. Und schon wird die Haustür aufgedrückt, es gibt kein Zurück mehr, als wäre der Gehsteig hinter mir weggebrochen, es gibt nur eine einfache, bestechende Logik: fünfundzwanzig Mark für das Schöne oben im Zimmer, do ut des, so hatte ich es in Latein gelernt. Die Frau im engen Kostüm lässt mir den Vortritt, lächelnd für einen Moment, Fältchen in den Wangen, Locken in der Stirn, und Wimpern, die nicht ihre sind, erschreckend wie sich öffnende Insektenflügel, als ich schon einen Fuß vor den anderen setze und sie nachhilft mit noch einem Wort, halblaut in mein Ohr – es war das Wort, das alles gesagt hat, alles barbarisch auf die Spitze gebracht. Und die folgenden Minuten in dem Haus, erst auf der Treppe zum obersten Stock, dort dann in einem Dachzimmer mit schräger Wand, einem Bett, einem Stuhl, einem Waschbecken, zehn, elf Minuten, wenn es hochkommt, waren von Anfang an eine Zeit außerhalb der Zeit und jenseits der Welt, oder in einer Welt, in der es erst galt, Zeit und Raum zu erfahren, das Erleben vor dem Erzählen.

Die Frau betrachtet den Jungen, sie schüttelt kaum merklich den Kopf, dann verlangt sie das Geld, und er reicht es ihr, es verschwindet in einer kleinen Handtasche. In dem Zimmer ist es heller als im Hauseingang, das Licht fällt durch einen Vorhangspalt, den sie schnell schließt, und noch aus dieser Bewegung heraus tippt sie sich an den Mund, bedeutet dem Jungen, leise zu sein. Sie zeigt auf seine Kleidung, Hose, Jacke, Pulli, dann auf einen Stuhl, der vorm Fenster steht, als säße sie dort gern und schaute hinunter, manchmal vielleicht so sehnsüchtig wie Mrs. Stone auf die Spanische Treppe, dort soll er wohl alles ablegen, auf ihrem Stuhl, nur weiß er nicht, wann er damit anfangen kann. Also löst er zunächst die Schuhbändel, steht erst auf dem einen, dann auf dem anderen Bein, während sich die Frau eine Zigarette ansteckt; und mit Zigarette im Mund schält sie sich aus dem Kostüm und schält auch ihre Strümpfe herunter, zeigt einen dunklen Busch – wenn er ihren Namen wüsste, hätte das etwas Helfendes, aber er traut sich nicht zu fragen. Darum nennt er erst einmal den eigenen Namen, und sie verhört sich wie die Leute früher auf dem Dorf, sagt Na, dann wollen wir mal, Bruno. Und schon setzt sie sich auf die Bettkante, noch mit den Strümpfen, die welk um ihre Knöchel liegen, und einem hochgeschobenen Büstenhalter als einer Art Halskrause. Sie drückt die Zigarette aus, nachlässig aber, mehr ein Stippen, sie spreizt ihren Busch mit zwei Fingern, und er dreht sich dem Stuhl am Fenster zu und zieht sich im Stehen aus, Jacke und Pulli, die Krawatte, das Hemd und die Hose, seine Wäsche und auch die Socken. Zwischen Vorhang und Scheibe sucht eine Fliege nach einem Ausweg, er hört ihr Anprallen gegen das Glas und glaubt sich für einen Moment allein mit der Fliege. Doch die Frau auf dem Bett gibt es noch, und er faltet die Hände über seinem Verräterischen, als er sich wieder umdreht. Sie drückt die Zigarette jetzt richtig aus, mit kleinen raschen Bewegungen, dann zieht sie ein Gummi aus einem Päckchen, den Pariser, und winkt ihn heran, und ihm ist, als hätte er zwei Körper, einen oberen, der Camus liest, und einen unteren, der ihn bloßstellt. Er nimmt die Hände von dem so Überdeutlichen, und sie streift das Gummi darüber und zieht an der Spitze, bis ein Säckchen entsteht, danach winkelt sie ein Bein ab, nur eins, als ob das reichen sollte. Wie ein unbestimmtes Du bietet sie ihren Spalt an, eins, das in seinem Schweigen zu ihm spricht, Komm. Und da wagt er es, nach ihrem Namen zu fragen, aber sie hört gar nicht hin oder überhört es, während sie nach ihm greift. Die fremde Hand nimmt sein Verräterisches, sie führt es an den Busch und lenkt es in den Spalt, in das Ersehnte, für das es nur Wörter gibt, die ihm nicht weiterhelfen, ihm nicht sagen, was da geschieht oder wie ihm geschieht, sondern nur in ihm lärmen, eine Art wilder Chor sind, in schrillen Tönen rufen, Jetzt tust du es, jetzt!, und dann kommen all die Wörter für dieses Tun, während er sich schon bäumt, Wort und Fleisch wie eins sind, kaum dass sich das Ersehnte um ihn schließt. Die Frau aber wendet den Kopf zur Seite, das eine, oben liegende Auge ist offen, ein leicht ungeduldiges Abwarten, als er sich Laute ausstoßen hört, einmal, zweimal, dreimal, wie von einem fremden Wesen in ihm, und danach, als alles Bäumen vorbei ist, leise um Entschuldigung bittet, und die Frau, die sein Geld hat, sich von ihm löst, dem Teil, um das sich alles drehte. Mein lieber Herr Gesangverein, sagt sie und streift den Gummi ab und macht einen Knoten hinein und wirft ihn in einen Eimer neben dem Kleiderablagestuhl, den Bogen hat sie heraus. Danach steckt sie sich den Zigarettenrest wieder an und richtet, den glimmenden Stummel im Mund, ihr falsches Haar im Nacken, während er, noch zittrig in den Beinen, schon nicht mehr der ist, der eben erst das Ersehnte getan hat (sechs, sieben Herzschläge lang höchstens ist er ganz der gewesen, der es tut – und Jahrzehnte würde es dauern, bis sich ihm erschließt, wie sehr das Begehren das Sein verbraucht). Er ist jetzt bloß noch der, an dem das alles hängen bleibt, wenn ihm keine Legende einfällt, keine schöne Geschichte vor der eigenen hässlichen.

Ein Nachmittag im Oktober vor vierundfünfzig Jahren, als in den Kinos Hitchcocks Die Vögel lief, aber auch in einem Frankfurter Filmkunstkino, der Lupe, Mrs. Stone und ihr römischer Frühling mit Vivien Leigh und dem ganz jungen Warren Beatty, dem Bruder von Shirley McLaine, die man als Mädchen Irma la Douce im Kino sehen konnte. Ein gefühltes Menschenleben liegt zwischen dieser Stunde, die keine war, und dem Schreiben darüber, auch in einem Oktober, und doch sind die Details aus dieser eigenen, unvergänglichen Zeit alle gegenwärtig, nur lassen sie sich nicht erzählen als Märchen von einem, der auszog, kein Junge mehr zu sein. Sie lassen sich allenfalls aufzählen, in der Hoffnung, dass sie von dem, der die Erwachsenenkleidung abgelegt hat und so kindlich wie un-kindlich erregt den Dingen auf dem Bett entgegensieht, eine Wahrheit wiedergeben. Sicher ist: Da trat einer als Bündel an das Bett mit der für ihn bereiten Frau, und nur ein bisschen Wissen stärkte ihm den Rücken, um das Buch in der Jacke, die über dem Stuhl hing, oder was er als Tertianer so wusste. Er dachte an Meursault, den Fremden, die Worte Mama ist gestorben, er dachte an Krieger, an große Namen, Hannibal, Arminius, Wallenstein, El Cid, ja er dachte sogar an den spanischen Bürgerkrieg, ein Lieblingsthema des neuen Freunds, da wusste er jetzt auch schon manches, dass die Rechten den Dichter Lorca umgebracht hatten, neben hunderttausend anderen, und die Linken aus den internationalen Brigaden später in die Sowjetunion deportiert wurden: Auch das half ihm, sich noch zu behaupten, bis die Frau nach ihm griff, ihn hinführte, wo er hatte sein wollen, und er fast augenblicklich in das Säckchen an der Spitze des Gummis platzte, nun Bündel durch und durch war. Erst als er sich, mit einem Stück des Fensters als Spiegel, die Fliege noch immer im Anflug gegen das Glas, die abgenommene Krawatte neu band, kehrte er etwas zu sich zurück, während die Frau, auch im Fenster zu sehen, sich mit Klopapier den Schritt auswischte, als hätte er sie bekleckert. Noch mit dem geknüllten Papier in der Hand hielt sie ihm, kaum war er angezogen, die Tür auf, und er sagte höflich Auf Wiedersehen, auch wenn ihm jedes Wiedersehen ausgeschlossen erschien. Dann lief er die Treppen hinunter und steckte sich noch im Haus eine Zigarette an, und als er auf die Straße trat, in eine klare herbstliche Nachmittagssonne, war da eine Stille um ihn, wie er sie nur einmal in den Bergen erlebt hatte, als auch das leiseste Geräusch, ein Wind am Fels und der eigene Atem, schon laut war.

Die Erinnerung an diese Stille auf der Straße vor dem Haus, im dritten oder vierten Stock das Zimmer mit dem Stuhl am Fenster und der Frau mit den welken Strümpfen, ist zugleich die Erinnerung an das Gefühl, etwas getan zu haben, über das man nie im Leben reden könnte, wie über einen begangenen Mord, für den es keine Beweise gibt, das perfekte Verbrechen, das man als Krankheit ohne Symptome in sich trägt. Die Stille war dieses Gefühl und umgekehrt, und es gab auch keinerlei Bewegung um mich herum; es fuhr kein Auto, und niemand sonst war auf der Straße oder dem Abschnitt zwischen zwei Querstraßen, der mit dem Rest der Welt in keiner Verbindung zu stehen schien, daher auch die Stille, so umhüllend schalldicht wie die in den Musikübungszellen im Internat. Nicht einmal meine Schritte, weg von dem Haus, das Klacken der kleinen Eisen unter den Schuhen, konnte die Stille durchbrechen, erst das Geräusch eines VWs beim Anfahren in der nächsten Querstraße, und ich lief auf diese Straße zu, auf die Zeichen von Leben dort – vermutlich die Elbestraße, und ich kam aus der noch schmaleren Nidda –, und fiel in einen Laufschritt bis zurück in die Innenstadt, wo ich eigentlich hätte ins Kino gehen sollen, aber alles Geld war ausgegeben. Mir blieb nur das schmale Buch in meiner Jacketttasche, und ich las den ganzen Roman noch einmal auf einer Bank vor der Hauptwache, um später sagen zu können, ich hätte in der Lupe Mrs. Stone und ihr römischer Frühling gesehen. Ich sank förmlich in das Geschehen darin, in die Personen, in ihr erregendes Tun und ihr Nichtstun. Der schöne, junge, in den Tag lebende Römer Paolo zeigt einer schon leicht verblühten und frisch verwitweten amerikanischen Schauspielerin, die gerade noch Diva genug ist, an der Piazza di Spagna zu residieren, durch kurzes Öffnen des Mantels auf der Spanischen Treppe sein Geschlecht. Bald darauf verführt er die alternde Schauspielerin, und sie macht ihm Geschenke, kleidet den Geliebten neu ein und zeigt sich mit ihm, hält ihn als Hündchen mit Schleife, bis er sie über Nacht sitzen lässt; das Ganze – auch der Eindruck beim kürzlichen Nachlesen – sehr genau erzählt, ohne ins Detail zu gehen. Aber als der Erstleser abends mit seiner Mutter noch beim Schlummerwhisky saß und über seinen schönen Nachmittag mit Kinobesuch sprach, da bekamen die Szenen, die er gesehen zu haben vorgab, etwas Eindeutiges – im Grunde eine Beichte des Geschehenen im Bahnhofsviertel, der Dinge in dem Zimmer, nur mit vertauschten Rollen: Er legt seinen Teil in Mrs. Stone und macht den verheerend gut aussehenden Paolo zum käuflichen Mann; der lockt die Arglose erst mit seinem Körper, dann lässt er sich Geld geben und wälzt sich dafür mit ihr im Bett.

Donnerwetter, da hast du ja was erlebt, rief meine Mutter am Ende, als wäre ich Mitwirkender in dem Film gewesen; es war der letzte Abend vor der Rückfahrt an den Bodensee. Am nächsten Mittag brachte sie mich noch zum Bahnhof, unterwegs kaufte sie ein Halstuch, das ihr an einer Herrenschaufensterpuppe gefallen hatte. Sie band es mir gleich im Laden um und band es auf dem Bahnsteig noch einmal neu, und als alle Zugtüren schon geschlossen waren, bat sie noch um einen Kuss nach dem Abschiedskuss. Also beugte sich der Sohn mit Halstuch aus dem Abteilfenster und küsste zwei hingehaltene Hände, als sich der Zug schon langsam in Bewegung setzte, aber seine Mutter, er fasste es kaum, nicht etwa stehen blieb, sondern neben dem anfahrenden Wagen herzulaufen begann, wie er als Neunjähriger neben ihrem Zug nach Wien auf dem Bahnsteig mitgelaufen war, bis sich etwas rauschhaft aus ihm herauslöste, inmitten all der schnellen Schritte. Und auch ihre Schritte wurden noch schneller, sie lief mit wehendem Mantel, wehendem Haar, fuchtelnder Hand. Wie toll mir das Tuch stehen würde, zusammen mit den kurzen Haaren und der Brille, ja, dass ich überhaupt nur den tollsten Eindruck gemacht habe, besonders auf Kurtchen – einen hochanständigen, rief sie noch, jetzt schon außer Atem und nicht mehr auf meiner Höhe, und ich winkte und winkte ihr und wusste es besser.

Schön langsam, gleich ist es geschafft, immer einen Fuß vor den anderen, sagte der alte Sohn zu seiner doch noch um einiges älteren Mutter auf dem für sie endlosen Weg zum Bad, von einem Bett, das schon nicht mehr ihr eigenes war, das flache elegante, das dem Appartement noch etwas Leichtes gegeben hatte, sondern ein erhöhtes Pflegebett. Und von dort ging es quer durchs Wohnzimmer, vorbei am früheren Lesesessel mit dem gefährlichen, oft im Weg stehenden Fußschemel, vorbei am Esstisch mit seinen gefährlichen Kanten und weiter in den kleinen Garderobenvorraum, wo noch ihr pelzgefütterter Mantel wie für tägliche Wege im Flur oder gar im Freien hing. Sie brauchte eine Pause, obwohl der Weg fast geschafft war, linker Hand schon die Tür zum Bad mit seinen Halterungen wie für einen Menschen ohne Beine – Erinnerst du dich noch, wie du einmal sogar fast gerannt bist auf einem Bahnsteig, als ich mit dem Zug zurück ins Internat fuhr und am Abteilfenster stand und winkte? Ich zog die Badezimmertür auf und machte mich schmal, damit sie, auf meinen Arm gestützt, bequem eintreten konnte, und als sich ihre Hand um den Arm schloss, für die letzten kleinen Schritte bis zum Waschbecken, da glaubte sie sogar, sich ganz genau zu erinnern, und wollte die gewesen sein, die auf dem Bahnsteig nicht zu halten war – Stell dir vor, da ist deine Mutter auf dem Bahnsteig wie ein junges Mädchen gerannt, sagte sie, ganz plötzlich bei Atem, bei Stimme: Mein Gott, wie lang ist das her, wie alt warst du da? Sie streichelte mir die Hand, bis daraus ein befehlender Griff wurde: Ich sollte die Badtür von außen schließen und erst wieder öffnen, wenn sie dagegenklopfte, ja nicht vorher. Oh, ich weiß noch, wie ich gerannt bin, und du warst fast ein junger Mann! Aber sie hatte sich nur auf ein paar Worte von mir gestürzt, wie der Sohn sich auf jedes ihrer Worte, das irgendwie hoffen ließ, sie käme damit zurecht, nach seinem kurzen Besuch wieder allein zu sein und auf den längeren Besuch der Tochter zu warten, bis dahin Tag für Tag nur vom Bett aus an die Decke zu schauen. Ich wartete auf ihr dreimaliges Klopfen an die Tür, wie ein Sesamöffnedich, und stand so lange in dem kleinen Garderobenraum; ich sah mir ihren Mantel an (den heute keiner ins Netz zu stellen wagt), ich sah ihre zahlreichen Tücher, sorgfältig auf einem Ablagetisch für Spaziergänge, die es nicht mehr gab. Und ich dachte an das Tuch, das sie mir gekauft hatte auf dem Weg zum Bahnhof, was wohl daraus geworden war, ob es noch in irgendeiner Form existierte, es konnte sich ja nicht völlig aufgelöst haben, ein Tuch bleibt ein Tuch.

Weinrot war es, Baumwolle vermutlich, aber gemischt mit Kunstfaser, die ja nicht verrottet; ich trug es bei der Ankunft im Internat, locker gebunden, und sah gleich den Blick des Bücher und Musik und nebenbei auch ein Dupont-Feuerzeug besitzenden Freundes – aha, er hat ein Halstuch bekommen. Und wie im Gegenzug machte er Andeutungen zu den Helden gerade gelesener Bücher, als wäre er ihnen persönlich begegnet, zu Mendel Singer, Holden Caulfield, Tonio Kröger, und am geheimnisvollsten zu Robert Jordan, der in Wem die Stunde schlägt auf Seiten der Republikaner in Spanien kämpft, wogegen auch das roteste Halstuch weit abfiel. Trotzdem trug ich es in den Wochen nach den Herbstferien wie eine Halsfahne, und an langen, schon fast winterlich dunklen Sonntagnachmittagen, wenn wir, verbotenerweise, im Badischen Hof saßen, dem BH, und dort den sämigsüßen, berauschenden Suser tranken, in einer niederen Wirtsstube, in der es nach Maggi, Bratfett und Stumpen roch, die Tische wie mit Bier und Essig getränkt, war dieses Tuch mein geheimer Beleg für das Geschehene in Frankfurt, ein stiller Beistand, sobald Freund Michael mit Andeutungen kam, als hätte er in den zurückliegenden Ferien Schweres durchgemacht, das noch nachwirkte. Wir tranken und rauchten, jeder über sein Buch gebeugt, er über Malapartes Die Haut. Wir taten, als würden wir lesen, und jeder tat noch so, als trüge er mit an der Bürde seines Romanhelden; das Halstuch hing mir lose herunter, die Fransen über einer der aufgeschlagenen Seiten – von George Orwells Mein Katalonien, um beim Spanischen Bürgerkrieg mithalten zu können. Ein paar Dörfler, nicht viel älter als wir, verbrachten ihre Sonntage auch im BH, sie saßen am Nebentisch und sprachen im rauen Singsang der Höri vom Zigarettenschmuggel aus der nahen Schweiz und den Weibern in Klein-Venedig, ein Nachtrevier, das bei Konstanz lag; sie waren dort schon, das spürte man, oder ich spürte es. Und die Bedienung mit enger Bluse und schwarzem Pferdeschwanz, die Zigarette im Mundwinkel, wenn sie ein Glas so auf den Tisch stellte, dass ihr Hinterteil im Kellnerinnenrock die Wand berührte, war nur für die Internatler bereit, sich noch mehr zu bücken, damit der Freund seine Pall Mall an ihrer Glut entzünden konnte, das Dupont-Feuerzeug in der Faust. Sie hieß Almut, und ältere Schüler ließen gern durchblicken, dass es im BH eine frühere Backstube gebe, sozusagen immer noch warm, wo sie schon den einen und anderen Primaner empfangen habe. Almut war unsere Sonntagsgöttin, erreichbar nur über die Glut ihrer Zigarette; sie war das ewig lockende Weib, für das man nicht ins Kino musste, nur einen trinken gehen.

Das Klopfen an der Badezimmertür, dreimal im Abstand einer Sekunde, kam etwas eher als sonst, und es hatte etwas Triumphales: Deine Mutter ist schon fertig. Und auf dem Rückweg zum Bett gab sie sich alle Mühe, die zu sein, die einmal imstande gewesen war, auf einem Bahnsteig neben dem anfahrenden Zug herzulaufen. Sie fragte wieder nach meinem Alter damals, als sie wie ein junges Mädchen gerannt sei, und machte sogar Schritte ohne meine Hilfe, glaubte aber, ihre Tollkühnheit müsste sich sofort rächen; noch bevor wir am Bett waren, begann sie zu zittern, ja drohte hinzufallen. Dein Sohn war fünfzehn, sagte ich und bot ihr beide Arme als Halt, und sie klammerte sich mit einem Ausdruck an mich, als sollte sie auf den verschneiten Balkon hinaus, dort im Freien übernachten, Gott, dann war ich ja erst achtunddreißig! Das rief sie, und ich erinnere mich an ihr Fassungsloses an diesem Februarabend, noch als sie im Bett lag, gewärmt von zwei Decken, und mich aus weiten Augen ansah, nicht etwa wegen des nahenden, unausweichlichen Todes, sondern der unendlichen Ferne zu ihren achtunddreißig Jahren im Frankfurter Hauptbahnhof, als sie dem Sohn im Laufen noch nah sein wollte, wo er sich doch unaufhaltsam wegbewegte von ihr.

Merkwürdig: Obwohl seit heute die Sonne wieder scheint, von einem wolkenlosen Himmel, und laut Wetterbericht noch sechs perfekte Tage bevorstehen, werden schon Strandliegen der vorderen Reihen eingepackt und auch einige der Umkleidekabinen und überdachten Mittagslokale einfach abgeschlagen, so in Einzelteile zerlegt, als hätte man sich in ihrem Festen, ihrem Ganzen von Anfang an getäuscht. Die Einzelteile, abgespritzt und nach dem Trocknen in Plastik geschlagen, kommen in ebenerdige Lager unter den etwas höher gelegenen Hotels – alles vom Balkon aus zu verfolgen, auch wenn die Sonne ab dem frühen Nachmittag zu sehr blendet, schon zu schräg steht im Oktober, um etwa eins der mitgenommenen Bücher von damals nachzulesen, die Exemplare sogar, auf die die Asche einer Roth-Händle oder einer Pall Mall gefallen ist. Neben Mrs. Stone und ihr römischer Frühling liegt noch Der Fremde auf dem Nachttisch am Bett, außerdem Joseph Roths Hiob, Sartres Saint Genet und Hemingways Depeschen; ganz oben aber liegt das Buch, auf das der Freund in den fünf gemeinsamen Internatsjahren am meisten geschworen hatte.

Nur die Mittagsstunde eignet sich im Moment zum Lesen, die Sonne ist schon über das Hotel gewandert und scheint von rechts durch eine Pinie auf den Balkon, warm, aber nicht blendend. Ich las das erste Kapitel von Malapartes Die Haut, und wie damals, wie bei dem Freund, gab es ein Gefühl von Neid auf den amerikanischen Offizier, der eigentlich Zivilist ist und mit Rilke im Tornister die Festung Monte Cassino von den Faschisten zurückerobert, ein Mann des Geistes im Kugelhagel; ich las es in dem träumerischen Gedanken, an seiner Seite zu stehen, sein Schicksal zu teilen. Das eine Kapitel reichte, dann sah ich wieder dem Abschlagen der Umkleidekabinen zu, als wäre die Saison schon zu Ende – hatte meine Mutter auf diesem Balkon gelesen? Wohl kaum; auch mit Kissen war ihr der Stuhl zu hart, sie hat höchstens in einem Buch geblättert, vielleicht in Hemingways Fiesta, weil der Held ein Bein verloren hat, dann ist sie ins schützende Zimmer gegangen.

28

Kein Schreiben ohne Lesen, und die Jahre bis zum Abitur im Frühsommer achtundsechzig, die Zeit mit Freund Michael, sogar bald in einem Zweierzimmer, waren entscheidende des Lesens. Hatte ich mit fünfzehn, sechzehn noch zwischen parabelhaften Theaterstücken, von Sartre, von Brecht, von Camus, von Frisch, und Romanhelden, die mir das Herz aufgehen ließen, dem Arzt Rieux aus Die Pest, dem so traurigen Leutnant Trotta oder Querelle, dem Verbrecher, geschwankt, aber auch zwischen Alberto Moravias lässigen, für sich selbst sprechenden Römischen Geschichten und in den Ferien immer wieder noch den Heftchen von Bastei, am liebsten Jerry Cotton, weil man so viel über New York erfuhr, las ich dann nur noch, was von Buch zu Buch eine Art Privatbibliothek des kettenrauchenden Freundes und mir bildete. Und zu den Säulenheiligen in dieser Sammlung zählten Joseph Roth und Hermann Broch, Camus und Boris Vian, Klaus Mann und Frantz Fanon (Die Verdammten dieser Erde), Max Aub und natürlich Curzio Malaparte, aber auch Moravia mit seinen Romanen, vor allem La Noia; unter den Frauen ließen wir nur Sylvia Plath, die junge Bachmann und Virginia Woolf gelten, und das, ohne von den dreien mehr als ein paar Zeilen gelesen zu haben. Wir lasen die Verfemten, die Trinker und die früh zu Tode Gekommenen und solche, die dem Tod ins Gesicht gesehen hatten. Die Überempfindlichen waren für uns ebenso Helden des Schreibens wie die Draufgänger, die nichts ausließen und von einem Leben erzählten, an dem wir, bei aller Gefahr und Mühsal, gern teilgehabt hätten, ob am Leben des schon erwähnten amerikanischen Colonels, der mit den Duineser Elegien im Tornister Italien von den Nazis befreit, oder dem des Arztes, der auf verlorenem Posten die Pest bekämpft. Wir lasen, um uns besser zu fühlen oder überhaupt etwas zu fühlen, und um in diesem Besserfühlen zu sein, was wir nicht waren und in unserem Internatsschülerdasein auch gar nicht sein konnten.

Die angeschafften, aufgereihten Bücher stärkten uns schon durch ihren Anblick den Rücken, wie sie da so auf der Ablage über dem Klappbett standen, man musste sie gar nicht von vorn bis hinten lesen, bloß griffbereit haben (und sie im Buchladen einfach unter die Jacke zu stecken hatte das Verzeihliche des Mundraubs). Ich war kein Leser, ich war ein in Bücher und ihre Autoren Verliebter, ein Träumer und Hallodri des Lesens, darin so verloren wie in einer Sexualität, die gar nicht meine war, nur das Geschehen, das mich hinter sich herzog – am Narrenseile, so hatte ich es bei Thomas Mann verschlungen – hier trifft dieses Wort, verschlungen, einmal zu –, wenn er als Aschenbach seinem Epheben im schon cholerafiebrigen Venedig auf den Fersen ist. Mir fehlte ein Tadzio, ein Ziel, da gab es nur Bruchstücke, die ins Auge sprangen, mal ein flaumiger Nacken, mal ein Mund oder das Nachzittern einer Hüfte, oft auch Kniekehlen, ihr blasses Blau, oder ein glänzender Armmuskel, wenn die Schulmannschaft gegen ein fremdes Internat, St. Blasien, Salem, Handball spielte. Es war ein ständiges Spähen, ob es ein Ziel für mich gäbe, und der da auf der Lauer lag, bis in den Schlaf, den Traum hinein, war inzwischen sechzehn, einer, der verschlang, was ihm die Trägheit seiner Augen vorhielt, und der sich so wünschte, geschrieben zu haben, was er mit denselben Augen las, bis er es nahezu glaubte und Sätze von anderen für die eigenen ausgab.

Eine Bank am Ende des Gaienhofener Landungsstegs, geschützt hinter dem alten hölzernen Zollhäuschen und mit Blick auf den See, war noch bis in den November der nachmittägliche Leseort, geteilt nur mit den heimlichen Rauchern, die kamen und gingen, und immer wieder auch zweien, für die es der Platz war zum Küssen. Einer mit Buch in der Hand konnte sie kaum davon abhalten, er konnte das Küssen höchstens verkürzen und auf dasselbe begrenzen; ich kannte alle Schülerpärchen, und sie kannten mich, der Lesende vorn am Steg war ihr guter und böser Geist. Erst die Novembernässe nach den noch herbststillen Tagen machte dem ein Ende, ich las von da an im Café Leins, abgeschirmt vom legendären Bäcker Anton Leins, Helfer in prekärsten Schülerlagen mit seinem Auto, seinem Bargeld, seinem Hinterzimmer. Und mit den Stunden im Café Leins an der Durchgangsstraße von Gaienhofen begannen die Monate einer sich über alles breitenden Melancholie, wenn der See an den Ufern zurücktrat, wie in sich zusammengezogen, und der Landungssteg auf Stelzen im Flachwasser stand, wenn es nach Moder roch und die Möwen so vereinzelt oder als einsame Paare im Schlick saßen, wie der Freund und ich manchmal noch vorn am Zollhäuschen, um zu rauchen und über unsere Schreibhelden im Exil und in der Verbannung zu reden – Arthur Koestler und Ossip Mandelstam waren dazugekommen. Der November ging in den Winter über, das letzte Fallobst faulte, und der erste Frost kam, auch die dünnsten Zweige an den Obstbäumen hatten für unbestimmte Zeit etwas glasig Starres; das äußere Leben stand nahezu still.

Ich erinnere mich kaum an den Verlauf dieses Schuljahrs, viel eher daran, dass die Musik des Freundes mit dem Tonbandgerät und inzwischen auch einem Plattenspieler, der sich sehen lassen konnte, mehr und mehr in mein Erleben drang. Kaum war am Abend das Licht gelöscht, hörten wir Charlie Parker und Dizzy Gillespie, John Coltrane und Miles Davis, aber auch Chuck Berry – anstelle der braven Beatles, die ihn nachahmten –, und je mehr es auf den Schlaf zuging, den schon toten

Buddy Holly samt der Hymne auf seinen frühen Tod bei einem Flugzeugabsturz im Schneesturm. Und mit dieser düster-schönen Ballade (Wind was blowing, snow was snowing), die der Freund wie in Ahnung des eigenen, schon damals mit dem Rauchen beschleunigten Todes immer wieder hörte – an der Wand neben seinem Klappbett jetzt das berühmteste Foto von Robert Capa: der republikanische Kämpfer in dem Moment, als ihn die Kugel eines spanischen Franquisten trifft –, ging es nach den erst frostigen und dann feuchtgrauen Monaten mit aber wieder zunehmendem Licht fast übergangslos in einen Bilderbuchfrühsommer mit wochenlang blauem Himmel. Eine immer wärmere Sonne schien auf den See, bald schwammen die Ersten, und ich hatte einen neuen Leseplatz, der eigentlich ein alter Ort war: die kleine schilfumgebene Bucht, in der ich mit meiner Mutter gebadet hatte. In jeder Mittagsfreizeit saß ich jetzt mit einem Buch auf der Bank, auf der unsere Kleidung abgelegt war, und spielte vor mir selbst einen Lesenden, nahm aber auch etwas auf, ohne es zu merken. Ich las Koestlers Sonnenfinsternis und war in der Welt des Verrats und der Unterwerfung, der stalinschen Säuberungen; und ich las zum zweiten Mal Die Haut, darin die Welt einer zu jeder Erniedrigung bereiten Stadt, Neapel, wo Mütter die schwarzen Röcke hoben für ein paar Cents von den Befreiern. Und so fühlte ich mich auch eher erkannt als entdeckt oder gar beim Lesen gestört, als eines Nachmittags eine neu ans Internat gekommene Referendarin – sie fuhr ein VW Cabrio wie zuvor der Kantor und hatte auch etwas Cabriohaftes, Freies – an der versteckten Bucht erschien, weil sie in den See gehen wollte.

Die Kressnitz – Deutsch und Sport, eine, die unverschämt gut Volleyball spielen konnte – setzte sich neben den, der sich lesend gab, auf die Bank. Sie nahm ihm spielerisch zögernd das Buch aus den Händen, eben Malapartes Die Haut, las die ersten Sätze, reichte es zurück und fing ein Gespräch an. Sie fragte den Schüler, was er sonst noch lese, und es gelang ihm, sie so mit Namen und Titeln zu verblüffen, dass sie ihre Absicht, auf den See hinauszuschwimmen – Handtuch und Badeanzug lagen im Schoß ihrer weißen Shorts –, vergaß oder aufgab. Sie griff wieder nach dem Buch und wollte wissen, was ihm daran gefalle, worauf er von der Kraft des amerikanischen Offiziers bei der Schlacht um Monte Cassino sprach, wenn der sich in den Feuerpausen an Rilke hielt, einer inneren Kraft, die ihn den Krieg ertragen ließ. Und die neue Referendarin – kurzes braunes Haar, dunkle Augen mit geraden, fast japanischen Lidern, die zu etwas in ihr passten, das nicht zum Körper passte, den langen Volleyballschenkeln – hörte aufmerksam zu, aber kam auch mit Zwischenfragen oder machte kleine Ergänzungen; bald schien die Sonne von hinten auf den Verteidiger des Buchs, und schließlich wurde er zum Gehen gedrängt, weil die Nachmittagsfreizeit längst um sei, also ging er, während die Kressnitz sitzen blieb, wohl um doch noch zu schwimmen. Und am nächsten Tag, in der großen Pause, warf sie ihm einen Blick zu, den er nicht deuten konnte, nur aufnahm und mitnahm, in seine Träumereien während einer Doppelstunde, sagen wir Englisch, ja in den Schlaf der nächsten sommerlichen Nächte mitnahm. Erst in der Woche darauf geht er erneut zu der Bucht, nun in der Abendfreizeit, weil es inzwischen lange hell ist, und auf der Bank liegen ein Handtuch und ihre Kleidung, die weißen Shorts und ein Herrenhemd.

Er sieht sie im See, sie schwimmt dort im Schmetterlingsstil, wer kann das schon, und als sie Atem schöpft, sieht sie ihn auch, ja winkt sogar, und schon ist er ausgezogen bis auf das Nötigste – ich erinnere mich an meine Hast beim Ausziehen, in der Panik, sie im See zu verpassen, endend erst, als ich in ihre Richtung schwamm und nichts mehr dazwischenkommen konnte. Die Kressnitz – Marion, aber einem Schüler stand ihr Vorname nicht zu – kraulte mir sogar ein Stück entgegen und machte eine Handbewegung, ein Zeichen Richtung Schweiz, und gemeinsam schwammen wir dann bis über die Mitte des Unterseearms, bestimmt schon über schweizerischem Grund, an den Füßen oft die kalte Rheinströmung, bis sie sich einen Atemzug lang an mir hielt, obwohl sie nicht erschöpft war, im Gegenteil, oder hätte sie sonst gelacht – lachend streicht sie sich das Haar aus dem Gesicht und sagt Zurück jetzt, ihre ersten Worte im Wasser, und in der späten Dämmerung schwimmen wir wieder meiner Bucht entgegen, die nun unsere Bucht ist. Erst als die Füße den weichen Grund berühren, sagt sie wieder ein Wort, Mann, eins der Worte, die bleiben, die man behält, weil sie etwas öffnen, das noch Momente zuvor gänzlich verschlossen erschien, unerreichbar, und im nächsten Moment stehen wir schon so voreinander, dass, gewollt oder ungewollt, eine kritische, nicht mehr rückgängig zu machende Nähe erreicht ist: einzige Erklärung dafür, dass die Kressnitz ihren Mund auf den des Mitgeschwommenen legt. Noch stehen beide bis zum Bauch im See, und das schon abenddunkle Wasser ist dem Sechzehnjährigen ein Schutz, wie der Brustkorb sein schwellendes Herz verbirgt. Er weiß nicht recht, was er tun soll, seine Hände rühren im Wasser, dafür greifen ihre Hände um seinen Nacken, auch das nur für einen Moment, so lange ihr Mund etwas mehr als nur auf seinem liegt – es war allenfalls die Andeutung eines Kusses, aber eben darin lag das Infektiöse, im Austausch der Tröpfchen auf unseren Lippen und ihrem wie meinem noch schnellen Atem vom Schwimmen. Ich liebte die Referendarin Kressnitz von einem Atemzug zum anderen und hätte alles dafür getan, mit ihr zu schlafen – das war das Wort, das mich beherrscht hat –, es auf der Stelle im Schilf zu tun, wie ich auch mit dem Kantor im Schilf gelegen hatte, nur hatte der Vorkehrungen getroffen, während die Kressnitz wohl nicht einmal mit dem Kuss gerechnet hatte. Sie streichelte benommen meine Schultern, was es mir erlaubte, ihre hohe Taille zu befühlen, bis sie so etwas sagte wie Jetzt vergessen wir das bitte mal schnell, wo es doch unvergesslich war. Und schon gingen wir watend ans Ufer, und ich hoffte, sie würde sich ausziehen, sie zog aber einfach die Kleidung über den nassen Badeanzug, die Shorts und das Herrenhemd, und ich tat es ihr nach, obwohl mir kalt war nach dem langen Schwimmen. Die Zähne schlugen mir aufeinander, ich konnte dagegen nichts tun, wie gegen die Idee, mich zwischen ihre Schenkel zu pressen, und sie fuhr noch mit ihrem Kamm durch meine Haare, die letzte Zärtlichkeit. Dann schickte sie mich mit einer Scheuchgeste davon, samt einem Lächeln wie aus einem Sekundentraum, fernnah oder nahfern, und in dem Moment glaubte ich, es wäre der Beginn einer geheimen, mich erlösenden Liebesaffäre.

Am anderen Tag aber gab es auch kaum einen Blick von ihrer Seite, sie wich mir sogar aus im Schulgebäude und auf dem Pausenhof, also setzte ich ganz auf den Sommerabend, nur erschien sie nicht in der Bucht, weder an dem Abend noch an den folgenden mit bestem Wetter, als hätte sie einen neuen Badeplatz, und ich lenkte mich damit ab, in dem Theaterstück, das beim Sommerfest auf der Freilichtbühne aufgeführt würde, endlich die Rolle zu haben, um vor allen Schülern, Eltern, Erziehern und Lehrern zu glänzen, die des schwierigen Eridon in Goethes Lustspiel Die Laune des Verliebten. Und ohne das tägliche Proben, meine Sätze, meine Gesten, den Rahmen der Rolle, hätte mir die Nachricht, die keine zwei Wochen nach dem Badekuss morgens in der ersten Pause die Runde machte, den Boden unter den Füßen genommen. Die Kressnitz, hieß es, sei in ihrem offenen VW auf der Fahrt zur Schule zwischen Horn und Gaienhofen bei hohem Tempo von der Straße abgekommen, gegen einen Obstbaum geprallt und auf der Stelle tot gewesen, angeblich mit abgetrenntem Kopf. Es gab zwei Versionen, jede schlimmer als die andere, jede wie gemacht für den, der um ihre Hüften gefasst hatte, um ihn glauben zu lassen, er trage mit daran Schuld – als hätte sie im Auto an den Abend zurückgedacht, dabei den Blick nach links gewendet, zum See, und bei ihrem Tempo die Kurve zu spät gesehen: der Gedanke, der sich mit keinem teilen ließ, nicht einmal mit dem engen, verschwiegenen Freund.

Ich bat ihn abends nur um seine einsamste Musik, und er bediente mich mit der Filmmusik aus Fahrstuhl zum Schafott, dem verlorensten aller Trompetenstücke, das den ebenso verlorenen Gang von Jeanne Moreau durch ein nächtlich regenschimmriges schwarzweißes Paris begleitet, sechs, sieben Minuten lang, ohne dass ein Wort fällt, Minuten, in denen ich, auf dem Bett liegend, erste Sätze einer Erzählung schrieb, Die Bucht. Und der Anfänger konnte nicht anders, als mit der Tür ins Haus zu fallen, gleich mit dem Tod zu kommen, um sich auf der Stelle schreibend zu retten. Nach zwei Seiten in einem Vokabelheft war schon alles gesagt, aber nichts besser geworden. So blieb für die Rettung nur ein langer Sonntagnachmittag im Badischen Hof mit Almut, der Bedienung im knappen Rock und ihrer Art, sich zu bücken, damit man seine Zigarette an ihrer Glut entzünden konnte. An dem Nachmittag gab es kaum Gäste, das Wetter war zu gut, aber der BH hatte geöffnet, in der Wirtsstube tanzte der Staub im Sonnenlicht, und der ganze Raum gehörte dem Ungeretteten und seinem Freund und noch zwei anderen Mittrinkern. Die Musikbox lief, ohne Münzen, Almut wusste, wie das ging. Sie servierte Bier und Obstler, Ratzeputz, wie der Schnaps dort hieß, und ich trank mir Mut an oder genügend Blödheit, um schließlich, auf einem der Tische stehend, aber eigentlich als Häuflein Elend am Boden, zu singen wie unser Geheimgott Paul Anka, I'm a lonely boy, lonely and blue, I'm all alone, with nothing to do, I got everything you could think of – But all I want is someone to love! Ich sang es als Häuflein Elend, inbrünstig und doch lächerlich, und anschließend begann ein Wanken nach all dem

Bier und den Schnäpsen, auch noch beim Abendessen im Speisesaal, von den Nebenleuten in die Rippen geboxt, aufrecht gehalten. Umso todähnlicher war später der Schlaf, bis ein Kopfschmerz begann, so heftig bald, dass sich der Verkaterte übergab, ein Zustand, der den ganzen nächsten Tag anhielt, wie eine Ausschabung von Magen und Herz, bis auf die Trauer um eine verlorene Möglichkeit: die eines Verhältnisses mit einer Lehrerin. Und noch in dieser Halbtrauer lief der Schüler eine Woche nach dem Unfall auf der Straße Richtung Horn zu dem beschädigten Obstbaum. Die Rinde am Stamm war abgefetzt, das hellgelbe Holz klaffend an einer Stelle, und er strich über die Stelle, als wäre sie ein Stück der Kressnitz, und dachte, er müsste weinen. Aber da war nichts mit Tränen, es war ein eher tränenfernes Gefühl von Stolz – nun heimlich Teil einer Geschichte zu sein, die mit dem Tod geendet hat und also die Größe besitzt, die der Freund und er in den Leben all jener zu finden glaubten, die sie für wahre Schriftsteller hielten.

Von da an fieberte ich dem Theaterauftritt entgegen, und ein eigener Unfall, kaum der Rede wert, aber effektvoll, hatte mit diesem Fiebern zu tun. Eine Woche vor der Sommerfestaufführung stach ich mir mit einem Degen, der zu der Rolle gehörte, beim Proben in die Wade, tief sogar (eine Narbe bis heute), ich konnte danach kaum gehen und erschien mit Krücken bei der Premiere. Der sichtlich Verwundete aber erhielt am Schluss den besonderen Beifall des Publikums, darunter auch die wieder aus zwei Städten angereisten Eltern, die seine Schwester und ihn erneut zum Familienurlaub abholten. Diesmal ging es an den Wörthersee, in ein kleines, ältliches Hotel bei Pörtschach, die Villa Riva, damals so verwunschen und halbdunkel, mit Aquariumlicht im Speiseraum, als wäre sie von Thomas Mann erdacht. Die Familie schlief in einem großen Zimmer mit verglaster Veranda und Seeblick, eine befristete

Idylle, auch wenn Klo und Dusche auf dem Flur waren, einem langen, gewundenen Flur, in seinen Nischen Pflanzen und kleine Tische, wie geschaffen, um dort an Regentagen zu sitzen, und die gab es immer wieder in den zwei Wochen. Die Eltern lasen dann auf der Veranda, schon beim Wein, die Tochter verschwand in sich selbst, und der Sohn saß in einer der Nischen und schrieb. Aber auch der Vater begann mit einem Schreibprojekt, Plänen für ein Buch über das Verkaufen, das er in den folgenden Sommern, wieder in der Villa Riva, fertigstellte; seine frühere Frau saß dagegen an einem Roman über Frauen ohne Männer – viermal machten wir dort Urlaub, zuletzt im Sommer meines Abiturs, als die Eltern an einem Regentag bei einer Flasche Wein erzählten, dass sie seit langem geschieden seien, eine Mitteilung, die ihre Kinder nicht umwarf. Die Tochter, längst aus dem Internat verwiesen, war nach einer Schulodyssee auf einem Frankfurter Gymnasium (und bereits im Auge des Freundes mit der ausgewählten Musik), und der Sohn hatte sich in diesen letzten Wörtherseetagen erstmals bis auf die Knochen verliebt und alles in den Sommern zuvor Geschriebene links liegen gelassen – fast hätte ich es weggeworfen, wie in einem Zug mit der Idee, dass die Eltern doch noch ein Paar seien, aber eben nur fast, und so gibt es diese Seiten noch heute, zwei kurze Erzählungen, Nur Segeln heißt die eine und die andere Mein römischer Frühling.

29

Sie fangen dort unten jetzt auch schon an, Liegen der zweiten Reihe einzusammeln, erst samt Ständer den Schirm, der je ein Liegenpaar mit Schatten versorgt, auch wenn immer nur eine Liege wirklich davon profitiert, die andere halb in der Sonne bleibt, danach die Liegen selbst. Sie werden flachgeklappt, bis sie etwas von Tragen oder Bahren haben, und auf der Fußgängerstraße zwischen Strand und Hotel gründlich abgespritzt, bevor sie in der Sonne trocknen und schließlich ihre Plastikhülle bekommen und in dem Lager unter der Hotelterrasse landen, um dort sozusagen zu überwintern, auch wenn noch nicht einmal von Herbst die Rede sein kann. Die Sonne ist mittags noch so stark, dass sie die nassen Liegen im Nu trocknet, und so fragt man sich, was der Abbau jetzt schon soll; auch fehlt bereits die Hälfte der Umkleidekabinen, die zum Beau Sejour gehören, die ganze so sommerlich leichte, hellfarbene Architektur am Strand zeigt auf einmal ihr Ambulantes, Fassadenhaftes. Wo gestern noch Kabinen standen und Gehwege aus geweißtem Holz waren, ist jetzt Sand, auch nur zum Teil noch geplättet, zum Teil schon aufgeworfen, obwohl erst abends etwas Wind weht und selbst bei Flut eine nur mäßige Brandung kaum in die Nähe der verbliebenen Liegen kommt. Aber die, die hier allmählich alles Bewegliche abbauen, auch vor dem benachbarten Hotel, werden wissen, was der erste Oktobersturm anrichten kann. Und natürlich stellt sich die Frage, ob es nicht besser wäre, vorher aufzubrechen, wie ja auch vielleicht meine Eltern ihren Aufenthalt hier beendet hatten, weil das Wetter umschlug oder noch ehe es umschlug, gleich den Tieren, die ein Erdbeben vorherspüren. Der jungen Ehefrau, meiner Mutter, wäre das zuzutrauen gewesen; sie war mehr als wetterfühlig, sie war wetterporös, schwankend in ihrer Stimmung schon durch einen Luftzug, den nur sie wahrnahm, während mein Vater aus einem ganz anderen Gespür zum Abreisen gedrängt hätte, dem des kriegserfahrenen Soldaten. Und das hätte ihm gesagt, dass jeder weitere Sonnentag an der Riviera dei Fiori seine Firma weiter an den Rand brächte, nicht nur wegen der täglichen Kosten, sondern viel mehr wegen der Gewöhnung an das In-den-Tag-hinein-Leben, die falsche Gefechtsruhe, als hätte man keine Schulden, keine Reklamationen, keine Löhne zu zahlen, nichts nach außen hin mühsam aufrechtzuerhalten und keinerlei Kämpfe gegen größere Firmen zu führen, sich nicht in der Welt zu behaupten, sondern nur für sich da zu sein – im Übrigen ein Zustand, den auch der Sohn bereits spürt.

Das Schreiben in dem Zimmer mit Meerblick ist ein Schreiben in den Tag hinein, ohne dass die, die darin vorkommen, reklamieren könnten, und die Welt außerhalb der eigenen hat höchstens Zugang, wenn das dunkelhäutige oder afrikanische Zimmermädchen – sie kommt aus Gabun, ich habe gefragt, ihr Italienisch ist beschämend gut – still ihre Arbeit macht oder wenn abends Nachrichten laufen. Aber es ist auch ein Schreiben in die Nacht hinein, gegen die Müdigkeit und mit der Müdigkeit, bei offener Flanke, ein Schreiben in die von der Welt angesteckte eigene Welt, das Geschleifte darin und das Erfüllte, das Fiebrige und das Peinliche oder als peinlich Empfundene. Letzte Nacht holte ich eine der zwei kurzen Erzählungen unter den Büchern im Koffer hervor, eingepackt, um sie in der Gefechtsruhe, die mein Vater, ich bin sicher, als trügerisch erkannt hätte, nachzulesen, fünf eng mit Füller beschriebene Seiten unter dem Titel Nur Segeln.

Meine Schrift auf den alten Blättern, ein Manuskript im Wort-sinn, ist auch nach über fünfzig Jahren kaum verblasst, fast jedes Wort ist lesbar, der Titel steht gar in Schönschrift auf dem Deckblatt, ebenso das Wort Erzählung und darunter, in Klammern, September 1965. Das Ganze sieht nach einer Reinschrift aus, als hätte es noch eine Fassung davor gegeben, und der Anlass für die paar Seiten ist gegenwärtiger als das Schreiben daran. Bei der Rückkehr ins Internat nach den Sommerferien in dem Jahr hat der Freund unter dem Siegel der Verschwiegen-heit mehr angedeutet als erzählt, dass er inzwischen mit Der Haisch zusammen sei, einem der klügsten und zugleich anmutigsten unter den Internatsmädchen, dazu noch sportlich, mit eigenem kleinen Segelboot. Die beiden waren sich in den Ferien nähergekommen, wo und wie blieb offen, der Freund hüllte sich in ein beredtes Schweigen, und an einem der ersten Sonntage im noch warmen September luden sie mich zu einer Fahrt in dem Boot ein, das Xavier hieß, ein Name in feiner Schrift am Bug, fast schon ein Titel. Noch am selben Abend entstand die kleine Erzählung, geschrieben in dem Zweierzimmer, das der Freund und ich im Oberstufenheim Erlenloh teilten – unter dem Haus am Ortsrand der Fußweg nach Hemmenhofen, den der alte Otto Dix fast täglich nahm, auf freiem Feld vorbei an einem toten Briefkasten, von dem nur er und seine letzte Geliebte und wir, die wir ihm nachgeschlichen waren, wussten. Der literarische Stoff lag gewissermaßen vor der Tür, aber ich sah nur die Geschichte, die mich betraf, die einer stillen Schwärmerei während der sonntäglichen Segelpartie zu dritt und eines noch stilleren Kummers bei dem Gedanken an meine tote Referendarin, ein Dahingleiten auf dem nur leicht gekräuselten See unter einem septemberschleirigen Himmel, wir drei so gut wie ohne Worte, rauchend in der milden Sonne, das Segel meist schlaff, die Herzen gespannt.

Das Erzählen davon ergab sich fast von allein, es war wie

eine Fortsetzung des Nachmittags, ein Gleiten von Zeile zu Zeile abends hinter dem Rücken des Freundes, ja ein Erzählen hinter aller Rücken, für keinen bestimmt, vielleicht mit ein Grund für das Leichte im Schweren darin. Der Freund und ich, wir sind im See geschwommen, um die Wette natürlich, dann ziehen wir uns wieder ins Boot und bespritzen die schöne Besitzerin der Xavier. Wie Gäule schnaufen wir – heißt es etwa in der Mitte der Erzählung –, und sie lacht und zieht den Pullover aus. Dann verteilt sie Kekse. Jedem von uns reicht sie eine Handvoll, und wir legen uns wieder auf den Bauch, nebeneinander, immer noch schnaufend; die Härchen auf dem Schenkel des Freundes kitzeln mich; die Kekse schmecken nach Advent. Bald höre ich nur noch das eigene Kauen. Mein Freund raucht, und ich atme ein, was er ausbläst. Das Mädchen hält wieder das Ruder. Sie schaut über den See, nur ihre Zehen bewegen sich manchmal. Ich weiß nicht, wie lange das alles ging, fürchte aber, dass es nur glückliche Minuten waren. So steht es in einer Schülerschrift da, und so ist es, Jahrzehnte später, in einer Sammlung von Erstlingen erschienen, einem Buch mit dem Titel Nach zwanzig Seiten waren alle Helden tot, wobei ich es kaum auf fünf gebracht hatte.

Dieser Segelsonntag und die kleine Erzählung und das baldige Ende der Liebelei des Freundes mit der Schönen und Klugen waren der Auftakt zu den Oberstufenjahren, für beide Freunde verbunden mit der Entdeckung der Sprache als Trost- und als Kampfmittel, aber auch als eine andere Art von Kleidung, mal in Tarnfarben, mal funkelnd. Und all das ließ sich zusammenführen in der Idee, eine neue Schülerzeitung auf die Beine zu stellen, und das alte Blättchen, genannt Die Brücke, damit buchstäblich zu löschen. Aber wie sollte die neue Zeitung heißen, was wäre ein zündender Name? Der Freund – vom spanischen Bürgerkrieg war sein Interesse übergegangen auf die russische Revolution und bei der Münchner Räterepublik angekommen, wo es sich mit meinem träumerischen Lesen von Rilkes Malte Laurids Brigge traf – wollte einen Namen wie ein Fanal, die Zeitung sollte Der Toller heißen; er hatte gerade Hoppla, wir leben! und Eine Jugend in Deutschland gelesen, und neben dem Capa-Foto des tödlich getroffenen republikanischen Kämpfers hing jetzt ein Foto von Ernst Toller, und es kostete Mühe, ihm diesen Namen auszureden mit der Begründung, dass er kaum ein Echo finden würde, kaum einer wüsste, wer Ernst Toller gewesen sei, und schließlich einigten wir uns, beide Lateiner seit der Quarta, er mit links beim Übersetzen, auf den Namen Hermes – aus heutiger Sicht die kleinliche Lösung; was aber dann in die erste Ausgabe hineinsollte, war alles andere als kleinlich. Die Arbeit daran zog sich über ein halbes Jahr hin, er nannte sich am Ende Chefredakteur, ich mich Herausgeber, Vorbild war Der Spiegel, zwei am Rande des Überschnappens und doch auf dem Boden von Tatsachen. Der Freund empfahl in seinem Leitartikel, die DDR anzuerkennen, als Vorstufe zu einer Wiedervereinigung (wie sie später auch Rudi Dutschke gefordert hat, ein vereintes sozialistisches Deutschland im Blick); ich empfahl die freie Erziehung und freie Liebe und einen polizeifreien Staat (noch vor dem Hintergrund der Schwabinger Krawalle, die schon eine Zündschnur zu dem West-Berliner Geschehen nach dem Tod von Benno Ohnesorg waren), und der Kunstumwehteste in der Klasse, ein junger Dante Gabriel Rossetti aus Konstanz, feierte die verrufenen Münchner Gammler in präraffaelitisch anmutenden Illustrationen (fast in einem Bogen zum umkränzt Poetischen in der Räterepublik). Dazu kamen noch ein schwäbischer Kassenwart, der auch schon für Kleinanzeigen in der Zeitung sorgte, und ein begabter Comic-Zeichner, aufgewachsen im Land der Comics (noch nicht ahnend, dass er nach dem Abitur in den Vietnamkrieg ziehen würde). Und mit den fünf ver-

einten Kräften entstand eine Jungfernausgabe der Schülerzeitung Hermes, die auch schon ihr Ende war, nur unser Stolz
darauf hielt länger, er hielt bis zum Abitur – wenn nicht etwas
davon immer noch da ist, als Spur eines schülerhaften Hochmuts, der vom Erwachsenenhochmut nicht sehr weit entfernt
ist, getrennt nur durch den geringeren Grad an Naivität, das
Wissen darum, die Worte dazu, das Kleid der Sprache.

In diesem Hochmut konnte der Freund sein erstes Scheitern
an der Liebe verschmerzen, während mir das Veröffentlichtsein
in der einzigen Ausgabe der Zeitung, versandt an alle bekannten Internate und auch schulische Dienststellen, ein Trost in
der seit kurzem stattfindenden Tanzstunde war. Denn immer
in den Pausen, den zehn Minuten im Freien, tauchte ein Primaner mit Schnurrbart auf und führte die Schöne, die man
eben noch beim langsamen Walzer im Arm gehabt hatte, für
eine Zigarettenlänge ins nächste Gebüsch, und nach der Pause
machte man seine Dreivierteltaktschritte mit einer noch Glühenden, die Haar und Kleid in Ordnung zu bringen versuchte,
statt sich auf ihre Schritte zu konzentrieren. Es war eine Zeit
stiller Beschämungen, und höchstens die Verachtung half darüber hinweg, der Trost im Dünkel. Ich las inzwischen Doktor
Faustus, die mit Schnurrbart oder schon einem Führerschein
lasen gar nicht, und trotzdem waren sie ein Vorbild, als die Zeit
der intimen Niederlagen überraschend zu Ende ging.

Das Neue begann mit zwei auffallenden Schwestern, blond
und schmal die eine, eher stattlich die andere, Apothekertöchter aus einer Kleinstadt im Hochschwarzwald, aus schulischen
Gründen aufs Internat gekommen, beide in die Klasse, in der
sich die zwei Freunde mit eingegangener Zeitung, aber gebliebenem Größenwahn einen Tisch teilten und oft von der ersten
bis zur sechsten Schulstunde wie um die Wette mit dem Knie
wippten. Wir zeigten Interesse an den Schwestern, und das Interesse wurde schnell erwidert, und alles bis dahin Mühsame

war plötzlich einfach. Den Freund zog es zu der Schmalen und Blonden, mich zur weicheren Brünetten, und am Rande eines evangelischen Kirchentages in Heidelberg, den wir besucht hatten, kam es nachts auf der alten steinernen Neckarbrücke zur ersten weiblichen Brust, der über dem Herzen, in meiner Hand, von der anderen Seite mehr als nur geduldet. Es war der kleine gereichte Finger, und nicht lange danach entstand an einem Tanzabend für die Oberstufe ein Schwarzweißfoto, das bereits ein Pärchen zeigt, auf einer Bühne stehend, auch wenn man es nicht stehen sieht – das Foto endet an der Gürtellinie. Es ist die Bühne des Speisesaals, auf der bei Tanzabenden die Internatsband spielte, man sieht ein Mikrofon vor dem Mund des Jungen, aufgerissen wie der eines zornigen Rockstars – und der Betrachter des Fotos weiß, dass er Hang On Sloopy gesungen hat. Seine Krawatte, dunkel mit hellen Streifen, hängt geöffnet über dem Hemd, es ist die Phase des Abends mit schon gelockerten Sitten. Die Weichere der Schwestern steht eng neben ihm, auch ihr Mund ist offen, aber eher vor Staunen, nicht weil sie singt. Sie schaut in die Kamera, aus den Augen lächelnd, während seine Augen hinter Brillengläsern auch etwas Zorniges haben. Er ist gewissermaßen singend außer sich, beschützt von der Freundin, die etwas Mütterliches umgibt und auf dem Foto auch erwachsener aussieht als der Obersekundaner, der sich da produziert – eine junge Frau mit Haubenfrisur in dezentem Kleid, sichtlich hingebungsvoll.

Das Foto hält einen mythischen Moment fest: Das Paar auf der Bühne zeigt sich als Liebespaar, auch wenn es in der Praxis noch damit warten musste: bis zu den Osterferien, dann durften die Freunde mit den Schwestern nach Rom, unter der Bedingung, dass sie dort in einem Kloster wohnten, die Bedingung der katholischen Apothekereltern. Und alles Weitere, die Tage von Rom und ihre Folgen, könnte einen Jugendroman abgeben, so verrückt wie tragisch am Ende – und wurde vierzig Jahre später, nach dem Tod des Freundes, in knapper Form auch erzählt. Damals aber hatte es nur etwas Erlösendes, in einer Klosterzelle erstmals erwünscht, ja gefordert in einen weiblichen Körper auf Biegen und Brechen eingedrungen zu sein, nicht gierig zittrig wie in Frankfurt, sondern liebend verlangend, nachdem wir an dem Tag in eigentlich gesperrte etruskische Tomben bei Tarquinia hinabgestiegen waren (privilegiert durch den Vater einer Mitschülerin, der in Rom bei der UNESCO war). Wir standen dort vor Wandmalereien, die alles übertrafen, was auf jenen Schwarzweißfotos für Matrosen, die für Internatsrauswürfe gesorgt hatten, zu sehen gewesen war, wir verstummten davor. Und als wir das Tageslicht wiederhatten, glänzend im Gesicht durch die Luftfeuchtigkeit unter der Erde, genügten Blicke und später auf der Rückfahrt nach Rom kurze Berührungen, um all das Gesehene über den Tag lebendig zu halten, bis in den späten Abend hinein, bis zum Ersteigen der Mädchenzellen im Turm des kleinen Klosters auf dem Gianicolo, Via Fratelli Bandiera 12, und noch bis weit in die Nacht, so kalt es auch war in der Zelle mit kahler Wand und so wenig ein pritschenartiges Bett dem Tun darin entgegenkam.

In Rom war noch alles gut gegangen, die Nonnen hatten von den Vorgängen nichts bemerkt, und alles schien auch weiter gut zu gehen, als wir im Internat jede Möglichkeit nutzten, die römischen Dinge, wie wir sie nannten, fortzusetzen, abends in den Mädchentoiletten unter dem Speisesaal, wo wir ausgeharrt hatten, bis außer uns niemand mehr im Gebäude war. Wir taten es dort im Stehen, im Hocken, im krummen Liegen, wir waren Etrusker in dieser Stunde, letzte Angehörige dieses kleinen geheimnisvollen Volks der Genüsse, unter dem Speisesaal lagen unsere Tomben. Wir hatten, was wir wollten, und wollten, was wir hatten, und so blieb die andere kurze Erzählung, Mein römischer Frühling, ein Fragment. Alles war zu gut, zu vollkommen in der Zeit nach den Osterferien, um auch nur ein weiteres Wort zu schreiben, was erst um Fronleichnam herum ein Ende fand, als es für die Schmalere der Schwestern keinen Zweifel mehr gab, dass sie schwanger war.

Die Freunde sannen sofort nach Lösungen – für einen Abbruch in der Schweiz fehlten tausend Franken, für eine Flucht ins damals gelobte Land Indien das Geld und der Mut. Uns blieb nur, auf ein Wunder zu hoffen, das nicht kam, und so fuhren wir schließlich an einem Freitag, in den Stunden zwischen Mittag- und Abendessen, erst mit dem komplizenhaften Bäcker Anton Leins in dessen Kombi bis Radolfzell und von dort mit dem Zug in die Schwarzwaldkleinstadt zu den Apothekereltern. Wir riefen in der Apotheke an, wir sagten, es gehe um etwas Dringendes, und die Eltern trafen sich mit uns in ihrem Haus, sie rechneten mit Schulproblemen der Töchter. Es wurden Kaffee und Plätzchen ins Wohnzimmer gebracht, und dort gestanden wir – ich fand die Worte, der Freund nickte dazu – unter einem Wandbild mit Hirsch die Schwangerschaft, als hätten wir sie auch gemeinsam verursacht, einen Herzschlag danach war nichts mehr wie vorher. Es galten die gesellschaftlichen Tatsachen von neunzehnhundertsechsundsechzig: Für die katholischen Eltern, als Apotheker ja Honoratioren in der Kleinstadt, brach nicht eine Welt zusammen, sondern schlagartig ihre Welt. Das werdende Leben in einer der Töchter war letztlich ein werdendes Sterben, der wachsende Bauch eine Beule der Schande, die über ihre Schwester mit hereinbrach – wenn die eine schon schwanger war, hatte die andere bestimmt das Gleiche getan. Und so wurden sie beide noch im selben Monat aus dem Internat genommen, damit es gar nicht erst bis zum Verweis käme (und sollten als Folge kein Abitur machen und später in der eigenen Apotheke als Helferinnen arbeiten). Die gefallenere der Schwestern trug, abgeschirmt von den

kleinstädtischen Kreisen, weiter das Kind aus, so wollte es der
elterliche Glauben, so wollte es aber auch die junge künftige
Mutter, der Teil von ihr, der Trost suchte; nur war am Ende
etwas anderes stärker, eine innere Revolte gegen die Bürde. Das
Kind kam während des Sommerwanderurlaubs der Apothekereltern mit ihren Töchtern in der Schweiz tot zur Welt, und die
Freunde eilten an den Ort der Tragödie, nach Chur.

Der Beinahevater kam mit einer frischen Glatze ins Krankenhaus, wie ein Bußezeichen, in der Hand seine Zigaretten
und das neueste Spiegel-Heft. Und kaum war die Beinahemut-
ter vor Erschöpfung eingeschlafen, las er mir im Flur vor dem
Zimmer einen langen Artikel über den aufsässigen Geist an
der kalifornischen Universität Berkeley vor, ein Ideenfeuer für
ein freieres Denken, in dem er die Funken für eine weltweite
Geistesumwälzung sah. Er zeigte auf ein Foto von Angela
Davis, wie sie mit Megafon auf dem Campus agitiert, er tippte
an ihr wildes Haar, in den Augen ein Glanz der Begeisterung.
Nur verringerte das Geschehen im fernen Berkeley die Tragödie
in Chur nicht, sie trat höchstens, als wir da vor dem Krankenzimmer saßen und rauchten und auf das Foto im Spiegel sahen,
in den Hintergrund – vor dem, was wir für das wahre und
auch bald auf uns zukommende Leben gehalten hatten.

West-Berlin war nicht zur Ruhe gekommen seit dem Kopf-
schuss des Polizisten Kurras, der Benno Ohnesorg getötet hatte
(eine Verwicklung der DDR-Staatssicherheit in das Ganze war
undenkbar). Und in diese Zeit der Vorbeben zum Stichjahr 68
fiel die Abiturklassenreise nach Berlin, für den Freund und
mich mit dem Höhepunkt einer öffentlichen Veranstaltung zur
Gründung einer Kritischen Universität, auf der als einer der
Hauptredner Rudi Dutschke sprach, stakkatohaft, das Haar
in der Stirn, von bellender Intelligenz, während wir im rauch-
schwadigen Gedränge nah der Bühne standen. Der ganze

überfüllte Saal sah nach einer einzigen großen Bewegung aus, aber es war – aus heutiger Sicht – eher eine Masse aus Vereinzelten, wie auch wir Vereinzelte waren, Zaungäste, allerdings eine Masse aus brennend neugierigen, sich von altem Gedankengut lösenden Individuen, zu der Zeit noch ein verbreitetes Schimpfwort: Sie Individuum!, aber, und das war das letztlich Neue, schon auf dem Weg zur tonangebenden Sorte Mensch. Wir reisten nach einer Woche Berlin samt Mauerbesuch und Abstecher in den Ostteil (als Erstes in die Karl-Marx-Buchhandlung) zwar politisch bereichert zurück, aber weitaus entscheidender war, was dort hinter unserem Rücken passiert ist: eine tiefe Bestätigung des Individuellen als Haltung der Welt gegenüber, genau das Gegenteil der revolutionär sozialistischen Ideen, die wir ins Internat importierten.

Lehrer und Erzieher hatten nicht mehr viel zu lachen. Wir riefen in Pamphleten zum Boykott der Morgenandacht auf, wir verteilten Flugblätter, dass man das schlechte Eintopfessen am Samstag verweigern sollte, und siehe da: Bottiche voll Eintopf mussten weggekippt werden. In Deutsch und Geschichte forderten wir andere Lehrinhalte – Ernst Toller sollte man lesen, nicht Schiller, der Vietnamkrieg sollte auf den Lehrplan, statt Verdun und Stalingrad. Wir haben Lokalpolitiker eingeladen und ihnen auf den Zahn gefühlt, wir haben die Sitzordnung bei den Mahlzeiten entlarvt, die stille Hierarchie an den Tischen; und im sonntäglichen Gottesdienst haben der Freund und ich eine Hand als Faust gereckt, anstatt zwei Hände zu falten. Der Schreibende mit den eineinhalb Erzählungen hat, statt sich auf das Abitur vorzubereiten, Kampfschriften verfasst und Reden geschwungen auf Schülerversammlungen und den Schulsprecher, der mit Fliege herumlief, verhöhnt; ja, er hat sich als Antisprecher wählen lassen und das letzte halbe Schuljahr in einem Taumel verbracht. Er agitiert und lernt nebenbei für die Prüfungen, holt in Mathe und Latein auf; er lernt und vervielfältigt nebenbei Flugblätter, beschmiert sich die Hände an den Matrizen. Und er wird endlich, auch mit schmutzigen Händen, in die frühere Backstube vom Badischen Hof eingelassen, endlich auch empfangen von Almut mit dem Pferdeschwanz im schwarzen Kellnerinnenmini, obwohl die Dinge dort anders verlaufen als erwartet, allein unter ihrer Regie und nur für Sekunden, danach mit einem tröstlichen Kuss auf die Stirn des prominenten Besuchers.

Ja, er genießt Weltruhm in Gaienhofen, sein Redenschwingen hat sich bis zu Almut herumgesprochen, die revolutionären Ideen sind jetzt ein Teil des Begehrens und umgekehrt; den Rest besorgen die Stones und das Bier, die schon geschafften schriftlichen Prüfungen und damit das nahende Ende von zehn Jahren Internat, das Vorgefühl von kolossaler Freiheit, auch wenn er sich entschlossen hat, ab Oktober Soldat zu sein, den großen strohfeuerhaften Ideen etwas Handfestes zur Seite zu stellen: seine Vorbereitung auf den sogenannten bewaffneten Kampf (oder dem Kolossalen vorerst auszuweichen). Und im Mai achtundsechzig, als in Paris das bestechendste aller Strohfeuer brannte, waren auch die mündlichen Prüfungen getan. Das Ganze reichte knapp zum Abitur, das Schülerleben war vorbei, und doch war es auch ein Abschied mit Wehmut von Gaienhofen. Nach all den Jahren auf dem Internat (das es nicht mehr gibt) hatte ich eben den kleinen hilfreichen Weltruhm erlangt, der nun über Nacht erlosch und bei aller Lächerlichkeit, rückblickend, doch ein Maßstab geblieben ist.

30

Bis zur Abiturfeier vor den Sommerferien in Anwesenheit der Eltern lagen noch etliche Wochen, und der bald Zwanzigjährige glaubte, diese Wochen in der rauen Wirklichkeit verbringen zu müssen, unter Bauarbeitern. Es war eine schöne Idee, um sich Geld für eine geplante Reise mit dem Freund zu verdienen, im September nach Teneriffa, wovon der Bauarbeiter nur träumen konnte, ein Geld, das nicht vom Himmel fiel, im Gegenteil, das mit Hacke und Schaufel sozusagen aus steiniger Erde gegraben sein wollte (während der Freund zur selben Zeit einen sportlichen weißen Zweisitzer als Belohnung für das geschaffte Abitur vorfand und gleich in alle Himmelsrichtungen ausfuhr, auch in die, die zu meiner Schwester führte).

Und die raue Wirklichkeit, das war die Kirchzartener Baufirma Kromer mit einem laufenden Auftrag gar nicht weit von dem Rohbauanbau; für drei Mark zwanzig in der Stunde beginnt der eingestellte Hilfsarbeiter mit Erdarbeiten rings um ein künftiges Einfamilienhäuschen. Graben kann jeder, denkt der Abiturient, man schwingt den Pickel und setzt die Schaufel an, und die Gedanken dürfen abschweifen, während den Muskeln ein Training zukommt – aber das Ausheben von Gräben für Rohre ist eine Kunst für sich. Der Polier muss die Hilfskraft mit Brille immer wieder korrigieren, und der Angelernte beteuert immer wieder seine Hochachtung vor dem nicht geistigen Schaffen und unterwirft sich von vornherein jeder Entscheidung, ihm noch mühsamere Arbeiten zu übertragen. Er gräbt in der Junisonne wie ein Sklave und gefällt sich in der Rolle, wird dazu noch tiefbraun und nimmt die Figur eines

Kriegers an, viermal am Tage ernährt von seiner Hüterin, zum Frühstück und in der Zehnuhrpause, mittags und vor allem am Abend, wenn er von der letzten Stunde auf dem Bau schon drei Flaschen Export intus hat. Er schläft nachts wie ein Toter und ist tagsüber ein grabendes Tier, nur am freien Sonntag kehrt der unruhige Geist zurück, und werden die Stunden zu still, zu lang, geht es mit dem Rad nach Freiburg wie früher in den Ferien und dort ins Kino, jetzt nur noch in Filme ab achtzehn, oft als einziger Besucher in einer Sonntagnachmittagsvorstellung bei Schwimmbadwetter. Es ist ein Warten, bis sich die Leinwand endlich mit einer Nacktheit füllt, als würde das weiche Fleisch in den Kinosaal kippen, das Ganze kaum für eine Minute, doch die reicht ihm, um danach das Weite zu suchen, wieder nach Hause zu radeln, mit freiem Oberkörper, sein Hemd um die Hüften. Und bei einer dieser Fluchten auf Nebenstraßen und Feldwegen, vorbei an dem Hof, auf dem er die Tierwelt entdeckt hatte, sieht er sich schon als Soldat, auch im Gelände, kriechend mit Waffe, während die anderen aus der Klasse, die, die sich spitzfindig nach West-Berlin abgesetzt haben oder wie der Freund mit ärztlichen Attesten aufwarten konnten, nur reden; er sieht sich trainieren und denkt sogar daran, Ausbilder zu werden, dann könnte er später auch andere trainieren, gegen den Polizeistaat ins Feld führen.

Es waren tagträumerische Wochen, während der Arbeit oft mit Fantasien wie aus Kinderzeiten, einer zu sein, der da mit Hacke und Schaufel die Welt aus den Angeln hebt. Ich hatte auch den Ton meiner Volksschuljahre wieder, das kehlige Alemannische, und wenn gegen Feierabend eine Nähe zu den älteren Maurern aufkam, in der Kühle zwischen gerade hochgezogenen, noch feuchten Wänden zementstaubige Flaschen aneinanderschlugen, entstand dazu noch das Gefühl, Teil einer Gruppe zu sein, die durch ihre Taten zusammenhielt, den Guss einer Betondecke, gelungen an einem einzigen Tag, oder dem

Verlegen eines Rohrs, das präzise auf ein anderes traf. Man war berechtigt müde am Abend, die Muskeln hatten ihr Bestes gegeben, das eingeschnittene Fleisch bestimmte das Denken und Fühlen, bis auf einen individuellen Spielraum für den Gedanken, dass nur eigene Schnitte ins eigene Fleisch eine neue, von der Internatswelt abgelöste Welt aufstoßen könnten.

Einer dieser Schnitte war meine Entscheidung – wenn es eine war und kein Reflex – für das Militär, ein anderer lag in der Idee, nicht an der offiziellen Abiturfeier teilzunehmen, an dem Samstagvormittag (damals noch Teil der Arbeitswoche) stattdessen Erdarbeiten zu machen. Und das schließliche Nein zur Teilnahme an der Feier wurde von meinen Eltern kaum bedauert, weil es ihnen die Anreise an den Bodensee ersparte, und von dem Freund mit schon eigenem Auto am Telefon respektvoll kommentiert, wobei er offenließ, ob er selbst zu der kleinbürgerlichen Zeugnisübergabe erscheinen würde (dann aber samt Eltern erschienen ist). Nur ein Stuhl in der ersten Reihe blieb leer, ich hob an dem Vormittag das Loch für die Kreuzung zweier Abwasserrohre aus – und erinnere mich an ein Gefühl schmerzlichen Stolzes, als ich glänzend vor Schweiß in der Grube stand, wissend, dass die anderen, mit Schlips, jetzt ihre Zeugnisse aus der Hand des Direktors empfangen und die elterlichen Hände dazu applaudieren; Schmerz, weil ich mich isoliert fühlte, der Preis des Individuellen, und Stolz, weil ich tat, was andere nicht taten, und damit das Geld für drei letzte Sonnenwochen vor dem Einrücken verdiente.

Schnitte ins eigene Fleisch – dazu gehörte auch, nicht lange nach der ausgeschlagenen Abiturfeier, jenes Sichverlieben bis auf die Knochen am Ufer des Wörthersees, als meine Schwester und ich zum letzten Mal mit den Eltern im Urlaub waren und auf der Badewiese des verwunschenen Hotels Villa Riva ein Mädchen aus Wien mit Sonnenbrille und weichen Wangen und meistens mit Zigarette, nah am schönen Mund gehalten, in einem Liegestuhl lag und in Schnitzlers Erzählungen las. Die Annäherung hatte etwas Billiges, der Abiturient ging neben dem Liegestuhl in die Hocke (wie schon als Kind neben dem Stuhl der Mutter) und pries Schnitzler als Erzähler, obwohl er kaum etwas gelesen hatte von ihm. Immerhin wusste er von dem Stück Der Reigen, worum es darin geht, und auch dass Freud große Stücke auf Schnitzlers Kenntnis der weiblichen Seele gehalten hatte. Keiner sonst habe die Frauen so verstanden wie Schnitzler und Freud, sagte er halblaut, und spätestens nach dieser Bemerkung ließ das Mädchen das Buch in den Schoß sinken. Sie trug einen schwarzen Einteiler bei noch ungebräunter, geradezu strahlend heller Haut, ihr Haar war dunkelblond, es wippte auf den Schultern, ihre Hände spielten mit dem Buch, klappten es auf, klappten es wieder zu. Und dann tat sie dem jungen Neunmalklugen den Gefallen einer Unterhaltung über den künstlerischen Aufbruchsgeist im Wien des frühen zwanzigsten Jahrhunderts, ein Thema, für das er Namen wie Klimt, Karl Kraus oder Wittgenstein parat hatte und jedem sogar ein Werk zuordnen konnte, wobei das Denken bereits auf zwei Gleisen lief: Da gab es einmal das Bemühen, der Unterhaltung mit immer weiteren Namen von Werken, von Künstlern, von Dichtern auch weitere Anstöße zu geben, dabei aber noch auf der Höhe des Gesprächs zu bleiben, und gleichzeitig war da schon der Gedanke, ich könnte diese Schöne ganz und gar auf meine Seite ziehen. Das Schwert der Verliebtheit traf mich in diesen ersten Stunden völlig unbemerkt, ich hockte mit einem Schnitt in der Brust neben dem Liegestuhl. Wir redeten, bis es Abend wurde, sie zu einer Verabredung musste, schon mit einer Entschuldigung: dass es ihr leidtue, nur sei sie für diesen Abend versprochen, so sagte sie es und kam dabei aus dem Stuhl, wir waren die Letzten auf der kleinen Badewiese. Und am anderen Tag hielt ich mich erst fern von ihr, zumal sie bei ihren Eltern saß, bis sie plötzlich winkte, so, als würde das Glück selbst winken – die kaum erhobene Hand war schon Zeichen genug. Ich ging zu ihr und fragte, ob sie mit mir im hoteleigenen Kahn auf den See hinausrudern wollte, eine bange Frage, weil ich den Schnitt in der Brust jetzt spürte, als Weitung, nicht als Schmerz, und ihr Nein hätte daraus eine Wunde gemacht. Sie aber sagte nur Ja, und ich nahm die kleine Zeiss-Kamera mit auf den See, das gehütete väterliche Geschenk; anderenfalls wäre nie das einzige Foto von der Schönen aus Wien entstanden, mit Sonnenbrille und Zigarette auf dem Bugsitz im Ruderkahn, als Beweis, dass es sie und mich im Juli neunzehnhundertachtundsechzig eine knappe Woche lang tatsächlich gegeben hat.

Noch heute fällt es mir schwer, dieses Foto, das den dunklen Einteiler und die helle Haut so betont, hervorzuholen – aus einem Umschlag in meinem Gepäck mit all den Fotos, keine zwanzig, die unbestechlich etwas von früher erzählen, das ohne ihr Schwarzaufweißes schnell zur Verklärung führen könnte –, das Foto mit zwei Fingern auf dem Hotelzimmertisch abzulegen, mich darüberzubeugen und die Einzelheiten darauf, etwa die eines halb über die Schulter gerutschten Badeanzugträgers, ihre Arbeit im Gedächtnis tun zu lassen. Ein gutes Stück sind wir schon vom Ufer entfernt, ich an den Rudern, sie rauchend auf dem Sitz, als ich um das Foto bitte und sie sich etwas vorbeugt, der Kamera und also auch mir entgegenkommt. Sie nimmt die Knie zusammen und lässt einen Unterarm auf einem Knie ruhen, während sie in die Kamera sieht, die Lippen einen Spalt geöffnet. Und genau in dem Augenblick drücke ich auf den Auslöser, so wie die Fotografierte Tage später im einzig richtigen Augenblick das Richtige tut, als wir nachts auf dem Weg von Pörtschach, wo wir im Kino waren, in einem Film mit Catherine Deneuve und Michel Piccoli, auf dem Rückweg zum Hotel sind und, überrascht von heftigem

Regen, unter einer Eisenbahnbrücke stehen. Ich schlage ihr den Kragen eines leichten Mantels hoch und lege ihn um ihr schon feuchtes Haar, zögere dann aber, weiß nicht mehr weiter, ein Trottel der Liebe, und sie tut das noch Nötige, indem sie mir Tropfen von der Stirn streicht und mit dem Mund nah an meinen kommt, nah genug. Alles Weitere geschieht von selbst, wie nach einem alten, lange vor ihr und mir schon gültigen Plan, das Zueinanderkommen der Lippen und ihr Öffnen der schützenden Zähne – für einen Kuss, der nach Rauch und ihrer Zunge geschmeckt hat, letztlich nach Glück, einen Kuss, der sich, wie die Folge eines Unfalls in jungen Jahren, noch immer als Narbe bemerkbar macht, damals aber die einfache gültige Antwort auf alles Wirre und Ungeklärte in mir war (später mehrfach in Büchern erzählt, ohne den Kern dieser fünf oder zehn Minuten unter der Eisenbahnbrücke zu treffen, wie ihn nur ein Gedicht treffen könnte, durch eben andere, leise Worte dafür, dass mit diesem Kuss alles Verwahrlostsein vorübergehend außer Kraft gesetzt war). Die junge Schöne aus Wien mit der Sprachmelodie meiner Hüterin – und einem Namen, den hinzuschreiben das Bild von ihr zu sehr runden würde – hat mich vorübergehend erlöst, so geschehen in der Regennacht von Freitag zu Samstag. Und an dem Samstag regnete es weiter, wir konnten nicht rudern, auch nicht spazieren gehen, sondern saßen mit anderen um einen Tisch und spielten Monopoly. Abends war sie dann an ihre Eltern vergeben, und am nächsten Tag reiste die Familie schon zurück nach Wien.

Ich habe sie nie wiedergesehen, aber in den Wochen darauf noch berückende Briefe erhalten, an den Hochwohlgeborenen, so stand es auf den gefütterten Umschlägen, und Liebster, Du, so stand es mit Tinte in einer Haltung zeigenden Schönschrift als Anrede auf hellblauem Papier, während meine Anrede ihr eben auch berückender Name war, eine Anrede als Appell, damit sie all die Seiten mit den Darstellungen meiner Gefühle auch aufmerksam las. Und in einem der letzten Briefe, dem längsten, gab es dazu noch einen Anhang, in wilder Hast am Tag des Einmarsches der Sowjets in Prag geschrieben, drei oder vier Seiten, gesondert datiert mit dem einundzwanzigsten August, als wäre ich Zeuge gewesen, wo doch im Rohbauanbau nur der Fernseher lief, ein Anhang ganz in dem Bemühen, die individuelle Liebe und ein Weltgeschehen – russische Panzer gegen Pärchen mit Blumen in der Hand –, das ja wie eine Vernichtung der Idee der Liebe war, zusammenzuzwingen. Aber sie ging darauf gar nicht ein; ihre Antwort war feinfühlig und doch kühl, man müsse sich auf das konzentrieren, was um einen herum sei, sie wünsche mir so sehr, dass ich ein ausgeglichenerer Mensch würde, nicht von allem gleich fortgerissen; vielleicht ja als Soldat, der anderen ein Vorbild sein muss. Und rechtzeitig vor Beginn des Militärdienstes erreichte mich noch einmal ein Brief, wieder adressiert an den Hochwohlgeborenen, ihr Abschiedsbrief von kaum einer halben Seite. Auf der schrieb sie, die Worte wie gestochen, dass unsere Wege doch nun sehr auseinandergingen, es also besser sei, die Verbindung hiermit zu lösen, um uns nicht unnötig darin zu verwickeln, was sie mich zu verstehen bitte; gleichwohl wünsche sie mir für die Zeit als Soldat von Herzen alles Gute, adieu. Und ein ebenso klärender Brief, nur die Schrift weit weniger Ausdruck einer Contenance, eher nach hinten kippend, eher sich wehrend, kam kurz darauf auch von meiner Apothekertochter, ihr Abschied, als würde ich in einen Krieg ziehen und sie wollte sich von vornherein schützen, um am Ende keinen Gefallenen beweinen zu müssen – sie habe schon genug geweint meinetwegen: der Satz, der sich gehalten hat.

31

Ein Monat in Freiheit blieb noch, der kolossalen, die auch beängstigend war, der ganze September, davon drei Wochen mit dem Freund in einem schönen alten Hotel auf Teneriffa inmitten eines Parks mit Pfauen, damals noch bezahlbar, sogar mit Erdarbeiten. Wir gingen ans Meer und wären in hohen aufeinanderfolgenden Wellen fast ertrunken; wir bestiegen in den Morgenstunden den Pico de Teide in Turnschuhen, Shorts und Hemd und wären fast erfroren, wir spielten Tennis und lagen am Pool. Und Abend für Abend, nach vier Gängen im Speisesaal, stritten wir auf der Hotelterrasse bei Kaffee und Cognac über die Wege, wie die kleinbürgerliche Welt der Bundesrepublik am besten zu stürzen wäre, das kapitalistische System, ohne das die ganze Reise kaum hätte stattfinden können. Wir sprachen über seine und meine Rolle bei dem Umsturz, die meine dann mit Hilfe der erworbenen militärischen Kenntnisse, und wir sprachen über das, was nach dem Umsturz kommen sollte – anders als noch nach unserer Rückkehr von der Berlinwoche. Mit den sowjetischen Panzern im Prag endeten die Illusionen, dass man sich von der Diktatur des Proletariats à la Moskau oder Ost-Berlin eine Scheibe abschneiden könnte, und aus den Pariser Mai-Unruhen waren nur vorübergehend neue Idole hervorgegangen. Geblieben war die neu belebte alte Bewunderung für Sartre – den selbst de Gaulle für unantastbar hielt mit dem Wort (das heute wohl keinem Politiker mehr in den Sinn käme): Einen Voltaire verhaftet man nicht! Daher lasen wir in diesen Wochen auch, jeder mit seinem Exemplar, Das Sein und das Nichts; weil es aber recht mühselig war, die

Tage im Liegestuhl mit diesem dicken Werk zu verbringen und die abendlichen Umsturzgespräche mit Sartres Ansicht, dass im Sein die Erstarrung liege und nur im Nichts die Freiheit, in Sackgassen führten, lasen wir noch beide im Wechsel ein schmales Buch, das mir der lebenskluge Freund meiner Mutter vor dem Abflug in Frankfurt statt eines Fünfers in die Hand gedrückt hatte, Das abenteuerliche Herz von Ernst Jünger. Und ohne dass wir viel darüber sprachen, wurde es der stille Katechismus dieser drei Wochen, mit einem auch stillen Bogen zu Sartres radikaler Idee von Freiheit: bei Jünger das plötzliche Aufbruchgefühl in der frühen Jugend, die machtvolle Erfahrung des Sommers, der Natur, einer Liebe, die in der Luft liegt – wie im Pariser Mai die Revolution in der Luft lag. Wir lasen und rauchten, wir schwammen um die Wette und ließen uns am Poolrand trocknen, wir griffen wieder zu den Büchern, den Zigaretten; und manchmal las einer dem anderen einen Satz vor, ausgestreckt in der Sonne auf dem so schmalen Grat zwischen Jungsein und Schon-nicht-mehr-Jungsein.

Auch auf dem einzigen erhaltenen Foto aus diesen drei Wochen sind dem, der dafür Gräben ausgehoben hat, die vorangegangenen Strapazen so wenig anzusehen wie die erhaltenen Abschiedsbriefe von zwei Frauen, die ihn beglückt hatten. Das farbige Bild wurde mit einer teuren Kamera des Freundes aufgenommen, wir sitzen am Poolrand, er mit seinen Zigaretten in Reichweite, ich mit einem Bier in der Hand. Wir sind zwanzig, tief gebräunt und gut gebaut, ohne Anzeichen irgendeines Trainings; mit geschenkter Figur sitzen wir da, zwei, die unverschämt in die Welt lachen. Es ist das Foto, das den Höhepunkt einer Jugend festhält, wir sind in der Form unseres Lebens, aber das sehen nur die anderen, wir spüren es lediglich am Kräfteüberschuss oder den Blicken, wenn wir abends in den Speisesaal treten, dem Rätselraten, ob wir etwa ein Pärchen seien. Der Freund reagiert darauf mit ersticktem Lachen, er nimmt sich eine Zigarette und macht den Frauen beim Entzünden schöne Augen – ihm bleiben keine fünfunddreißig Jahre mehr, bis er mit Greisengesicht an einem Waldsee unweit von Berlin kopfüber auf einen Holztisch sinkt und stirbt, Welten entfernt von jenem Foto. Es gibt davon kein Negativ, es ist verloren gegangen, und nur den einen Abzug, auf der Rückseite in meiner Schrift die Feldpostadresse eines gemeinsamen Freundes, GI im Vietnamkrieg, des Comic-Zeichners in der einmaligen Schülerzeitung. Rückseite und Vorderseite des Fotos stehen also in scharfem Gegensatz und haben doch etwas Verbindendes: Bei genauem Hinsehen zeigt sich der bedrohte oder schon überschrittene Höhepunkt einer Jugend. An der langen nüchternen Feldpostadresse ist die Enteignung eines Körpers, erreichbar nur unter dieser Adresse, sein mit Haut und Haaren Ausgeliefertsein, buchstäblich Ziffer für Ziffer abzulesen; und beim genaueren Betrachten der zwei Freunde am Poolrand kommt man nicht umhin, sich vorzustellen, dass es mit ihrer jugendlichen Frische von da an nur noch bergab gehen kann, einmal noch aufgehalten von diesem Urlaub.

Die drei Septemberwochen waren ein einziger langer, zeitloser Augenblick, eine Leerstelle des Lebens, auch wenn sie damals etwas Erfüllendes hatten. Und dieser lange Augenblick endete am ersten Oktober, als ich in einen Fliegerhorst bei Mengen am Rande der Schwäbischen Alb einrückte, während der Freund den langen Moment der Jugend noch weiter in die Länge zog (nicht zuletzt mit meiner Schwester), ebenso andere aus der Abiturriege, die meisten in West-Berlin und dort mit jeder Praxis befasst nur nicht der des Klassenkampfs, wie es besprochen war. Folglich hatte meine Praxis, etwa den Verschluss eines Gewehrs mit verbundenen Augen auseinanderzunehmen und wieder zusammenzusetzen, bald so viel Hirnverbranntes, dass etwas dagegen geschehen musste; darüber reden konnte ich mit keinem in der Kompanie, und an Schreiben war vor ständigem Müdesein nicht zu denken. Einige Male versuchte ich es mit Geselligkeit abends in der Kantine, wo es immer einen gab, der für zwanzig Mark sein Bierglas langsam kleinbiss und aufaß, beklatscht von denen, die das Geld zusammengelegt hatten; der Rekrut in der Krise gehörte dann dazu, er konnte sich mit amüsieren. Aber das verbrauchte sich, wie auch das Tischtennisspielen, das Siegen nach zehn Jahren Internatstraining, und ich suchte, wie schon als Kind in Hamburg, das Heil im Zeichnen und Malen. In einem Kellerraum des Kompaniegebäudes, dem Raum für das Waschen der eigenen Wäsche, bezog ich in den Freistunden eine Ecke und begann, nach Kauf von Stiften und Pinseln, weißem Karton und farbiger Tusche, mit Bildern, die im Grunde eine Einsamkeit der Haut festhielten, Bilder, für die es gar keiner Stifte und Farben bedurft hätte, nur einer blanken Leinwand, nicht aufgezogen und ohne Rahmen.

Es war ein Tun an jedem freien Abend, und das erste Bild, das etwas Gelungenes hatte, den Maler bejahte, kam an die Wand über seinem Bett, wo es nur eine Nacht lang hing, dann nahm der Kompaniefeldwebel es persönlich ab, mit der Begründung, dass es krank sei und die Moral untergrabe. Also rollte der Maler es ein und sandte es an die neue Adresse seines Vaters – ein Glücksfall, denn es ist das einzige Bild, das diese Zeit überdauert hat. Und es war auch mein Vater, zwölf Soldatenjahre im Rücken, der die Bedrängnis des Sohnes sah und ihm einen alten VW Käfer besorgte, ein Auto von trübem Hellgrün, günstig gekauft in Esslingen bei Stuttgart mit dem unvergesslichen Kennzeichen ES-TX-50, damit ich ihn in der Nähe von Heilbronn, wo er ein Häuschen gekauft hatte, besuchen konnte. Jedes zweite Wochenende fuhr der Sohn nun mit Sommerreifen über die schon weiße Alb, immer ein fertiges Bild auf der Rückbank, und das mir zugeteilte Zimmer in dem Haus hatte bald volle Wände, so bedrängend voll, dass ich die Bilder nach und nach zerstört habe oder an solchen Plätzen deponiert, die sie allmählich aus dem Bewusstsein mit verschwinden ließen (nur jenes die Moral untergrabende Bild hat sogar auch spätere Umzüge überdauert und hängt seit langem in meiner Arbeitswohnung, gerahmt und hinter Glas).

Gute Wochenenden waren das in dieser Grundausbildungszeit, ich lernte die junge Frau kennen, mit der mein Vater seit längerem zusammen war, eine in Darmstadt tätige Buchhändlerin, vorher Stuttgart, dort hatten sie sich erstmals gesehen, der Kunde, der ein Buch suchte, und die Schöne, die ihn bediente. Ich konnte mit ihr über neueste Bücher reden, dagegen mit meinem Vater über die Widrigkeiten des Soldatseins; Vater und Sohn erlebten eine verspätete Beziehung, manchmal kamen wir Freitagnacht fast zur selben Zeit an, er von einem Verkaufsseminar, das er, inzwischen längst wieder selbstständig, irgendwo in einem Tagungshotel gehalten hatte, ich vom Drillalltag. Wir machten uns etwas zu essen, mein Vater hatte auch in der Küche ein Talent zum Improvisieren, und nach dem Essen blieben wir noch lange am Tisch, tranken, rauchten und redeten, wie es sein sollte oder früher hätte sein sollen. Am anderen Tag kam seine Gefährtin dazu, und wieder wurde es ein Essen und Trinken, ein Rauchen und Reden bis in die Nacht. So gingen die dunklen Rekrutenmonate herum, und mit Beginn des neuen Jahres hatte ich, durch die gemalten Bilder, das eigene Auto und die bestandene Zeit, genug im Rücken, um nach einem kurzen Lehrgang selbst Rekruten auszubilden, sie den Umgang mit Waffen zu lehren, immer noch in dem geheimen Wahn, dadurch vorbereitet zu sein auf den bewaffneten Kampf gegen das System. Nur waren es meine Bilder, auf denen sich der Befreiungskampf mit Bleistift und feinem Pinsel abspielte, hin zu grenzenlosem Körperlichsein, zu Mann und Frau, die ineinander übergehen, zur Aufhebung jeder Einsamkeit der Haut auf dem Malkarton oder der Leinwand; und einmal im Monat, wenn der malende Ausbilder zu seiner Mutter ins fernere Frankfurt fuhr, seinen Wehrsold in der Tasche, wurde es auch eine Aufhebung in der Wirklichkeit.

Frankfurt, das war der Sturz zu denen, die schon am frühen Nachmittag rauchend in Hauseingängen unweit des Bahnhofs standen, gleichgültig lauernd – am Anfang nicht mehr als ein verstohlenes Schauen, als suchte der Soldat auf Wochenendurlaub gar nichts, ein Wählen im langsamen Gehen, auch wenn es nichts zu entscheiden gibt, die Wahl schon feststeht. Immer ist es eine der Weicheren, schon etwas Lebensgezeichneteren, die seine Schritte noch mehr verlangsamt, eine mit Hüften wie eine Zuflucht und kleinen Falten auf der Stirn, etwas Bekümmertem, das ihn am Ende stehen bleiben lässt. Und jetzt bedarf es nur eines Blickes, der ihn aufnimmt, noch bevor er den Hausflur betritt, und oben im Zimmer der auch zugewandten Stimme, wobei Mundart nicht stört, ja im Gegenteil, sie hilft ihm, wenn er nicht weiß, was nun; er braucht die Wörter, die ihn auf Händen tragen, und wenn sie fallen, sind sie wie Körperteile und fügen alles zu einem Ganzen. Die Bilder, die er im Keller der Kompanie Abend für Abend angepeilt hat, sind dann zum Greifen, Manifestationen des Ersehnten, in die sich der Soldat entleert, um danach, noch benommen, wie betrunken vom Glanz der Details, in ein Café zu gehen, wo er gegen Abend mit seiner Mutter verabredet ist. Nur kommt sie, ihrer Art entsprechend, schon etwas früher; sie streichelt seine Hände, in denen er ein Buch hält – Hubert Fichte, Die Palette, am Vormittag in der Bahnhofsbuchhandlung unter den Mantel gesteckt –, als die Hände noch den Geruch der Hure aussenden, das ist jetzt sein Wort in Gedanken. Stell dir vor, ich komme gerade von einer Hure: Das zu sagen liegt ihm auf der Zunge, weil er es so empfindet, wenn auch in der anderen, vernebelnden Sprache. Aber er sagt, auf die Frage nach seinem Nachmittag, seinen Erlebnissen in der Stadt, dass er sich nur etwas herumgetrieben habe, da und dort. Er lässt offen, wo und wie, damit sich die Frau Mama – für sie jetzt das stille, unausgesprochene Wort – ihren Teil denken kann, und das tut sie offensichtlich. Sie nippt erst an einem Glas Sekt, die Augen geschlossen wie auf dem Ikonenfoto, sieht dann knapp über ihn hinweg und sagt lachend: Na, schau nur, dass du dir nichts holst dabei.

Meine Mutter hatte ihr ganz eigenes Format, indem sie ungebremst Anteil nahm, aber auch häufig auf sich als Anteilnehmende verwies, ja überhaupt auf sich, ebenfalls ungebremst, verwies: Schau, das bin ich, deine Mutter – eine Haltung, die mit den Jahren nicht abnahm, im Gegenteil, nur fehlt ein Dokument dazu. Und dabei fiele es leicht, aus all den Bildern von einer schon alten, aber noch nicht hinfälligen, noch machtvollen Mutter, die mir in Erinnerung sind, das eine, das diese Haltung vollkommen zeigt, auszuwählen, damit es durch ein Verfahren, das es leider nicht gibt, in ein hochaufgelöstes Foto transformiert würde, das sich dann, im Silberrahmen, auf den Schreibtisch stellen ließe. Es wäre das Bild, wie meine Mutter, bei einem der seltenen Besuche des Sohns während der Wintermonate – er dann nicht auf dem Weg nach Oberitalien, sondern extra angereist –, wenn er nach der Zugfahrt zur vereinbarten Zeit an ihre Tür klopfte und sie ihn mit noch energischem Rufen bat, ihr noch eine Minute zu geben, und nach dieser Minute Herein! rief, als hätte er soeben geklopft, und er mit dem Schlüssel, den er an der Rezeption empfangen hatte, die Tür öffnete und sie, ohne sich irgendwo zu halten oder ihren Stock zu gebrauchen, sozusagen freihändig mitten im Zimmer stand, schlank und kerzengerade, die perlgraue Perücke wie einen Helm auf dem Kopf, die Hände fast an der Hosennaht, in einer nur leicht gelockerten militärischen Grundstellung, das Spielbein etwas abgerückt. Am erstaunlichsten aber war ihr Ausdruck, der einer Verführerin, lauernd auf ein Kompliment als Zeichen der Schwäche für sie seitens des Sohnes, zur Hälfte Mann wie jeder andere, nicht ihr Fleisch und Blut. Sie zeigt – auf dem Foto, das es nicht gibt – ein feines, schon maliziöses Lächeln, in sich starr wie für die Fotoapparate ihrer Jugend, als es noch hieß Schön stillhalten, und in den Augen liegt, bei ihr eher ungewohnt, ein Funkeln. Sie blitzt den alten Sohn an, ohne ein Wort in den ersten Sekunden; sechs, sieben Herzschläge lang steht sie so vor ihm, stand sie vor mir, wie eine ausbalancierte Wachsfigur, die aber, wäre plötzlich ein Luftzug gekommen, auch hätte umfallen können. Etwas Totes ging von ihr aus und in dem Funkeln aus den Augen auch etwas aufreizend Lebendiges, eine stumme Botschaft, Schau, wie es mich noch gibt, sieh, wie ich dastehe, gerade, schlank und elegant, ganz die alte junge Dame. Und der Sohn setzt seine Reisetasche ab, er tritt auf sie zu, weil sie sich gar nicht rührt, wie in der Angst, sie könnte sonst zu Staub zerfallen, und etwas von diesem Wahn überträgt sich: Der Besucher zögert mit einer Umarmung, fast schon förmlich sagt er Guten Tag. Und erst jetzt gibt sich die Mutter gleichsam frei für die Begrüßung, streckt die Hände aus und hält ihrem Sohn eine Wange und auch gleich den Mundwinkel hin, sie sagt, ihr Lippenstift sei kussecht, und er küsst sie, so sachte es geht, damit die Statue nicht ins Schwanken kommt. Aber schon seine Nähe, der Luftwirbel, den er erzeugt, ist etwas zu viel; plötzlich stützt sie sich an ihrem Lesesessel ab, sie bittet ihn mit Nachdruck um seinen Arm und greift mit der freien Hand fahrig in die Luft, sie sagt, er solle seine Tasche seitlich in der Diele abstellen, damit man die Tasche nicht sehe, und er solle seinen Mantel aufhängen, nur auf keinen Fall über ihren. Dann verlangt sie nach Hilfe, um sich zu setzen, nach zwei Händen für ganz langsames Setzen, und als sie so sitzt, wie es sein soll, möchte sie ein Glas Wasser, aber nicht zu sehr eingeschenkt. Sie sagt ihm, welches Glas, und deutet an, wie voll es zu sein habe, und er macht das alles, reicht ihr das Glas, und nachdem sie getrunken hat, einen Spatzenschluck und keinen weiteren, fragt sie, wie seine Reise war, die Fahrt im Zug, die Fahrt im Taxi, wartet aber die Antwort nicht ab. Sie seufzt und sagt, dass es jetzt Tage gebe, hier in ihrem Appartement, an denen Sterbenwollen und Lebenwollen beieinanderstünden wie ungleiche Geschwister und sich an der Hand hielten – ob ich mir das vorstellen könnte? Und der Besucher stellt, um Zeit zu gewinnen, die Reisetasche wie gewünscht in die Diele, er zieht seinen Mantel aus und hängt ihn an einen Haken, er zieht auch die Schuhe aus und kehrt auf Socken an den Sessel zurück, und erst jetzt erwidert er etwas, er sagt Nein, das heißt ja, und will von einer Winternacht erzählen, die Jahrzehnte her ist, von einem ähnlichen Gefühl wie ihrem, aber da hat sie schon ein Notizheft in der Hand und sagt, dass sie ihm jetzt ein Gedicht von ihr vorlesen werde – Damit wir das hinter uns haben, fügte sie hellsichtig hinzu, das zweite Erstaunliche in der ersten Stunde dieses Besuchs nach dem so wachsfigurenhaften Anblick bei der Begrüßung. Und dann las sie mit Theaterstimme das Gedicht vor; unmöglich, den Worten, den Versen zu folgen, ich sah und hörte sie nur für den Sohn die kleine Weltbühne ihres Appartements beherrschen. Und immer noch, auch heute in dem Zimmer mit Meerblick, in dem sie und ihr Mann, mein Vater, die so märchenhaften Tage von Alassio verbracht hatten, ist da die Frage, ob sie an diesem Nachmittag geahnt hat, was für eine Zumutung sie sein konnte.

32

Sterbenwollen und Lebenwollen, das war bei mir, in der Zeit als Soldat, auch einmal fast ein und dasselbe, für ein paar Minuten im Schnee, in eisiger Morgendämmerung – so hätte ich mich in die Winternachtsgeschichte hineingetastet, wäre meine Mutter nicht mit dem Gedicht gekommen, eine Geschichte mit etwas unklarem Anfang, bald hätte sie die Hand gehoben und Nunmalschönderreihenach gesagt. Nur gab es gar keine klare Ereignisreihe, die Dinge geschahen wie aus dem Nichts, aber für einen Anfang nach ihrem Geschmack hätte sich gut ein kleines, in dieser Nacht unerlaubt mitgeführtes Transistorradio geeignet. Ich hatte es dabei, um das Warten in der Dunkelheit und Kälte besser zu ertragen, mit der leisen Musik kam doch etwas Licht und Wärme in den Wald. Es war irgendein Nachtprogramm, und in diesem Programm lief in den frühen Morgenstunden, auf dem Höhepunkt der Kälte, der sechs oder sieben Minuten lange Ohrwurm Eloise – an der Stelle wäre eine Erläuterung nötig gewesen, sonst hätte meine Mutter hier schon abgeschaltet –, dieses Lied mit dem so überraschenden langsamen Zwischenstück, bei dem man in den Diskotheken von Mengen oder Saulgau oder beim Sonntagabendtanz im Gasthof Sonne in Herbertingen nicht mehr recht wusste, wie es weitergeht, ob man das Mädchen an sich heranziehen sollte oder die langsame Stelle allein überstehen, am besten mit geschlossenen Augen. Aber tief in einem Wald zwischen Herbertingen und Saulgau stellte sich in einer schon kristallinen Kälte über dem verharschten Schnee zwischen den weißlichen Tannen diese Frage in keiner Weise. Ich erinnere mich an ein schwankendes Auf-der-Stelle-Treten, auch gegen die eisigen Füße in den Stiefeln, und als das langsame Stück vorbei war, kam ein wieder schnelleres Treten im Schnee, und nach Ende des ganzen Liedes, dem letzten fernen Ton von Eloise, machte ich das Radio aus, denn etwas Besseres konnte kaum nachkommen, und die plötzliche Stille war so mächtig, dass ich leise zu zählen begann, sicher bis zehn. Dann steckte ich mir eine Zigarette an und nahm die Stille hin, genauer: die kleinen Geräusche in der Stille, wenn loser Schnee von einem Ast fiel und in tieferen Ästen und Zweigen mit einer Art Flüstern zerstob oder wenn es, wie von der Kälte gepresst, im Unterholz knackte. Der Gruppenführer, der ich war, horchte auf jeden Laut in seinem Alleinsein als Ablaufposten bei einer Nachtübung, nur dazu da, die einzelnen Gruppen seiner Kompanie, wenn sie auf ihrem Orientierungsmarsch mit voller Ausrüstung die Stelle in der Weite des Waldes, an der er ausharrte, gefunden hatten, mit ihrer Ankunftszeit in einem Übungsprotokoll zu vermerken. Dann zogen sie auch schon weiter, in Richtung des nächsten Postens, ein Verschwinden im fahlen Licht, und ich war wieder allein, rauchte und ging umher und wartete auf das Läuten von einem fernen Kirchturm. Bis vier Uhr früh hatten alle Gruppen bis auf eine meinen Posten passiert, und diese Gruppe war die Gruppe, die mir unterstand, zehn Mann, sie hatten sich verirrt und tauchten erst in der Dämmerung auf, fast eine Stunde nach dem Lied Eloise aus dem kleinen unerlaubten Radio, nur erschienen sie nicht vollzählig, sie kamen zu neunt. Einer habe sich schon früh zurückfallen lassen, hieß es, der Flieger Marien – Flieger, das war der unterste Luftwaffendienstgrad und Marien der Name dieses Rekruten mit Abitur –, und ich stauchte die anderen zusammen, dass sie es zugelassen hätten, einen Mann zu verlieren. Im schärfsten Ton sagte ich das, obwohl feststand, dass der Flieger Marien ein Sonderling war, in sich versponnen und dazu mit dem Gesicht einer Schönheit, wie man sie im Zirkus sehen konnte, am Trapez oder auf einem Schimmel, und er war auch körperlich keiner, der auf Nachtmärschen schlappmachte, er war eher der Zehnkämpfertyp, nur eben mit diesem feinen Gesicht. Und als meine Gruppe betreten weitergezogen war und es schon etwas hell wurde, blaurötlich über den Tannen, ein Himmel von eisig saphirener Klarheit, verließ ich den Posten, um den Flieger Marien zu suchen. Bis an den Waldrand stapfte ich, sogar noch etwas weiter, und sah über verschneites Feld mit einzelnen Krähen darin, eine Senke übergehend zu einer Anhöhe mit Kirche, dem Turm, aus dem das Läuten kam, wie ein in den Himmel ragender Pfahl, und auf einmal war da ein Schritteknirschen im gefrorenen Schnee hinter mir, eins von sachtem Aufsetzen der Stiefel, wie um sich einem Tier zu nähern, ich fuhr herum und sah den, der sich abgesetzt hatte. Er kam auf mich zu, noch im Halbdunkel des sich lichtenden Waldes, jetzt mit deutlichem Knirschen bei jedem Schritt, und ich sah, wie er im Gehen sein Gewehr in den Schnee warf, als wäre es nur ein Stock, daneben gleich auch den Rucksack, und wie er den Helm mit schon losem Kinnriemen abnahm und ebenfalls in den Schnee warf, wie ihm das hochgebundene lange Haar (gestattet nach dem Haarerlass des Verteidigungsministers) über die Ohren fiel und wie er seine Kampfjacke auszog. Das alles war noch verständlich, wenn er Umwege hinter sich hatte, womöglich im Laufschritt, um die anderen einzuholen, verständlich, nur nicht erlaubt bei einer Übung; dann aber sah ich, wie er nach Abwerfen der Jacke auch den olivgrünen Pullover darunter und das graue langärmlige Unterhemd auszog und mit beiden Händen in den Schnee langte, den Firnis durchbrach, und sich mit den kristallscharfen Flocken das so verwirrend schöne Gesicht und die sehnigen Arme auf eine unerbittliche Art abrieb. Es gibt nicht viel, was mir aus den achtzehn Monaten als Soldat mit allem, was es ausgelöst hat, im Gedächtnis geblieben ist, und dieser Akt mit Dampf vor dem Mund im Eisigen eines frühen Februarmorgens auf dem hart verschneiten Feld vor dem Wald übertrifft alles andere. Der Flieger Marien, Vorname Kristian mit K, forderte mich, seinen Gruppenführer, mit Gesten zum Mitmachen auf, sich auch mit Schnee einzureiben gegen die Kälte, und ich nahm die Ausrüstung ab, nur überlegter als er, tat die Waffe auf den Rucksack, darüber schützend die Jacke, den Pullover, das Unterzeug. Aber noch ehe ich in den Schnee fassen konnte, hatte er es getan und kam auf mich zu, es blieb nur ein Staunen und Sichfügen in das eigene Erstauntsein. Er trug ein Goldkettchen mit Kreuz, wie früher die Halbstarken im Schwimmbad, es pendelte, als er nach mir griff, mir eine Handvoll Schnee ins Haar rieb, ein Übergriff auf den Vorgesetzten, um nichts anderes ging es dabei, und auf einmal rangen wir im knirschenden Schnee – ich weiß nicht, wie es so weit kommen konnte, es ist die einzige leere Stelle in der Erinnerung an diese Übungsnacht. Wir rangen, wie ich seit der frühen Internatszeit nicht mehr gerungen habe, seit den Kurzkämpfen mit dem Kantor, bevor er, halb im Spaß, Ergib dich sagte. Wie ein Block wälzen wir uns auf der festen Schneedecke, eigentlich ein Umarmen im Schutze der Kälte, endend in einem Kuss mit Eisschnee im Mund – einem Sekundengeschehen, das einer ganz anderen Welt anzugehören schien, einer, in der alles riskanter war als in der sonstigen Welt, aber auch kraftvoller, schöner, von einer erschreckend eisigen Schönheit. Atmen und Ersticken waren in diesem langen Moment ein und dasselbe; Lebenwollen und Sterbenwollen lagen beieinander wie nie zuvor und auch nie mehr danach.

Der Vorfall blieb unter uns, es war, als hätte er nicht stattgefunden. Nach Ende der Grundausbildung verschwand der Flieger Marien aus meinem Leben, und doch hielt sich etwas von dieser anderen, riskanteren Welt. Ich trug den monatlichen

Wehrsold jetzt nicht nur nach Frankfurt, ich trug ihn auch in ein Spielcasino, das Casino von Konstanz, nach Dienstschluss in gut einer Autostunde erreichbar, und das Glück beim Roulette war ähnlich erschreckend wie der Kuss im Schnee. Fast jede Woche fuhr ich zum Spielen, und mit dem Gewinn – oft hundert Mark und mehr aus gesetzten zehn – ließ sich, ebenfalls in Konstanz, nahe der Grenze zur Schweiz, in schäbigen Zimmern schäbiger Häuschen, dem bekannten Klein-Venedig, für eine Stunde wettmachen, was doch eigentlich ein Verlust war, an Nähe, an Sinn. Es waren Wochen und Monate an einer Kante zum Verlust allen Halts, und die Versuchung, noch den Schritt weiter zu gehen, etwa bei einer der Trösterinnen im schäbigen Zimmer zu bleiben oder mit ihr, einen Gewinn in der Tasche, sonst wohin zu reisen, als gleich doppelte Fahnenflucht, sie vor ihrem Beschützer, ich vorm Militär, diese Versuchung wuchs mit dem Längerwerden der Tage. Es fehlte nur noch ein Fingerschnippen zum Absprung, ein Zeichen außerhalb des Soldaten, der keiner war, ein leises, lockendes Komm, lass dich gehen, aber niemand gab dieses Zeichen, er musste sich schon selbst locken, etwas tun, das seinen Rhythmus radikal unterbrach, und so warf er sich eines Morgens im Juli, nur mit leichtem Ziehen rechts im Unterleib, wie auf ein unsichtbares Zeichen hin beim Antreten vor dem Kompaniegebäude einfach auf den Boden. Er wälzte sich, wie er sich Monate zuvor im Schnee gewälzt hatte, und machte aus einer Blinddarmreizung – kaum zu sagen, womit, am Ende nur mit Sprache, mit Selbstinfektion – eine akute Entzündung.

Noch am selben Tag wurde ich im kleinen Mengener Stadtkrankenhaus operiert und lag danach mehr als eine Woche in einem Zehnbettzimmer, genau in den historischen und in der Woche glühend heißen Frühsommertagen der ersten Mondlandung. Das Lesen im Krankenbett wurde durch die Ereignisse nicht weiter gestört, weil es keinen Fernseher im Zimmer gab, dafür aber die mobile Krankenhausbibliothek, in der sich, neben Landserheftchen und der beliebten Romanreihe Angélique und der König die Novelle Katz und Maus von Grass befand, von der ersten Seite an das Passende für einen, den die Bettlägerigkeit um Jahre zurückversetzt hatte. Es war ein Lesen mit dem Fieber des Fünfzehnjährigen, dem die Kenntnisse des Autors über die Kriegsflotte der Wehrmacht so imponierten wie dessen Sprache zu den Abgründen der Pubertät – und wäre die Mitgliedschaft des jungen Grass im Männerbündnis SS, sein Dabeisein aus jugendlicher Begeisterung, schon bekannt gewesen, hätte die Novelle noch etwas Nützlicheres gehabt, meine eigene Verirrung in die Waffenwelt erklären können; so war sie nur Bestärkung, selbst wieder etwas zu schreiben.

Erstmals betrat ein Mensch den Mond, während der Lesende in seiner Krankenbettecke nur gelegentlich zu einem kurz vor dem Höhepunkt des Geschehens doch an die offene Zimmertür gerückten Fernsehgerät schaute, mit Bildern, die mehr von einer Bildstörung hatten und ansonsten unter dem Einfluss der eigenen Träumerei standen – wenn schon der Mond, dann seine dunkle Seite: Die Funkstille, von der berichtet wurde, das Abgeschnittensein von jedem Kontakt der Astronauten in ihrer Kapsel, nur das hatte etwas mit dem zu tun, was mir im Stickigen des Zehnbettzimmers während der zähen Nachmittagsstunden, in Gerüchen nach Bananenschalen und Kamillentee, nach Desinfektionsmitteln und dem Schweiß der vor sich hindämmernden, nie ein Wort sagenden Alten durch den Kopf ging: sich den erlösenden Anderen zu erschreiben. Das Projekt im heißen durchgelegenen Bett hieß Schriftsteller werden, und in einer der Halbschlafstunden zwischen dem Mittagskompott und einem Stück Streuselkuchen, am totesten und zugleich träumerisch empfindlichsten Punkt des Nachmittags, traten, vorbei an dem noch nicht weggerückten, wie in der offenen

Tür vergessenen Fernseher, der alte Internatsfreund und meine junge Schwester in das Krankenzimmer, beide wie vom Verliebtsein gebräunt.

Ein Überraschungsbesuch, das Paar war auf dem Weg nach Italien – sie hätten extra diesen Umweg gemacht, sagte die Schwester. Und dann sprachen die beiden über das Schlimme der Umgebung, das Zimmer mit zehn Betten, in dem der Bruder und Freund lag, wie in einem Asyl, der Kleinstadt drum herum, zum Sterben, und seiner Kaserne auf freiem Feld. Sie gaben vor, die Kaserne gesehen zu haben, von weitem im Vorbeifahren, die Baracken im Nirgendwo, in der Pampa. Immerhin ein ganzes Regiment, wandte der Patient ein, und er sprach über den Dienst dort, seine Fortschritte im Umgang mit Waffen, der Panzerfaust, dem MG, der handlichen Maschinenpistole, auch seine Erfahrung mit der Befehlsgewalt. Das klang interessant, man bat ihn um Beispiele, und was er erzählte, etwa von Nachtübungen oder der Formalausbildung, dem Drill, brachte seine Besucher auf die Mondlandung: Das eine sei so fern wie das andere. Und so kam man auf die Amerikaner, auf den Vietnamkrieg, was zu tun sei, um Amerika an den Pranger zu stellen, jeder könnte seinen Beitrag leisten, auch ein Soldat am Rand der Schwäbischen Alb durch Agitation: das letzte Stichwort am Krankenbett, dann mussten die Reisenden schon weiter. Heute noch bis Florenz, sagte der Freund.

Und kaum war der Patient wieder allein, schrieb er bis zum Abend eine Reihe von Sätzen über sein Einrücken in die Kaserne, die anfänglichen Stunden als Soldat, das Empfangen der fremden Kleidung und ungewohnter Befehle von allen Seiten, das Erlernen des Bettenbaus in dem Sechserzimmer mit Stockbetten (und dem von den Bettenbauvorkenntnissen aus früher Internatszeit beeindruckten Unteroffizier), über die Stubenkameraden, die sich nicht beschwerten in der neuen Lage, seinen Sturz auf die erdabgewandte Seite des bisherigen Lebens, über die Kaserne als Mond – auf Schmierpapier geschriebene Sätze, acht Jahre später in der ersten Veröffentlichung, einer Novelle, fast unverändert wieder aufgetaucht. Der operierte Soldat begann sich zu erholen, indem er schrieb, und kaum zurück in der Kompanie, angetreten vor seinem Hauptmann, bekam er dazu noch Erholungsurlaub, man wollte keinen klapprigen Ausbilder. Tun Sie etwas für Ihren Körper, befahl der Kompaniechef, und der Gruppenführer versprach salutierend, gleich am nächsten Tag ein Training aufzunehmen, fuhr aber am nächsten Tag im mehr als klapprigen VW zu seiner Mutter – die wieder einmal Sommertage in Kitzbühel verbrachte, noch ohne ihren älteren Freund, der nachkommen sollte.

Die Mutter empfängt den Sohn auf der Terrasse des Hotels zur Tenne mitten im Ort, sie sagt als Erstes, er sei nicht rasiert. Sein Unrasiertsein beleidigt sie förmlich, sie kann den Anblick keine Minute ertragen und nimmt ihn mit aufs Zimmer, sieht ihm dort beim Rasieren zu. Ein Mann rasiert sich für mich, wie schön, sagt sie, und er schneidet sich mehrfach und tut wie sein Vater Klopapierfetzen auf die blutenden Stellen. Dann will sie die frische Blinddarmnarbe sehen, und er zeigt ihr die Narbe oberhalb von nachgewachsenen, noch stoppligen Haaren. Wer ihm das Haar dort unten entfernt habe, möchte sie wissen, und er sagt, eine Krankenschwester vor der Operation, und sie ruft: Na, das wird ja was gewesen sein! – ein bleibender Satz, bleibend auch die Sprachmelodie, mit Betonung der zwei ersten Wörter, Na, das! wird ja was gewesen sein. Sie war im Sommer der Mondlandung erst vierundvierzig – immer noch jung nach Jahren, aber schon entfernt davon, jung zu sein – und malte dem, den irgendein Trampel von Schwester, das waren ihre Worte, rasiert habe, aus, wie der gemeinsame Abend auf der Terrasse des Hotels ablaufen würde: wunderbar harmonisch, weil man von der Terrasse aus alles Treiben beobachten könnte bei einem Schnitzel und Grünem Veltliner. Das Schnitzel, der Wein und der Tisch waren schon bestellt, jetzt war nur noch der Abend auch wie geplant zu erleben, und am liebsten hätte der Sohn von seinen nächtlichen Fahrten nach Konstanz erzählt, wie tief er den Kopf dort in den Sand des Fleisches gesteckt hatte, mit beim Roulette gewonnenem Geld, durch ein Gefühl für die Null. Aber er sagt kein Wort zu diesem Spielglück, er isst nur und trinkt.

Ich betrank mich an dem Abend, zuletzt mit Whisky an der Bar, das war ihr Wunsch: noch ein Whisky an der Bar, eingehängt beim Sohn. Hinter der Bar stand ein älterer Skilehrertyp mit Fliege, und sie versuchte sich im örtlichen Dialekt, flirtete und gab auch mir einen Anstoß zum Flirten, weil der Barmann eine schwarzhaarige Hilfe mit Ausschnitt hatte. Ein Früchtchen, flüsterte sie und animierte mich, einen Kontakt herzustellen, dann aber mit ihr, der Dame, aufs Zimmer zu gehen, und so geschah es – wir gingen, nach einem Blickkontakt mit dem Früchtchen, Arm in Arm aus der Bar, und ich bekam in ihrem Zimmer eine Couch als Bett gemacht. Ich rauchte am offenen Fenster, während sie im Bad ihre Dinge tat, und zum ersten Mal, seit ich Soldat war, gab es so etwas wie Sehnsucht nach meiner Kompanie, dem rauen Ton bei Nachtübungen, dem Schmutz und dem Schweiß bei Geländeläufen, dem Gefühl der Waffe im Arm und ihrem Fettgeruch, dem mannigfachen Geräusch der Stiefel beim Marschieren, und wenn von hinten nach vorn die Ansage für ein Lied durch die Reihen geht, Westerwald oder Kleines Mädel, und die ersten es anstimmen, bis alle übrigen einfallen. Ich rauchte noch, als die Bewohnerin des Zimmers neben mich trat. Sie hatte das Haar gelöst, und ich kann mich an keinen anderen so dargebotenen Anblick ihres sehr dünnen eigenen Haars erinnern, Haar, das ihr an dem Abend, als sie neben mir am offenen Fenster stand und auch eine rauchte, nicht nur so tat, wirr über

Wangen und Ohren hing. Es gab der Frau, die mich zur Welt gebracht hatte, etwas, das ich sonst an ihr vermisste, eine simple Menschlichkeit, die sie eigentlich besaß, nur kaum einmal in reiner Form zeigte, am ehesten, wenn sie sich mit ihren Kindern freute, Anteil nahm an deren Glück, aber auch in der eigenen Vorfreude auf ein Ereignis – und an dem Abend war es die Vorfreude auf den Lebensgefährten, die sie menschlich machte: eine rauchende Mittvierzigerin, nachts am offenen Hotelzimmerfenster, die nichts weiter sein musste als diese rauchende, sich freuende Frau am Fenster. Übermorgen kommt Kurtchen, sagte sie zwischen zwei Zügen.

Sie liebte diesen Mann und Habenichts, der so vieles hatte, das man nicht ohne Weiteres sah, aber wenn man es sah oder auch nur eine Ahnung davon bekam, fühlte man sich zu ihm hingezogen. Es reichte zu sehen, wie er sich eine Zigarette ansteckte, stets mit Bedacht, oder das schüttere Haar zurückstrich, die Hand auf dem Kopf behielt, während der Blick, immer mit einem leichten Staunen, ins Weite ging. Und als er dann in Kitzbühel ankam, wir ihn vom Zug abholten, er mit Jackett über den Schultern und Halstuch, ein Herr und Habenichts, und meine Mutter sich auf dem Weg zu einem reservierten Ferienhäuschen bei ihm einhängte, den Kopf an seinem Kopf, liebte ich die, die so wortlos liebte. Wir verbrachten zehn Tage zu dritt, fast den ganzen Erholungsurlaub, und am Ende bedurfte es gar nicht mehr der verordneten körperlichen Ertüchtigung. Der Soldat kehrte gestärkt zu seiner Einheit zurück.

33

Summer of '69 hieß viele Jahre später ein Lied von Bryan Adams, sein melancholischer Rückblick auf den eigenen Lebensaufbruch nach der Schulzeit, die Gründung einer Band und was daraus wurde (Jimmy quit and Jody got married); mein Sommer neunundsechzig war dagegen ein Lebensleerlauf, Wochen wie außerhalb der Zeit. Die im Krankenhaus beschriebenen Blätter lagen in einer Mappe unter dem Abiturzeugnis, das Körperliche hatte wieder Vorrang, der Drill mit den Rekruten in der Sommerstille auf dem auch stillgelegten Flugfeld am Rand der Kaserne, und der Übergang in den Spätsommer und Frühherbst war so unmerklich oder an mir vorbeigehend, wie er zurzeit – Tag für Tag an dem Tisch vor der offenen Balkontür mit Blick auf ein kaum bewegtes Meer und das Strandstück vor dem Hotel – fast unmerklich ist. Nur das Aufräumen der Liegen deutet irgendein Ende an, ja, das Abnehmen der noch aufgestellten, noch genutzten Liegen, unter anderem von Mrs. Bennett im weißen Pullover, ließe sich so zählen, wie die meisten in der Kaserne nach jedem abgeleisteten Tag der Dienstzeit die noch vor ihnen liegenden, nun aber um einen weniger gewordenen Tage gezählt hatten, während ich, als der Herbst dann unübersehbar war, wieder malte.

Und mit Beginn der frühen Dunkelheit kam sogar die Idee auf, überhaupt Maler zu werden, eine Idee, die auch von außen bestärkt wurde – aufgrund einer Stimme, wie sie mancher sang- und klanglose Leutnant gern gehabt hätte, ist der Ausbilder zu einer Haussammlung für die Kriegsgräberfürsorge abkommandiert. Er trägt die Ausgehuniform, aber das Vorgehen folgt zivilen Kniffen, mit einem doppelten Erfolg schon am ersten Tag: In einem Neubaublock am Rande von Mengen lässt ihn die noch junge Witwe eines abgestürzten Starfighterpiloten, eine Mutter mit kleinem Sohn, in die Wohnung. Ihr Name ist Eva, der vaterlose Sohn heißt Oliver, sie spendet zehn Mark und bietet dem Sammler, der sich frierend gibt, einen Tee an. Und der erzählt von seinem Dienst, aber auch vom Malen im Keller der Kompanie. Ach, wirklich, Sie malen, sagt die alleinstehende Mutter, können Sie nicht meinen Kleinen malen? Und an den zwei folgenden Abenden skizziert und malt er den kleinen Oliver, so gut es geht, offenbar gar nicht so schlecht, denn am dritten Abend kommt schon die Gegenleistung, als der Sohn schläft und das fertige Bild über dem Sofa hängt, eine Umarmung als Kampf gegen das schlechte Gewissen, weil ihr Mann, sein Foto auf dem Nachttisch umgedreht, erst seit einem Jahr tot ist – ein Kampf, den sie verlor, ohne dass ich ihn gewonnen hätte. Wir sahen uns noch einige Male, und es blieb ein Kämpfen, das in dem Wollen und Nicht-Wollen von ihrer Seite auch etwas schmerzlich Glaubhaftes, ja schon verzweifelt Reines hatte, und das meinen letzten Wintermonaten in Mengen die Intervalle gab, die es überflüssig machten, wie andere die verbleibenden Tage herunterzuzählen.

Ich bildete weiter Rekruten aus, Strenge und Ironie hielten sich dabei die Waage; die Untergebenen wussten nie genau, woran sie mit mir waren, nur was sie von mir hatten, und mein Dienstgrad bei den Vorgesetzten hieß Spinner. Man ließ den Spinner weitgehend in Ruhe, und an freien Wochenenden fuhr ich nach wie vor zu meinem Vater und seiner Gefährtin. Wir aßen, wir tranken, wir redeten bis in die Nacht, und am Sonntagabend brach jeder wieder auf, er zu seinen Seminaren in irgendeinem Hotel, sie nach Darmstadt, ich in Richtung Schwäbische Alb, häufig bei Nebel oder auf glatter Straße, mit den ewigen Sommerreifen und natürlich ohne Gurt – es war ein Überleben dieser Nachtfahrten in einer Art Abwesenheit von mir selbst, einer restlosen Konzentration auf das körperliche Tun, wie auch die ganze Militärzeit, und vielleicht gibt es deshalb kein einziges Foto von dem mit dem Dienstgrad Spinner, weil man in dem Zustand kaum an das Festhalten von sich in einem bestimmten Moment denkt, was ja ein Denken in die Zukunft einschließt: Wie werde ich, wenn das Foto entwickelt ist, in dem dann zurückliegenden, jetzt aber noch andauernden Moment ausgesehen haben? Aus damaliger Sicht eine irre Frage, inzwischen die sofort beantwortete Frage hinter Milliarden Selfies.

Die nächtlichen Autofahrten führten einmal im Monat auch zu meiner Hüterin in ihrem nunmehr verputzten Anbau, und wenn kaltes Bier und warmes Essen auf dem Tisch standen, kam die alte Bitte aus Kindertagen, Erzähl mir was, und das Ömchen, wie meine Schwester und ich sie jetzt nannten, wenn wir von ihr sprachen, führte mich schon mit den ersten Sätzen einer Geschichte in ihre untergegangene Welt. Ich kam ganz mühelos von Kirchzarten nach Wien, wir waren im Prater und am Graben und in ihrer Wohnung in der Schellinggasse, ja sogar auf der Bühne der Volksoper, wenn sie im Rosenkavalier die Sophie sang, und anschließend waren wir beim Souper im Sacher, wo sie dem Wehrmachtsmajor Werner Peters näherkam, Besucher ihrer Vorstellungen, der schon Berge von Rosen in die Garderobe geschickt hatte, und künftiger Einundallespapa meiner Mutter, den sie im Alter von vierzehn verloren hat, ihre Wunde für immer – die Genealogie der schiefen Bahn, sie reicht weit zurück, das begriff ich bei jedem dieser Besuche, in dem Bedauern, nichts davon aufschreiben zu können. Die Bilder in mir und außer mir erdrückten die Sprache; ich dachte in Bildern, die Worte waren nur der Rahmen. Und so kam es einmal, bevor ich wieder über den Hochschwarzwald zurück in den Fliegerhorst bei Mengen fuhr, zu einem Foto meiner Hüterin mit der kleinen Zeiss-Kamera, die ich immer bei mir hatte, dem Bild, auf dem sie alles darstellt, was sie mir je war: ein Monument der Güte. Sie steht dort, schon in der Abschiedsstimmung, in einem dunklen Kleid vor heller Hauswand, Hände über dem Bauch gekreuzt, die Unterarme entblößt, in einer Hand ihr ewiges Schnäuztücherl; das Kleid mit Brosche über der linken Brust ist hochgeschlossen und macht den so rundlichen Körper dadurch etwas schlanker, nur lässt das weiche und doch mächtige Gesicht keinen Zweifel an der wahren Figur. Sie lächelt mit leicht offenem Mund, die Nase sagt einem: Das bin ich, und aus den Augen spricht die Güte. Ihr grauweißes Haar ist dünn und erkennbar aufgelockert, toupiert, ein problematisches Haar, weitervererbt an ihre Tochter und auch noch an den, der das Foto aus etwas tieferer Position gemacht hat, also in die Knie gegangen ist, ganz wie es sich gehört, wenn man vor einem Monument steht.

Die schiefe Bahn. Bei seinem letzten Frankfurtbesuch in Uniform – schwarze Stiefel, blaugrauer Mantel, Kopfbedeckung, das Schiffchen – begann der Soldat, der eigentlich eher verkleidet herumlief, den Soldaten spielte, mehr als nur ein weltenversprechendes Buch an sich zu nehmen; er nahm sich, was für ihn geschrieben zu sein schien. Unter dem langen Mantel der Luftwaffe passierten ein Roman von Hans Henny Jahnn, Perrudja, ein Band mit Kafka-Erzählungen und Peter Weiss' Abschied von den Eltern eine Ladenkasse am Ende der Goethestraße (inzwischen Jahrzehnte von der letzten Buchhandlung dort entfernt). Und im nahen Café Schwille las er jeweils die ersten Seiten, den Kopf nicht im Sand eines Fleisches, sondern im Mahlstrom von Sätzen, die ihm jenes andere, so erschreckend schöne Leben, erfahren etwa durch den Kuss mit Schnee im Mund, allein mit den Mitteln der Sprache aufstießen. Hohe Herren von der Akademie! stand da zum Beispiel. Sie erweisen mir die Ehre, mich aufzufordern, der Akademie einen Bericht über mein äffisches Vorleben einzureichen.

Ein Päckchen Roth-Händle, zwei Cola, drei Bücher, so verflog der Nachmittag; als ich das Café verließ, war es bereits dunkel, und einzelne Schneeflocken fielen. Der Weg zur Wohnung meiner Mutter führte ins Westend, und es war kein großer Umweg zu der Verlagsadresse, die auf einem Faltblatt, eingelegt in dem Buch von Peter Weiss, angegeben war. Die Flocken wirbelten jetzt umher, und ich ging zum ersten Mal in die Lindenstraße, zur Adresse all der Autoren, die mir groß erschienen, und kam zu einem Gebäude wie die Vernunft selbst, klar, nüchtern, hell; an der Wand im rechten Winkel zum Eingang stand der Name des Verlags wie ein anderes Wort für Welt. Es war die Welt, die Sinn verhieß, ein Sinngehäuse, als ich an diesem winterlichen Abend in Militärstiefeln vor ihrer Tür stand, Schnee auf den absurden Schulterstücken des Luftwaffenmantels und plötzlich in dem Gedanken, eines Tages in diesem Gehäuse vielleicht einen Platz zu finden – die schiefe Bahn in ihrer anderen, der ansteigenden Richtung.

Wochen danach, immer noch im Winter, Ende Februar, besuchte ich meinen Vater und traf ihn an dem Freitagabend allein an, seine Gefährtin musste am anderen Tag noch arbeiten, ein unverhofftes Zuzweitsein, das mir in Erinnerung geblieben ist. Wir sitzen uns am Esstisch gegenüber (demselben Tisch, an dem wir, gut zwanzig Jahre später, bei unserem letzten Zusammensein sitzen würden, er schon sichtlich geschwächt von einem Krebsleiden, teilnahmslos blätternd im Spiegel, der nie sein Blatt war, einem Heft mit Bericht über den Sohn im Kulturteil, ich in der Erwartung, dass er auf den Bericht stößt). Wir haben etwas gegessen, jetzt trinken wir und reden, und ich lasse meine Träume durchblicken, die kurzfristigen: von dem Abfindungsgeld in die USA zu fliegen, dort erst zu arbeiten, dann herumzureisen, und die mittelfristigen: ein Buch über die

Zeit als Soldat zu schreiben, es dem Verlag anzubieten, vor dessen Tür ich schon gestanden hätte. Und mein Vater hört sich alles an, nur mit Einwänden aus dem Gefühl, dass der Sohn einen Weg einschlagen könnte, den er mit seinen Talenten selbst gern eingeschlagen hätte, aber aus Gründen der Vernunft ausgeschlagen hat. Er schält uns je ein Solei und serviert es mit Senf und Essig, seine liebste Mitternachtsstärkung; dazu öffnet er noch eine Flasche vom heimischen Wein und sagt, dass ich dann in Florida seinen vor dem Krieg ausgewanderten Bruder besuchen könnte. Er füllt unsere Gläser und kommt auf meine Pläne zurück, er gibt zu bedenken, dass Lebensträume auch ihr Gefährliches hätten, besonders bei gutem Start. Ich wiege den Kopf, ein Ja und ein Nein, er schaut an mir vorbei, in den dunkleren Teil des Zimmers. Wir trinken den Roten aus Württemberg, wir reden weiter – nicht in hitzigem Hin und Her wie an manch anderem Abend, wenn durchscheint, woran der Sohn glaubt: dass die väterliche Welt erstickend sei und die Luft zum Atmen allein im Aufstand dagegen liege, auch dem eines rücksichtslosen Schreibens, wie er es anpeilt –, ein Reden mit ruhigen Worten des einen, auf die erst nach Pausen, einem Zug an der Zigarette, einem Schluck aus dem Glas, die Worte des anderen folgen. Ich weiß nicht mehr genau, worum es dabei ging, wahrscheinlich um meinen Plan mit dem Buch, dem Verlag, ich weiß nur, wie es ging: in dem beiderseitigen Bewusstsein, dass die Jahre eines Einflusses auf den Sohn verpasst waren, jetzt nur noch Nachtstunden wie diese zählten.

Und einen Monat später war ich kein Soldat mehr, unendlich frei für mein Gefühl, dazu mit eintausendfünfhundert Mark in der Tasche, vor mir die warme Jahreszeit. Ich ging für ein Semester nach Tübingen, wieder ein Suchen von alter Nähe: Der Internatsfreund studierte dort inzwischen Jura, sein Zeitvertreib, weil er Medizin anstrebte, und der Ausgemusterte tat, als würde er Psychologie und Philosophie studieren, einen irgendwie geregelten, auf die gerade Bahn führenden Beruf im Auge haben, während er in Wahrheit in einem winzigen Zimmer am Tübinger Galgenberg von den ersten Wochen als Soldat zu erzählen versuchte, auf einer alten Olympia-Maschine Blatt um Blatt füllte. Die Tage gehörten einem Traum vom Bürgerlichsein mit Beruf und Familie, die Nächte gehörten dem Traum vom Schreiben und der Freundschaft. Oft lagen wir bis zum Morgen auf Matratzen in einem Club am Neckar, dem Club der Hundert nahe dem Hölderlinturm, tranken, rauchten und hörten Leonard Cohen und traten schließlich – vielleicht für Minuten ähnlich umnachtet und doch klarsichtig, von sich selber erleuchtet, wie der berühmte Bewohner des Turms – in die erste Sonne. Und dieser Tübinger Zustand, tagsüber auch oft auf der Straße, wenn es in Aufmärschen, unter Spruchbändern und mit Sprechgesang, gegen den Vietnamkrieg ging, nachts erst in Kneipen, dann an der Schreibmaschine, endete mit einem Autounfall während der Fußballweltmeisterschaft in Mexico. Der Freund und ich hatten das Spiel unserer Mannschaft gegen Italien gesehen, die legendäre Hitzeschlacht von Mexico City, und ich fuhr am späten Abend betrunken durch Tübingen, nach einer Wette, dass man es ohne zu bremsen durch die abwärtsführenden gewundenen Gassen bis zur Neckarbrücke schaffen könnte, eine Wette, an die ich mich hielt, obwohl ich allein fuhr. Der alte VW wurde schneller und schneller, im Radio lief Proud Mary, der Fahrer schlug den Takt aufs Lenkrad; noch ging alles gut, bis man rechts abbiegen musste auf die Brücke, und noch in der Kurve kam der Wagen ins Schleudern und durchbrach dann das Geländer in Richtung Hölderlinturm. Ich flog durch die Windschutzscheibe und blieb mit tiefen Schnitten, einer nahe der Halsarterie, auf der Motorhaube liegen, die Haube aber hing über dem Neckar, der ganze Wagen nur gehalten von Teilen des

Brückengeländers. Das Autoradio war verstummt, dafür gab es einen Dauerton der Hupe, und den Ersten, die herbeieilten, rief ich zu, dass man die Hupe abstellen sollte: das Detail, das so im Gedächtnis ist wie die Musik, ehe der Wagen ins Schleudern kam. Es fehlte das Bewusstsein für die Todesnähe – oder die Angst in dem Zeitraum vor Eintreffen von Feuerwehr und Rettungsfahrzeug ist für immer vergessen. Die Erinnerung setzt erst wieder ein, als man mich schon zusammennäht, während in der Notaufnahme ein kleiner Fernseher läuft, die tragischen Helden des Halbfinales im glühenden Aztekenstadion zu Wort kommen, Beckenbauer, Müller, Overath.

Und keine zwei Wochen danach, noch mit frischen Narben im Gesicht und am ganzen Kopf, das Haar erneut geschoren, umarme ich meinen Vater im Bahnhof von Heilbronn, bereit, in einen Zug nach Köln zu steigen. Von dort geht ein Billigflug in die USA mit Ziel New York, schon am Tag nach dem Unfall gebucht und vom Abfindungsgeld bezahlt, ohne an das Amerika des Vietnamkriegs zu denken, nur an das Land der unbegrenzten Möglichkeiten, auch der, sich selbst zu vergessen, eine Reise mit einer Organisation, die Jobs in den Staaten vermittelt hat (solche, die kein Amerikaner wollte, aber davon stand nichts in den Unterlagen). Der Reisende mit den frischen Narben, knapp zweiundzwanzig zu dem Zeitpunkt, hat sich für den Straßenverkauf von Eis entschieden, und sein Vater gibt ihm bei der Umarmung auf dem Bahnsteig noch Tipps für diese Tätigkeit, anstatt den Kopf zu schütteln über einen flüchtenden, kopflosen Sohn – vom Verkaufen verstand er wirklich etwas, aber in dem Moment auch einiges von mir.

34

Seit heute Morgen fällt ein feiner Regen auf Alassio, seit dem
Frühstück; noch fand es auf der Terrasse statt, geschützt vom
Weinlaub, aber die vorderen Tische wurden nach hinten
gerückt, man saß gedrängter als sonst. Die kleine Schar der
Gäste ist auch nach Ende der Badesaison nicht kleiner geworden, hartnäckige Freunde des Hauses, die jetzt im Pullover
frühstücken und später, die Hosenbeine hochgeschlagen, im
seichten Wasser Strandspaziergänge machen, Leute, die auf
einen goldenen Oktober setzen – der überhaupt erst bevorstehe.
Auch Mrs. Bennett sprach vom Indian summer, wollte aber
nicht hier auf ihn warten, ihn hier verbringen, not in Europe,
sagte sie etwas abschätzig, als wir vor der Kaffeemaschine standen, zwei Gäste noch vor uns mit ihren Tassen. Und so erfuhr
ich, dass es ihr letzter Tag im Beau Sejour sein würde, schon
morgen in aller Frühe ging ihr Zug nach Mailand, von dort
hatte sie einen Flug in den wahren Indian summer. Sie wollte
Freunde in New York treffen, und für Momente war ich versucht – es lag auch an der langsamen Maschine, als müsste sie
vor jeder Tasse mühsam umdenken, von espresso zu cappuccino,
von cappuccino zu caffè latte, von caffè latte gar zu cioccolata –,
ihr von meiner ersten Ankunft in dieser Stadt zu erzählen, wie
es mich ungehauen hatte, als ich nach der Fahrt vom Flughafen
abends in Manhattan am Madison Square Garden aus dem
klimatisierten Bus stieg, hinein in eine unglaubliche, feuchte
Frühsommerhitze, gestaut zwischen in den Himmel ragenden
Häusern. Doch dann wurde es ein Anlauf, mich zu verabschieden; ich bedauerte noch einmal, ihr Meerblickzimmer belegt

zu haben, und während sich ihre Tasse nach und nach mit Milchkaffee füllte und meine mit einem doppelten Espresso, fragte sie, ob es sich wenigstens gelohnt habe, in dem Zimmer zu schreiben, in dem meine Eltern vor so vielen Jahren ein paar Tage verbracht hätten – Did it inspire you? Sie nahm ihre Tasse aus der Maschine und legte den Kopf etwas schräg, sie sah mich an, als zweifelte sie allgemein an der Inspiration durch ein Zimmer, und ich zog ebenfalls die Tasse unter dem noch tropfenden Hahn weg. Für Augenblicke standen wir denen im Weg, die als Nächstes an die Kaffeemaschine wollten, dann kam ich mit einem klaren Yes, um ihr und auch mir ein gutes Gefühl zu geben, ja, das alte Zimmer meiner Eltern habe geholfen, und auf dem Gang zu unseren zwei Tischen, jeder mit voller Tasse, verabschiedeten wir uns. Mrs. Bennett wünschte mir noch ein paar Sonnentage ohne Arbeit, just relaxing, sagte sie, und ich wünschte ihr einen schönen New-York-Aufenthalt.

Ja, es hat mich umgehauen, dort so kurz nach dem Unfall auf der Neckarbrücke in Tübingen anzukommen, irgendwie noch blutend auf der VW-Haube zu liegen oder eben noch meinen Vater im Bahnhof von Heilbronn umarmt zu haben, und jetzt in Manhattan bei Walk über die Straße zu gehen, vor einer Front gelber Taxis, während irgendwo, in schrillstem Auf und Ab, Sirenen heulten, und von der feuchten Hitze in eine kalte Hotelhalle zu kommen. Unvergesslich auch die Anrede Sir an der Rezeption, die leise Musik im Fahrstuhl, der Weg durch einen langen, stickigen Flur, das sparbüchsenhafte Schloss in der Zimmertür mit der Nummer 541, das Rasseln der Klimaanlage beim Eintreten, ihr Metallgeruch, und überhaupt das Zimmer zum Lichtschacht mit rußdunklem Fenster hinter einem Mückengitter; die erste daumengroße Schabe im Bad, das Bett nur mit einem Laken als Decke. Und nach zehn Stunden Schlaf trete ich aus dem Halbdunkel und der künstlichen

Kälte in der Halle in eine erschlagende Hitze und ein Licht, dass mir die Augen tränen, und stoße nach wenigen Schritten gleich mit auf das Beste in den vier Amerikamonaten, auf einen rotweiß gestreiften Stand, an dem es Cola in riesigen Pappbechern voller gestoßenem Eis gibt. Ich trinke einen ganzen Becher und esse einen Hotdog mit allem Drum und Dran, ein für den Hungrigen köstliches Frühstück an der Straße, an der das nicht eben einladende Hotel lag, in dem alle untergebracht waren, die einen Job in den Staaten vermittelt bekommen hatten. Die Agentur in New York schickte einen Mann in das Hotel, einen mit Hut wie aus einem Mafia-Film, er teilte die Ankömmlinge für Probearbeiten ein, mich ließ er Papierblumen am Times Square anbieten, eine Einübung in die rauen Sitten des Straßenverkaufs, hieß es. Also stand ich tagsüber dort, verkaufte so gut wie nichts, und lief nachts durch die Stadt, immer mehr in den Straßen jenseits der Hundert. Einmal führte das bis ins Apollo Theatre in Harlem, dort gab es eine Show mit Little Richard, um mich herum nur Schwarze, darunter viele Kinder, die auf den Sitzen tanzten. Erst nach einer Woche ging es im Bus zu einem Vorort von Pittsburgh, dort war ich angeheuert bei Goody Bar Ice Cream im Besitz eines Ben Heisel, der persönlich die Routen seiner Eiswagen verteilte – unter der Aufschrift Ice war noch das Wort Bread zu erkennen – und der einem morgens auf Kredit die Ware gab, Berge von Tüteneis bei oft defekten Kühlanlagen in sengender Junihitze. Diese Berge musste man den ganzen Tag über in endlosen Wohngebieten an Jugendliche und Kinder irgendwie loswerden, ein Viertel der Einnahmen sollte dem Verkäufer bleiben, und am Abend hievte Ben Heisel auch höchstpersönlich die schweren vollen Münzsäcke mit einem Flaschenzug in seinen Safe. Keiner seiner Eisverkäufer war Amerikaner, sie kamen aus Kanada oder Westeuropa, und alle schliefen in einem Motel, das als solches ausgedient hatte, einem Motel wie aus dem Film Psycho, ein

Schlafen auf Matratzen zu zehnt in einem Raum ohne Klimaanlage. Aber man schlief wie ein Toter nach einer Zwölfstundentour durch die Vororte, auf meiner Route ging es bis nach Ohio hinein, und immer wieder musste sich der junge Deutsche anhören, aus welchem deutschen Wald er komme, und ob es da auch richtige Häuser gebe – eine Frage vor allem dort, wo schwarze Dienerfiguren aus Holz vor den Eingängen standen und die amerikanische Flagge in den Vorgärten wehte. In den Straßen der Schwarzen kam dagegen oft eine Antwort vor der Frage: Zehn, zwölf Jungs nannten ihren Namen, und kam ich am nächsten Tag wieder vorbei, hieß es What's my name, man? Aber die Frage, die den Deutschen in seinem Eiswagen sprachlos machte, kam in einer jüdischen Wohngegend, an der Grenze zweier Gebiete; dort war noch der Rasen wie mit der Nagelschere geschnitten und ein Stück weiter standen Autowracks neben Gestrüpp. Und in dieser Zwischengegend fragte man den German candy man jeden Tag, wie viele Juden sein Vater umgebracht habe, oder rief es ihm zu, How many Jewish people did your father kill?, und er sagte immer wieder dasselbe, dass sein Vater nur Soldat gewesen sei, ebenso gut hätte er gar nichts sagen können. Und er wäre auf seiner Route an dieser kritischen Gegend einfach vorbeigefahren, wenn ihm nicht jeden Tag ein schon älteres Mädchen, siebzehn, achtzehn, das teuerste und reichhaltigste seiner Eispäckchen abgekauft hätte. Sie hatte selbst etwas Reichhaltiges, mit einer rötlichen Haarpracht, die ihr über die Schultern fiel, vollen Lippen und Sommersprossen wie einem Schmuck, und sie kam nicht mit dieser Frage, sie nannte ihren Namen, vielleicht auch an Stelle der Frage, Margie Weinberger. Jeden Tag wartete sie gegen Abend, wenn ihre Gegend auf der Route erreicht war, an derselben Stelle, einem hölzernen Telefonmast, an den sich der Eiswagen mit nur schwacher Handbremse an der ansteigenden Wohnstraße, sie hieß Millerdale, sicher anlehnen ließ, und jedes Mal kamen zu den Worten um das rein Geschäftliche, ob es auch etwas auf Kredit gebe oder Rabatt für Stammkunden, wann Goody Bar neue Eissorten hätte und wie der Profit des Verkäufers aussehe, einige private Worte dazu. Das jüdische Mädchen, vielleicht war sie auch neunzehn, und der nicht viel ältere deutsche Eismann kamen sich näher. Und nach knapp zwei Wochen – sie hatte mich dazu gebracht, die Route etwas umzulegen, erst tatsächlich abends ihr Viertel anzusteuern – stieg sie ohne Ankündigung in den Wagen und dirigierte den Eismann in eine Seitenstraße, die immer schmaler wurde, endend an einem Fluss, dem Allegheny, der durch Pennsylvania fließt. Sie trug ein Rüschenkleid an dem Abend und hatte ein Krönchen im Haar, nichts Besonderes, viele auf der Route kamen verkleidet zum Eiskaufen, als Prinzessin, als Fee, als Zauberer. Margie Weinberger kam als Braut; und was ihr vorschwebte, sollte zügig geschehen, damit man sie nicht etwa zu Hause vermisste. Sie gab dem Ganzen fünf Minuten, und für eine Minute schien alles ganz leicht zu sein, dann aber kam doch die Frage, die den Deutschen in der Gegend verfolgte, im selben Ton, mit dem sie nach dem Profit gefragt hatte, How much you make a day? Die Frage kam mit einer Leichtigkeit, die etwas Falsches hatte, wie ein Trick war, um ihm vor jedem Nachdenken eine Zahl zu entlocken, hundert oder tausend oder das Eingeständnis des Unzähligen, dass sein Vater also ein Massenmörder wäre. In ihrer Kleidung, ihrer Haarpracht schon halb aufgelöst, sah sie den in die Enge Getriebenen fragend an, und der wusste sich nur noch mit einem geschichtlichen Vortrag zu helfen, was auf der Stelle etwas Lächerliches hatte. Denn während er von den Zuständigkeiten im Dritten Reich anfing, war Margie Weinberger damit befasst, inmitten von fettigen Werkzeugen für den Motor und Straßenverzeichnissen all der Verkaufsgebiete auf der Sitzbank, von losem Wechselgeld, Dimes, Nickels, Quarters, und leeren Colabechern bei ihm den Zustand vor ihrer Frage wieder herzustellen. Und es ließe sich noch weit mehr anführen vom Eisverkaufen rund um Pittsburgh, aber nichts war einschneidender als die jeweils wenigen Minuten mit Margie Weinberger, nicht der Überfall durch drei Schwarze, plötzlich mit Revolvermündung am Kopf, sie nahmen die Tageseinnahmen und kippten den Wagen auf die Seite, auch nicht eine Verhaftung mit Zellennacht wegen fehlender Lizenzen oder die Schlägereien im Quartier der Verkäufer. Eineinhalb Monate ging diese Arbeit, am Ende war ich für meine Verhältnisse reich.

Mit viertausend Dollar in der Tasche bricht der Amerikabesucher nach Florida auf, wo der Onkel, nach dem er benannt ist, eine Orangenplantage besitzt, auf der er aber nur noch mit seiner Frau wohnt, die Erntearbeit liegt in anderen Händen. Alles macht dort einen recht heruntergekommenen Eindruck auf den Gast, besonders das Wohnhaus zwischen großen alten Korkeichen; Lyn, die amerikanische Frau des Hauses, sieht tapfer darüber hinweg. Der Onkel hat sie bald nach seiner Einwanderung in New York kennengelernt, noch vor dem Krieg. Er ist älter als der Bruder, der im Krieg war, der Vater des Gastes, und sein Deutsch ist schon unsicher; seit er nicht mehr auf der Plantage arbeitet, beschäftigt er sich mit Wohltätigkeit. Er ist ein Elk, so heißen die Wohltäter, im Hintergrund immer seine Frau; sie hat für ihn eine Karriere als Pianistin aufgegeben, dazu ihr Leben in New York. Beide sind kinderlos, wären aber wohl gern Eltern geworden; sie haben zwei prächtige Hunde, Kaiser und Lightning; Kaiser ist ein Deutscher Schäferhund, von der friedlichen Sorte. Der Gast und Kaiser freunden sich an – geht er ins Haus, folgt ihm der Hund. Das Haus ist groß und fast ganz aus Holz und liegt am Rand der Plantage, die wiederum im Herzen von Florida liegt. Aber trotz seiner Größe besteht das Haus nur noch aus einem Schlafzimmer und der Küche, alle übrigen Räume sind das Reich von Spinnen und Nagern; und der Gast wohnt in einem nicht weniger verfallenen Cottage, auch mit lauter Getier, nächtlichen Geräuschen aller Art. Er kann den Tag über tun, was er will, auch jederzeit den Pick-up fahren, der zur Plantage gehört, dafür einen Außentank mit Benzin nutzen; er muss nur einen Pumpenarm bewegen, schon fließt das Benzin nach Gallonen, und er kann losfahren. Es ist drückend im August, oft fährt er auf pfeilgerader Straße an den Atlantik. Oder er begleitet den Onkel zu Orten der Wohltätigkeit, etwa in ein früheres Luxushotel bei Palm Beach, jetzt Hospital für gelähmte Waisenkinder. Sie liegen in der einstigen Lobby in Betten wie Grillroste, so eingegittert, dass man die mageren Körper stündlich wenden kann. Sie dürfen sich nicht wundliegen, erklärt der Onkel. Er kennt die schwarzen Schwestern alle beim Namen, er kennt auch manche der kleinen Patienten; die Schwestern wenden die Kinder und wedeln ihnen die Fliegen weg. Der Gast aus Deutschland gibt jeder der Schwestern die Hand, er berührt auch eins der Kinder im Gitter. In den Tagen darauf zieht er wieder auf eigene Faust los. Er fährt ziellos herum, nur in Shorts und mit Westernhut, er sieht schäbige Trailerparks und ganze Blocks aus Blechhütten, auf den Veranden dicke schwarze Frauen mit rosa Lockenwicklern in alten Hollywoodschaukeln. Zwischen den Orten flaches Land, manchmal ein einsamer, dunkler See, umgeben von Mangroven, und an den Rändern der Orte pilzförmige Wasserspeicher, darauf groß die Ortsnamen, Kissimmee, St. Cloud, Daytona, Jacksonville, silbrige Gebilde, flirrend in der Hitze vor einem weiten Horizont; der Himmel mit kleinen Wolken, die immer kleiner werden. Die Fahrten enden oft im Elks Club, wo er den Onkel antrifft. Der sitzt an der Bar und trinkt Scotch and water, mit an der Bar steht der Sheriff Kayo Murphy, auch er ein Wohltäter, einer, der sich um Kranke und Alte kümmert und die

Ordnung im Umkreis; wenn er schon etwas getrunken hat, spricht er über seine erschossenen Nigger. Er fragt den jungen Gast aus Deutschland, wie es dort mit der Ordnung nachts auf den Straßen sei, er zeigt ihm seine Waffe, eine fünfundvierziger Magnum, der Gast wiegt sie in der Hand. Eine solche Waffe, denkt er, würde sein Leben bereichern – es sind Gedanken, als hätte er nie ein Buch gelesen, er ist eine Art Wilder geworden in den letzten Wochen. An einem See, der zur Plantage gehört, hat er stundenlang nach Alligatoren Ausschau gehalten, wie nach Verwandten, und auf dem Rückweg zum Cottage ist ihm nur ein harmloses Stinktier begegnet. In der Bar im Elks Club hängen Fotos von Alligatoren, die in der Gegend aufgetaucht sind, auch von großen, aus dem Meer gezogenen Fischen. Das Wilde scheint zum Greifen nah zu sein an dem Abend. Nach einem Drink mit dem Onkel fährt er noch etwas in den Straßen zwischen den Blechhütten herum, mit Mückenschwärmen um die Neonlichtkegel der wenigen Lampen; viele Menschen schlafen im Freien wegen der Hitze. Er bekommt Hunger und hält vor einem der Drive Inns an der Peripherie, Das Wiener-schnitzel heißt die Kette, dort bedient eine Frau mit Häubchen, die ihm gefällt, da darf er sich gar nicht erst aufhalten. Sharon steht auf ihrer Bluse, und er denkt an Sharon, als er im Fahren die panierten Fleischstücke isst, auf einer Straße, die wie ins Nichts verläuft bei Nacht, zu beiden Seiten flaches Sumpfland, aber an einer Stelle – man muss sie kennen – geht der Weg zur Plantage ab. Eine Woche bleibt er noch und fährt durch Florida, nicht um die Everglades oder Miami oder Cape Cana-veral zu sehen, sondern um ein Mädchen zu finden. Er führt laute Selbstgespräche im Pick-up, und einmal macht er auch ein Foto von sich mit der Zeiss-Kamera, die er seit Jahren hütet. Als das Foto entwickelt ist, reist er ab; der Onkel und seine Frau fahren ihn zur Greyhound-Station, ein Abschied mit Um-armungen am Bus. Er hat sich für eine Nachtfahrt Richtung

Alabama und New Orleans entschieden. Alle zwei Stunden stoppt der Bus, das Licht geht an, und er betrachtet das Foto von sich auf der Haube des Pick-up, im Hintergrund Mangroven (bis heute einziger Beweis, dass es diese frühen vier Amerikamonate in meinem Leben gab). Sein Haar ist glänzend schwarz, frisiert mit dem sumpfigen Wasser auf der Plantage, darunter ein schmales, tief gebräuntes Gesicht. Er ist sinnlos jung auf dem Foto.

New Orleans enttäuscht ihn bei Tage, es wird erst nachts interessant. Er gerät in eine Bar mit kleiner Bühne, dort tanzt eine Frau und zieht sich dabei aus, am Ende führt sie sich eine Kirsche ein, und es wird so still im Raum, als würde sich eine Wandlung vollziehen. Mit zwei Fingern zieht sie die Kirsche wieder hervor und bietet sie den Zuschauern in der ersten Reihe an, vergeblich; er aber sitzt ganz hinten, auf den billigen Plätzen. New Orleans, das ist von da an eine verpasste Kirsche. Am nächsten Tag fährt er weiter, durch Louisiana, durch ganz Texas, durch Arizona, ohne auch nur ein Wort in seiner Sprache zu hören, auf grandiose Weise abgeschnitten von der Welt, auch den Eltern – nicht ein Telefonat bisher, nur eine Ansichtskarte aus Miami. Er hat im Bus geschlafen und fährt über Phoenix bis zum Grand Canyon. Dort kommt er morgens an und fühlt sich ausgeruht genug, in den so jäh vor ihm liegenden, unfassbar breiten und tiefen, in Farben von Rostrot bis Violett leuchtenden Erdeinschnitt bis an den Fluss hinterzugehen, ohne Proviant, und auch wieder hinaufzusteigen; als er im Dunkeln oben ankommt, weint er vor Erschöpfung. Am anderen Morgen nimmt er den Bus nach Las Vegas. Dort verspielt er dreihundert Dollar, sein Gefühl für die Null lässt ihn im Stich, er weint auch am Spieltisch und flüchtet förmlich zum Flughafen, er fliegt nach San Francisco. Jetzt ist der Rand der Welt erreicht, und er weiß nicht weiter, als er über abschüssige Straßen hinunter zur Bay läuft, seine Sachen im Schließfach. Aber anders als beim Roulette hat er Glück beim Einschlagen des Wegs: Er stößt auf eine Menge, die gegen den Vietnamkrieg marschiert, er reiht sich ein und läuft neben einem im Rollstuhl her, kaum älter als er und schon Veteran mit einem Beinstumpf in der Sonne. Sie kommen ins Gespräch, er beugt sich im Marschieren herunter und berührt, wie aus Versehen, den hellen Stumpf, sie tauschen ihre Namen aus. Der junge Veteran heißt Jeff, eine Mine hat ihm das Bein weggerissen, jetzt arbeitet er mit anderen bei einer Zeitung, Love and Peace, die gibt es nur im Straßenverkauf, er hat Exemplare dabei, unter dem Rollstuhl ist sein Depot. Take some of them, sagt er, und noch am selben Nachmittag ist der Neuling in San Francisco Verkäufer einer Straßenzeitung am meistbesuchten Pier mit Blick zur Gefängnisinsel Alcatraz und, halblinks, auf die Golden Gate Bridge. Er spricht Passanten an, nennt die Vorzüge der Zeitung, Unabhängigkeit, Mut, Wahrheitsliebe, und sein erstes Glück an diesem klaren, windreichen Tag Ende September neunzehnhundertsiebzig führt zu dem zweiten und eigentlichen Glück: in offene Arme für einen wie ihn. Sie gehören zu einer Frau, die bei seiner Bemühung, ihr eine Zeitung zu verkaufen, schnell bemerkt, dass er mehr mit sich als mit der Peace-Bewegung zu tun hat. Sie lädt ihn zum Kaffee ein, und bald erfährt er, dass sie mit Immobilien befasst ist. Er schätzt sie auf dreißig, sie hat Fältchen beim Lachen; ihr Name ist Barbara, aber er soll sie Barb nennen, und seine Art, sie so zu nennen, kommt an. Am frühen Abend überquert er in ihrem Wagen die Golden Gate und betritt auf der anderen Seite, bei Sausalito, ein Haus aus Holz und Glas. Dort lernt er zuerst die kalifornische Küche und den lokalen Wein kennen und am Ende die wohl auch kalifornische Methode, sich zu vergessen. Er schläft in dieser Nacht den Schlaf der Gerechten, und das Frühstück am anderen Morgen erscheint ihm als Frühstück aus einer noch fernen Zeit, viel Obst, etwas Käse, Toast und Kräutertee, das Ganze nach einem Morgenlauf der Bewohnerin, bei klassischer Musik von einem Plattenspieler – die Brandenburgischen Konzerte, soweit ich es in Erinnerung habe.

Sicher ist, dass an dem Morgen der berühmte wattige Nebel über der Bucht lag, auf der Stadtseite nur die Spitzen der Hochhäuser herausragten, und ich nach einem leidenschaftlich sachlichen Abschied – sie hatte mir noch alle Exemplare von Love and Peace abgekauft – die Fähre von Sausalito aus nahm. Drüben angekommen, ging ich zu einer nahen Adresse, die mir Jeff, der Veteran, gegeben hatte, damit ich die Einnahmen von den verkauften Zeitungen abliefern könnte, ein Hinterhofbüro. Jeff war selbst anwesend und erstaunt über zwanzig Dollar für zwanzig Verkäufe, er wollte mich gleich für weitere Einsätze, ich musste ihm versichern, dass es schon der Tag meiner Abreise wäre. Daraufhin drehte er zwei Joints, und wir rauchten und tranken sein Dosenbier; er fragte nach den Narben in meinem Gesicht, und ich konnte nur von einem Unfall erzählen, nicht vom Krieg (letzte Fäden hatte einer der anderen Goody-Bar-Leute sachkundig gezogen). Erst als sein Sixpack geleert war, entließ mich Jeff. Ich holte die Sachen aus dem Schließfach und ging zu United Airlines, mit der ich im Frühsommer gekommen war, ich kaufte mir ein Ticket nach New York und buchte das Ticket nach Deutschland um, ein teurer Spaß, aber vom Eisverkaufen waren noch zweitausend Dollar übrig. Und vierzig Stunden später kam ich vormittags in Frankfurt an.

35

Früher als im Wetterbericht vorhergesagt, ist der Himmel über dem Tyrrhenischen Meer wieder wolkenlos, von einem tiefen Blau, das Sitzen in der offenen Balkontür wieder möglich, die Arbeit halb innen, halb außen; und früher als angekündigt, wenige Tage, war der Amerikareisende zurückgekehrt – in beiden Fällen aber, auch wenn Jahrzehnte dazwischenliegen, dasselbe, leichtsinnig stimmende Gefühl: eines unerwarteten kleinen Geschenks. Hier in Alassio einige Sonnenstunden, damals in Frankfurt die Tage, in denen es mich sozusagen nicht gab oder noch nicht wieder gab oder nur körperlich gab.

Ich ging in ein Hotel in Bahnhofsnähe, ich zahlte mit Dollars, das machte Eindruck, und nach einem Schlaf bis in den Abend war es ein Herumtreiben bis in den Morgen, das Ausführen des Körpers, als wäre er ein Hund. Und doch kam dabei ein Gedanke zum anderen, wie dem Hund zum Trotz, und beim ersten Kaffee in einem Frühlokal war da auf einmal die wie ein Plan erscheinende feste Absicht, in Frankfurt mit Beginn des Wintersemesters Pädagogik zu studieren, soweit man hören konnte – ich weiß nicht mehr, von welcher Seite –, das Fach mit der größten Nähe zu allen Theorien der Psychoanalyse. Ich wollte wie Freud die weibliche Seele erkunden und meine gleich mit – eigentlich aber war es nur der Wunsch nach einer Liebe, die mich auf die Beine stellt, denn der Rückkehrer aus Amerika bewegte sich auf dem Kopf. Noch drei weitere Tage gab es ihn nicht, er lief sozusagen falsch herum durch eine Stadt, die eine einzige Baustelle war, überall ihre Eingeweide preisgab, wo die Schächte für eine U-Bahn offen lagen, überall provisorische

Straßen- und Wegführungen hatte, über Rohre und Leitungen, durch Pfützen und Schlamm, und dabei alles in allem mit einer Hässlichkeit glänzte, in der sich einer wie er geborgen fand. Sein Weg führte auch zur Goethe-Universität an der Bockenheimer Warte, er erfuhr dort, was zu tun wäre, um zu studieren, was ihm vorschwebte – so gut wie nichts, man konnte einfach anfangen, ein Abitur mit Ach und Krach reichte. Daraufhin kaufte er bei einem Buckligen an der Straßenbahnstation Bockenheimer Warte die Frankfurter Rundschau, ihre Freitagsausgabe, dazu hatte man ihm geraten, und suchte in den Wohnungsanzeigen nach einem Zimmer; und in den geschenkten Tagen, die ihm noch blieben, fand er ein Zimmer in einem Wohnhaus um die Ecke vom Ostbahnhof, gegenüber eine Feuerwache (die es dort nicht mehr gibt), ein kleines Dachzimmer, aber mit geraden Wänden und einem Balkon zur Straße, Dusche und Klo im Flur, zu teilen mit dem Bewohner des Nachbarzimmers, einem alten Mann aus Ungarn, sie sind sich im Flur begegnet, der Nachbar im Morgenmantel; das Ganze für hundertvierzig Mark im Monat, ohne Makler und besondere Fragen des Hausbesitzers. Der Student, so gab er sich aus, zahlte die Kaution in bar, plus zwei Monatsmieten, auch das machte Eindruck, und erst jetzt, mit einem Studienplan und diesem Zimmer, fühlte er sich so weit zurückgekehrt, unter den Füßen etwas festen Boden, dass er seine Mutter anrief, seinen Vater, seine Schwester.

Der verborgene Plan aber blieb das Schreiben, das verborgene Ziel der berühmte Verlag in der Lindenstraße, und es erschien mir als gutes Zeichen, dass jenes sachliche helle Geistesgebäude mit dem Namen des Verlags in wie gezirkelten eisernen Buchstaben an der Wand seitlich vom Eingang, in einer guten Fußentfernung zum Pädagogischen Institut lag, einem umso dunkleren, trostloseren Haus, schmal, freistehend, wie im Krieg knapp davongekommen – eher aber andersherum: es zu dem Verlag, was den Fußweg betraf, nicht weit wäre. Beim ersten Schritt in das düstere Institut schien mir dagegen das andere, so helle Gebäude (vor Jahren dem Erdboden gleichgemacht für Bankerappartements) in so unerreichbarer Ferne zu liegen wie das Haus aus Holz und Glas bei Sausalito.

Es war ein nasskalter Oktobertag, als der angehende Student zum ersten Mal das Pädagogische Institut betrat (das bald umzog in einen neuerbauten Betonturm, den Turm, der vor Jahren unter größtem Beifall gesprengt wurde – damals so unvorstellbar wie das Schleifen des Verlagsgebäudes), als er ein dunkles Treppenhaus hinaufging und im obersten Stock in einen Raum voll Zigarettenqualm und mit dem Geruch eines Ölofens kam, zur Einführung in sein erstes Seminar, Selbsterfahrung in Kleingruppen. Weit über zwanzig an sich selbst Interessierte saßen teils auf Stühlen, teils auf dem Boden um einen Dozenten mit Bart, der auf seinem Mantel saß und Papiere verteilte. Noch herrschte ein Hin und Her in dem Raum, es war nicht zu ersehen, ob das Seminar schon begonnen hatte oder noch ein Vorlauf im Gang war, manche riefen Fragen in die Mitte, andere machten bereits Notizen, wieder andere reichten einen Tabakbeutel weiter, während der Dozent etwas in seinen Papieren Verlorenes hatte; und trotz alledem, vielleicht aber auch bei der Ausschau nach einem Halt in genau dem Durcheinander, entdeckte der Ankömmling das Gesicht, dem er seit langem, ohne es zu wissen, auf der Spur war.

Schnell und mit Mitteln, die er als Ausbilder gelernt hatte, bahnte er sich, wortlos, einen Weg in die Nähe dieses Gesichts einer jungen Studentin in zu weitem Männerjackett; auch sie saß auf dem Boden, am Ölofen, und er nahm einen Platz im rechten Winkel zu ihr ein, nur mit zwei anderen und dem Ofen dazwischen, was es ihm erlaubte, sie immer wieder halb von der Seite anzusehen. Alles an ihr war leicht verzögert oder erschien verzögert, das Ausziehen der Jacke, weil es zu warm wurde, der Blick in das verteilte Papier, das Zurückstreichen von Haar, das ihr über die Wangen fiel – sie war dunkelblond, mit großen braunen Augen und scharf gezogenen blassen Lippen, blass, aber voll, einem versteckten Kussmund; zögerlich auch das Hervorholen eines Taschentuchs aus enger Hose, das geräuschlose Putzen einer leicht hervorspringenden geraden Nase und danach ihr erster Blick, mit sogar verzögertem Lächeln. Sie lächelte, weil ihr etwas gefiel an ihm und weil sie wollte, dass ihm ihre ganze Person gefiel, ihr gar nicht sichtbares Wesen, da war jeder Irrtum für ihn ausgeschlossen.

Die Seminarstunde nahm ihren Lauf, der Dozent mit Bart tat, als hätte er es mit einer Kleingruppe zu tun, er animierte dazu, etwas über die eigenen Gefühle in der so befremdlichen neuen Situation zu sagen, und als keiner etwas sagte, preschte er sogar vor, sagte, er fühle sich von den an ihn gerichteten Erwartungen an die Wand gedrängt und wäre am liebsten woanders, wie als Junge in der ersten Tanzstunde, was allgemeine Heiterkeit hervorrief. Nur die Studentin mit dem Blick, dem Mund, dem Gesicht, das ich gefunden zu haben glaubte, als wäre es mir irgendwann einmal verloren gegangen, setzte der Heiterkeit etwas entgegen. Sie meldete sich mit wedelnder Hand und sagte zu dem Dozenten, beharrlich den Kopf schüttelnd und plötzlich eine steile Falte über der Nase, sie glaube ihm kein Wort. Er würde nur etwas sagen, sei aber selbst daran nicht beteiligt, und überhaupt könne man nicht offen reden, wenn keiner keinen kennt. Es waren Worte wie ein Hilferuf, alles noch Folgende in der Stunde verschwamm mir, ich glaubte zu ersticken vor Verliebtheit. Nach dem Seminar, als es draußen schon dunkelte, zog ich dann einfach neben ihr her und sprach, weil der Name gefallen war, von Freud: wie wichtig es sei, die eigene frühe Sexualität zu erforschen, und sie nannte einen Maler zu dem Thema, Balthus – besser hätte es nicht kommen können. Der verhinderte Maler erwähnte seine Bilder, er erwähnte auch gleich, dass er gerade aus Amerika komme, eigentlich noch im Takt der Westküste lebe, und stieg dann auch einfach mit ihr an der Bockenheimer Warte in die Straßenbahn, die alte Linie vierundzwanzig, die bis zur Stadtgrenze von Offenbach führte, dort wollte die junge Schöne hin an dem Abend. Und auf einem guten Stück dieser Fahrt, damals noch durch die heute so feine Goethestraße und über die geschäftige Zeil, erfuhr der Begleiter bis zur Station Allerheiligentor in der Nähe seiner neuen Adresse – ich stieg aus, um nicht aufdringlich zu erscheinen, aber auch um die Adresse zu nennen –, dass sie in fester Hand war, einer Verbindung, der es nur etwas an Glanz fehlte, wie sich heraushören ließ.

Diese Lücke konnte er noch in derselben Nacht vorübergehend schließen, nachdem die Studentin gegen elf bei ihm geklingelt hatte – ohne dass ihm das nur Vorübergehende klar geworden wäre. Der Augenblick war alles, und so blieb es während des ganzen Wintersemesters, als er sich immer mehr in die Glanzlücke drängte, dort aber auch willkommen war dank der aus der Soldatenzeit geretteten Bilder. Denn die Liebende und eigentlich Vergebene mit den großen Augen und der Figur einer soliden Vase malte ebenfalls, und was sie in dem Dachzimmer von seinen Bildern an den Wänden sah – das Mobiliar bis dahin nur eine Matratze, ein Tisch und zwei Stühle – gab ihr das Gefühl einer wilden Geschichte neben ihrer stillen Herzensverbindung. Also begann der vermeintliche Künstler wieder mit Malen, ja dachte sogar wieder, in der Malerei besser aufgehoben zu sein als im Schreiben von Büchern, die sich an keine Wand hängen ließen und dazu noch mehr Zeit kosteten als ein Bild; die halbherzig Liebende kam nämlich schon aus Neugier auf sein neustes Werk einmal in der Woche und blieb über Nacht. Aber der Maler war kein Maler, er war ein Erzähler, ein Spinner und in sich unschlüssiger, verdorbener Liebhaber, dazu noch eifersüchtig auf den stillen anderen, den für alles Häusliche, und schließlich mischte er seine Talente mit seinen Mängeln und entwickelte für sich und die Mitstudentin einen gemeinsamen Traum (für eine Zwanzigjährige, von der ich wenig begriffen hatte, vor allem nicht, aus was für engen Verhältnissen sie kam, tief in sich, wie eine Erbkrankheit, das Gefühl des Behinderten), den Traum, mit ihr im Sommer den Onkel in Florida zu besuchen und danach durch Mexiko zu reisen. Und sie träumte mit, fehlte nur noch das Geld – was er vom Vater zum Studieren bekam, ließ keine Sprünge zu. Also lieferte er Getränkekästen aus und ging auch wieder spielen, setzte im Casino von Bad Homburg den halben Wochenlohn, zweimal mit dem richtigen Gefühl für die Null, das reichte.

Er hatte Glück. Und im Frühsommer flog das junge Scheinpaar nach New York, während der Herzensfreund eine Wanderung quer durch Island in Angriff nahm, fast ein Pionier der Grünen, der von dort postlagernde Briefe an die ihm schon bekannten weiteren Reiseziele des Paars sandte. Nach einigen Tagen New York und ein paar Tagen Washington (bei dem amerikanischen Internatsfreund, der das Jahr in Vietnam überlebt hatte) ging es im Bus nach Florida. Und nach drei Wochen auf der Orangenplantage, von aller Welt abgeschirmt, beide oft tagelang in dem verfallenen Cottage malend, sie an ihrem, er an seinem Platz, und nachts um die Liebe streitend, um jedes Tun im Bett, schon mit Kenntnissen der Psychoanalyse, die den Streit nur erbitterter machen, dazu nach Fahrten ans Meer, er fast nackt am Steuer, sie verschlossen daneben, und Abenden mit dem Onkel und seiner Frau in der Küche, guten Stunden ganz in der anderen Sprache und später im Bett nach in der anderen Sprache geflüsterten Wünschen auch guten Momenten, beginnt erst ihre eigentliche Reise. Sie fliegen nach Merida, in den Süden von Mexiko, und fahren von dort in klapprigen Bussen neben runzligen Indios und ihren Tieren, Ziegen, Hüh-

391

nern und schwarzen Schweinen, durch das ganze Land. In jeder größeren Stadt aber führte der erste Weg zum Postamt, wo bereits einer der isländischen Briefe lag, eine handschriftliche Kette der Verbundenheit mit dem abwesenden Dritten, das erweckte ödipale Drama nach Freud; beide lesen sie auf den langen Busfahrten, er schon die Abweichler von der reinen Seelenlehre. Und das Drama wiederholt sich in Campeche und Veracruz, in Villahermosa und Orizaba, in Mexiko-Stadt und Guanajuato, in Guadalajara und Puerto Vallarta, ja in einem Kaff am Pazifik, kaum auf der Karte zu finden, in San Blas, und später in Mazatlán, Chihuahua und Hermosillo und zuletzt in Tijuana, wo sie nachts herumirren, auf der Suche nach einem Schlafplatz zwischen Lastern vor der Grenze, und wo sie frühmorgens zu Fuß in die USA gehen, zur nächsten Busstation, für die letzte Woche in Kalifornien, nach Nächten im Bus endlich in einem Hotel in San Francisco, düster wie das Pädagogische Institut in Frankfurt. Und auch dort, wo der Initiator der Reise die Zeitung Love and Peace angeboten hat, gibt es den abwesenden Dritten in Briefform; unvergessen, wie der San-Francisco-Brief beim Weg über die Golden Gate Bridge gelesen wird, wie das Paar schweigend hintereinandergeht, als wäre es der Eiserne Steg über den Main, den man zu Fuß überquert – eine, gemessen an heutigen Urlauben, unglaubliche Reise –, war letztlich Nebensache, von Yucatan bis Kalifornien. Und so ist unterwegs auch nur ein Foto der Reisenden entstanden, aufgenommen schon in den ersten Tagen von einem Fremden auf der Spitze der höchsten Pyramide in den Ruinen von Uxmal, das Foto, das die ganze an sich hoffnungslose und zugleich bestechende Situation wiedergibt.

Kein junger Mann, sondern ein älterer Junge mit nacktem Oberkörper sieht da durch eine Brille verkniffen in die Kamera, den Arm um eine junge Frau in weißem T-Shirt; ihr Blick ist dagegen fast gesenkt, eine Hand um die Hüfte des Jungen, weniger aus Liebe, eher um irgendwie Halt zu finden auf dem Grat der Pyramide, mit steilsten Stufen zu ihrer Spitze. Noch aufschlussreicher aber ist ihre andere, freie Hand, halb erhoben vor der Brust, Daumen und Zeigefinger in einer kleinen, sich selbst schließenden Geste – eine junge Frau, die ganz bei sich ist, während der Junge von jetzt dreiundzwanzig an seiner Geste des Umarmens hängt, dem Bild, das beweisen soll, dass er und seine Begleiterin – die deutlich erwachsener wirkt – als Paar auf diesem Gipfel standen. Im tiefer gelegenen Hintergrund sieht man das Areal der Pyramiden, ohne einen anderen Besucher. Und dieses heute schier Unglaubliche: dass die beiden praktisch allein dort waren, ist beiden offenbar gleichgültig und hat sich bei der jungen Frau nur als ein Alleinsein zu zweit niedergeschlagen. Sie sieht eher in sich hinein als zu Boden, ein Blick, der ihrer Fingerhaltung entspricht; eine sachte Gegenbewegung ist nur in der Hüfte, die sich ohne Zutun des halbnackten Jungen an sein Geschlecht lehnt, auch wenn die Sexualität auf der Reise ihrerseits selten aus einem Dornröschenschlaf kam. Was sie erwachsen machte, war ihr Wille, alles Empfinden der Wahrheit zu unterwerfen, nichts zu beschönigen, was für sie und den Begleiter auf der Reise schmerzlich war, während es ihm genügte, empfindlich zu sein.

Das blieb auch nach der Reise so und führte in ein Auf und Ab von Glück und Unglück, den Sturz in jeden erreichbaren Körper, ohne zu wissen, wem er gehört; das Wiederzusichkommen nach dem Sturz mehrfach in den Selbsterfahrungszirkeln dieser Zeit, jeweils auf Druck der immer noch halben Geliebten. Ich erinnere mich an Wochenenden im Taunus, im Odenwald, in der Vogelsberggegend wie eingesperrt in billigen Landpensionen, die zu allem entschlossene Gruppe im Frühstücksraum, mit den Stühlen einen Halbkreis bildend um den, der unter Tränen sein Unvermögen nach außen kehrte – zwei-, dreimal auch ich, ohne Tränen, den Mangel an eigener Wärme, um sie jemandem weiterzugeben, das Unvermögen, dem anderen ein Halt zu sein, eine feste Burg, wie es im Kirchenlied heißt; stattdessen nur das Ersticken des anderen mit den eigenen Wünschen, seinem noch kindlichen Ballast. Und alles Lesen von dem, was man lesen sollte, was in Seminaren über das Frühe im Leben – Ansätze einer materialistischen Sozialisationstheorie: Wie strömte man dorthin und hing an Lippen – verkündet wurde wie anderswo im Gottesdienst die Frohe Botschaft, hat den Ballast nicht verringert. Der Alles-Lesende ist während solcher Gruppenwochenenden auf sich geworfen wie auf einen Haufen; er ist allein im Kreis der anderen, und zuletzt flüchtet er aus einer abgelegenen Pension, nimmt seine Büchertasche mit dem Schlafanzug darin und geht in den nahen Wald. Er hat keine Angst, er ist wieder Soldat, kann sich im Wald orientieren, er findet die Richtung nach Frankfurt und erreicht schließlich freies Feld, eine klare, nicht allzu kalte Märznacht; und statt den Büchern, den Begriffen, vertraut er den Sternen über sich, für Minuten nur, fünf vielleicht, aber es sind Minuten, die er in sein Dachzimmer mitnimmt – wie man sich fühlt, ist nicht alles auf der Welt, das hat er behalten von diesem Nachtmarsch.

Und noch im selben Frühjahr zieht sich die, die spätabends an seiner Tür geklingelt hatte, um sich über ihm auszubreiten, mit der er Tausende von Kilometern in klapprigen Bussen saß, und ohne deren Besuche jeweils von Sonntag zu Montag, ohne deren Körper, deren Stimme, deren Tränen und Schreie vor Verzweiflung und vor Lust er zu sterben glaubt, gänzlich von ihm zurück. Es ist ein Rückzug auf Anraten eines Therapeuten, den sie jetzt zweimal in der Woche aufsucht, Psychoanalytiker mit griechischem Namen und schwarzen bis silbrigen Locken; sie gibt auch ihr billiges Zimmer in Bockenheim auf und zieht mit dem alten Herzensfreund in die noch billigere Ostbahnhofgegend (die nur sich äußerlich gewandelt hat mit der Europäischen Zentralbank auf dem einstigen Großmarkt), in eine leider so gelegene Wohnung, dass der Verlassene von seinem Balkon aus, über die Ostbahnhofstraße und die Hanauer Landstraße hinweg ihr Küchenfenster sehen kann, ob dort am Abend Licht brennt oder nicht, der Freund für beide noch etwas brutzelt oder sie schon zu Bett gegangen sind.

Der Balkon ist schmal und laut von der Straße, dafür mit Sonne ab Mittag und wenigstens dem Platz für einen Klappstuhl; rechts grenzt er an den Balkon des alten Nachbarn aus Ungarn, der sich dort aber nie sehen lässt. Er heißt Zoltan Fodor, so steht es mit Hand geschrieben klein auf einem Schildchen an der Zimmertür. Der Verlassene oder Aufgegebene, jetzt auch allein mit seinen Bildern, die schon die Wände oberhalb von gestapelten Büchern nahezu füllen, sieht den Nachbarn oft mehr als einen Monat lang nicht, nur dessen Spuren im Klo und in der Dusche. Aber er hört ihn fast jede Nacht, wenn er noch um zwei, um drei an seinem Maltisch sitzt, mit Bleistift, mit Pinsel, mit farbiger Tusche und auch mit Öl auf aufgezogener Leinwand, jede im Hochformat vierzig mal dreißig Zentimeter, den verlorenen Körper der Geliebten wiederherzustellen versucht und auf einmal von nebenan die immer gleichen, wie von dunklen Erinnerungen aus dem Schlaf gezerrten Rufe kommen, Katastrophe-Katastrophe, gleich einem Nacht für Nacht wiederkehrenden Kommentar zu ihm, der da immer noch sitzt und malt, im Grunde schon ein Schreiben ohne Worte betreibt, mit dem Pinsel als Stift, der Leinwand als Papier, dem Horizont im Bild als Zeile. Der dabei raucht und trinkt und Musik hört (die Platten aus den letzten Internatsjahren, die mich bis heute als schwarze Scheiben der Sehnsucht begleiten) und sich immer wieder die vier Buchstaben der vier Buchstaben erschafft, wie ein Gesicht, das sich ihm zuwendet, sich dem Betrachter so vielsagend öffnet, als wäre der weibliche

Körper ein Palindrom, von rückwärts lesbar wie von vorn: ein sexueller und ästhetischer Eklat – entnehmbar dem Schweigen von denen, die ihn besuchen, sich die Bilder wie verbotene Bilder ansehen. Bis ihm die Augen zufallen, malt er, und was er zuletzt nicht zerstört, weil es ihm misslungen erscheint, etwa wie ein Gedicht, dem die Musik fehlt, wird tagsüber in die Galerie der Bilder eingereiht, um noch am selben Abend das nächste in Angriff zu nehmen, die nächste gemalte Erzählung von einem Stück Körper als einem Stück Vollendung oder der Illusion des Eigentlichen. Nacht für Nacht taucht er den Pinsel in die Farben der Erinnerung, in ein Es-war-einmal-gut und ein Es-war-einmal-böse, um damit ein Schön-Sein festzuhalten, das es im Präsens nicht gibt. Er will die guten und die bösen Erinnerungen zur reinen Gegenwart machen, das füllt seine Tage und Nächte aus; der Katastrophe-Ruf von nebenan aber trifft ihn als wahre Gegenwart, als ein Ruf der wirklichen Welt.

Nur zum Einkaufen verlässt er sein Dachzimmer, kann aber im Haus bleiben, weil im Erdgeschoss ein Lebensmittelladen ist, Schade & Füllgrabe, dort besorgt er sich, was er zu seiner Ernährung braucht, steckt kleinere Dinge wie abgepackte Wurst oder Zigaretten ein und bezahlt die größeren wie Bier und Dosengerichte und ein Schweinekotelett von der Fleischtheke an der Kasse; er muss haushalten mit seinen zweihundert Mark zum Leben, wenn es noch für Farben und Leinwand reichen soll. Aber einmal in der Woche verlässt er auch das Haus in der Ostbahnhofstraße neun und das ganze Ostend. Bei sich nur Block und Stift, das lange Haar, mit einem Hauch von Grau schon an den Schläfen, zurückgekämmt, fährt er schwarz durch die Stadt und besucht eine jeweils am Dienstag im Institut für Sozialforschung zusammenkommende Arbeitsgruppe älterer Studenten mit einem Häuptling aus dem Reservat Soziologie, Psychoanalyse, Linguistik, dieser Dreifaltigkeit, eine Gruppe im Namen von Hegel und Marx, von Freud und

Chomsky, später dann auch von Foucault, Derrida und Lacan. Wie ein Verhungernder nimmt er dort jeden Wortkrümel auf und kann in den Tagen und Nächten dazwischen wieder in seinen vier Wänden malen, nur mit Schlafpausen als Unterbrechung, als hätten ihn die Worte tatsächlich ernährt; nur ist es eher der anerkennende Blick des Häuptlings und mehr noch das Zugewandte der einzigen, nicht nur klugen, sondern auch schönen und natürlich vergebenen Frau in der Gruppe (heute eine Kollegin), wenn von seiner Seite ein überraschender Beitrag gekommen ist, etwa zu dem hitzigen Dauergespräch über die Begründung einer materialistischen Sozialisationstheorie (das damals neuste Werk von Alfred Lorenzer, der mir später das Rigorosum abnahm). Und erfüllt von dieser Theorie, in der es keine Erklärungslücke mehr gibt, warum jemand fühlt, wie er fühlt, und denkt, wie er denkt, warum er Gutes tut oder Kinder ermordet, die CDU wählt oder ein Kaufhaus anzündet, fährt der Student mit Vordiplom inzwischen und einem Arbeitsschwerpunkt – Sozialisation als Desaster am Beispiel des Knabenschlächters Jürgen Bartsch – weiterhin gelegentlich zu seinem Vater und dessen Gefährtin und lässt bei all dem Wein, der dort fließt, die verschiedenen Gedankenwelten jetzt hart aufeinanderprallen. Ohne Punkt und Komma trägt er vor, wie er denkt, so, als hätte es nichts mit Glauben zu tun, als wäre es Mathematik, die Algebra und Geometrie des gesellschaftlichen Menschen in einer aus dem Kapitalismus hervorgehenden kleinbürgerlichen Familie, aus der wiederum das Böse hervorgeht, und der Vater hält zunehmend bitter dagegen. Er spricht von der Leistung, der Freiheit, dem Mut, dem Untergehen nach dem Krieg oder Nicht-Untergehen, dem Handeln statt großem Reden, was den Sohn zu weiteren Vorträgen treibt, über die blinden Stellen in der Vätergeneration, die vom Krieg verschütteten frühen Wunden; er kommt mit Sprachtheorien und Fallgeschichten, mit Narzissmusforschung und einem

Buch, das Der Tod der Familie heißt. Das hat er dabei und schwenkt es wie eine Fahne, und der Vater brüllt sich für Momente ein Stück Seele aus dem Leib, wie sehr es ihn verletzt, nicht gesehen zu werden: als der, der immer noch alles tut, um einer Enge zu entkommen, die es nicht mehr gibt, nur noch in ihm – als Mangel an Sein, sagt der Student, und sein Vater flüchtet, den Tränen nahe, ins Bett. Es gab solche Abende, immer wieder gab es sie, und immer wieder war am nächsten Morgen, beim Sonntagsfrühstück, alles vergessen oder doch so verwischt, dass Vater und Sohn sich später, als beide aufbrechen, der eine zum Seminarort, der andere nach Frankfurt, umarmten, ohne dass der, der nachts so verletzt war, auch nur geahnt hätte, auf welcher schiefen Bahn sich der, der ihn verletzt hat, bewegte.

36

Sein Leben in dem Dachzimmer ist so gesellschaftslos, als gäbe
es unten keine Straße, nur die Geräusche, und als gäbe es auch
keine Stadt und ihre Menschen, nur die Orte, an denen er sich
holt, was er braucht. Eine Zeit lang – Monate, ein halbes Jahr,
schwer zu sagen – hat er noch unentwegt an die gedacht, die
ihn verlassen hat, ein Denken, um sie zu vergessen, sie aber
auch immer wieder dabei auftauchen zu lassen – Fort/Da heißt
dieses stille Tun bei Freud, kindlich harmlos mit einer Spule an
einem Faden, nur fehlt ihm der Faden. Manchmal sieht er sie
von weitem auf der Straße mit dem Freund, Tüten in der Hand,
dann flüchtet er in sein Dachzimmer, um es tagelang nicht zu
verlassen. Er lebt von Knäckebrot, von Dosenwürstchen, von
Apfelmus, Rosinen und Kartoffelbrei aus der Tüte und malt.
Immer hat er etwas Leinwand in Reserve, immer auch einen
Vorrat an Bier auf dem Balkon. Während er malt, redet er
stumm bis halblaut zu der Welt, der er eigentlich den Rücken
gekehrt hat. Wie von einem Sprachdämon getrieben, wendet er
sich bis tief in die Nacht an diese andere Welt, zu der auch die
wöchentliche Arbeitsgruppe zählt oder Leute aus dem berühmten Verlag, die er gar nicht kennt, nur imaginiert; und als wäre
es die Antwort auf all das, kommt von nebenan der Ruf, Katastrophe-Katastrophe! Dann raucht er noch eine und tritt dabei
vor das Waschbecken, das auch seine Spüle ist gleich neben
einer Kochplatte. Er sieht sich im Spiegel über dem Waschbecken beim Rauchen zu – einer der Momente, in denen er
glaubt, verrückt zu werden oder schon verrückt zu sein, hoffnungslos isoliert, und er fühlt sich denen verbunden, die sich

nicht mit dem Anzünden eines Kaufhauses begnügt haben. Es ist nur ein Gefühl, er ist in keiner Weise Teil einer Gruppierung, wie sie in jedem Seminar ihre wütende Gesandtschaft hat, die alles in Frage stellt, heisere Studentinnen, die über besetzte Häuser reden wollen oder gesellschaftliche Ursachen des Autismus, die keine Ruhe geben und sich für die Speerspitze einer Bewegung halten, mit der er nichts zu tun hat (und die erst Jahre später, ich glaube im Kursbuch, als Die Achtundsechziger ihren Namen erhält). Er lebt völlig für sich, gar nicht so weit weg vom Autismus, und wie die überall auf Fahndungsplakaten Gesuchten, denen er sich still verbunden fühlt, lebt auch er jenseits der Gesetze, mit dem einen Unterschied aber, dass es für ihn mit Bagatelldelikten getan ist.

Dennoch ist es ein Desperadoleben, nur führt er es nicht, es hält ihn am Zügel, gefangen. Das Dachzimmer ist ein telefonloses Hochsicherheitszimmer und zugleich ein kleines alleiniges Reich. Jahrein, jahraus bewegt er sich dort zwischen einem Matratzenlager und seiner Malecke, zwischen der Kochgelegenheit neben dem Waschbecken und einer Schreibtischplatte auf Stapeln von Büchern und überhaupt gestapelten Büchern bis in Brusthöhe. Die Wandflächen darüber gehören den fertigen Bildern in dem Zimmer von vierzehn Quadratmetern. Mit einigen Bildern ist er zufrieden, etwa dem einer Frau, die lächelnd ihre Schenkel aufhält, auch mit dem Geschlecht zu lächeln scheint, vor dem Klaffenden ein Häufchen Kieselsteine, wie eben gelegte Eier, und im Himmel über der Frau ein schwebendes Ei, das Motiv auf jedem Bild. Erst das Ei im Himmel, dann der Rest. Ein anderes Bild, das er mag, zeigt ihn als nackten Jungen mit geschorenem Kopf, schlafend, träumend; vor dem Jungen das geträumte Bild, ein Ausschnitt aus Goyas Erschießung der Aufständischen, ein Grenadier, der anlegt. Und immer wieder hat er, malend, auch die Gestalt eines mädchenhaft weichen Jungen oder jungenhaften Mädchens angepeilt.

Auf einem Bild steht die Gestalt in einer Wanne, auf einem anderen liegt sie in flachem Wasser, das Gesicht in der Armbeuge, das lange Haar zwischen den Schulterblättern. Er malt einfach, was ihm fehlt. Es ist ein nächtliches Tun bei Bier und Zigaretten und Musik von einem kleinen Plattenspieler, er hört Dvořák, Coltrane, Schütz, Cello, Saxophon, Choral. Die geistliche Musik, die ihn nach wie vor schmerzt, kommt immer zuletzt, nach den Katastrophe-Rufen wie von einem, der alles verloren hat, auch den Glauben an ein erlösendes Stück Körper, und der ihn manchmal noch bis zum Morgengrauen malen lässt, getragen von der Idee der Erlösung durch etwas überirdisch Schönes – Gott als der feine Spalt in einer Unterlippe, Gott als die Mulde zwischen Schenkel und Schritt; als das Zittern eines Augenlids. Gott als die kleine trichterförmige Öffnung, ohne die man keinen Frieden findet, oder das zarte Blau einer Kniekehle, Gott als das Schattige in einem Hohlkreuz und das Glänzen nasser Hinterbacken.

So entsteht Bild auf Bild, alle hochkant, immer mit einem Horizont, darüber der Himmel und in seiner Weite oder zwischen den Wolken das schwebende Ei. Es ist ein Malen, um sich nicht aufzulösen wie die verdünnten Farben, und die Bilder an den Wänden sind die Dämmung gegen das Leben; nach dem letzten Pinselstrich, wenn unten schon die erste Straßenbahn fährt, fällt der Amateur – nichts anderes war ich – auf sein Lager und schläft bis in den Mittag. Was ihn weckt, ist der Hunger, auf ein Frühstück und etwas Lebendiges, dem er sich unterwerfen könnte. Und in seiner seit der Kindheit so kritischen Zeit zwischen halb zwei und Viertel nach drei, den Mittagsschlafdämmerstunden, verlässt er jetzt öfter das Zimmer und Haus und gerät, je mehr er sich von seinem Hochsicherheitsraum entfernt, in eine wachsende Atemnot, als hätte er eine Faust in den Bronchien und zwei Hände um den Hals. Er glaubt zu ersticken vor Verlangen nach Zugriff auf einen anderen (wie es im ersten Seminar das Gefühl war, vor Verliebtheit zu ersticken), seine Wangen glühen, als hätte er Fieber, jeder Schritt fällt schwer, auch die Schritte in der Gegend um den Bahnhof oder die, wenn er gelegentlich seine Mutter besucht und drei Etagen zu ihrer Wohnung hinaufgeht. Er ist krank und weiß, dass etwas passieren muss. Allein das Malen gelingt ihm und das Lesen, er ist schon Tutor, weil er so viel gelesen hat, dass er damit um sich werfen kann und dafür sogar Geld bekommt; nur frei atmen kann er nicht außer Haus.

Und wieder einmal hat er Glück – keine dreihundert Meter sind es bis zu einem Internisten in der Ostbahnhofstraße mit auch auf Atembeschwerden spezialisierter Praxis. Der untersucht ihn und kommt zu keinem klaren Ergebnis, aber das unklare reicht zum Verschreiben von Inhalationen, die Kur findet in seinen Räumen statt. Zwei junge Arzthelferinnen stehen dem Patienten dafür abwechselnd zur Seite, und jede wird bald zu einem Trost in seinem Dachzimmer; sie erscheinen jeweils in ihren Mittagspausen, bestaunen zuerst die Bilder und setzen dann auf andere Weise die Behandlung fort oder lassen ihn tun, was seine Atemnot beendet. Er ist kein Verführer, er ist auch kein Liebhaber, er macht höchstens neugierig. Eigentlich ist er nur da, zieht sich aber aus, weil es auf den Sommer zugeht und heiß ist im Dachzimmer, und die junge Besucherin tut es ihm nach. Sie weiß dann nicht recht weiter, und er weiß es schon, man könnte beim Folgenden auch von Gewalt reden; auf beiden lastet ein Druck: etwas zu erleben und etwas zu erledigen. Sein Sommer, jetzt die schwerste Jahreszeit, ist mit den Arzthelferinnen gerettet, das Ganze platzt erst, als eine die Dummheit begeht, der anderen von ihm zu erzählen. Der eigentlich Dumme aber ist er, inzwischen sechsundzwanzig und vor dem Diplom, schon mit Ideen für eine Doktorarbeit, um dem Leben noch zwei Jahre auszuweichen. Er kann wieder atmen, aber steht dumm da, allein mit all den Büchern. Das rein körperliche Tun, ohne jedes Denken, hat geholfen, also will er es fortsetzen, und wenn es dafür keine anderen Körper gibt, dann können es auch Geräte sein, er weiß schon, wo sie zu finden sind. Sein Weg in die Stadt, um sich Bücher oder Leinwand zu besorgen, führt an einem Sportstudio vorbei – Mitte der siebziger Jahre noch etwas gänzlich Verrufenes, ein Ort für Zuhälter und Türsteher –, und dieses am Anfang der Hanauer Landstraße in einer früheren Souterrainwerkstatt gelegene Studio betritt er an einem der ersten Herbsttage für ein Probetraining, um es von da an fast jeden Nachmittag zu betreten. So oft es geht, verbringt er jetzt seine kritischen Stunden an Geräten, wie sie wohl die Gladiatoren schon gekannt hatten. Er stemmt und zieht, er drückt und presst, und redet, wie die übrigen dort, kaum ein Wort; die kommen tatsächlich aus Zuhälterkreisen oder sind ganz auf sich und bestenfalls noch andere Männer fixiert oder sind stille Borderlinekandidaten; und nirgends – das fällt dem Trainierenden bald auf – gibt es etwas Ernsthaftes zu lesen über solche Orte, an denen der Körper allmählich eine neue Gestalt annimmt, man sich selbst zum begehrten anderen wird. In seinen Pausen an einer gezimmerten Bar mit Kraftgetränken macht er sich erste Notizen, ja sucht nach den besten Worten für das, was er sieht und füllt dabei ganze Blätter in einem Heft. Später tippt er dann einiges ab, anderes streicht er, um am nächsten Tag an der hölzernen Bar noch genauer hinzusehen, wenn die anderen vor einem Spiegel ihre Posen machen, und so führt ihn das halb unterirdische Sportstudio mit einem lebensgroßen Foto von Arnold Schwarzenegger noch mit Zahnlücke nach und nach zum Schreiben zurück, der Arbeit an einem Aufsatz über das wahnhafte Körpergeschehen, dazu noch der Idee für eine Erzählung und vielleicht sogar ein Theaterstück – zu etwas, das in Büchern oder auf der Bühne damals nicht vorkam. In all den Neuerscheinungen, besonders denen aus dem berühmten Verlag in der Frankfurter Lindenstraße, ging es immer nur um das innere Leben der Helden, als hätten sie gar keinen Körper; mich interessierte dagegen die Oberfläche, die Sprache der Zeichen.

Ein Zeichen für das nahende Ende der Saison: der heute, trotz anfänglicher Sonne, fast leere Strand, die letzten noch bereiten Liegen in zweiter, dritter Reihe wie dort vergessen – oder als Symbole für einen Sommerort stehen gelassen. Im Laufe des Tages ist dann das Wetter umgeschlagen, nicht nur an der ligurischen Küste, auch an der französischen Riviera, ein vom Atlantik kommendes Mittelmeertief, das die Reste an Sommer buchstäblich in alle Winde zerstreut hat und den Herbst unanfechtbar macht, seinen ersten Sturm ankündigt, entsprechend die Maßnahmen, nicht nur am Strand, auch im Hotel. Es gab kein Frühstück mehr auf der Terrasse, und die verbliebenen Gäste – um die zwanzig, aber man erwarte noch welche, hieß es – bildeten mit ihren Zweiertischen im abendlich beleuchteten Speiseraum, obwohl es früher Vormittag war, eine Art Rudel, aber von verstörten Gästen, nicht von Urlaubswölfen; man trank Tee und trug Strickjacken. Dass noch Gäste erwartet würden, Engländer, war eine Information des Opernliebhabers mit leichtem Silberblick am Empfang. Er sprach über das Wetter und die Gäste, die dennoch kämen, weil sie jedes Jahr im Oktober kämen, um dann, mit seltsamer Verspätung, unter den Empfangstisch zu greifen und etwas in Geschenkpapier eingeschlagenes Längliches hervorzuholen. Mrs. Bennett habe das noch vor ihrer Abreise hinterlegt, mit der Bitte, es mir erst zu geben, wenn sie wieder in Amerika sei, sagte er, und ich nahm das längliche Paket entgegen. Es fühlte sich nach einem Pappzylinder an, nach etwas, das knicken könnte, aber nicht knicken sollte, und der erste Gedanke war, wie es die ganze Rückreise erschweren würde, von Alassio mit dem Zug bis

Nizza, dann mit dem Zug über Genf nach Frankfurt – wenigstens auf der Abschiedsetappe am Meer entlang, damals auch die Rückroute meiner noch jungen Eltern.

Gekommen war der Sohn von Genua, aber auf der Rückfahrt wollte er bis Nizza die elterliche Strecke, mit denselben Blicken – was belanglos sein mag oder ein falscher, sentimentaler Weg, sich an etwas zu erinnern, an dem man selbst gar nicht teilgenommen hat: die kleine alte Eisenbahn zwischen Alassio und Nizza, die schnaufende Dampflok, die Eltern in ihrem Abteil am Fenster, seine Mutter mit letzten Blicken auf das Meer, sein Vater noch die Hotelrechnung studierend, ob da auch alles stimmt, die gebräunte Stirn in Falten. Aber auf dem Feld der Liebe, auch der verspäteten des alten Sohns zu den Eltern, ist gerade das Belanglose ein Zeichen dafür, dass eben alles zählt, auch eine Bahnfahrt, die mit der von damals bis auf die Streckenführung nichts mehr gemein hat. Ja, es sei noch die alte Strecke am Meer durch viele Tunnels, hatte der Maestro an der Rezeption auf Fragen erklärt und gleich eine Verbindung herausgesucht und zu einer Fahrkarte erster Klasse geraten, weil in der zweiten Afrikaner säßen, die versuchten, nach Frankreich zu kommen. Er war besorgt um seinen Gast, nur in der ersten Klasse sei das Gepäck gut aufgehoben, auch ein Gegenstand wie der von Mrs. Bennett; er bot einen Korb für das Geschenkpapier an, aber das Ganze sah aus, als könnte es nur mit Verpackung die Reise heil überstehen. Und so ist es, wie es war, mit aufs Zimmer gekommen – wo ab dem Mittag die Balkontür fest geschlossen sein musste, so windgepeitscht regnete es. Seitdem ist es ein Zimmer wie das, in dem das Schreiben wieder angefangen hatte, fern aller Welt.

37

Noch malte der Weltferne in dem Dachzimmer, aber es war wie gesagt eine Vorstufe des Erzählens, ein Schreiben mit feinem Pinsel. Und eines Nachts bat ihn der alte ungarische Nachbar, als sie sich im kalten Flur trafen, es war Januar, in das Zimmer neben seinem. Dort zeigte er ihm, kommentarlos, alle Dokumente eines Lebens, von einer lappigen Geburtsurkunde als Zoltan Fodor über Schulzeugnisse und Militärpässe, von Trauscheinen und Scheidungspapieren über eine Waffenlizenz und Parteibüchern bis zu Reisevisa und einem behördlichen Schreiben, aus dem ein Status als Verfolgter hervorging. Er saß in einem alten Bademantel auf dem Bett, das weiße Haar stand ihm ab, er bot dem Besucher einen süßen, schweren Wein an, und nach dem zweiten Glas fragte er ihn nach seinem Leben, seiner Arbeit, und der junge Mitbenutzer von Dusche und Klo im Flur sagte, er sei Schriftsteller, eine glatte Lüge, zumal seine Hände voller Farbe waren. Aber der alte Ungar, sicher um die achtzig schon, wollte dem so viel Jüngeren glauben und erzählte ihm im Gegenzug Dinge aus seinem Leben, dass er erst Journalist gewesen sei, dann Agent, dann Verfolgter, später Flüchtling und erneut Agent; dass er zwei Söhne habe, irgendwo, und nicht wisse, was er morgen den Tag über tun solle, außer oben im Kaufhaus Schneider in die Cafeteria zu gehen. Bis es hell wurde, redete er, um sich im Bett all seine Papiere, und sie leerten die Flasche mit dem süßen Wein in dem überheizten Zimmer. Zwei Monate später, Anfang März, hörten die nächtlichen Katastrophe-Rufe von nebenan auf.

Es war der Monat, in dem ich das letzte Bild malte – von etwa siebzig, die Hälfte verschenkt, einige zerstört, nur wenige behalten –, einen auf der Seite liegenden weiblichen Körper, der Kopf ersetzt durch ein Kissen. Das Licht ist auf der obenliegenden Schulter, welche die Figur anstelle des Kopfes abschließt, und fällt auf ideal geformte Hinterbacken, es verliert sich in dem Spalt dazwischen; das obere Bein ist angewinkelt, das untere gestreckt, etwas Licht auch auf der offenen Kniekehle. Das ganze Motiv füllt die linke untere Bildhälfte, dann folgt ein Mittelfeld, darin nichts als die Bettfläche, auf der die weiche Gestalt liegt, und in der rechten unteren Hälfte steht ein etwa Vierjähriger, blond gelockt, in kurzen Strampelhosen und auch einem Strampelhemd, in seinen Händchen ein Bleistift, der Maler des Bildes als Unkind mit einem Ausdruck der Betretenheit: die großen, spähenden Augen einerseits auf den Spalt gerichtet, andererseits auf das Kissen, das den Kopf ersetzt. Es ist ein Doppelblick am Rande des Weinens, unschlüssig oder ohne Vertrauen in die Situation – die Frage ist nicht, wohin mit dem Bleistift, sondern wie es anstellen, den Stift in der Gestalt zu versenken, ohne ertappt zu werden. Aber ertappt von wem? Eine Antwort findet sich im oberen Bildteil: Dort öffnet sich die Bettfläche, und man sieht einen geraden Horizont, auf seiner Linie ein Herrenhut wie ein dunkler Berg vor hellem Himmel. Ich saß, wie auch bei meisten Bildern zuvor, gut eine Woche an dem zentralen Motiv, mal gefielen mir die Umrisse nicht, mal die Schatten, mal die Farben, dann wieder die ganze Komposition; Versuch und Irrtum waren das Verfahren. Und in jeder dieser Nächte gab es keine Rufe von Zoltan Fodor, nur die Katastrophe der Stille von nebenan, einer Stille, die mich das Bild aus der Hand legen ließ und die Nadel von der laufenden Schallplatte heben, die leichter zu ertragen war, ich könnte auch sagen: einträglich wurde, wenn man eine eigene Stille dagegenhielt, die im Grunde gar keine war, weil in diesen Frühstunden ohne Malen und ohne Musik eine innere Stimme zu Wort kam – der, der sich schon Schriftsteller genannt hatte, fing an zu schreiben. Ein quadratischer Raum, verstellt mit Abgelegtem, ein Tisch, ein Stuhl, eine Matratze, Waschbecken und Kochgelegenheit, viele Bücher, gestapelt, an den Wänden Bilder, alle im selben Format, und auf der Matratze ein Körper, von hinten auf der Seite liegend, das obere Bein angewinkelt, über dem Kopf mit langem Haar ein Kissen, Punkt. Erst hat er gemalt, was ihm fehlt, jetzt schreibt er es hin und schafft sich mit Worten in aller Stille, auch der von nebenan, einen anderen in seinem Zimmer, weiblich, ohne dieses Wort zu gebrauchen, einfach ein anderes weiches Geschöpf.

Der alte Nachbar schweigt, und der junge Mitbenutzer von Bad und Klo im Flur – noch gibt es dort Spuren, aber keine frischen – schreibt; und jedes Verlassen des Dachzimmers ist jetzt eine Flucht in die Nichtstille. Nach wie vor besucht er das düstere Sportstudio mit all dem Gestöhne beim Drücken und Ziehen, nach wie vor auch die Arbeitsgruppe mit ihrem Geistesoberhaupt, all dem klugen Palaver dort; davon hat er inzwischen genug aufgeschnappt, um sich selbst zum kleinen Häuptling zu machen. In seinem Fachbereich der grenzenlosen Möglichkeiten bietet er unter dem Schirm der psychoanalytischen Pädagogik eine Veranstaltung mit dem Titel Der zerstückelte Körper an, über das Weiterreichen des eigenen beschädigten Körperbildes am Fallbeispiel des Kindermörders Jürgen Bartsch. Und nach wie vor besucht er an Samstagabenden seine Mutter, während sie höchstens ein-, zweimal aus einer Laune heraus, einem Übermut, den Fuß in sein Dachloch, das ist ihr Wort dafür, gesetzt hat. Er geht nicht ungern in die Savignystraße zwanzig, schon weil der Weg durch das Bahnhofsviertel führt; die Abende zu dritt in der kleinen Wohnung sind gute Abende, wenn seine Mutter, ihr Freund und er dort essen, trinken und reden (die Schwester studiert inzwischen Medizin in Freiburg, desgleichen der alte Internatsfreund, die Losung heißt Neurochirurgie). Es sind gelungene Imitationen eines Familienlebens, in manchen Momenten mit einem Schwung, einer Ansteckung, als müsste es genauso sein. Sie erzählen einander das Neueste, und Freund Kurt, jetzt Ende sechzig und mit schweren Beinen vom Rauchen, versteht es, alles zu Wolkige, sich in sonst einem Himmel Verlierende, auf die Erde zu holen, die Denkflüge des nunmehr Doktoranden durch Ironie und das oft bühnenhaft Überdrehte seiner Geliebten – niemand hatte ihr theatralisches Wesen besser begriffen als er –, indem er mit rollendem R Wir vom Theater sagt. Es sind die guten Stunden, die Jahre zu spät kommen und doch nicht so spät kamen, um nicht auch in der Erinnerung noch gute Stunden zu sein.

Der Besucher mochte die, die seine Mutter war, und ihn an solchen Abenden ernährte (in keiner anderen Lebensphase waren Empathie und Kalkül so getrennt bei ihr, so unverschlungen). Er blieb, bis sie in sich zusammenfiel, schmal wurde vor Müdigkeit, ja fast weinte; ein spätes Gehen aus Wohlbefinden, aber auch, weil der Rückweg ins Ostend wieder durch das Bahnhofsviertel führt und dort in den Bars und Lokalen, den Hauseingängen und parfümierten Zimmern der Häuser schon eine Ermattung herrscht, die wie eine Einladung ist. An den Spielautomaten sitzen die Verlierer, in den Häusern riecht es nach spätem Essen und nur noch träger Bereitschaft, und wenn der, der noch wach ist, angetrunken, aber hellwach nach dem anregenden Abend, an einem der Automaten gewonnen hat, eine Kaskade aus Silbermünzen in die Geldschale fällt, dass manche herausspringen, geht er mit all den Münzen in eins der Zimmer und zahlt dort für einen Anblick seiner Wahl, für ein Modell, ohne dass ihm Stift und Malblock einen Anschein von Recht dazu gäben. Seine Legitimation, das sind die Fünfmarkstücke aus dem Automaten in der ersten Stunde zum Sonntag, nachdem er wieder einmal horrendes Glück oder auch einfach Schwein, wie es heißt, gehabt hat, und drei lachende Monde oder Sonnen im Fenster des Automaten erschienen sind, dort nach zittrigem Einpendeln einträchtig nebeneinander verharrten. Niemand weiß von dieser Sorte Glück, mit der er sich in den Sonntag und über den Sonntag rettet, und würde man ihm etwas ansehen davon, dann wäre die am blindesten, mit der er den Abend verbracht hat. Seine Mutter, nunmehr neunundvierzig und immer noch finanziell in der Enge, auch immer noch in einem Mädchentraum vom Ruhm, beharrlich weiter über Liebesglück und Liebesleid Romane schreibend, die jetzt als Taschenbücher bei Ullstein erscheinen, lebt in ihrer Luftwelt, er in seiner – und bis zu dem Abend, als alles, was sie gestützt hat, ihr die Flügel verlieh für einen Alltag, in sich zusammenfiel, waren das Welten ohne wirkliche Berührung.

Der Sohn, noch keine Viertelstunde aus dem Souterrainraum mit den Hanteln und Zugseilen zurück, noch in verschwitztem Zeug, die Notizen von Sprüchen anderer Trainierender ordnend (der Aufsatz Body Building, Versuch über den Mangel, nahm erste Gestalt an), wird aufgeschreckt durch Rufe seines Namens im Treppenhaus und dann auch im Flur. Es ist die Stimme der Stimmen, die nach ihm ruft – aus tiefer Not schrei ich zu dir, das fällt ihm ein, das hat er gesungen, wenn es im Kirchenjahr an der Reihe war –, dann trommelt seine Mutter geradezu an die Tür und müsste gar nichts mehr sagen: Er weiß, dass ihr Leben über den Haufen geworfen ist. Noch durch die Tür wird sie es los, dass Kurt, ihr Kurtchen, einen Schlaganfall erlitten hat, vor zwei Tagen bereits in seiner Wohnung, sie gerade aus dem Krankenhaus kommt. Er ist schon nicht mehr von dieser Welt, ruft sie, als der Sohn Sekunden später in der offenen Tür ihren Kopf umarmt, den er vorher noch nie umarmt hat. Und eine Stunde oder länger sitzen sie beide, Mutter und Sohn dann auf der Bettmatratze, er immer noch im verschwitzten Zeug; er gibt ihr Wasser und erlebt sie erstmals aus einer Flasche trinkend, unbeholfen, irgendwie, er hält ihre andere, kalte Hand. Immer wieder flüstert sie den Namen, Kurtchen, es ist wie ein Sog – sie will noch einmal in das Krankenhaus, aber nicht allein, er soll sie begleiten, so wie er ist. Sie übersieht, was er anhat, Trainingshose und eine Cordjacke, dazu Turnschuhe, wie man sie eigentlich nicht trägt auf der Straße, sie will jetzt einfach nur ihn, seine Nähe. Also fahren sie mit einem Taxi zu dem Krankenhaus und sehen den, der schon nicht mehr von dieser Welt ist, die Augen verdreht, in einer Art Gitterbett, das neben zwei leeren Betten in einem Durchgangsraum steht, wie geschaffen für einen zwischen Leben und Tod. Seine Gefährtin der letzten zwölf Jahre – meine weinende Mutter – streicht ihm einzelne Haare aus der Stirn und küsst seine faltigen Wangen, die fleckige Hand mit Katheter, die schon fast weiße Nase, den immer noch feinen Mund, und plötzlich kommt in die Lippen eine Bewegung. Sie bilden Laute, die erst noch verwaschen sind, kaum verständlich, ein Lallen, dann aber sagt die Gestalt in dem Bett, das noch dem Leben Zugewandte in ihr, mit ferner Stimme meinen Namen, verbunden mit einem Satz, wie ihn sonst nur der Traum diktiert: dass ich immer die Klotür auflassen würde.

Und noch in derselben Stunde starb der Lebensfreund meiner Mutter. Sie war bei ihm in dem Durchgangsraum, während ich im Flur davor mit Zigarette hin und her ging, einem Flur, in dem damals Rauchen normal war; die Zigaretten stammten aus Kurts Jackett, das neben dem Bett über einem Stuhl hing, ein halbes Päckchen Nil. Ich rauchte und rauchte, bis die gerade Verlassene, das Haar in nie gesehener Weise zerzaust, wie schlafwandelnd in den Flur kam. Sie nahm mir die Zigarette aus der Hand und zog daran, und ich wusste, dass er tot war – eins der ganz wenigen Male, bei dem ihre Sprache nicht der Geste vorausgeeilt ist. Ich nahm sie in die Arme, und sie weinte hemmungslos für ein, zwei Minuten – die Zigarette brannte herunter. Dann löste sie sich und sagte mit nahezu fester Stimme etwa Folgendes: Wir fahren jetzt zurück und essen eine Kleinigkeit in deiner Wohnung – sie sagte nicht Zimmer und schon gar nicht Dachloch –, danach bestellen wir wieder ein Taxi, und ich fahre zu mir, ich will allein sein heute Nacht, sei mir nicht böse.

Wie kam sie auf böse? Böse war der Tod in einem Durchgangszimmer, während der, der immer die Klotür aufließ, im Flur vor dem Zimmer rauchte. Der Sohn war beschämt und zugleich froh, dass er überhaupt etwas tun konnte, nämlich für das Essen in seinen vier Wänden sorgen, auch wenn es keinen Esstisch gab und nur eine Kochplatte und der Balkon der Kühlschrank war; es gab auch keine Vorräte, und der Laden im Erdgeschoss hatte schon zu. Es gab aber schräg gegenüber an der Hanauer Landstraße einen Kiosk, in Frankfurt auch Wasserhäuschen genannt, und er klammerte sich im Taxi an dieses Wort, sagte, Wir kaufen im Wasserhäuschen etwas zu essen, und zählte auf, was er dort selbst schon gekauft hatte, Haltbares in Dosen, Pichelsteiner Topf und Sauerkraut, Brathering in Tomatentunke, Bockwurst im Glas oder einzelne Packungen von Mirácoli, dünne Nudeln mit Fertigsoße. Und genau die sollten es sein, als sie dann beide am Verkaufsfenster standen, wie ein Pärchen, das vor lauter Glück alles zu essen bereit ist. Die Spaghetti, sagte seine Mutter, fast schon aufatmend. Dazu gab es dort sogar italienischen Rotwein, Lambrusco, den trank sie später aus einem Bierglas, etwas anderes hatte der Sohn nicht anzubieten. Sie saß auf seiner Matratzenkante, noch im Mantel, das gefüllte Glas in beiden Händen, während er ein Auge auf die Nudeln im kochenden Wasser hatte; zwischendurch holte er sich eine kalte Büchse Henninger vom Balkon und nahm dort gleich einen Schluck – aus dem Nebenzimmer fiel Licht auf den Nebenbalkon, etwas Beruhigendes in dem Moment. Im Zimmer trank er dann aus dem Zahnputzglas, weil ja das Bierglas vergeben war, und immer wieder sah er zu der, die das volle Glas hielt, in das überraschende Menschenantlitz hinter der Mutter; sie nippte am Wein – das Gegenteil ihres Nippens auf dem Ikonenfoto, Augen weit offen –, und der Gedanke, sie in dieser Nacht allein in ihrer Wohnung zu wissen, hatte jetzt etwas, als würde sie allein in einen Wald gehen. Der Sohn tat die Nudeln auf, er gab die erwärmte Mirácoli-Feuersoße dazu, und die Bekochte auf der Matratzenkante aß wie ein Kind, ein Häppchen und noch eins, dazwischen der Lambrusco in kleinsten Schlucken, und er schlug ihr vor, doch hier bei ihm zu übernachten. Aber sie beharrte auf ihrer Wohnung, auf dem Für-sich-Sein, wollte allerdings, dass er sie noch im Taxi bis in die Savignystraße begleite, um dann mit demselben Taxi auch gleich zurückzufahren.

Ich erinnere mich, dass sie mir noch vor der Fahrt Geld gab, damit ich als Mann die Bezahlung übernähme, fünfzig Mark, deutlich zu viel für diese Strecke. Und so fuhren wir durch die Stadt, ihr Kopf lag an meiner Schulter, ich war damit betraut, ihre Wange zu streicheln, wieder und wieder, und strich über etwas, das sich anfühlte wie eine nur minimale Haut über einem Meer von Verzweiflung, dem alten Vaterseelenalleinsein. Noch vor dem Aussteigen bat sie darum, drei Tage lang völlig in Ruhe gelassen zu werden – und nach der Beerdigung, sagte sie, könnten wir beide mal ins Kino gehen. Dann wies sie den Fahrer an zu warten, damit ich sie zur Haustür bringen könnte, ihr letzter Wunsch an dem Abend, ich stützte sie auf dem Weg zur Tür; dort drückte sie mich mit einer Kraft an sich, als wäre sie eine andere und ich ein anderer. Und in der unsichtbaren Hülle ihres von keinen Tränen abgewaschenen Geruchs (der bis heute ihren aufbewahrten Schals anhaftet, nach einer übersüßen Reife) stieg ich wieder ins Taxi, ließ mich aber nur zum nahen Bahnhof fahren; so blieben von dem Fünfziger fast vierzig Mark – und die verspielt der Sohn an einem Automaten bis auf das Kleingeld für ein Bier und die Straßenbahn.

Es ist kalt in der Nacht, darum steigt er in die Linie achtzehn Richtung Ostend, und das mit Kärtchen; etwas hat ihn abgehalten, schwarzzufahren, wie er es sonst macht – vielleicht ein Gefühl des Kleinen gegenüber dem Großen, das sich auftut, wenn jemand stirbt, der einem nahe war, der großen Stille. Er sitzt, als berechtigter Fahrgast, klein und verstummt in der Bahn bis zum Ostbahnhof mit einer Uhr ohne Zeiger über dem Eingang. Von dort läuft er ein Stück zurück, bis vor die Feuerwache gegenüber von seinem Haus. Oben, im Dachzimmer von Herrn Fodor, brennt immer noch ein Licht, auf den Balkonstreben liegt matter Schimmer; und auch in der Küche der Wohnung von der, die mit ihm durch ganz Mexiko gereist ist, brennt Licht. Sie machen sich ein spätes Essen, denkt er, Bratkartoffeln, Spiegeleier, Nudeln vom Vortag, der Freund steht am Herd, schon im Schlafanzug, sie sitzt am Küchentisch und strickt, wie sie alle jetzt stricken, auch in seiner Veranstaltung, wenn er über den zerstückelten Körper spricht. Aber soweit er es aus dem Bartsch-Seminar weiß oder im Anschluss daran gehört hat, von Teilnehmerinnen, die in Analyse oder analytischen Gruppen sind und so gut wie alle im Fachbereich kennen, die auch unter Anleitung mit sich selbst beschäftigt sind – ein frühes intimes Netzwerk –, ist die, die er kaum noch oder schon nicht mehr liebt, auf dem Sprung in eine Frauenwohngemeinschaft, angeblich im Bahnhofsviertel. Verlässlich weiß er das nur von einer, weil sie die Wohnung mit ausgekundschaftet hat, der Neugierigsten in dem Seminar, während sich andere schon zurückgezogen haben; er ist zu genau, wenn es um die Mordtaten geht, fast, als wäre er dabei gewesen. Immer noch sieht er zu dem Küchenfenster, da steht jetzt wer mit dem Rücken zum Fenster, der Freund wohl, er tut ihr auf, und jetzt erst, warum auch vorher, legt sie das Strickzeug neben ein Buch auf dem Küchentisch, Hannah Green, Ich hab dir nie einen Rosengarten versprochen, Bericht einer Heilung, das lesen sie zurzeit alle, auch die noch übrigen im Bartsch-Seminar, und wer das nicht liest, hat von Maud Mannoni Das zurückgebliebene Kind und seine Mutter in der Küche liegen. Er weiß das, als säße er mit am Tisch; er weiß auch, wie dünnhäutig die sind, die so etwas lesen, und noch dünnhäutiger, wenn sie aus ihren Gruppen kommen, als hätten sie keine Haut mehr, und er kennt die Namen derer, die sie so hautlos machen mit ihrem bezahlten Schweigen und manchmal einem leisen Satz, ihnen am Ende aber das dicke Fell geben, um sich zu trennen. Er könnte eine Karte zeichnen, darauf zu sehen, welche der Teilnehmerinnen am Mörderseminar sich wo in der Stadt unter welcher analytischen Leitung mit solchen im Austausch befinden, die sich schon nach einer Nacht, eher aber vor der Nacht getrennt haben von ihm – die Kreise derer, die um sich selbst kreisten, waren eng, und irgendwie gehörte ich am Rande dazu.

Es fing an zu schneien, ganz sachte, ein taumelndes Sinken der Flocken wie in der Schwarzwaldkindheit lange vor Weihnachten, nicht erst im Januar, Februar; ich überquerte die Straße und betrat mein Wohnhaus, ich fuhr mit dem engen Fahrstuhl nach oben, darin an der Rückwand die Aufzugsverordnung vom 8. September 1926, mit Paragraphen, die alle noch Gültigkeit hatten, nur nicht für mich mit brennender Zigarette. Die Viertelstunde in der Kälte, oder wie lange ich im Freien war, das Küchenfenster auf der anderen Straßenseite im Auge, hatte mir gutgetan. Trotz des Todesfalls an dem Tag und einer verzweifelten Mutter betrat ich in der Nacht mit einem Gefühl der Ruhe mein Zimmer, auch ohne einen Gedanken an die Stille nebenan. Ich zog mich aus und legte mich gleich hin, um gleich einzuschlafen, aber kaum war es dunkel und erst recht still, endete die Ruhe; auf einmal waren da nur noch die Worte aus dem Bett in dem Durchgangsraum, die schon nicht mehr Kurts Worte waren, oder in einem Ausmaß seine, das alles andere, im Wachen Gesagte in Frage stellt.

Und nicht lange nach diesen Worten – zwei Tage nach den Tränen am Grab – sitzen Mutter und Sohn in einem Frankfurter Kino, dem Cinema am Roßmarkt, und sehen eine Billy-Wilder-Komödie, Avanti, Avanti!, in der Hauptrolle Jack Lemmon. Die Geschichte um eine Erbschaft spielt auf Ischia, und die Besucherin in diskreter Trauerkleidung, an ihren Begleiter gelehnt, sieht sehr genau hin, ein Schnappen nach jeder Ablenkung wie der ganze Kinogang. Ab und zu macht sie leise Bemerkungen über die Schönheit der Insel, das Traumhafte, das einen dort erwarte, während der Sohn gedanklich woanders ist: bei der Neugierigsten, eher aber Lebendigsten in seinem Tutorium über den zerstückelten Körper. Er hat sie nach der letzten Stunde – die Teilnehmerinnenzahl weiter abnehmend wegen der Details zu den Bluttaten, von ihm in dunklen Begriffen französischer Abweichler der Psychoanalyse präsentiert – in ein Gespräch gezogen und mit Erfolg eine Einladung zum Abendessen bei sich ausgesprochen; und die ist schon in einer Woche fällig, daran muss er denken, als eine ähnlich Lebendige in dem Film auftaucht, noch mehr an Schönheit auf die Insel bringt. Da will ich mal hin, flüstert die Zuschauerin neben ihm (und im Sommer desselben Jahres fuhr sie nach Ischia und lernte den Mann kennen, der sie kein Jahr später zu sich nach Hamburg holte, wo er zum Ehemann wurde und ihr erneute Jahre in der Stadt ihrer ersten Ehe bescherte, weit über zwanzig, und diesmal so gebettet, dass sie immer mehr Bereiche der realen Welt aus den Augen verlor). Noch aber sitzt sie in dem Frankfurter Kino, in Trauer um den Mann, der sie verstanden hat wie kein anderer (und über den sie bald darauf ein Buch schrieb mit dem Titel Der Zaungast, für den Sohn ihr bestes, das sie später nie mehr erwähnt hat), noch lacht sie weinend bei jeder Pointe, den Kopf an der Schulter des Begleiters. Immer wieder drückt sie ihm dankbar die Hand, dankbar, dass es ihn gibt und er mit ihr den Film ansieht, auch wenn er, was sie nicht einmal ahnt, ganz woanders ist, bei der, die selbst die dunkelsten Begriffe lebhaft aufgreift, das Lacan'sche Objekt klein a, den Mangel an Sein, das Fading, und zur Not auch darüber lacht, sich in jedem Fall unerschrockener zeigt als die noch übrigen anderen. Er müsste die Einladung durch einen Anruf bekräftigen, so versteckt entschlossen wie Jack Lemmon als Wendell Armbruster, wenn er die quirlige Schöne, in die er sich verliebt hat, fragt, ob er sie küssen dürfe, permesso?, und sie nur Avanti, avanti! sagt.

Der erste Sturm ist da, mit Wind, der das Meer aufwühlt, zu Wellen, die erst auf dem Strand mit dumpfem Geräusch brechen, dann an den letzten noch nicht abgebauten Umkleidekabinen rütteln und bis über die Fußgängerstraße rollen, in Abständen sogar gegen die Mauer unter der Hotelterrasse klatschen – ein Lärmen bis nach Frankfurt, selbst wenn man im Zimmer telefoniert, nur die Balkontür leicht aufsteht. Was die Arbeit mache, ob es vorangehe und wie sich der Ort auswirke, das Hotel, mein Zimmer, und ob es nicht besser sei abzureisen bei dem Wetter – Fragen einer immer noch Neugierigen, auch daran interessiert, dass ein Buch nach mehreren Anläufen zum Ende kommt, trotzdem geduldig genug – oder lang genug an der Seite des Anrufers –, um vor dem Auflegen nur lachend Jetzt mach mal zu sagen (statt Avanti, avanti).

38

Nach den zwei Kinostunden mit glücklichstem Ende begleitet
der Sohn die jetzt nicht mehr abgelenkte, schon beim Heraus-
treten in die spätabendliche Stadt wieder in Tränen Aufgelöste,
die seine Mutter ist – das muss er sich in dem Moment fast ins
Gedächtnis rufen –, noch nach Hause. Sie nehmen kein Taxi,
sie gehen trotz der Nachtkälte zu Fuß Richtung Taunusanlage
und durch die verschneite Anlage zur Mainzer Landstraße, die
gehen sie ein Stück hinunter und biegen in die Savigny. Der
Schnee auf den Bäumen in der Anlage, das unerwartet reine
Bild dort, hat die Mutter etwas beruhigt; sie will wieder allein
sein, noch einen Whisky trinken und dann schlafen, und nach
gegenseitigen Küssen auf die Wangen ist auch der Sohn allein.
Diesmal nimmt er nicht die Bahn, aber geht auch nicht gleich
zu sich. Er geht in die Kronberger Straße im Westend, wo die
so Neugierige – immer mit etwas empörter Kopfhaltung und
leicht verächtlichem Lachen – provisorisch bei einer Freundin
wohnt. Er sucht ihr Auto in der Straße, einen alten lachsroten
VW, findet ihn und klemmt einen Zettel mit einer Botschaft
unter den Scheibenwischer, Ich freue mich auf unseren Abend!
Daneben, zur Sicherheit, seine Adresse, die sie eigentlich kennt,
weil sie ihn schon einmal nach dem Seminar mit dem Auto
dort abgesetzt hat. Was er tun konnte, ist damit getan, und er
läuft nach Hause, jetzt durch die Anlagen hinter der Opernruine und vorbei am Stadtbad Mitte; er schüttelt niedrig hängende Äste, dass es über ihm rieselt, er läuft im Zickzack, als
hätte er getrunken. Und schon fast in seiner Gegend, am Allerheiligentor, macht er noch einmal kehrt und geht in ein Bier-

lokal, das er kennt, Die Sonne von Mexiko. Dort trinkt er und lässt die Musikbox laufen, immer wieder das Einfältigste, Santa Maria, Mendocino, Paloma Blanca. Es ist das Lokal der älteren Huren und ihrer ebenso alten, zu der Stunde bereits rührseligen Kunden; ein Paar aus beiden tanzt auf der kleinen Fläche vor der Box, und er bewegt sich einfach mit, hebt die Arme, streckt die Arme, dreht sich im Kreis – es waren die erhobenen Arme der Lust und die ausgestreckten des Bedürfnisses, dass einer die Hände nimmt; ich blieb in dem Lokal, bis es schloss, da fuhren schon keine Bahnen mehr. Und auf dem kurzen Weg, der noch zu gehen war, ein Stück die Hanauer hinauf, vorbei an dem Sportstudio, bis zur Ostbahnhofstraße, wehte ein eisiger, ganz und gar wach machender Wind.

Es war eine Überwachheit trotz etlicher Biere in der Sonne von Mexiko, verbunden mit dem Gefühl, dass mir nichts passieren kann, als ich noch in dicker Jacke von meinem Balkon aus, fünf Stockwerke über der Straße, auf den Balkon des alten Ungarn stieg, über die Außenkante, weil eine Milchglaswand die Balkone trennte. Das schwache Licht auf den Gitterstreben nebenan kam aus einem Vorhangspalt, und durch den Spalt konnte man ins Zimmer sehen, auf das Bett und den, der darin zuletzt geschlafen hatte, dort jetzt in Unterwäsche halb lag, halb saß, gestorben bei eingeschalteter Nachttischlampe. Ihr Licht fiel auf ein schon dunkles Gesicht mit schiefer Nase, schiefem Mund und Kinn infolge der Verwesung, die eingesetzt hatte – Zeit sei letztlich Zunahme von Unordnung, sagen die etwas poetisch orientierteren Physiker gern, und diese in Tagen und Nächten trotz der Kälte oder gar bei Heizungsluft zunehmend gestörte Ordnung des Körpers, der Beginn eines furchtbaren Chaos auf dem Bett, machte aus dem vagen Bangen, nachdem die Katastrophe-Rufe aufgehört hatten, auf der Stelle ein klares Interesse an dem, was zu sehen war. Der Balkonkletterer sah genau hin und machte sich auf dem

Block, von dem er das Blatt für die Botschaft unter dem VW-Scheibenwischer hatte, Notizen. Mit dieser ersten Ausbeute kletterte er zurück, und so vage, wie vorher sein Bangen war, ob dem Nachbarn etwas zugestoßen sein könnte, so unschlüssig war er, wie es hier oben mit nur zwei Mietern, davon einer tot, weitergehen soll, auch wenn es da schon die Idee gab, das Geschehen im Zimmer nebenan noch für sich zu behalten.

Das Wissen um den Toten hinter der Wand, an der meine Bilder hingen und der schmale Tisch stand, an dem der schon mehr Schreibende als Malende nach Worten suchte, war wie ein Schnitt: Es gab die Zeit davor und die seitdem laufende, tickende Zeit, die etwas Größeres hatte oder die Zeit, seit er allein war, kleiner erscheinen ließ, fast als würde sie schon hinter ihm liegen, die Zeit der langen Malnächte in dem Zimmer und seiner Gänge in die Stadt, um sich Bücher zu holen, um nach Körpern zu schauen, streunend umherzugehen selbst in Momenten des Stolzes – absurdem Stolz auf das Alleinsein mit den Schleiern des Nächtlichen – von einem beschämenden Drang begleitet wie von einem bedürftigen, nicht von der Seite weichenden Hund, dem Drang, sich auf Schönheit zu werfen, sich ein Stück Formvollendung unter den Nagel zu reißen für kurze Zeit, um später in der Sonne von Mexiko zu enden, wie zur Bestrafung inmitten von Hässlichem den Tag zu beschließen. Aber sie steckten noch in ihm, diese Unzeiten des Streunens, in die auch seine brüchigen Gelegenheitslieben fielen, das Sichdrehen im Kreis der unvereinbaren Wünsche, das Reden im Bett bis zum Morgengrauen, die Akte der Gewalt durch Tränen und Worte oder Tränen und Schweigen und manchmal auch blanke Kraft, Tritte, Schläge oder Schreie wie Tritte – und doch ist das Wissen um den Toten im Nebenzimmer ein Schnitt: Er trägt daran wie andere an einer Verantwortung, er muss die Worte dafür finden und kann sich nicht mehr so gehenlassen wie vorher. Das Wissen um das Chaos auf dem Bett nebenan lässt vieles, was vorher war, in einem anderen, deutlicheren Licht erscheinen, einem, das nicht nur das Bittere zeigt, das ihn auch das Irre oder Komische aus den Jahren davor sehen lässt, wie das Ende eines Zelturlaubs auf Sardinien letzten Sommer, er und drei, die nur stritten und strickten, statt ins Meer zu gehen. Mit einer teilte er das Zelt, mal schlief sie sofort, mal nahm sie ihn bis morgens auseinander, um ihn schließlich zu streicheln, als wäre er sterbenskrank. Und auf einmal hieß es, sie müsse sofort nach Frankfurt, weil ein ganz bestimmter Analytiker, in Erfahrung gebracht durch noch abenteuerliches Telefonieren, zusätzlich eine Gruppenstunde anbiete, schon ab dem morgigen Abend. Also fuhren sie alle in einer Tour zurück, er am Steuer eines Renault, der ihr gehörte, ohne ein Wort zu sagen bis zur Myliusstraße in Frankfurt, wo die neue Gruppe im Freud-Institut zusammenkam, nur um sich ein gelegentlich geteiltes Bett zu erhalten, in der Gruppe aber wurde die Verbindung zu ihm schnell als oberflächlich erkannt, Besser, wir sehen uns nicht mehr, hieß es. Also blieb nur das alte Höhlenleben im fünften Stock, erst wieder unterbrochen, als unten auf der Straße ein Aufmarsch mit Fahnen und Sprüchen Richtung Innenstadt zog, gegen eine Fahrpreiserhöhung der Straßenbahn und das Aufstellen von Automaten, die Menschen ersetzten – was ihn eigentlich nichts anging, weil er ja schwarzfuhr. Aber an dem Tag lief er auch in die Stadt, mitten hinein in die Menge der Empörten, umstellt von berittener Polizei und Wasserwerfern, um sich einem Strahl mit ätzendem Zusatz entgegenzustellen, Schulter an Schulter mit denen, die schon dabei waren, eine neue Partei zu gründen, den Straßenaufstand in die Parlamente zu tragen, und auch wenn seine Augen genauso brannten und tränten, hatte er doch nichts mit ihnen zu tun, als gehörten sie einer ganz anderen Gattung an, der Gattung der Gemeinschaftlichen, immer irgendwie eingehängt, untereinander und mit der Welt verbunden, er dagegen der Gattung der Weltlosen. Und auch das erschien jetzt unerheblich, so machtvoll war das stille wachsende Chaos auf der anderen Seite der Wand.

In den nächsten Nächten stieg er wieder auf den Nebenbalkon und sah durch den Vorhangspalt. Die Zunahme der Unordnung auf dem Bett war jetzt nicht mehr in wenige Worte zu fassen, oder das, was im Beobachter vorging, erforderte eigene Worte, um die er sich gar nicht bemühen musste, die nur festzuhalten waren, wobei ein Wort das andere gab und sich das Ganze vom Gesehenen bald entfernte. Es drängte auf etwas hin, das es legitim machte, nachts auf den anderen Balkon zu klettern und den Zerfall im Nachbarzimmer weiterzuverfolgen, um dann im eigenen Zimmer auch weiterschreiben zu können – und ohne Plan ergab sich eine Geschichte. Da beobachtet jemand einen verwesenden Nachbarn, ein Alleinstehender, der sich an seine erste Zeit als Soldat erinnert, der vom Glücksspiel lebt und gelegentlichen Artikeln über Sexualtäter; der zu käuflichen Frauen geht und gegen Ende einem rätselhaften Wort oder Namen folgt, Salò, was ihn, in einer Art Antiromantik, wie ein Hund, der einer Spur folgt, bis nach Oberitalien führt. Ein Schreiben spät in der Nacht bis in den Schlaf, den Traum hinein, und von morgens bis abends, und auf einmal stand der Besuch der fast letzten Teilnehmerin an seiner Veranstaltung mit dem schaurigen Thema unmittelbar bevor. Also unterbrach der Zimmerbewohner das Schreiben und traf alle Vorbereitungen für den Abend. Er räumte auf, so gut es ging, und wusch den Taubenmist von einem inzwischen angeschafften Balkonstuhl, damit beide einen Stuhl hätten; er rasierte sich, als käme seine Mutter zum Essen. Dann kaufte er zwei Kalbskoteletts, ein Paket Nudeln und eine Büchse mit Tomatenmark sowie eine Flasche Wein, das alles in dem Laden im Haus. Er wählte das Licht, wenn sie hereinkäme, nur von einer

Tischlampe mit warmgelbem Schirm, der Schein dezent auf den Bildern, er wählte auch schon die Musik für das Essen, Best of Paul Anka und später Eartha Kitt, er suchte Bücher heraus, die er so offen hinlegte, dass sie auffallen mussten, zuoberst einen Bildband über Hesse, seine Jahre am unteren Bodensee, die Zeit in Gaienhofen, lange vor ihm.

Und in diesem Band aus dem berühmten Verlag blätterte die Besucherin – Stiefel, Jeans, weiter Pullover, sie hatte sich in keiner Weise zurechtgemacht – dann auch bald, während der Gastgeber, wieder so gut es ging, eine Soße zum Fleisch herstellte und schon die erste Essensmusik lief; vom Internat anzufangen ergab sich jetzt wie von selbst, das war der Plan für den Beginn des Abends. Zehn Jahre Gaienhofen, sagte ich, als das Essen auf dem Tisch war, einer Spanplatte über gestapelten Büchern, sie aber fing ebenfalls vom Internat an, von ihren Jahren bei den Ursulinen, bleichen Nonnen, die im Schlafsaal wachten, jede Bewegung im Auge hatten – zwei Heime, die kein Zuhause waren, unser erstes Band. Wir redeten und tranken den Wein (nach heutigem Maßstab ungenießbar), wir aßen die weichen Nudeln mit überwürzter Soße und zwei verbratene Koteletts, das musste nur erledigt werden, vom Tisch; der Abend begann erst danach. Die Besucherin drehte Zigaretten für sich und den Bewohner des Zimmers, und die Art, wie sie das dünne Papier anleckte, über ihre Zunge zog, machte den Bewohner sprachlos genug, um keine größeren Fehler zu begehen, nicht mehr zu sagen als nötig. Und damit wurde es ein Abend bis in den Morgen, der jeden ein Stück aus seiner Unordnung holte, während nebenan das Chaos voranschritt.

Von dem Toten kein Wort in der Nacht, er war so gut wie vergessen; erst wenn sie noch in derselben Woche wiedergekommen wäre, hätte ich vorher etwas gesagt. Aber Ende der Woche fuhr sie mit Freundinnen, der künftigen Frauenwohngemeinschaft, in den Harz, zu einem der Aufenthalte, bei denen die Tränen ähnlich flossen wie vor dem Wasserwerferstrahl mit ätzendem Zusatz, einem Gruppentraining über Tage – zum Glück für die Geschichte von dem Alleinlebenden, der nachts das Verwesen seines Nachbars verfolgt, für die Arbeit daran. Es war ein Schreiben, bis der Geruch aus dem Nebenzimmer ins Treppenhaus drang und die Polizei erschien; und der, der schon viel früher etwas hätte sagen können, bestand darauf, nach dem Aufbrechen der Tür als Erster ins Zimmer zu gehen. Man wollte mich abhalten, aber ich drängte mich an den Beamten mit Mundschutz vorbei und sah auf den, der bei seinem letzten Katastrophe-Ruf noch Herr Fodor war, jetzt dagegen nur mehr ein Übergang von der Gestalt zur Schlacke. Der Bauch war geplatzt, eine glänzend dunkle Masse, die sich von der Unterwäsche abhob, sinnlos mächtig, prall, überladen; und schon totenschwarz waren die Stellen, an denen sich zu Lebzeiten, wie durch ein Schlüsselloch gesehen, bis zuletzt das Lebhafte konzentriert, die Blicke eingefangen hatte, als Herr Fodor mir seine Papiere zeigte, die Lippen, die Augen, die Hände – Lippen, die irgendwer, irgendeine, eine junge Frau in Budapest einst geküsst hatte –, als würde sich der Tod zuerst auf das Lebhafte werfen, es schwärzen. Kommen Sie, das reicht, sagte einer der Beamten hinter mir, das ist gefährlich, so nah heranzugehen, oder sind Sie ein Verwandter?

Nein, ich war nur der Einzige, dem Fodor nachts etwas zugerufen hat, der ihn am Ende kannte, oder vermutlich der Einzige, wenn er nicht in der Cafeteria vom Kaufhaus Schneider manchmal mit anderen Ungarn zusammengekommen war. Ich trat zurück in den Flur und ließ die Polizei ihre Arbeit tun, den natürlichen Tod festzustellen oder jeden unnatürlichen auszuschließen, ich ging in mein Zimmer und setzte die eigene Arbeit fort, unterbrochen nur vom Schlaf; die Veranstaltung zum zerstückelten Körper im Fachbereich Pädagogik entfiel –

die beiden letzten Teilnehmerinnen waren im Harz. Das Geschenk der Zeit kam zu dem Geschenk des Gesehenen nebenan und dem des kürzlich Erlebten in meinen Wänden; ich schrieb Tag für Tag, ungestört. Und der zweite Besuch der einstigen Ursulinenschülerin in meiner Dachenklave fiel aufgrund einiger Nachwehen von dem Aufenthalt im Harz erst in die Nacht, in der ich am Abend, nach Anbruch der Dunkelheit, einen mehr als ausreichend frankierten Umschlag, darin hundertfünfzehn getippte Seiten, in einen Briefkasten an der Ecke zur Lindenstraße geschoben hatte, damit ihn die Post zwei Tage später bei dem berühmten Verlag in der Straße abliefert.

39

Damit fing alles an, sagte meine Mutter bei einem der letzten
Sohnesbesuche, als sie fast nur noch im Bett lag, erschöpft von
sich selbst, aber in der halben Stunde, nachdem sie abends im
Bad war, den mühsamen Weg vom Bett zum Bad und zurück
hinter sich hatte, noch einmal zu Kräften kam und von dem,
der am Bett saß, etwas erzählt haben wollte, wobei sie gern ein
Stichwort gab, das dann bald zu ihren Dingen führte. Und an
dem Abend hatte sie nach meinem alten Verlag gefragt, ob es
da noch Kontakte gebe, und wie überhaupt der erste Kontakt
gewesen sei, und ich war auf den Briefkasten am Anfang der
Lindenstraße gekommen, und was ich da noch alles eingewor-
fen hätte nach dem ersten Einwurf, Theaterstücke und Erzählungen, schön getippt und geheftet, dazu immer ein Begleit-
brief, Sehr geehrte Damen und Herren, ich erlaube mir wieder
einmal, etwas zu schicken, diesmal ein Drama, so hätten diese
Briefe begonnen, unten dann: Hochachtungsvoll und in der
Hoffnung auf Ihre baldige Antwort. Bis nach zwei Jahren plötzlich alles ganz schnell ging, diese erste Geschichte als Novelle
erschien, sagte ich, und da sagte sie: Damit fing alles an, und
über Nacht war ich die Mutter des Pornoschriftstellers – Oh,
der mit dieser Novelle, das ist Ihr Sohn, nunja. Das war nun
kein Vergnügen, mein Lieber, weiß Gott nicht!

Auf einen Schlag war sie bei Stimme, verwandelt für Momente, sie sah mich kopfschüttelnd an, einen Augenblick lang
muttermächtig, dann fiel sie still in sich zurück, und der Blick
ging zur Wand neben dem Bett, zu einer übergroßen digitalen
Uhr. Die hing dort erst seit kurzem, auf ihren Wunsch von der

Tochter unter Mühen besorgt und so angebracht, dass sie die unerbittlich vergehende Zeit immer im Auge hätte, den Tag und das Datum, die Stunde und die Minute, ja sogar das Delirium der springenden Sekunden – für den Besucher an dem Abend kaum zu ertragen, aber auch für sie schwer auszuhalten. Sie sah zu der Wand und sah wieder weg, sie verglich die Zeit mit der auf ihrer kleinen goldenen Uhr, die noch nicht gestohlen war, sie sagte, die Leitung im Haus wäre gegen die Uhr und würde sie manipulieren, mit verkehrten Wochentagen, und auf den Vorschlag, die Uhr wieder abzunehmen, fing sie an zu weinen. Sie lag da und weinte leise, bis ich ihre Hand nahm, aber die Gedanken woanders hingingen, zu dem, was für sie damals kein Vergnügen war, als wäre es für mich eins gewesen. (Autor einer Welt aus Kot und Ekel, so stand es im Spiegel, dabei war es nur die kleine Dachgeschosswelt in der Ostbahnhofstraße); ich hielt die mütterliche Hand und war bei dem alten Ungarn, Zoltan Fodor, wie der womöglich auch leise geweint hatte, bevor er noch einmal Katastrophe-Katastrophe rufen konnte, stattdessen keine Luft bekam und starb. Immer nur das Negative, sagte meine Mutter, auch in ihren Gedanken wieder bei dem, was für sie kein Vergnügen gewesen war und was sie damals zweifellos in Verlegenheit gestürzt hatte, inzwischen ja in Hamburg verheiratet, mit feiner Wohnung in Pöseldorf – mehr sich im Reinen zu wähnen ging nicht. Sie nahm meine Hand und fand noch einmal zu ihrer Stimme, Immer nur Dinge aus der Kanalisation des Lebens, mein Gott, und was wurde schon alles Herrliches über die Liebe geschrieben! Sie drückte die Hand und führte die Beispiele an, die sie bei dem Thema unausweichlich anführte, Rausch der Verwandlung, Ungeduld des Herzens, Effi Briest, Tod in Venedig, Eine blassblaue Frauenhandschrift. Stefan Zweig, Fontane, Thomas Mann, Werfel, was will man denn bitte noch mehr, rief sie, während ich fast nach ihr geschlagen hätte, nur um sie so zu erreichen, dass sie nicht weghören könnte, wenn ich ihr sagte, was das Schreiben sei: wieder und wieder ein Versuch, aus der eigenen Scheiße Gold zu machen. Sie zog mich zu sich, noch mit einer Kraft, die sie aus ihren Beispielen geholt hatte, sie bat um den Gutenachtkuss, und ich gab ihn auf die so dünne, kaum durchlässige Haut ihrer Hand.

Es regnet und stürmt weiterhin, jetzt schon seit vorgestern, immer noch rollen Wellen über den Strand und klatschen gegen die Mauer unter der Terrasse, auf der es kein Frühstück mehr gibt; Wetterberichte aus dem Jahr, als meine Eltern hier ihre wenigen Tage verbracht hatten, die so märchenhaften, waren nicht zu finden, aber ein bewölkter oder regnerischer Tag wird schon darunter gewesen sein. Beide bleiben an dem Tag lange im Bett, der Apparatefabrikant mit Schulden skizziert ein neues Gerät, das alles zum Besseren wenden soll. Er träumt mit offenen Augen von Ultraschall statt Röntgenstrahlen, und seine junge Frau mit Schreibzeug auf den Knien schaut immer wieder zur Seite; sie versucht, die Gedanken ihres Mannes zu lesen, seine Träume, seine Wünsche – ein Bemühen, das meine Mutter Jahrzehnte später, als sie nur noch im Bett lag, wie eine zu gefährliche Expedition oft schon in der ersten Minute abbrach, nicht einmal aus Taktgefühl bereit, auch nur einen einzigen Schritt mehr über sich hinaus zu tun, dorthin, wo für sie schon der Abgrund des anderen begann, das Wildfremde. Und letztlich ist ihr auch der Mann fremd, mit dem sie hier im Zimmer am vielleicht einzigen Regentag im September achtundfünfzig lange im Bett liegt; sie liebt ihn aber und merkt es daher gar nicht, sie weiß nur, dass er mit nichts aus dem Krieg kam, einbeinig, und mit aller Kraft nach oben will, auf beide Beine kommen. Was sie nicht weiß oder gern übersieht: dass er kein Tamtam braucht, keinen Glamour, nur einen Rahmen, etwas für den Stolz. Später legt sich der Regen, und sie gehen auf den

Balkon, trinken Wein und rauchen. Draußen auf dem Meer
fährt ein Schiff mit drei Schornsteinen langsam von rechts
nach links, die Route nach Genua; es ist ein Passagierdampfer,
mächtig wie die auf den Zeichnungen des Sohns, als er vier
oder fünf war, still in seinem Hamburger Kinderzimmer saß –
Weißt du noch, die vielen Schiffsquerschnitte, die unser Söhnchen gezeichnet hat? Sie weiß es recht gut, die immer noch
junge Frau auf dem Balkon, wie sie da abends, wenn sie vom
Proben kam, noch den Namen vorn an den Bug schrieb. Es
fährt nach Genua, sagt ihr Mann, mein Vater – nach Osten,
vielleicht kommt es aus Amerika, und die Reise ist bald zu
Ende. Was für Zeichnungen? Er erinnert sich an keine Zeichnungen des Sohnes, er hat selbst so viel gezeichnet, all die
Geräte, die er bauen wollte, und die Gebäude dafür. Großer
Gott, ruft die, die er hier in den Tagen am Meer noch liebt,
was waren das für Zeichnungen! Da gab es elegante Kabinen
erster Klasse, mit Platz für vier Personen, Eltern und Kinder,
und die der zweiten Klasse, zweckmäßig, aber auch mit Aus-
blick. Und es gab die Quartiere für die Mannschaften und
darunter den großen Maschinenraum mit seinen Kesseln und
die Räume mit Vorräten, Fleisch, Obst, Gemüse, er hat an alles
gedacht, auch an die Frachträume, mit Autos, mit Tieren, mit
Kisten. Dann gab es die Restaurants und das Kino, ein großes
Schwimmbad und immer auch die Krankenstation, in der
sogar Operationen möglich waren. Es gab sogar einen Paternoster, damit du mit deinem Bein über keine steile Treppe
musstest, um im Notfall zu den Rettungsbooten zu kommen.
Er fuhr doch in Hamburg so gern Paternoster, erinnerst du
dich? Sie streichelt den Mann an ihrer Seite, sie klopft an das
Holzbein, klopft bei ihm an, und er erinnert sich an dieses
Paternosterfahren mit dem kleinen Sohn, für ihn kein Vergnügen: im richtigen Moment ein- und auszusteigen. Der Passagierdampfer auf dem Meer stößt jetzt Rauch aus, er fährt unter

Volldampf, und die beiden auf dem Balkon, meine jungen Eltern, spekulieren, woher das Schiff kommt und wie es heißt. New York, sagt mein Vater, und es heißt Thomas Edison – das ist der Erfinder, der er gern geworden wäre. Nein, es kommt aus England und heißt Queen Mary – das ist der Glanz, der ihr vorschwebt. Sie seufzt und sieht aufs Meer hinaus; ganz langsam verschwindet der Dampfer am Horizont, zuletzt seine drei Schornsteine, und für einen Moment bedauert sie, dass keine der Zeichnungen übrig geblieben ist, sie alle verschwunden sind, wie ihre Queen Mary unter einer späten Sonne. Die Wolken haben sich verzogen, sie würde jetzt gern noch spazieren gehen, Es ist ein Märchentag, sagt sie, und der Mann an ihrer Seite schenkt sich Wein nach. Er weiß, dass es ein Regentag war, nur mit Sonne am Ende des Tages, und dass es Zeit wird, dieses ganze falsche Märchen hier zu beenden.

Die Liebe ist der Wahn, den ich will – in den Tagen von Alassio war die junge Fortsetzungsromanautorin wie vor den Kopf geschlagen durch den Ausnahmezustand des Vollkommenen. Und natürlich wollte sie länger bleiben als ihr Mann, dem das Vollkommene nicht geheuer war, sie wollte die Spanne dieser inneren Erregung ausdehnen oder wenigstens die Illusion der Zeit haben – und hat sie sich dann, nach der unvermeidlichen Abreise, selbst verschafft, mit der Illusion des Liebesromans. Die Arbeit an der Illusion war ihr Leben, bis zuletzt, und die Meister des Liebesromans waren ihre Helden. Schon das Aufzählen berühmter Namen und Titel hatte eine selbsthypnotische Wirkung, und an dem Abend der Geschichte von dem Briefkasten in Rufweite zu dem berühmten Verlag stand sie noch ganz unter dieser Wirkung, als sie um einen zweiten, den richtigen Gutenachtkuss bat. Sie hob dafür sogar den Kopf, und der Sohn beugte sich noch einmal zum Bett, er küsste sie auf die Wangen und in einer Andeutung auch auf den Mund,

und da fasste sie, als der geringe Abstand von Mund zu Mund noch wie ein Teil der hypnotischen Episode war, den eigenen Lebensliebesroman in wenigen Worten zusammen: Dein Vater hat mich begehrt, sagte sie, Kurtchen hat mich geliebt, und Herbertlein (ihr zweiter Mann) hat mich gebraucht. Ich hatte alles, Leidenschaft, Liebe, Geborgenheit, Herrgott, was erwartest du von mir? Sie wollte noch etwas sagen, aber mehr gab es nicht zu sagen, und ihr Kopf sank zurück, der Atem verflachte, sie fiel in den Dämmerzustand, aus dem sie am Nachmittag, zu Beginn des Besuchs, gekommen war, fast in Freude erstarrend. Der Sohn ist Auslöser und Teil ihrer Hypnose (der ja immer eine dämmrige Bereitschaft vorausgeht), als Objekt ihres Wahns von einer Lebensliebe so geeignet wie ungeeignet mit seinem Kommen und Gehen, seiner Fassade und dem, was sie dahinter vermutet – auf den fragenden Ausruf, was er von ihr erwarte, weiß er keine Antwort. Ich erinnere mich, dass ich zu der unerbittlichen Wanduhr sah, dort war es einundzwanzig Uhr acht – Ziffern, die sich einprägten, weil ich hinsah, bis die Acht umsprang zur Neun. Es war schon ihre Schlafenszeit, und ich zeigte auf die Uhr, was hieß, dass ich jetzt gehen würde, sie allein bliebe, und ihr Kopf schien noch tiefer ins Kissen zu sinken, wie ein Teil davon zu sein, als der Sohn sich als Teil von ihr löste; sie schloss die Augen und war bereits allein, obwohl ich noch vor dem Bett stand. Ganz in der stillen Krankheit der Verflüchtigung lag sie da, Mund etwas offen, Hände um den Rand der Decke geklammert.

Es war die stille Krankheit beider Eltern, ein gemeinsames Leiden, kein verbindendes; es war auch das Leiden in der Familie, beim einen nur verborgener als beim anderen, und umso erschreckender, wenn es sich doch zeigte. Ich denke an die letzten Momente mit meiner eigentlichen Ernährerin, der, die immer da war, mich behütet hat – sie dreht sich leise weinend zur Wand in ihrem Einzelzimmer in einer wie schallisolierten

Wohnanlage im Kreuther Tal, und der Enkel, ihr Menscherl, geht rückwärts aus dem Raum, seine eigene Verflüchtigung. Ich denke an die letzten Momente mit meinem Vater – er sitzt am Tisch, schmal in einem Rollstuhl, vor sich das Spiegel-Heft mit dem Beitrag über den Sohn, er sagt Na dann, auf Wiedersehen, und blättert teilnahmslos, und ich entferne mich rückwärts, winke noch, und er nickt vor sich hin. Und der Abschied von meiner Mutter, in einer Anlage nicht weit von der, in der ihre Mutter starb, im selben Tal – sie sieht mich von ihrem Bett aus an und schließt, als ich noch einen Luftkuss schicke, die Augen, ihre Lider mühen sich ab, halten womöglich Tränen zurück, und ich trete nach hinten weg, gehe auf Zehenspitzen aus dem Appartement, drücke ihre Tür zu.

Jeder prüft jeden schmerzlich in der Familie: mit dem rätselhaften Rückzug, der sich gegen niemanden richtet, auch niemandem zugutekommt, nicht einmal dem, der sich zurückzieht. Ein jeder verflüchtigt sich, auch die jetzt alten Kinder, der Sohn in ein verschlungenes Schreiben, die Tochter in ein labyrinthisches Haus, bei beiden ist es das Verschwinden in einem Projekt der Vollendung, dem eines Romans, in dem alles stimmt, und dem eines umfassenden Heims; es ist der Schnittpunkt der Geschwister, aufgewachsen mit Eltern, die sich wieder und wieder verflüchtigt haben, die Kinder darin geschult, jedes leichte Anzeichen zu erkennen. Die väterliche Gebärde der Abkehr: eine Hand mit brennender Zigarette an der Stirn, Augen halb verdeckend, vor sich eine Zeitung; die mütterliche eine etwas angehobene Nase, dazu flatternder Atem, geschlossene Augen, das Zittern der Lider. Was mochte ihnen durch den Kopf gegangen sein in solchen Unstunden, wenn sich die Kinder, der Sohn etwa acht, die kleine Tochter vier, einen aufgeschnappten Witz als Sketch zurechtgelegt hatten, die Rollen verteilt, und im Wohnzimmer damit auftraten, um so die Verflüchtigung noch abzufangen? In der Erinnerung sieht es aus, als seien die Eltern von sich selbst aufgesogen, jeder in seine Nacht, und die Kinder in Trauer um das Objekt, das selbst zu trauern scheint – die Tochter um den stummen Vater, der Sohn um eine Mutter, die bei geschlossenen Augen weint, obwohl keine Tränen fließen. Die Kinder führen ihren Sketch auf, sie vermasseln die Pointe, aber genau das holt die Eltern zurück: Der Vater schüttet sich aus vor Lachen, die Mutter umarmt das rührende Duo, am Ende sitzt man zu viert auf dem Sofa, am seligsten die Tochter; sie hat den blöden Witz erst zum Witz gemacht, der Blödheit den Zahn gezogen (Kommt ein Mann zum Konsum, sagt, er möchte zwei Eier. Fragt die Verkäuferin, die den Mann nicht kennt: Mitglied? Und meine Schwester als die Verkäuferin sagt: Sind Sie auch im Verein).

Aufgesogen in die eigene Nacht, der Zustand in dem Dachzimmer beim Schreiben jener Geschichte, durch die die Mutter des Schreibenden später über Nacht – der Nacht der Allgemeinheit – zur Mutter des Autors einer Welt aus Kot und Ekel würde. Der, der jetzt keinen Nachbarn mehr hat, schreibt in seinem Zimmer abwechselnd an einer Doktorarbeit und der Novelle, während es auf der Bockenheimer Landstraße, nur einen Steinwurf zum Verlag der Verlage, Kämpfe um besetzte Häuser gibt. All das geht den Schreibenden nichts an. Sein Tun ist so privat wie eine Krankheit, am Ende aber mit öffentlichem Ergebnis, dem Buch, das seinen Namen trägt und im Schaufenster der Buchhandlung liegt. Er stellt sich das beim Schreiben schon vor, träumend mit offenen Augen, aufgesogen vom Alltäglichen, von allgemeiner und eigener Banalität: ein ganz anderer, oberflächlicher Zustand, und doch unter derselben Schädeldecke wie der des Schreibers, eine weltlose Träumerei oder gewöhnliche Weltflucht, die nicht von ungefähr kam und immer noch anhält – auch hier im einstigen Balkonzimmer meiner Eltern –, eine Verflüchtigung, die nie so genannt worden ist. Stets gab es andere Worte dafür, wie zur Verschleierung einer Geisteskrankheit: dass man seine Ruhe brauche, dass alles in der Welt so unappetitlich sei, dass allein im Schönen die Wahrheit liege, dass man manches lieber vergesse, dass sich die Menschen nicht verändert hätten seit den alten Griechen, dass auf der Welt, wo man auch hinschaue, nur Geltungssucht herrsche; und wenn solche oder ähnliche Worte gesagt waren, kam noch Gesang dazu, aber manchmal reichte auch nur ein Schlager, um sich von der Welt zu verabschieden. Wochenend und Sonnenschein, das sang und pfiff mein Vater, Glücklich ist, wer vergisst, das kam von der Sopranistin aus Wien, und mit Theaterstimme, zu mir gebeugt, sang meine Mutter Komm in das Traumboot der Liebe, fahre mit mir nach Hawaii. Es sind die Melodien aus den Kampfpausen in ihren Ehejahren, die sich gehalten haben in mir, all das, was sie gesungen haben, wenn der ewige Kampf ums Geld einmal unterbrochen war, erst in der kurzen Pause eines Sonntags, dann der etwas längeren eines Urlaubs, als am Ende die italienischen Töne dazukamen, Arrivederci Roma, Marina, Marina, Volare, Cantare. Das hatten sie sogar zusammen gesungen, Volare, Cantare, als der Sohn die beiden, seine Mutter und seinen Vater, das längst getrennte Paar, auch zum letzten Mal gemeinsam erlebte, sie singen und tanzen sah zu dem Lied, das war an seinem vierzigsten Geburtstag – begangen in Italien, schon an dem See, an dem wir heute wohnen. Seitdem habe ich meine Mutter nicht mehr tanzen gesehen, sie in keiner so leichten, aber doch im Ganzen erfassenden Auflösung erlebt wie in dieser warmen Julinacht, als hätte sie danach schon angefangen, auf sich aufzupassen, alles von sich zu wehren, was mit unmittelbarem Leben zu tun hat, im Grunde aber ihre Unsterblichkeit vorzubereiten.

Und in der Schlussphase ihres Lebens, den zwei Jahren, in denen sie kaum noch das Bett verließ, war sie fast nur noch damit beschäftigt, nicht zu sterben. Schon die kleinste Unacht-samkeit, glaubte sie, könnte den Tod zum Zuschlagen ermun-tern, also vermied sie jegliche Ablenkung, um dem Tod keine Chance zu geben. Sie las nicht mehr, sie hörte keine Musik, auch das Erzählen des Sohnes am Telefon unterbrach sie nach wenigen Sätzen, um sich durch Zuhören nicht zu erschöpfen, sich eine Reserve gegen den Tod zu bewahren. Nur die Tochter konnte noch mit ihr telefonieren, notfalls auch schweigen mit ihr am Telefon, aber verbunden sein für eine Stunde, der Sohn konnte es schon nicht mehr, rief aber dennoch alle drei Tage an. Und eines Nachmittags war da nur noch ein Wimmern, als sie es geschafft hatte, den Anruf anzunehmen, jenseits aller Theatralik und diesseits aller Angst – wer da etwas wollte von ihr, wie der Hörer zu halten war, welchen Knopf sie auf keinen Fall drücken dürfte, wie spät es sei und wie der Hörer so auf-zulegen wäre, dass die Tochter sie anrufen könnte. Sie weinte leise, und der Sohn erklärte ihr nur, worauf sie beim Auflegen achten sollte, das war das ganze Gespräch.

Zwei Wochen später fährt er zu ihr, für einen Kurzbesuch. Die digitale Uhr, groß wie ein Schuhkarton, zeigt den Tag und das Datum, die Stunde und die Minute ihres vor Freude fast entsetzten Blicks, als der Besucher, obwohl angekündigt, dann für sie doch ganz plötzlich am Bett steht. Sie will als Erstes wissen, wann er wieder abreise, wann sein Zug am Bahnhof in Tegernsee gehe, das ist schon ihre Vorbereitung auf den Mo-ment des Abschieds; sie sieht auf die Uhr, als würde die Zeit dort nicht einfach vergehen, sondern ihr höhnisch lachend da-vonspringen, und der Sohn macht den Vorschlag, die Uhr, wenn sie schon an der Wand bliebe, mit einem Tuch zu ver-hängen. Aber mit welchem Tuch um Gottes willen? Die von der Uhr Gequälte ist nicht wirklich dagegen, aber es quält sie auch der Gedanke, wie umsonst dann die Mühe der Tochter gewesen wäre, eine solche Uhr überhaupt aufgetrieben zu haben. Sie weint vor Unentschiedenheit, und der Besucher handelt auf eigene Faust, er hängt eins ihrer stolaartigen Tücher über den Wochentag, den Monat, die Stunde, die Minute und die springenden Sekunden. Und wie soll das hier jetzt bitte weitergehen, fragt seine Mutter, wie? Sie liegt reglos im Bett und sieht ihn an, den Haut- und Knochenkopf von zwei Kissen gestützt, das Gesicht noch immer mit schönen Zügen, aber was daraus spricht, ist die Tortur des schieren Existierens in der Stille ihres verdunkelten Zimmers. Jedes Geräusch empfindet sie als Lärm, jede Bewegung als Angriff, jeden Lichteinfall als Blendung; nur die Anwesenheit ihrer Tochter könnte sie völlig ablenken von sich selbst, sie an ein friedliches Einschlafen glauben lassen, während vom Sohn, der nichts so lässt, wie es ist, die Uhr verhängt, die Balkontür öffnet, das Telefon auf dem Nachttisch vor die Fotos der Liebsten rückt, keine Hoffnung auf einen Tod ohne das Sterben ausgeht.

Ich erinnere mich an diesen Nachmittag im März, der keine Stunden mehr zu haben schien und keine Minuten, nachdem die Uhr verhängt war und das Telefon etwas günstiger stand, an dem es nur die Atemzüge meiner Mutter gab und ihr gelegentliches Seufzen als furchtbares Zeitmaß. Ratlos, selbst in der Tortur des reinen Daseins, saß ich vor dem Bett, ein Harren der Dinge, des abnehmenden Lichts. Aber es nahm nicht ab, es war ein sonniger Tag, einer der ersten schönen im Jahr, ich hatte bei einem Blick aus dem Fenster zwei Jungs auf Rädern gesehen, Tennistaschen um die Schultern. Die Wiesen hinter der Wohnanlage hatten ihr Grün wieder, die Vorberge zu den Alpen ihr Tannendunkel, darüber ein heidnisch reiner Himmel. In einem Streifen fiel das Licht ins Zimmer, dort, wo der Vorhang etwas offen war, der Streifen wanderte langsam, eine Sonnenuhr, und auf einmal sagte sie, wie von der Stille und Langsamkeit in ein früheres Leben entführt, Wir beide, wir waren doch mal in einem Gasthof oberhalb des Schwarzsees für ein paar Tage, da war auch im Zimmer so ein Licht mittags, du wirst dich nicht erinnern, du warst drei oder vier, und ich hab schon gelernt für die nächste Rolle, und vormittags waren wir am See, du warst im Kinderbecken, und abends war einmal Gewitter, da lagen wir beide unter dem Betttuch, du hast gezittert, wenn es krachte. Das weißt du alles nicht mehr, aber deine Mutter weiß es, sagte sie, und ich sagte etwas wie: Ja, der Schwarzsee, da waren wir auch später, als es Kurt schon gab, in derselben Badeanstalt, ich war dreizehn, das war dann zehn Jahre nach den Tagen in dem Gasthof, an die kann ich mich auch erinnern, an dein Rollenheft und einen kleinen grünen Bleistift. Aber von den späteren Tagen am Schwarzsee gibt es ein Foto, du hast es gemacht. Ich springe da von einem hohen Brett in den See, nur sieht man das Brett nicht und auch nicht den See, auf dem Foto sieht man vor allem mich in der Luft, die Beine angezogen, Arme gestreckt, und im Hintergrund Berge. Ich springe wie einer, der in den Tod springt, bei dem alles, was vorher war, schon Sekunden später umsonst gewesen ist, aber auch wie einer, der ins Leben springt, bei dem alles, was vorher war, keine Rolle mehr spielt. Hörst du noch zu? Ich berührte ihre Hände, die gekreuzt auf der Bettdecke lagen, und sie sah mich an, wie aus einem Schlummer geholt. Dann habe ich ja im richtigen Moment gedrückt, sagte sie, einmal etwas richtig gemacht für meinen Sohn. Wie spät ist es? Sie sah zu der verhängten Uhr, sie bat mich, das Tuch wieder abzunehmen, fast ein Flehen, also nahm ich es ab, es war gleich halb drei, wenige Sekunden fehlten noch, und dann war es halb drei, vierzehn Uhr dreißig, 14:30:00, so war es für eine Sekunde zu sehen, ehe hinten schon die Null zur Eins sprang.

Sie konnte jetzt nicht anders, als hinzuschauen, mit einem Kopfschütteln wie ein Tremor, aber es war stilles Entsetzen, ohne zu wissen, was sie entsetzte, so wie der knapp Vierjährige mittags in dem Gasthofszimmer, wenn sich der Vorhang in der

Sommerhitze blähte und Moorgeruch vom See hereinzog, nicht gewusst hatte, was er vor sich sieht, es bloß sah und darin eindrang, schläfrig wie die, die ihn gewähren ließ, und es später immer wieder wollte (und erst noch später begriff, dass es die kleinen Zeichen am anderen sind, die ihn groß machen, es reicht ein Lippenspalt und die runde Wange oder der Glanz an den Nahtstellen zwischen außen und innen, das völlig Bedeutungslose, um ihm hinterherzulaufen). Ich erlöste meine Mutter und hängte die Uhr wieder zu, und sie zeigte kommandierend zum Vorhang, eine Anweisung allein mit dem Zeigefinger, nicht einmal gestreckt, sondern gekrümmt in der Luft hin und her gehend, so dass nur zu raten blieb, was sie wollte, nur die Erfahrung half. Sie wollte ein noch weiteres, aber nicht gänzliches Schließen des Vorhangs, also stand ich auf und zog am Vorhang, nicht zu viel und nicht zu wenig, und erbat bei der Gelegenheit einen kurzen Spaziergang, ein Luftschnappen, für das sie Verständnis hatte, wenn es tatsächlich nur kurz sei. Ein Viertelstündchen, nicht länger, sagte sie, und ich nahm meinen nur auf das Sofa geworfenen Mantel – ein Chaos dort, das sie vom Bett aus nicht hatte sehen können.

40

Vorbei an noch winterlich unbewohnten, auf bayrisch-ländlich gemachten Zweithäusern lief ich ein Stück auf der Straße, die von der Wohnanlage weiterführte, und bog in einen erst asphaltierten und bald richtigen Feldweg durch die Wiesen, die ihr Grün wiederhatten, den Weg zu einem Tennisclub mit Sandplätzen; die beiden Jungs trainierten dort. Sie übten den Aufschlag, wie ihn ihr Zuschauer geübt hatte auf einem Sandplatz im Internat, allein gegen die Schlossmauer. Er stand am Zaun und verfolgte das Hochwerfen des gelben Balls, damals noch weiß, und den jäh aus der Schulter kommenden Schlag und dachte daran, dass ihm diese Bewegung nie mehr gelingen würde, obwohl ihr Ablauf noch in Arm und Schulter saß, nur seine Schulter dem nicht mehr standhielte, im Grunde aber der Wille fehlte zu der Explosion von Kraft – mehr ein Gefühl als ein Gedanke war das, das Gefühl, das mir meine Mutter für Momente näher brachte als alles Sitzen an ihrem Bett. Und als ich, mit kurzem Überschreiten der Viertelstunde, auf den Schuhspitzen das Appartement wieder betrat, war da schon ein hechelndes Atmen in der Bettecke, der akustische Griff nach mir, darum rief ich mit falscher Beschwingtheit, ich sei wieder da, wieder bei ihr. Und für ein paar Herzschläge – so lange, wie es brauchte, durch die Diele zu gehen und von dort um den Einbauschrank, der den Wohnbereich vom Schlafbereich abtrennte, zum Fußende des Betts – wird aus dem Hecheln noch einmal das seufzende Atmen der jungen Schauspielerin, die sich in träger Mittagsstunde der Neugier ihres knapp Vierjährigen überlassen hatte.

Stundenlang bist du weg gewesen, stundenlang, sagt sie, erleichtert und empört zugleich, ein stimmliches Kabinettstück, und der Weggewesene bestreitet es gar nicht erst. Er setzt sich wieder an das Bett, er hält ihre kaum durchblutete Hand, und die Augen fallen ihr zu, in den Lidern eine Unruhe, dass er sich fragt, woran sie wohl denkt – ob der Sohn nur seine Hand auf ihrer bewegt oder ob er sie liebt, ob es einen Himmel gibt, in dem man sich wiedersieht (woran ihre Mutter noch fest geglaubt hatte), und ob der liebe Gott, wenn ihre Stunde schlägt, sie auf Händen trägt. Was hast du da draußen erlebt, fragt sie, gab es ein hübsches Mädchen? Sie lächelt für einen Augenblick, ein kleines bitteres Lächeln, und der Sohn streichelt ihre Hand, die etwas Gläsernes hat, alle Knöchelchen zeigt, darüber nur ein Film von Haut; sie kann nicht genug kriegen von dem Streicheln, dreht die Hand in seiner und spreizt die Finger. Aber es ist die Hand, denkt er, die auch ihn gestreichelt hat, auf seinem Bauch kreiste, um Krämpfe zu mildern, oder die Schläfen massierte, wenn er vor Kopfweh nach zu viel Bier und Wein wie blind war. Und ebenso ist es die Hand, mit der sie die letzten Zeilen an ihn schrieb, in steilen Buchstaben, die kaum mehr miteinander verbunden waren, nur in verlorenen Schleifen noch den Willen zur Schrift zeigten – sei innig umarmt von Deiner Dich liebenden Mutter –, ihr letztmaliges Erscheinen in Wort und Schrift, die Verschränkung von Heraldik und Epiphanie: einmal noch Bestandteil ihres Eindringens in das Sohnsein. Sie bittet um ein Taschentuch, obwohl eins in Reichweite liegt, eine Bitte an den Kavalier und dienstbaren Geist. Also reicht er ihr ein frisches und wirft das alte in den dafür vorgesehenen Beutel, aber das muss ihr bestätigt werden, und er bestätigt es. Dann will er erzählen, was er erlebt hat auf seinem Spaziergang, zwei Jungs beim Tennisspielen, und sie sagt, dass sein Stuhl jetzt anders stehe als vorher, zu nahe am Bett, falls ein Notfall eintrete, der Arzt sofort bei ihr sein müsste.

Der Stuhl steht, wo er vorher stand, nur nicht für sie, folglich kann er so nicht stehen bleiben. Was für ein Notfall, fragt der Sohn, um sie beim Wort zu nehmen, aber da ist sie schon woanders, sie bittet um einen Kuss – Mal zwischendurch einen Kuss, sagt sie, als läge in dem Zwischendurch die Begründung. Und sie nimmt alle Kraft zusammen und richtet sich etwas auf im Bett, damit der Kuss zwingend wird, obwohl der Sohn sich herunterbeugt; sie greift ihm ans Kinn und sagt, er sei nicht rasiert, wieder einmal nicht rasiert, ob ihn Leute gesehen hätten auf dem Spaziergang? Und nun erzählt er doch von den Jungs, ihrem Aufschlagüben wie er früher im selben Alter, jeden Nachmittag gegen die Schlossmauer, an der der Tennisplatz lag. So etwa dreizehn waren die beiden, wie ich auf diesem Foto bei dem Sprung, sagt er und rechnet da erst nach, dass er schon vierzehn war, keine dreizehn, sein Körper in der Luft schon nicht mehr dem Kantor gedient hatte.

Und sonst hat dich niemand gesehen, nicht Herr Abban im Foyer? Sie ist noch bei seinem Unrasiertsein, und jetzt gibt er ihr den Zwischendurchkuss auf die Wange, was wie das Umblättern einer Seite ist, zu einem neuen Kapitel. Beim nächsten Weihnachten werde ich nicht mehr am Telefon singen können, sagt sie nach Luft ringend, ihr seid mir doch nicht böse, wenn ich nicht mehr singen kann? Sie sucht wieder seine Hand, will gestreichelt sein, und er beruhigt sie an diesem Nachmittag neun Monate vor Weihnachten. Natürlich sind wir nicht böse, warum sollten wir dir böse sein – im Gegenteil, hätte ich fast gesagt, weil es so nah am Irrsinn war an den letzten drei oder vier Heiligabenden. Zwei ausgewachsene Enkel, ihr Sohn und die Schwiegertochter sangen am Telefon in Frankfurt Stille Nacht, und sie sang es in ihrem Gehäuse, sie wollte es nicht anders, wollte keinen Weihnachtsbesuch, keine Unruhe, keine Kerzen, die womöglich alles in Brand setzten. Und nach dem ersten Lied las ich die Stelle der Stellen im Lukasevangelium,

Es begab sich aber zu der Zeit, dass ein Gebot ausging von Kaiser Augustus, dass alle Welt geschätzt würde, und so weiter, danach kam noch O du Fröhliche, und die Enkel pressten sich den Mund zu, erstickten ihr Lachen. Und doch war es ein Geschehen mit einem Hauch des Heiligen in der dünnen Stimme am anderen Ende – ich werde es vermissen, dein telefonisches Singen, und in guter Erinnerung halten, so wie anderes auch, dein helles Lachen etwa bei der kleinsten Komik. Oder wie du mit mir, in den Wörtherseeurlauben, am späten Nachmittag in den Ort gefahren bist, nach Pörtschach, damit ich auf einer Caféterrasse Spiegeleier mit Speck essen konnte, die Stärkung nach Schwimmen und Tennisspielen, und wir die Leute auf der Straße beobachtet haben, Mutter und Sohn mit Sonnenbrille, ein feines Paar. Oder wie du mir deine Wildlederjacke einfach mitgegeben hast ins Internat. Aber das sagte ich alles nicht, daran dachte ich nur, während sie meine Hand drückte, als wäre es schon der Abschied. Sie ließ die Hand gar nicht mehr los, auch als das frühe Abendessen auf einem Rolltisch ans Bett gestellt wurde, zwei Weißbrotscheiben ohne Rinde mit etwas Käse, so verlangte sie es, eine Scheibe aber sollte ich ihr abnehmen, auch als Stärkung für die Rückfahrt. Und kurz bevor ich aufbrach, um einen Zug nach München zu erreichen und dort den letzten Zug nach Frankfurt, wollte sie wissen, ob ich ihr auch nicht böse wäre, wenn sie gar nicht mehr telefonieren könnte. Sie wollte Absolution in dem Punkt, und ich streichelte wieder ihre Hand und wärmte sie zwischen meinen Händen, das war bereits die Absolution.

Der ganze Besuch mit Hin- und Rückfahrt hat nur einen Tag in Anspruch genommen, möglich durch schnelle Züge, möglich auch, weil ja die Tochter sich laufend kümmert; er, der Sohn, ist spät am Abend zurück in Frankfurt und schläft im eigenen Bett. Und während der nächsten Tage zwingt er sich, nicht die Nummer der Mutter zu wählen, die er im Kopf hat.

Zu gut kennt er ihre Kämpfe mit dem Telefon auf dem Nachttisch, auch ihre Entsetzenslaute bei jedem Ausprobieren eines
neuen, vereinfachenden Systems, wie dem des schwenkbaren
Telefons mit nur zwei Knöpfen unter den Ziffern, grün und rot,
an und aus, die übrigen abgeklebt, eine Überraschung zu ihrem
Achtundachtzigsten, der Schwenkarm einklappbar, und doch
blieb es eine nahezu unlösbare Aufgabe: wie das Telefon heran-
schwenken, wenn es, immer erschreckend plötzlich, zu läuten
anfängt und ihr eigener Arm nicht gleich gehorchen will; wie
das noch läutende Gerät halten und dabei den richtigen Knopf
finden und drücken, wo hineinsprechen, wie sich melden. Es
war alles andere als ein Geschenk, das weiß der Sohn und auch
die Tochter, die alten Geschwister wissen es, und nun steht der
Neunundachtzigste bevor, noch ein System kommt nicht in
Frage. Was so lange ihr täglicher Trost war, das Läuten des
Telefons zu festgelegter Uhrzeit, das Wissen um die vertraute
Stimme am anderen Ende, stürzt sie jetzt nur noch in Verzweiflung, und der Sohn, der ihr weiter Trost geben will, um
sich selbst zu trösten, stammelt, als er dann doch wieder anruft,
alle drei Tage gegen Abend, bald nur noch die Anrede, die das
Wort Mutter verkleinert, wie ein Appellieren an ein greises hilf-
loses Kind, dass es genügend trinken solle und sich einmal am
Tage bewegen müsse, wenigstens bis ins Bad, weil man es lieb-
habe und sich schon freue, es wiederzusehen an seinem Geburtstag; ja, sich überhaupt freue, dass es als Mutter noch auf
der Welt sei, und es folglich nicht sterben dürfe. Und am anderen Ende nur Laute als Zeichen für einen wundgelegenen,
offenen Steiß, zu dem es keine Worte mehr gibt, und Laute als
Zeichen für die Angst vor jedem Aufstehen mit fremder Hilfe,
die immer nur Hilfe eines Wildfremden ist, um etwa den erhöhten, furchtbaren Toilettenstuhl zu erreichen oder eben das
Bad in schier unermesslicher Entfernung zum Bett, was nur
noch in den allerkleinsten, peinlich festgelegten Etappen ge-

schehen kann, jede einzelne mit eigenen Gefahren, sich zu stoßen oder auszurutschen. Wer ihr helfen will, stützt ein zittern-
des Bündel, ohne der Zitternden helfend unter die Arme
greifen zu können; die einst weichen Arme sind wie entleert,
der Körper, der einen Badeanzug gefüllt hatte – ich erinnere
mich an ein Bild: sie auf einer Luftmatratze, Polster auf Polster –, vermag kaum noch die eigene Haut zu tragen. Sie hat
sich das Sterben als sanftes Wenigerwerden gedacht, als letzte
Verflüchtigung, nicht als Zerren an ihrem letzten Fleisch, während sie immer noch weiterlebt. Das Herz in der Brust schlägt
und schlägt, weil es ein Schrittmacher reizt, aber ihr Dünn-
häutigsein ist so umfassend, dass jeder auch nur leichte Griff,
um sie zu stützen, eine glühende Zange ist und jeder nicht in
Watte gepackte Satz ein Giftpfeil. Weine doch nicht, wir sehen
uns ja bald, an deinem Geburtstag, sagt der Sohn am Fenster
seines Schreibgehäuses mit Blick auf die Frankfurter Hochhäuser, eine fast flehentliche Bitte ins Telefon.

Ihr Badeanzug in dem Sommer, als das Foto vom springenden
Sohn entstand, war weiß, und ich erinnere mich auch, dass er
genau an der Stelle des Rückens geschnürt werden musste, die
sie nicht erreichen konnte, also hat es der Sohn getan; sie war
zu der Zeit vollschlank, eine Frau in den besten Jahren, Ende
dreißig, der vierzehnjährige Sohn dagegen knochig. Und in
dem Sommer ist er ständig in den Moorsee gesprungen, mal
vom Ufer mit Anlauf wie ein Weitspringer, Arme und Beine
nach vorn geworfen, mal vom Brett – und es war ihre Idee, ihn
dabei zu fotografieren, es sollte nur alles eingestellt sein, und sie
musste genau wissen, worauf zu drücken war und durch welches Fensterchen zu schauen, und musste es üben, wie später
bei der roten und grünen Taste am Telefon. Sie stand in ihrem
Badeanzug auf dem Steg, der zum Sprungturm führte, unter
den Hüften schon die Knochen, die am Ende hervortraten,

und übte das Auslösen, ohne zu drücken, und auch den Blick durch den Sucher – mit dem Ergebnis, das sie überdauert hat. Das kleine Schwarzweißfoto von dem Sprung in einen See, den man nicht sieht, so wenig wie das Brett in wohl einiger Höhe – fünf Meter? –, ist immer noch Teil eines Albums in Form eines alten Schulheftes, angelegt nach dem väterlichen Geschenk der Zeiss-Kamera Marke Contessa, die ein Foto mit kurzer Belichtungszeit erst möglich gemacht hat. In dem Heft sind Entfernung, Blende und Belichtungszeiten neben den eingeklebten Fotos in einer Jungenhandschrift vermerkt, und bei dem Sprungfoto steht Entfernung sechs Meter, Blende zwei Komma acht, Belichtungszeit fünfhundert. All das war eingestellt, es galt nur noch, im richtigen Moment den Auslöser zu drücken – und das gelingt der Frau im weißen Badeanzug. Für sie ist der richtige, der ideale Moment, der Augenblick, als sich der Sohn zwischen Himmel und Erde befindet, und sie erwischt ihn fast von der Seite, wodurch der Eindruck entsteht, dass er von rechts nach links springt; im Hintergrund Tiroler Berge, aber ohne Fels, darüber ein Himmel mit nur einem Schleierwölkchen, sehr sommerlich. Ich sehe es vor mir, dieses Foto – das seinen Platz in dem alten Schulheft hat und das Heft in der Schublade einer Kommode, zwölf Zugstunden nördlich von hier, dem Märchenort mindestens meiner jungen Mutter –, ich sehe das so Sommerliche, während es an der Riviera dei Fiori, obwohl sich die Wolken verzogen haben, jetzt schon sehr auf den Herbst zugeht. Das Meer ist aufgewühlt unter klarem Himmel, nicht eine Liege steht mehr am Strand, die wenigen, die noch beim Frühstück sitzen, nicken einander zu, und am Empfang gibt es Abschiedsworte, auch für mich gab es sie. Der Aufenthalt im Beau Sejour ist bezahlt, das einstige Zimmer der jungen Eltern, als hätte ihr Sohn eine alte, noch offene Rechnung beglichen; die Zugkarte ist besorgt, der Koffer gepackt, der längliche Gegenstand im Geschenkpapier mit einem Tragegriff versehen. Und einmal noch hat die Nachmittagssonne für eine Stunde auf dem Balkon gereicht.

Es ist die Stunde, die noch im September den Tag abrundet, wenn die Sonne nicht mehr brennt, aber immer noch wärmt, während man liest oder sich die Nägel macht oder einfach nur dasitzt, Kopf zurückgelegt, Augen geschlossen, in der Hand das erste Glas Wein, die Stunde, die in den Abend führt, irgendwann leider auch in den letzten. Einmal genießen sie diesen Übergang noch, die junge Ehefrau mit Kissen unter dem Po und Kissen im Rücken, eine Träne im Auge, weil eben die Märchentage jetzt enden, aber ein Lächeln um den Mund, weil der, den sie liebt, neben ihr sitzt, um seinen Stumpf die Wolldecke für kühlere Nächte, damit die Nervenschmerzen darin nicht noch ärger werden. Sie quälen ihn, seit er letzte Nacht wach lag, an die Firma dachte, mit Aufträgen an seidenen Fäden; er muss den Stumpf warmhalten, auch wenn die Schmerzen wenig mit Kälte und Wärme zu tun haben sollen, was er kaum glauben will – dass der Stumpf schweigt, während das fehlende Bein lärmt. Nimm doch Tabletten, sagt die, die ihn liebt, als er zuckt neben ihr, Wein aus dem Glas verschüttet, aber er will nicht noch eine Abhängigkeit. Und was sind schon Schmerzen, die man erleidet; schlimmer sind die, die man zufügt. Er spürt an dem Abend, dass es zu Ende gehen wird, mit seiner Firma, mit seiner Ehe. Die Stunde wird kommen, in der nur zu sagen bleibt: Ich will mich trennen. Nimm doch etwas, drängt ihn die Frau an seiner Seite, tu mir die Liebe! Aber er hält sich nur an den Wein. Fünfunddreißig Jahre hat er noch vor sich an diesem Abschiedsabend, sie sechsundfünfzig.

41

Und stell dir vor, du bist noch keine neunzig, sagt der Sohn am
Bett der Mutter, erst heute in einem Jahr! Ein Kompliment soll
das sein, während die Schwiegertochter kleine Geschenke auf
das Bettende legt, ein Foto beider Enkel im Silberrahmen,
einen Parfumzerstäuber, ein Gesichtshandtuch von Hermès –
die Jubilarin möchte nichts mehr bekommen, nichts, das zu
irgendeiner Unordnung beitragen könnte, indem es die be-
stehende Ordnung stört, selbst das Foto der Enkel macht ihr
nur Kopfzerbrechen, wohin damit auf ihrem Nachttisch, auf
dem ja schon Fotos in Reih und Glied stehen. Und als sich das
wahre Wort, dass sie noch keine neunzig sei, bei ihr gesetzt hat,
bricht sie in Tränen aus, erschüttert von dem Alter, das sie in
einem Jahr erreichen würde, aber auch gerührt vom künftigen
Bild ihrer selbst – sie als Greisin, großer Gott –, und der Sohn
holt ihr ein Taschentuch aus dem für weit mehr als ein Jahr be-
messenen Bestand an Tempotücherpaketen im Einbauschrank.
Er fragt sie nach Wünschen für den Neunzigsten, und ihre
schwache Stimme überschlägt sich fast: Nichts will sie, nichts,
und sie zeigt auf die am Fußende des Bettes jetzt aufgereihten
Geschenke – den Zerstäuber samt ihrem ewigen Parfum,
Calèche, auch Hermès, das edle kleine Handtuch, das ge-
rahmte Foto der Enkel –, eine Bewegung der Hand wie gegen
Gespenster, die sich bei ihr breitmachen wollen. Auf dem
Schreibtisch, den sie schon lange nicht mehr nutzt, brennt
eine einzelne Kerze, stellvertretend für viele Kerzen oder gar
Blumen, die sie nicht will, und ich soll sie löschen, die Kerze,
damit sie nicht herunterbrennt, den Tisch ansteckt, das ganze

Haus, aber vorher, bitte, die Zusatzdecke auf der Bettdecke etwas höher ziehen. Sie friert, obwohl das Appartement so überheizt ist, dass die Gratulanten nur das Nötigste anhaben, sie erbittet in bibberndem Ton ein weiteres Taschentuch, nur keins aus dem Bereitschaftspäckchen auf ihrem Nachttisch, damit dieses Päckchen vollständig bliebe, und der Sohn holt wieder eins aus dem Schrank, und sie legt es auf die Zusatzdecke über der Brust mit dem kleinen Gerät darin, das den Tod abwehrt. Griffbereit liegt es dort, um jedem Tropfen aus der Nase, jeglichem Hervordrängen von Innerem sogleich entgegentreten zu können. Auf einmal aber stemmt sie sich auf, mit der Kraft, die ihre Reserve gegen Tod ist – ob sie wirklich neunundachtzig sei, Herrgott noch mal, wirklich? Sie möchte, dass ich das Tuch über der digitalen Wanduhr anhebe, gleichzeitig hat sie Angst davor, Nur für einen Augenblick, sagt sie, also lüfte ich das dunkle Tuch – Dienstag, 8. April 2014, 10:21:00 steht dort, die Sekunden aber springen schon weiter, es gibt keine beruhigende Gegenwart auf dieser Uhr, jeder Zeitpunkt ist sogleich Vergangenheit. Weg, sagt sie, weg, häng es wieder zu, und ich lasse das Tuch einfach fallen, ihr Blick geht noch zu der Wand, bis er sich nach innen zu wenden scheint, während der Mund kleine Bewegungen macht, ihr etwas auf den Lippen liegt. Und wann sehen wir uns wieder, fragt sie, obwohl der Besuchstag erst begonnen hat, noch Stunden am Bett vor dem Besucher liegen, der Vormittag, der Mittag, der Nachmittag mit seinen Phasen, seiner Stille, der frühe Abend mit dem Abendessen, einer Spur von Leben, und schließlich der Abend an der Grenze zur Nacht, wenn sie nach dem Gang in Etappen zum Bad, gestützt, gelenkt, in Watte gepackt, in sich zusammenfällt, das Gesicht dann nur mehr Augen, Nase, Mund.

Es ist ein Bild, das nicht verblasst, und da ist auch immer noch etwas von dem Schmerz bei ihrem Anblick im Bett und meiner Verwirrung, als stammte das Gesicht in den Kissen aus einem Traum, und man wüsste beim Aufwachen nur, dass es ein bekanntes Gesicht ist, vermag es aber niemandem zuzuordnen. Wann sehen wir uns wieder, wohl an Pfingsten, sagte ich, als sie am Abend ihres letzten Geburtstags bereit für die Nacht im Bett lag, mich ansah aus großen Augen und für Momente schön war in ihrem Erstaunen, ihrem Glück, dass es in absehbarer Zeit ein Wiedersehen gäbe. Ja, wir sehen uns an Pfingsten, ich bleibe den Sonntag über und fahre am Montag. Und jetzt musst du schlafen, morgen nach dem Frühstück kommen wir noch einmal zum Verabschieden – vor der Putzfrau.

Aber sie wollte den Sohn noch einen Moment für sich, nur er am Bett, damit er ein Gebet höre, das auch ein Gebet an ihn war: dass diese Nacht schnell und ohne Schmerzen vorübergehe, ebenso der morgige Tag nach dem Abschied und die Zeit bis zum nächsten Besuch seiner Schwester, und dass sie, mit Gottes Hilfe, in Gegenwart ihrer Tochter friedlich einschlafe. Sie flüsterte dieses Gebet, und der Zeuge kam nicht umhin, sie als noch Lebende schon von all dem für erlöst zu halten – ich stellte mir vor, dass sie tot sei, ich wünschte es mir, das war mein Gebet, aber sie atmete und sah mich an und hörte nicht auf zu atmen und mich anzusehen und mit einer Gravitation, die sie sich bewahrt hatte wie einen theatralischen Kern, den Moment an ihrem Bett zu krümmen. Pfingsten, sagte ich noch einmal, da sehen wir beide uns schon wieder, und sie machte Fingerzeichen, dass ich jetzt gehen könnte, sie hingegen, bei völligem Stillliegen, in ihre lange Nacht einträte.

Katastrophe-Katastrophe – der Ruf des alten Emigrantennachbarn, Herrn Fodor, viele Jahre schon tot, aber noch lebendig in einer Geschichte, hätte dem Sohn durch den Kopf gehen können, als er sich am letzten Geburtstag seiner Mutter abends aus ihrem Zimmer entfernt hat (das er beschönigend Appartement nennt statt Einzimmerwohnung) und sie in der Sackgasse ihrer selbst zurückließ, in einer Nacht, die nichts mit der Abwesenheit von Licht zu tun hatte, nur mit der Abwesenheit des anderen, auch wenn er am nächsten Morgen noch einmal hereinschauen würde für einen Abschiedskuss vor dem Auftauchen der Putzfrau, und dann ja auch an Pfingsten wiederkäme, allerdings erst im Juni, weil es kein frühes Pfingsten war, und für einen Tag zur Verfügung stünde nach ihrer dann achtwöchigen Nacht, unterbrochen nur vom Besuch der Tochter – auch daran hätte er denken können beim Abschied in der Frische des Vormittags: in welche Nacht sie gleich fällt. Aber erst dreieinhalb Jahre danach (auf dem Balkon mit Meerblick) gingen die Erinnerungen an diese Zeit in Gedanken über, auch den, dass seine Mutter nach dem Kuss in diese so lange Nacht gefallen ist, in einen sehnenden Zustand zwischen Schlafen und Wachen, nicht einmal mit dem befreienden Griff zum Telefon, in ein hoffnungsloses Um-sich-selbst-Kreisen, das vielleicht etwas ähnlich Erschöpfendes hatte – der Gedanke, der den vorangegangenen erträglicher machte – wie die lange Nacht seiner Pubertät oder Begierde, als er der Junge zwischen Himmel und Erde auf dem Foto war und eigentlich ins Strahlende springen wollte, in eine Umarmung, und in keinen Moorsee, oder das Warme und Modrige des Sees der Ersatz war.

Ich hatte in der Zeit bis Pfingsten am Anfang noch alle drei Tage die Nummer gewählt, die mir bis heute wie ein Abzählreim im Kopf sitzt, dann nur noch jeden Sonntag und immer banger gewartet, bis da vom anderen Ende ein Knacken kam, sie schließlich abnahm mit Geräuschen wie aus Weltraumferne, aus einer Kapsel, in der es kaum noch Sauerstoff gibt, alles mit letzter Kraft und letztem Willen geschieht, und dann hat es noch eine quälende Zeit gedauert, bis aus dem Drama nur keuchenden Atmens, ein Halbwort und endlich ein leises Ja oder Bitte oder gehetztes Wer ist da? aus dem Hörer kam, und ich Mütterchen rief, Es ist dein Sohn, wie geht es dir? Wir sehen uns bald, an Pfingsten, am Sonntag, ich komme nach deinem Frühstück, so haben wir den ganzen Tag!

Aber bald war erst Mitte Juni, so spät lag Pfingsten, und es war das heißeste seit Jahrzehnten. An dem Sonntag brannte die Sonne schon morgens von einem blanken Himmel, groß und blendend über den Bergen – wie eine ungute Steigerung jenes gültigen Alpensommers einer jungen Schauspielerin und ihres kleinen Kavalierssohns. Genau zur vereinbarten Zeit, um Viertel nach neun, trat der alte Sohn in das Appartement mit geschlossenem Vorhang und geschlossenem Fenster, die Luft darin stehend, ein Gang auf den Fußspitzen bis an das mütterliche Bett. Da bin ich, dein Sohn ist da! Als wäre er zu Fuß gekommen, so klingt das, oder mit dem Rad von Frankfurt gefahren, dabei kam er am Vortag trotz Pfingstverkehr mit dem Auto, traf spät am Abend in der Post in Kreuth ein, die Nacht im Hotel war ihm lieber als das Gästezimmer bei der Hitze. Dein Sohn ist da, sagt er noch einmal, und jetzt erst antwortet sie vom Kopfende des Bettes mit Lauten eines halb schlummernden, fiebernden Kindes und hebt kaum eine Hand, die Hand, die er nimmt und hält, das ist alles, was er tun kann im Moment, diese Hand zu halten, sie mit seiner zu versorgen, wie mit einem Schwachstrom, der etwas in ihr aufglimmen lässt. Sohn, erzähl mir was, flüstert sie, und der Sohn – ich saß jetzt neben dem Bett, das Hemd aufgeknöpft, viel zu weit für ihren Geschmack – erzählt von seinem Frühstück im Freien, dem irre schönen Wetter, so heiße Tage vor dem eigentlichen Sommeranfang habe es noch nie gegeben, sagt er, und die, deren Hand er hält, korrigiert ihn. Damals, nachdem wir weg sind von Hamburg, weil das dein Vater so wollte, in den ersten Wochen auf dem Bauernhof, war es auch so heiß, Gott, und du hattest diesen weiten Schulweg – ist die Balkontür zu? Sie will, dass er nachsieht, es kontrolliert, die Tür darf auf keinen Fall auf sein, damit nichts von der Hitze hereinkann, und er sieht nach, dadurch vergeht etwas Zeit. Die Tür ist fest zu, nicht ein Lufthauch dringt in den Raum, auch kein Geräusch. Ja, das war ein weiter Weg, sagt er, jeden Morgen durch die Felder ohne irgendeinen Schatten bis zum Dorf, und vor einem Kreuz mit kleinem Spitzdach, damit der Jesus am Kreuz wenigstens etwas Schatten hat, bin ich immer kurz stehen geblieben, um zu beten, dass mich mein Vater mit dem grauen VW später von der Schule abholt. Und das hat er auch manchmal getan.

Ach, dein Vater, flüstert seine Mutter, was er alles getan haben soll, und dann? Sie schüttelt zerstreut den Kopf und atmet mit offenem Mund, und der Sohn redet einfach weiter, damit die Zeit verstreicht, weiter auch eine Hand um ihre, damit sie spürt, dass er da ist, und ihn reden hört, auch wenn sie nichts wissen will – ein Gefühl, das in Träumen noch fortlebt: Der Sohn sitzt an ihrem Bett und glaubt, gegen die Wand mit der verhängten Uhr zu reden. Er weiß nicht, ob sie ihm zuhört, obwohl sie darum gebeten hat, ihr etwas erzählen, auch von damals, woran er sich noch erinnere, als es so heiß war. Jeden Morgen der Schulweg durch die Felder, daran erinnere ich mich, an diesen Weg ohne Schatten, sagt er. Ich ganz allein, bis mich ein Junge aus derselben Klasse einholt, der Sumser Willy, barfuß – ganz plötzlich war dieser alte Name da, wie ein Sprachrettungsring in der Hitze und Stille des abgedunkelten Zimmers –, und der weiß, wo es am Wegrand Beeren gibt und wie man mit Halmen Tiertöne nachmacht, er weiß auch, wie ein Pferd zu wiehern und so erregt zu tun wie die Puter auf dem Hof mit ihrem Kropf. Er macht mir genauso Angst, aber zum Glück kommt schon hinter dem Rotbachsteg das Kreuz mit dem Jesus, der etwas Schatten hat, und auch zum Glück geht der Sumser Willy an den Bach, um zu trinken, da heißt es, jetzt schnell beten, Ich bin klein, mein Herz ist rein, soll niemand drin wohnen als Jesus allein: Mach, dass ich nach der Schule abgeholt werde! Und mittags steht der VW vor dem

Schulhaus, ein gebräunter Arm hängt aus dem Fenster, mit Zigarette in der Hand, und ich bin gerettet – obwohl mein Herz gar nicht rein war, sagt er noch, und das in der Annahme, sie würde es hören oder könnte es nicht überhören; nur hat sie es überhört, was nicht heißen muss, dass sie es gar nicht gehört hätte, es heißt einfach: Wir reden darüber nicht. Für den Sohn so weit nichts Neues, und er konzentriert sich auf die Gegenwart, das, was an heißen Tagen nötig ist, er nimmt das Glas mit stillem Wasser vom Nachttisch, Du musst trinken, ruft er, trinken, du trocknest sonst aus! Er hält der Mutter das Glas an die Lippen, und sie nippt an dem Wasser, dann greift sie überraschend nach seiner Hand. Dein Herz, sagt sie, ist ja auch nicht mehr jung, hast du es mal untersuchen lassen? Sie hört ihm also durchaus zu, nur auf ihre Weise, und eine Weile reden sie über das, was ein älteres Herz braucht, die richtige Ernährung, etwas Sport und keine Zigaretten, vor allem keine Aufregung. Sie erfühlt seinen Herzschlag, er soll auch ihren erfühlen; und auf dem Höhepunkt der Hitze – zu seiner kritischen Zeit seit jeher – fragt sie plötzlich, wie spät es sei, was er schätze. Sie will nicht, dass er das Tuch über der Digitaluhr anhebt, sie will die Schätzung, und er sagt Halb drei, und der Griff um seine Hand wird fester, während die Stimme, als sie Zweifel äußert, sagt, dass es schon später sein müsse, viel später, in sich einfällt, und schließlich hebt er das Tuch doch an, da ist es zehn nach drei, und ihr Atmen mit offenem Mund wird ein Schnappatmen, ohne dass es sein müsste, eine Rede mit anderen Mitteln, hör nur, wie es mit mir zu Ende geht.

Aber es ging an diesem glutheißen Tag nicht zu Ende (erst Wochen später, am neunundzwanzigsten Juli, die Tochter war bei ihr, bis zuletzt und darüber hinaus); es ging einfach nur auf den Abend zu, stundenlos, und in die Dämmerung hinein, bis zum Erscheinen der blonden Bulgarin für den Schritt auf den Toilettenstuhl vor der Nacht. Der Sohn wich in den Flur aus, er überlegte schon Abschiedsworte für den nächsten Tag, nur kam es ganz anders. Seine Mutter, wieder im Bett, bereit für den Tunnel der Nacht, das Gesicht klein, wächsern, in den Augen aber ein Glanz, der sie erhob, so flüchtig wie klar, drängte darauf, dass sie sich jetzt schon verabschiedeten statt morgen Vormittag. Bitte, sagte sie, jetzt, wenn ich todmüde bin, gleich schlafe, ja? Das waren ihre Worte an ihn, die letzten, und er strich über das wattige Haar und küsste ihr die Wangen, die noch die weichen seiner Kindheit waren, und am Schluss, aus Überzeugung, die Hand. Dann schlaf jetzt, Mütterchen, ich bin noch in Nähe, das sagte er im Rückwärtsgehen, während sie schon die Augen schloss und in einer Ferne dalag – das Bild, das mir geblieben ist – wie die unvorstellbar einsame auf astronomischen Fotos, etwa vom Pferdekopfnebel.

Die Beerdigung Anfang August war im engsten Kreis, ganz in ihrem Sinne – eine der besten Stunden letztlich noch mit ihr. Nur Kinder und Enkel, Schwiegertochter und Schwiegersohn standen am Grab, und auch die Worte dort und die Art, wie jeder seine Blumen ablegte und eine Haltung des Betens annahm, wäre in ihrem Sinne gewesen. Klein und doch sehr erwachsen fühlten sich die direkten Nachkommen in dem Verstummen für eine Minute, klein vor dem Umfang dessen, was man nicht weiß, wenn man sich an den Himmel wendet, und erwachsen, wo nun keine elterliche Macht mehr zwischen ihnen selbst und dem Ewigen stand, nur noch die gewöhnliche Ablenkung, als sie von dem idyllischen Friedhof über dem Kreuther Tal zu ihrer irdischen Idylle mit Seeblick fuhren.

42

Die Bahnlinie zwischen Genua und der französischen Grenze mit Halt an jedem Küstenort ist keine Schnellstrecke, und die eher langsamen Züge sind auch die eher älteren und etwas vernachlässigten. Aber der Rat des Opernfreundes am Empfang des Beau Sejour zur ersten Klasse wegen der Afrikaner im Zug kam mir nach dem Einsteigen in Alassio doch übertrieben vor, weil auf dem Weg zu meinem reservierten Platz nur zwei Afrikaner im Gang standen, beide sich schmal machend, als ich mit der sperrigen Geschenkrolle vorbeiging. Allenfalls der Fensterplatz selbst in einer freien Vierernische wäre ein Argument für die erste Klasse, das Sitzpolster hatte Risse, und außen am Fenster war ein Rußfilm; es ließ sich auch nicht öffnen, und der Blick auf die Landschaft war wie durch schmutzige Brillengläser, auf grüne Bergeinschnitte und kleine Buchten, immer wieder mit einem Stück Meer, blauem Gefunkel, dann ein Tunnel und erneut eine Bucht zwischen Bergen und wieder ein Tunnel – die vielen Tunnel: sicher mit ein Grund für den Schmutz. Italienische Züge haben in der Regel etwas Blitzblankes, Hochmodernes, besonders die zwischen den großen Städten sind auf der Höhe der Zeit, und je länger ich durch die rußige Scheibe sah, desto mehr tauchte die Fahrt meiner Eltern auf, als ihre Märchentage vorbei waren. Das muss ein wirklich schmutziger, vielleicht sogar erbärmlicher Zug gewesen sein, der sie im Jahr achtundfünfzig, als Italien noch rückständig war, vielerorts ärmlich, aus ihrem Traum herausfährt, langsam zwar, aber unaufhaltsam der wahren Lebensenge entgegen, auch wenn da immer wieder noch kurz das Meer zu sehen ist, sein Blau bis zum Horizont; meine Mutter hat dafür sogar das Fenster geöffnet, damals kein Problem, Schau doch, das Meer, ruft sie, das Meer!, während mein Vater raucht, eine Hand auf dem Holzbein, als könnte das die Nervenschmerzen beruhigen. Das Reißen im Stumpf ist nicht besser geworden in der letzten Nacht, er vergleicht es mit Stromschlägen, die einen ja auch zucken lassen; in Nizza wird er sich etwas besorgen, das stärker ist als seine Tabletten, nur muss er selbst dann noch stärker sein, um es höchstens im Notfall zu nehmen.

Die Afrikaner, die sich im Gang für mich schmal gemacht hatten, und noch drei andere, fünf also, eilten plötzlich durch den Wagen, als eilte ihnen etwas davon, das sie unbedingt einholen wollten, eher aber umgekehrt: als würden sie vor etwas davonlaufen. Sie riefen Worte in ihrer Sprache, und einer kam im Laufen gegen die Geschenkrolle auf dem Sitz neben meinem, weil sie ein Stück in den Gang stand. Sie fiel herunter, schräg auf den staubigen Boden, und der Letzte der fünf trat mit dem Turnschuh darauf, nicht im mindesten seine Schuld. Trotzdem machte er auf der Stelle kehrt, hob die jetzt in der Mitte geknickte Rolle auf und übergab sie mir, wie man ein Baby übergibt, mit beiden Händen. Gleich zweimal sagte er sorry, und ich sagte, es sei mein Fehler gewesen, nur meiner, die Rolle habe im Weg gestanden, und wieder sagte er sorry und strich jetzt mit seiner dunklen Hand über den Knick, als könnte er auf die Schnelle ein Wunder vollbringen. Dann rief er den anderen ein Wort hinterher, machte noch eine Goodbye-Geste und eilte weiter, und ich hatte einen Grund, das Geschenk von Mrs. Bennett, das da so gut für die Zugfahrt verpackt war, auszupacken, um zu sehen, ob es noch heil wäre. Es tat mir fast leid um das schöne Papier darum, straff in mehreren Lagen, und was sich schon beim Abwickeln zeigte, war ein zusammengerolltes Plakat, nur vom Geschenkpapier geschützt, von keinem Behältnis. Ich drückte den Knick heraus, so gut es ging, ich zog die Enden auseinander und sah auf ein altes Plakat von Alassio, gekauft natürlich in der Galerie, in der mir Mrs. Bennett am ersten Regentag begegnet war. Beide Arme reichten kaum, um das Plakat ganz auseinanderzurollen, und das Motiv darauf war eins im eleganten Reisestil der späten zwanziger oder frühen fünfziger Jahre. Das Plakat war kein Original, aber ein Druck von solcher Güte, dass der Eindruck eines Bildes entstand, und das Bild zeigt ein mondänes Paar, nachts an einer Balustrade über dem Meer, in einem Moment von flüchtiger Klarheit, wie der Abschiedsglanz in den Augen meiner Mutter. Beide schauen auf eine weite Bucht mit funkelnden Uferlichtern, den Lichtern von Alassio, und die Knickspur von dem afrikanischen Turnschuh war zum Glück im Nachthimmel zwischen einzelnen, gerecht verteilten Sternen. Noch hatte ich das Ganze gar nicht erfasst, durch meine Hände oben und unten an dem Plakat, also ließ ich es los, und gleich rollte es sich wieder ein. Man musste es aufhalten, um es zu sehen, es so weit wie möglich auseinanderrollen und nur mit spitzen Fingern halten, und da erschien ganz unten, am hellen Rand, eine mit Bleistift geschriebene Zeile, Maybe these are your parents, still in love! Ich las das, bevor der Zug in einen der vielen Tunnel fuhr, mit nur trüber Beleuchtung in dem Wagen, und als wieder Tageslicht auf das Paar an der Balustrade fiel, beide abgewandt, die Frau im Zentrum des Ganzen und wie auf einer unsichtbaren Chaiselongue, der Mann stehend, himmelwärts aufgerichtet, ein Bein verdeckt von ihr, da waren es meine Eltern an dem Abend, als sie das teure Lokal besucht hatten und nach ihrem Gang am Strand noch von der Hotelterrasse aus in die Nacht sahen.

Meine Mutter scheint zu schweben in einem langen, ganz und gar rückenfreien, hellgelb bis golden leuchtenden Abendkleid. Ihre Haltung ist eine halb liegende, man ahnt die Beine nur unter dem seidenen Stoff, die Füße berühren den Boden nicht; es ist das Kleid, das sie trägt, im doppelten Sinne. Mit einem Arm, dem rechten, ist sie an meinen Vater gelehnt, an seinen Schritt. Er trägt einen festlichen Cut, ganz in Schwarz, darunter eine weiße Weste, ein weißes Hemd mit Stehkragen und weißer Fliege, er ist der Traum meiner Mutter von männlicher Eleganz. Ein Bein, das Bein, das ihm fehlt, wird von ihrem Kleid verdeckt, das andere ist sein sichtbares Standbein. Die linke Hand steckt locker in der Tasche, die andere, mit Zigarette zwischen zwei Fingern, hält er in Höhe der Westenknöpfe. Sein Blick geht über die rechte Schulter in die Weite der Nacht, während ihrer – man sieht sie nur von hinten, mit hauchdünnen Trägern über den Schultern, das gewellte halblange Haar wie die Krone eines eigenen Reichs – wohl träumerisch ist, ein Blick in den Spiegel der Nacht. Beide zeigen ihr gemeinsames Streben nach Schönheit und Glück, sie zeigen auch, was Liebende fertigbringen: auf das Leben gelegentlich wie aus einer Opernloge zu sehen. Es ist die Perspektive, die sie eint, frei nach dem mathematischen Gesetz, dass zwei Größen, wenn sie einer dritten gleichen, auch untereinander gleich sind; im Grunde aber ist jeder gefangen in einem eigenen Traum von Größe. Und beide schweigen, alles ist gesagt an dem Abend. Es ist der herzschlaglose Moment, in dem der Traum vom Leben und das Leben eins sind. Mein Vater (der nicht alt genug wurde, um ihn je Väterchen zu nennen) hat etwas von einem nordischen Helden in arkadischem Gefilde, über seinem Kopf, kaum zu erkennen vor dem Nachthimmel, die Wedel einer Palme; seine junge Frau (Lichtjahre von der entfernt, die der Sohn am Ende wieder in astronomischer Ferne sah) ist als Schwebende göttlich. Es gibt keine Gravitation auf dem Bild, es ist ein Paar jenseits der Schwerkraft, jenseits aller widrigen Realität. Die Frau ist mit ihrem Goldkleid und dem nackten Rücken die Sonne, die auch nachts scheint; der Mann an ihrer Seite gibt dem Entblößten einen höheren Sinn. Es ist der eine

Lebensmoment, in dem sich alles erfüllt, den man sich einrahmen will. Aber je länger ich hinsah, während der Zug jetzt an der Küste entlangfuhr, schon bei San Remo, desto mehr war da, in meinen Augen, auch ein stilles Bangen in der Haltung des Paars, als wäre es in einer gemeinsamen Blase von Glück, die bereits im nächsten Moment, wenn nur einer sich bewegte, platzen kann. Man muss schon beide Augen zudrücken können, damit der Moment im Rahmen bleibt, und das gelingt nur meiner jungen Mutter. Sie kann die Idee, dass endlich alles Enge und Hässliche nach dem Krieg überwunden ist, aus den Märchentagen von Alassio als Beute mitnehmen (später im Jahresehebericht in den Käfig ihrer Worte gesteckt), während mein Vater mit Gespür für des zu vielen Guten noch vor der Rückfahrt erwacht; sie dagegen bleibt benommen vom Glanz des Südens und dem eigenen Glanz. Meine Mutter erwachte erst, als nichts mehr zu retten war, weder die Ehe noch die Firma noch der Alltag mit ihren Kindern.

Vier, fünf Mann, in schwarzen Kampfanzügen und kugelsicheren Westen, Maschinenpistolen um die Schulter, kamen in den Wagen, warfen in jede Sitznische einen Blick, und ich ließ die Enden des Plakats los, schon rollte es sich wieder ein; ich hielt den Ausweis bereit, aber keiner wollte ihn sehen, meine Haut war Ausweis genug. Und so gut wie möglich schlug ich das abgewickelte Papier noch einmal um das gerollte Plakat, bis das Ganze wieder nach einem Geschenk aussah, einem Mitbringsel von der Reise, und mir einfiel, was mir die Eltern von der geschäftlichen Reise nach Nizza mitgebracht hatten, erst spät gekauft im eigenen Land als Notmitbringsel, dafür auch schön verpackt: den großen blauen Nivea-Ball, so verschwunden, so geplatzt wie ihr Glücks- und Größetraum.

Kein anderes Kindheitsgeschenk hatte ich so geliebt wie diesen Ball, den ich darum nie mitnahm ins Schwimmbad. Er lag nur aufgeblasen in meinem Zimmer, ich konnte ihn vorm

Einschlafen berühren und morgens als Erstes sehen, ihn hochwerfen und wieder fangen, ich konnte die Fülle und sein geringes Gewicht spüren, sein Wunderschönes in blauer Haut, das ich immer beschützen wollte, um es nie zu verlieren. Und doch ist der Ball schließlich verschwunden, nicht mehr aufgetaucht nach dem Umzug in den Rohbauanbau, vielleicht auch dabei oder wie von selbst kaputtgegangen, als hätte ihn gerade die Nichtbenutzung, sein nur für mein Herz bestimmtes sinnloses Dasein zum Platzen gebracht. Und eines späten Nachmittags, als wir in dem Anbau saßen, die schon getrennten Eltern zu Besuch waren, angereist aus ihren zwei Städten für ein Wochenende um Ostern herum, fragte ich nach dem Ball. Das passierte einfach, unter Tränen platzte es aus mir heraus, als meine Schwester mit ihrem Mitbringsel von einst, an dem Italienerinnenpüppchen, spielte, an dem noch alles heil war, selbst der kleine bunte Strohhut. Der große Ball, den ihr mir einmal mitgebracht habt, der ist weg, wo ist er hin? Aber die, die ich fragte, war woanders mit ihren Gedanken, sie sagte nur, irgendwo wird er sein, er kann ja nicht weg sein, Gott, wie ich nur auf diesen alten, viel zu großen Ball käme. Meine Mutter schloss die Augen, sachte den Kopf schüttelnd; mein Vater hatte eine Hand mit Zigarette an der Stirn, er sah in die Zeitung, es war die Verflüchtigungsstunde vor dem Abendessen. Und im Grunde schwiegen sie beide, wie sie jetzt wieder und endgültig schweigen, nur das Plakat, das mich an sie denken lässt, spricht; es hat wie jedes Bild das letzte Wort.

Zeittafel

1948	geboren in Hamburg
1952	Geburt der Schwester
1955	Umzug der Eltern in den Schwarzwald
1959	Scheidung der Eltern
1959–1968	Internat am Bodensee; erstes Schreiben
1968–1970	Militärdienst; Malen statt Schreiben
1971	Eisverkäufer in den USA
1972	Reise durch Mexiko; neue Schreibversuche
1973–1978	Fortsetzung des Malens; Studium der Pädagogik an der Johann Wolfgang Goethe-Universität, Frankfurt; Promotion
1978	erster Vertrag mit dem Suhrkamp Verlag
1979	Das Kind oder Die Vernichtung von Neuseeland. Schauspiel Ohne Eifer, ohne Zorn. Novelle
1980	Body-Building. Erzählung, Schauspiel, Essay
1981	Die Einsamkeit der Haut. Erzählungen Wer sich liebt. Schauspiel
1982	An den Rand der Erschöpfung, weiter. Monolog Reisen nach Afrika, Asien und Südamerika; Reportagen für die Zeitschrift ›Transatlantik‹
1983	Zwiefalten. Roman Reisen durch die USA und Mexiko
1984	Mexikanische Novelle
1985	Dame und Schwein. Geschichten Glücklich ist, wer vergisst. Hörspiel